浙江省杭州市人民检察院　中国计量大学质量发展法治保障研究中心　联合出品

人工智能与网络法治疑难问题研究

主　　编　陈海鹰

副 主 编　陶丽琴　陈永强

编委成员　桑　涛　张海峰　徐楠轩

Research on the Difficult Problems of ARTIFICIAL INTELLIGENCE and INTERNET RULE of LAW

法律出版社
LAW PRESS·CHINA

序

“科学技术是第一生产力。”随着互联网技术及电子信息技术的突飞猛进，以人工智能、区块链、大数据等为代表的各种新兴科学技术的发展在近几年迎来了质的飞跃，尤其是人工智能技术的发展已成为继蒸汽机、发电机与计算机后第四次工业革命的先锋力量。人们已经从互联网时代跨进了一个全新的时代。在这全新的时代下，人工智能已经从科幻走进现实，并成为全球瞩目的科技焦点；区块链技术作为炙手可热的前沿科技，在金融、社交、云计算、共享经济以及版权保护等领域得以应用，并成功地提升了各行业的效率与安全；大数据技术的应用也已经融入人类社会生活的各个角落，提高了生产效率，便利了人们的生活。这些前沿技术的发展与应用正在改变着我们的生活，并推动社会快步发展。

“科学技术是把‘双刃剑’。”人工智能与网络等新兴技术是把“双刃剑”，在促进经济和社会发展，给人类社会生活带来巨大福祉的同时，也蕴藏着无限的风险。一方面，新兴技术的应用本身存在风险，此为新兴技术的“内在风险”。以人工智能为例，人工智能技术的内在风险突出表现在对人类生活现有制度造成的冲击，以及对公民个人信息和隐私的威胁。另一方面，新兴技术的发展也可能被不法分子利用，用于实现不法目的，此为新兴技术的“外在风险”。新兴技术的发展能为人类改造世界提供新型工具，同样也能为不法分子实施违法犯罪行为提供新型武器，一旦被不法分子利用则会使危害行为侵害面广、隐蔽性强、危害性大等，进而给社会安全带来严重的威胁。因此，我们在大力发展科学技术的同时，必须高度重视其可能带来的安全风险。

“技术革命必将带来法律变革。”科技和社会进步推动着法律的不断创新与发展。在新时代下，新兴技术固有的无论是内在风险还是外在风险都随着技术的发展不断升级。面对技术风险不断升级对社会造成的威胁,必须依靠法律的监管来实现风险控制和安全保障。法律的积极应对就是“技术革命”推动“法律变革”的过程。针对人工智能技术的发展,习近平总书记曾强调要加强人工智能发展潜在风险的研判和防范,建立健全保障人工智能健康发展的法律法规、制度体系和伦理道德,维护人民利益和国家安全,确保人工智能安全、可靠、可控。事实上,除了人工智能技术外,无论是区块链技术还是大数据技术等其他新兴技术的发展同样是把“双刃剑”,对其发展所带来的负面效应及存在的潜在风险同样需要通过法律法规、制度体系的完善来防范技术风险与保障应用安全。因此,在新时代下,充分认识人工智能等新兴科学技术发展的双面性,直面新时代下法律所面临的新挑战,运用法治手段解决科技发展引发的社会风险、制度冲突等问题具有十分重要的意义。

《人工智能与网络法治疑难问题研究》一书正是直面新兴技术带来的法律挑战的产物,以新时代下法治的发展为主题,聚焦人工智能、大数据、区块链、个人信息保护以及网络犯罪等方面法律疑难问题的研究,对新兴技术的风险规制及面临的各种法律难题作出了及时的回应。本书关于人工智能、区块链、大数据、网络等新兴技术发展所带来的法律问题的研究体现出前瞻性与全面性两大优点。本书的第一大优点在于其研究具有明显的前瞻性。在科学技术与社会条件极速发展与变化的新时代下,法律的滞后性客观存在且难以避免,我们应当树立前瞻性的法治理念,对新时代面临的法律风险提前作出研判,加强前瞻预防和约束引导,才能有效应对科技发展带来的新风险与新挑战,确保科技发展安全、可靠和可控。本书所探讨的人工智能、区块链、大数据等新兴技术的法律监管问题,个人信息安全、数据安全的法律保护问题,以及网络侵权、网络借贷与网络诽谤等新型网络犯罪问题,都是当下法律界关注的最前沿的问题。本书能够紧跟科技的发展步伐,及时对前沿的问题进行深入研讨,体现了前瞻性的特点。这种研究的前瞻性十分值得肯定。

本书的第二大优点在于对人工智能与网络法治问题的研究具有全面性。本书一方面研究了以人工智能为首的新兴技术所引发的社会风险,深入分析了新兴技术发展的法律监管问题,以引导新兴技术朝着符合人类伦理、道德的方向发展为目标,探索了法律监管介入技术社会的各种途径。另一方面还探讨了网络环境下产生的诸如网络侵权、网络借贷以及网络诽谤等新型网络犯罪的现状与原因,并对相关网络犯罪的惩处与防治提出了建设性的见解。

“未雨绸缪方能临危不乱。”面对新兴技术与网络发展下凸显的法律问题,只有树立前瞻性的法治理念和建立全面化的应对制度与机制,才能有效应对新时代下面临的新风险与新挑战。本书的编写顺应时代发展潮流,聚焦前沿和热点问题,各方观点碰撞激烈,相信本书的出版,能够助力新时代下法律的变革,推动人工智能与网络法治的发展,进而为科学技术的发展保驾护航。

刘宪权

2020 年 6 月于上海

立足区位优势　做优网络治理
努力打造智慧检察杭州样本

杭州市检察机关立足“重要窗口”，努力打造智慧检察，助力检察工作提质增效，力争在“重要窗口”中当模范生，在诸多方面值得梳理总结。

一、以“1 + X”工作模式为引领，夯实网络犯罪办案基石

2019 年，杭州市检察机关共起诉涉网络犯罪 2623 人，同比上升 59%，连续 3 年呈大幅增长趋势。网络犯罪多发、频发问题的背后，既有高额利益的内生驱使，又有犯罪手段智能化、隐蔽化和犯罪模式产业化、链条化的技术加成，同时，亦造成了犯罪打击的难度陡增。杭州市检察机关创新网络犯罪案件工作模式：

一是打造一支“特种部队”。注重专业办案队伍建设，破解网络犯罪的专业化难题。杭州市人民检察院于 2020 年 3 月牵头组建了专门的网络信息犯罪办案团队，汇聚了两级检察院法律理论功底扎实、办案经验和打击网络犯罪领域专业知识丰富的检察干警，并依托诉（刑检实务）、研（理论调研）、技（技术支撑）、教（教育培训）“四维一体”运行机制，旨在打造一流网络犯罪治理团队。通过直接调配团队成员办理全市范围重大、疑难、复杂网络犯罪案件，定期组织团队成员开展课题研究、教育培训、典型案例编撰、办案指引制定等工作，争取培养造就一批会办案、有理论、懂专业的领军人物。

二是建立检校企常态合作。杭州市检察机关依托区域优势资源，建立与互联网企业、知名高校的常态联动，共同破解网络犯罪技术、理论等层面的疑难杂症。与阿里巴巴集团安全部使用共享、共治课堂举办新型互联网犯罪专题系列课程培训，补足检察官网络犯罪知识短板；成立杭州市网络犯罪研究中心，与杭州市公检法、高校、互联网企业专家学者共同开展合作研究，聘请刘宪权、刘品新等专家为顾问；与浙江大学、杭州师范大学等多所在杭高校签署战略合作协议,设立网络犯罪研究基地,推动解决网络犯罪案件法律适用难、处理难等问题;举办网络犯罪治理领域的主题论坛,汇聚全国法律界资深专家,推动网络犯罪检察实务与理论研究融合共进。

三是注重前沿“智库”建设。以专家咨询、指导制度为依托,积极搭建专家智库。在办理重大、疑难、复杂的专业性强的案件中,充分发挥专家学者的智力支持作用。同时,以个案为基础,就各类网络犯罪案件的性质认定、证据把握、法律适用等疑难问题,邀请专家参与讨论研判,为办理新型网络犯罪案件统一标准和尺度,切实提高网络犯罪案件处理的精准度,目前两级检察院邀请专家参与咨询办案 50 余件。统筹推进网络犯罪师资库、案例库、课程库等“智库”建设,积极开展网络犯罪典型案例汇编,以软硬件转型升级、大数据智能研判推动网络犯罪案件办理提质增效。

二、以侦诉协同治理为基准,形成网络犯罪打击合力

一是积极构建大控方格局。杭州市检察机关注重加强与公安机关网警部门密切协作,共同承担指控网络犯罪职责。2020 年 4 月,杭州市人民检察院与杭州市公安局以规范网络犯罪案件办理、提升网络犯罪案件质效为初衷,联合草拟了惩治网络犯罪侦诉协作机制,出台了《关于建立惩治网络犯罪侦诉协作机制的意见》,采取定期开展案件信息通报、共同研究新类型网络犯罪等措施,进一步规范网络犯罪治理案件办理工作,全力构建打击网络犯罪大控方格局。

二是完善规范相关办案制度。一方面,侦诉双方可在现行法律框架内进一步细化工作要求,联合制定关于办案取证等方面的实务操作规定。如余杭区人民检察院牵头制定了《侵犯财产型网络犯罪案件证据指引(试行)》《侵犯财产型网络犯罪案件证据指引》《网络犯罪案件证据审查指引(试行)》等文件,通过构建基本犯罪手段模型、对调取的客观性证据进行扩充筛查等,引导侦查机关注重对客观性证据的提取,主动发现更多被害人和更多犯罪事实。另一方面,检察机关提前介入新型、重大、复杂的网络犯罪案件,提出侦查取证方向意见建议,对侦查活动合法性进行监督。对疑难案件实时进行专题会商、互通有无,及时解决事实认定、证据完善等问题,形成统一认识,确保案件依法、及时、准确、稳妥办理。

三是创新侦诉交流模式。侦诉双方可互派干警挂职,采取“实案实战”等方式加强学习,时间一般为 3 个月。挂职的刑检人员可介入侦查、指导或者承担检察环节办案，侦查人员可协助开展检察环节相关工作、观摩庭审等，依托“换位思考”推动“以证据为中心”办案理念落实。此外，侦诉双方各自组织召开的业务工作会议、研讨会、培训班等，均可邀请另一方人员参加；双方也可联合相关行政机关、业界名企、行业协会等共同组织业务研讨会、培训班等活动，深入开展业务交流，凝聚网络犯罪打击共识和智识。

三、以严格依法履职为遵循，实现网络犯罪精准打击

一是办理了一大批“国内首例”案件。杭州市检察机关积极发挥检察职能，立足办案做优办案，办理了大量新型网络犯罪案件。如依法办理了“全国首例组织刷单炒信案”“全国首例打码撞库案”“全国首例职业修改差评师案”“全国首例‘关键词’诈骗案”等，杭州市检察机关在有效打击网络犯罪净化网络生态的同时，也积累了办理网络犯罪案件的第一手经验。

二是精准办理了一批涉网案件。杭州市检察机关在办案中始终坚守客观公正立场、秉持宽严相济刑事政策，努力让人民群众在每一起网络犯罪案件中感受到公平正义。如江干区人民检察院在办理杨某等非法吸收公众存款案中，以现行刑事法律和金融管理法律规定为依据，依法认定杨某等以提供网络借贷信息中介服务为名，从事直接或间接归集资金，甚至自融或变相自融行为之实，构成非法吸收公众存款罪；滨江区人民检察院在办理一起破坏计算机信息系统案时，犯罪嫌疑人所在公司从反外挂系统研发需求出发恳请检察机关对吴某某从轻处罚，滨江区人民检察院考虑其自首、主动退赔等情节，依法对吴某某提出适用缓刑的量刑建议。宽严之间，正义天平愈发威严，网络空间更加清朗，也进一步彰显了杭州市检察机关全力保障数字经济健康发展的决心和自信。

三是建立了全方位防控治理体系。杭州市检察机关努力推动网络犯罪惩防体系建设。针对在案件办理中发现的事关行业整治、区域治理的普遍性问题，制发检察建议，借助社会力量共同惩治网络犯罪、净化网络空间。比如，在办理一起网络诈骗案件中，针对某支付平台存在的交易安全隐患，及时向该公司发出检察建议，建议健全支付风险防范机制等，堵塞支付安全漏洞。积极运行网络犯罪研究“一中心一基地”，让检察办案跟上互联网、大数据、云计算的时代潮流，传播防控知识，宣传典型案例，积极推动网络犯罪源头治理。与上海、江苏两地检察机关签订《互联网区域保护检察联盟合作协议书》，共同推动长三角检察机关网络犯罪打击、研判、预防、宣传一体化办案机制有效落地。

四、以深耕四大检察为牵引，打造网络犯罪治理杭州模式

一是着力推进涉网领域刑事检察工作。在重拳打击网络犯罪的同时注重办案总结、提炼规则。“李骏杰等破坏计算机信息系统案（检例第34号）”“杨卫国等人非法吸收公众存款案（检例第64号）”“叶源星、张剑秋提供侵入计算机信息系统程序、谭房妹非法获取计算机信息系统数据案（检例第68号）”先后入选最高检第九、第十七批、第十八批指导案例。《网络犯罪案件技术语言汇编》被最高人民检察院第一检察厅在全国推广。针对网络犯罪涉及的大量专业性、技术性难题，杭州市人民检察院整合刑检、技术部门力量，出台《关于加强网络犯罪案件技术性证据审查、技术协助介入侦查工作的意见》，强化案件办理技术支撑。

二是稳步推进涉网领域民事行政检察工作。杭州市检察机关在做优刑事检察的同时，将互联网检察不断融入四大检察全面协调充分发展之中。依托内设机构改革，重新谋篇布局，配齐配强队伍。在民事行政检察部门配备具有较强计算机专业基础和知识的互联网检察人才，创新运用计算机技术语言对海量的案件信息进行数据筛查，推动发现案件线索，努力补齐短板弱项。

三是有序推进涉网领域公益诉讼检察工作。2019年以来，杭州市检察机关共提起互联网领域民事公益诉讼案件6件，刑事附带民事公益诉讼案件6件，制发行政诉前检察建议60件。其中，西湖区人民检察院创新运用区块链技术固定涉案电子证据，有效办理了全国检察机关首例向互联网法院提起保护英烈名誉的民事公益诉讼案；余杭区人民检察院积极开展涉互联网领域“等”外探索，成功办理了全国首例网上开庭审理的销售伪劣口罩民事公益诉讼案暨保护公共卫生安全民事公益诉讼案，实现了两个首次突破，即首次明确检察机关通过公益诉讼保护公共卫生安全、首次探索将公益诉讼赔偿款用于疫情防控的公共卫生安全支出。

以上，是对杭州市检察机关在网络犯罪治理领域所做探索的梳理和总结。希望这些探索，能成为展示社会主义检察制度优越性“重要窗口”的一部分！

陈海鹰

2020年6月

目　录

第一部分　智能合约、区块链与人工智能法

第二部分　个人信息、数据权利与网络法治

第三部分　数字金融与质量法治研究

第四部分　网络犯罪法律问题研究

第五部分　杭州检察机关的实践——三起指导性案例

第一部分

智能合约、区块链与人工智能法

论智能合约的法律性质与效力

程　婷*

摘　要: 智能合约建立在区块链技术的基础上,以代码自动执行为特点,实现合约自动化管理,从而减少人为干预、降低风险。由于计算机语言与传统语言之间存在天然差别以及分布式账本的不可更改等特性,智能合约与传统法律制度存在亟待解决的冲突。目前学界更多地围绕智能合约的性质及对现行法律体系的影响展开探讨。现行法下,我们仍应将智能合约纳入现行法律体系进行考量,结合民法典合同编的编撰探讨对其规范路径的设计。

关键词: 智能合约　法律性质　合同效力

在1994年跨领域法律学者尼克·萨博(Nick Szabo)首次提出智能合约的概念时,其初衷是将实体资产与可自动执行的合约相结合,将实体资产变为灵活可控的智能资产。智能合约被定义为"一套以数字形式定义的承诺,包括合约参与方可以在上面执行这些承诺的协议"。[①] 智能合约以自动售货机为最初原型。在正常运行且商品充足的情况下,自动售货机被投入硬币后,将自动触发履行行为,即吐出特定商品。这是由最简单的"If... Then"[②]语句组成的程序,且该合同在履行阶段不可被终止。但是由于缺乏相应技术的支持,萨博提出的智能合约理论并未落地。直到20世纪初,区块链技术(亦称分布式账本技

---

* 程婷,浙江清收易律师事务所实习律师,宁波大学法律硕士。

① Szabo N., "Smart Contracts: Building Blocks for Digital Markets", *Extropy: The Journal of Transhumanist Thought*, 1996(16).

② "If... Then"语句是计算机语言中的条件分支结构,其基本逻辑为条件判断成立即执行命令。

术）的出现，最终使智能合约的设想成为可能。那么其在法律上情况如何？

一、智能合约在运用中遇到的法律问题

（一）区块链技术下的智能合约是否纳入法律范畴

"新技术不一定会创造新的法学术语与原则，因为它们的基础架构往往没有根本性的改变。"[①]智能合约结合了合约机制和区块链两个要素，没有其他因素干预时智能合约将确保合约的履行。因此，智能合约具有了技术和法律的双重属性。

1. 智能合约的法律概念如何确定

与智能合约最接近的法学概念是"合同"。在计算机技术概念中，"协议"是规定计算机通信必须遵从的一组约定，包括如何建立连接、如何识别等约定，它的三要素是语法、语义、时序。通过遵守以上约定，计算机之间才能相互通信交流。得益于区块链技术，智能合约既符合法学概念中的"协议"特征，又符合计算机技术概念中的"协议"特征。智能合约可以将外部的"协议"转化为计算机内部"协议"，以其特有的执行方式执行协议的内容。确定智能合约的法律概念需结合民事法律中的"协议"和代码语言中的"协议"。

2. 合约中智能财产是否为法律上财产

区块链技术之所以能够使智能合约的概念得以从理论转化为现实，与其创始之初着眼于发行脱离重要机构管控的数字货币有关。比特币作为第一个落地的数字货币，填补了智能合约的技术缺陷。从技术原理上来看，智能合约通过自动状态机实现与现实世界之间的交互。自动状态机也称为"预言机"（见图1），是一种"可信任的实体"。它通过数字引入链外现实世界的信息，从而允许确定的智能合约对不确定的外部世界作出反应。[②] 也就是通过数字货币将外部价值转化为内部价值，从而在区块链中实现价值交换。因而，合约中的数字货币或智能财产是否可以界定为法律上的财产是关键性问题。

---

① Frank H. Easterbrook, "Cyberspace and the Law of the Horse", *U. CHI. LEGAL F*1, 1996, p. 207.

② 参见王延川：《智能合约的构造与风险防治》，载《法学杂志》2019年第2期。

我国目前不承认数字货币的货币属性。[①] 在对数字货币的财产属性的态度上,各国表现出了不同的态度,多数国家不把数字货币看作法定货币。美国认为它属于证券类资产,德国联邦金融监察局认为它是类似于外国货币的金融工具,而巴西认为它是无形资产。这些定义都有一个共性:承认数字货币的财产属性。我国则通过一个仲裁裁决承认了数字货币的财产属性。[②]

(二)智能合约法律问题的基点

1. 智能合约的法律性质

智能合约在性质上是一种法律行为。属于何种法律行为决定了其上的智能财产的法律性质。因为智能财产作为智能合约之上承担价值交换的载体,须根据智能合约的性质区分该财产在法律上的性质。如果智能合约的性质为合同,那么在智能合约中的财产交换行为就形成了一个合同之债,双方当事人地位平等;如果智能合约是一个发行权利凭证的行为,那么智能合约是一种金融契约,其上的法律关系是投资人与发行人之间的权利与义务关系。总之,智能合约的不同法律性质决定了智能合约参与者之间的法律关系不同、权利义务不同、法律责任不同,智能合约中法律问题的研究方法也大不相同。

2. 智能合约的法律效力

智能合约的法律效力是解决智能合约法律问题的第二个重要问题。只有在确定法律关系后,才能随之确定法律关系之效力。例如,参与智能合约当事人之间的法律关系是合同关系,则该合同是否成立、是否具有法律效力,是确定当事人之间权利义务的基点。智能合约的效力确定必然遵循法律行为效力确定的逻辑,但其特殊性使有效要件之判断可能与传统的法律规定有所差异。故必须从理论上分析其效力,成了智能合约法律问题解决的钥匙。

---

① 2017 年 9 月,中国人民银行等七部委发布的《关于防范代币发行融资风险的公告》明确,代币发行融资是指融资主体通过代币的违规发售、流通,向投资者筹集比特币、以太币等所谓“虚拟货币”,本质上是一种未经批准非法公开融资的行为,涉嫌非法发售代币票券、非法发行证券以及非法集资、金融诈骗、传销等违法犯罪活动。

② 2018 年 10 月 25 日,深圳国际仲裁院在其公众号上发布了一个比特币仲裁案,该案系股权转让争议,但涉及比特币(BTC)、比特币现金(BCH)和比特币钻石(BCD)等特殊的物。参见《比特币仲裁案》,载深圳国际仲裁院公众号:https://mp. weixin. qq. com/s/U_qDgQN9hceLBbpQ13eEdQ. ,2018 年 11 月 14 日最后访问。

二、智能合约性质争议及合同性质论证

一些学者认为智能合约将取代传统合同,因为智能合约使合同的履行无法避免,从而改变了合同的本质。① 而另一些学者则将智能合约与原合同分离,认为智能合约只是合同履行的辅助手段,进而认为智能合约是一种中介机制或自助行为。② 甚至还有观点否定了智能合约的合同属性,认为智能合约既不智能,也不合同,作为一个计算机术语,其在计算机系统中仅指区块链中的程序语言,并不具有法学意义上的含义。③ 本文认为,自助行为说、程序说等均存在不成立的理由。

(一)智能合约性质学界观点及否定

1. 自助行为说及否定

自助行为说将智能合约的"自我执行"视为智能合约的本质属性。持该观点的人认为,智能合约将资产转化为代码形式运行在区块链上,并使之成为整个网络共享资源和共识算法,进而通过外部条件触发执行,从而促进资产在网络中分配或转移。④ 其执行过程不需要法律强制执行的介入,仅需机器强制执行即可完成合约的履行。

但自助行为说难以成立:首先,智能合约无须第三方介入,但是否真的可以依靠技术上手段替代法律手段仍存疑虑;其次,智能合约还处于初级阶段,其内部无法实现自洽,在智能合约运行过程中的环节可能因技术缺陷产生的问题的解决途径终将回归到法律制度;最后,智能合约中的规则,如智能合约上交易的规则,与传统合同具有同质性。

2. 程序说及否定

程序说认为,智能合约是"摒弃了合同救济、合同争议的法律执行、合同语言的解释、合同不完整等经典理论或规则"⑤的程序性行为,智能合约中的机器

---

① See Kevin Werbach. Nicolas Corneu,"Contracts Ex Machina",*Duke Law Journal* 67,2017,p. 28.

② RASKIN M.,"The Law of Smart Contracts",*Georgetown Tech. Rev.*,2016,p. 2.

③ 参见徐明星、刘勇、段新星、郭大治:《区块链——重塑经济与世界》,中信出版社 2016 年版,第 115 页。

④ See Buterin V.,"A Next - Generation Smart Contract and Decentralized Application Platform," https://github. com/bitsblocks/ethereum - whitepaper,December 18,2018.

⑤ 金晶:《数字时代经典合同法的力量——以欧盟数字单一市场政策为背景》,载《欧洲研究》2017 年第 6 期。

执行代替了法律执行。因此,智能合约最多只能成为合同的组成或是补充。①

笔者认为该说无法成立:首先,传统合同的当事人通过自然语言传达真实意思并达成合意,智能合约的当事人通过计算机语言传达意思表示,表现形式不同,但传达的内容相同;其次,智能合约的执行过程不受干扰,并不意味着智能合约没有救济途径;最后,智能合约弥补了传统合同效率低、成本高等缺陷。

(二)智能合约合同性质之证成

区块链技术的本质,是一种由多个独立节点分散记录的分布式账簿,是将全部交易记录按时间序列组合成区块结构,并利用密码学的方式保证数据传输和访问的不可篡改及安全性。② 如图1所示,在区块链中,每个区块包含当前区块的智能合约内容,包括合约参与方、合约中的资源集合、合约中权利与义务的规则等。其中还包含一个自动状态机,其功能为记录合约状态是否达到合约执行条件,如是,则触发自动执行机制,自动执行合约内容。

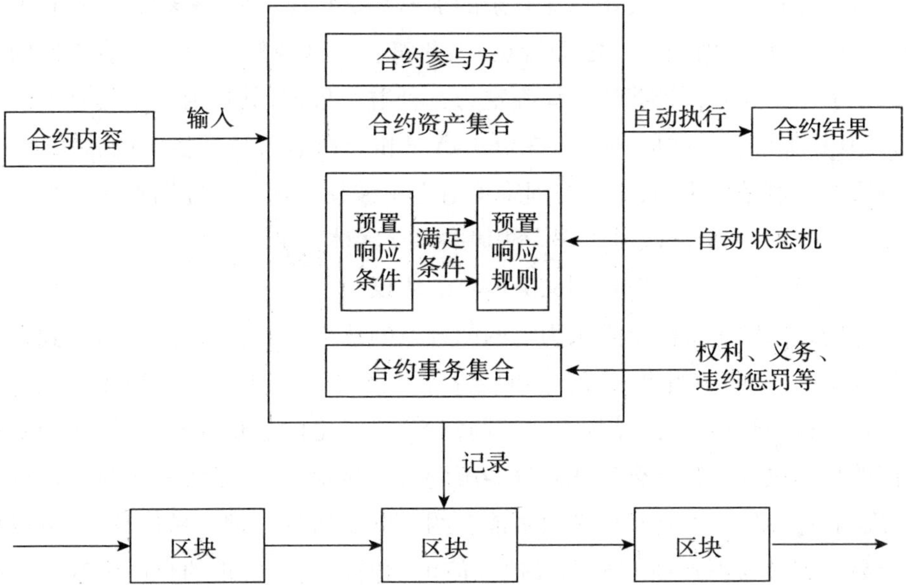

图1　区块链智能合约

---

① Mark S. Miller et al. ,"Distributed Electronic Rights in JavaScript", *Programming Languages and Systems* 7792,2013,p. 1.

② 参见袁勇、王飞跃:《区块链技术发展现状与展望》,载《自动化学报》2016 年第4期。

从图1中即可看出智能合约是一个完整的合同。

1. 有建立合同关系的主体

合同建立需要具备权利能力和相应行为能力的主体,智能合约的参与主体并未超越民法规定的主体类型。作为一个通过代码转移财产关系的合同,其参与人之间的地位平等是智能合约运作的前提。虽然智能合约具有自动执行的功能,但是合约的主体在智能合约中起到了关键的作用。一方面,智能合约的参与一方基于意思表示将合约内容以二进制形式转化为代码,发布至区块链网络中。另一方面,需要有一个相应的主体通过识别代码认可该合约的内容,即双方主体形成一个合同订立的过程,方能使一个合法的智能合约成立。

2. 智能财产是合同关系建立之客体

智能合约法律关系中的客体主要是智能财产,一个智能合约发布在区块链上,需要采用数字货币作为支付形式。数字货币未被承认为支付工具,不在于其本身不是财产。数字货币依靠复杂的加密算法产生,在理想状态下具有不受发行机构控制、币值趋于稳定等特点,因此符合在区块链上承担价值交换的客体的要求。正如股票被我国法律确定为一种财产形式,其价值也是具有不确定性,尤其是上市公司的股票。但在资本市场和公司运营较为稳定的状态下,公司的股票价值是稳定的,其价格围绕价值上下波动。那么智能财产——数字货币也是这样一种存在,故可以作为法律关系之客体。

3. 智能合约是一个有权利义务内容的协议

合同是以发生私法上效果为目的的合意的总称。① 合同的成立需达到合同最低限度的标准,即当事人就合同的内容达成合意。智能合约的原始模型——自动售卖机,通过封存商品的方式控制资产,以一定的逻辑处理交易,从而实现合同的自动执行。智能合约就是复杂版的自动售卖机,只是将资产封存在程序中,规则更为复杂,但是只要按照智能合约的既定协议处理交易信息,就可以按照交易内容转移财产所有权和其他任何可以通过代码实现的合同内容。智能合约作为一个可信任的分布式分类账呈现在人们面前,其中记录了交易信息、财产信息等,任何虚拟财产都可以存储在区块链中。尽管以智能财产的交换形式实现合同目的与传统合同实现目的的方式不同,但基于区块链技术

---

① 参见[日]我妻荣:《债权各论》(上卷),徐慧译,中国法制出版社2008年版,第39页。

的价值交换活动借由智能合约变成了一种灵活智能的可编程模式，消除中介对合同履行的干扰，保证了合同目的的实现，这种履行方式与合同目的的实现本质上是一致的。

三、智能合约法律效力的特殊性

相较于传统合同中自然语言的模糊特性，智能合约因其特殊的表现形式——计算机语言——准确性大大减少了合同双方对于合同条款的争议，提高了合同的履行效率。然而，这种优势也带来很多潜在风险。

(一)智能合约成立及内容的特殊性

1. 依触发条件确定合同的有效成立

根据我国《合同法》和《电子商务法》的相关规定，电子合同是合同当事人通过信息网络形式达成、变更、终止民事权利义务的协议。现行合同法理论认为，电子合同的结构及其调整也应遵循《合同法》的规定，即电子合同的成立符合一般合同的要件，为要约与承诺结构。[①] 通常，我们所见的电子合同多为网络购物合同，对于这种普遍的电子合同，一方当事人从注册到发布合同文本可能都仅为要约邀请，直到另一方当事人验证合同并提交合同才成为要约(见图2)。

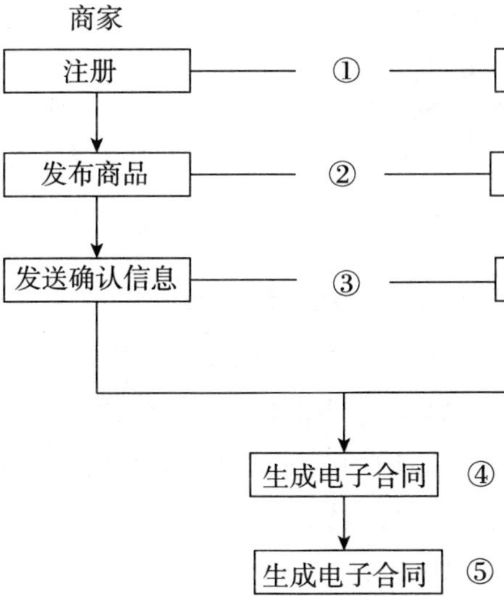

图2　电子合同的缔约过程

① 参见刘颖：《论电子合同成立的时间与地点》，载《武汉大学学报》(社会科学版)2002年第6期。

智能合约与电子合同之间的区别十分明显，智能合约可以说是比电子合同更迈进一步的电子协议。智能合约的特点是可以预设合约的内容，和其他电子合同之间的关键区别不是数字身份验证的过程，而是合约履行的过程（如图3所示）。

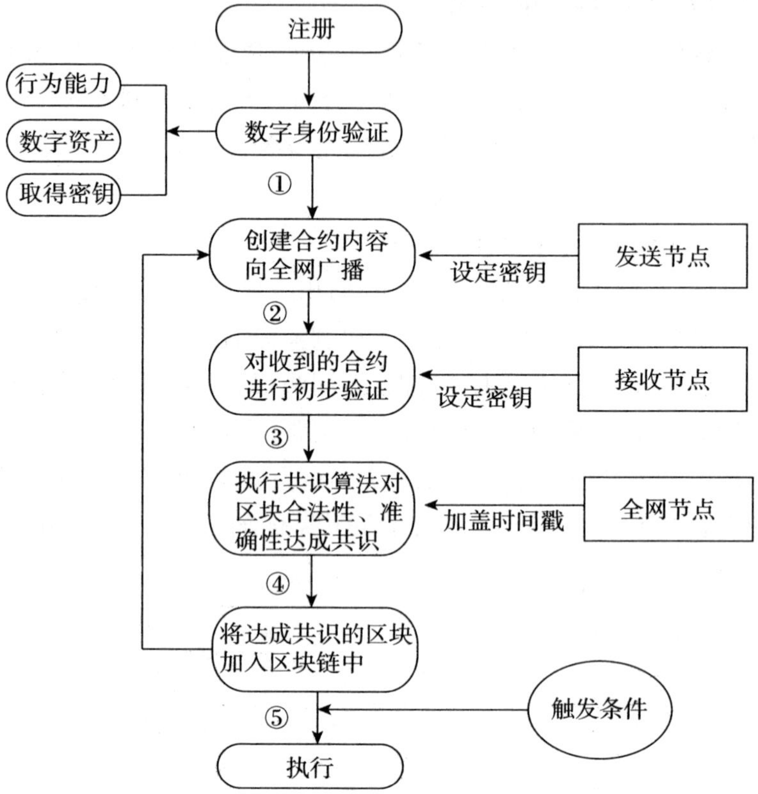

图3　智能合约的缔约过程

在上述阶段②和阶段③中，经过双方验证的合约并未产生约束双方的效力，只有经全网验证且被部署至区块链网络中的智能合约才被赋予了自动执行的指令，换言之，智能合约与电子合同的关键区别在于其执行阶段。

2. 加密处理后的代码为合约有效内容

电子协议的形式并不影响合同的成立，但特殊的存储介质和缔约方式会导致合同内容的证明与传统合同完全不同。就载体而言，智能合约以代码为基础记录合约条款和规则，表达并存储于区块链中，能够被计算机读取执行。合约文本和合约代码之间存在对应和互补的关系。但自然语言转为机器可读的代码,限制了能够轻易精确界定的主体和活动的范围。[①] 智能合约虽然是双方当事人合意的结果,但是其表现形式不是单纯的合同文本的再现,而是大量经加密处理后的代码,无法通过直接识别来展现合同的内容。

3. 以技术转化规则为合约内容的解释规则

智能合约的合同形式为计算机代码,通过代码在网络中阐述、验证和执行合约。要对代码进行解释,需要通过一定的技术手段进行转化。且出于智能合约订立方式的特殊性,智能合约中不可避免地存在大量格式合同。智能合约法人形成方式有两种:一种是线下协议的代码体现;另一种是由直接部署在区块链中的代码组成。后者不仅需要经过合约方的确认才能成立,还导致智能合约中存在大量格式合同。要实现双方都能理解格式合同的含义,就提高了智能合约的准入门槛,使智能合约的应用成为"高岭之花"。

(二)智能合约主体与合同效力

1. 依推定原则确定智能合约主体缔约能力

智能合约存在合同当事人行为能力确定困难的问题,并且由于智能合约可以实现匿名交易和不可逆执行,这种问题更为严峻。当不具有缔约资格的主体在区块链智能合约中与其他主体完成智能合约的缔约和履行过程后,另一方主体才可知晓该主体是否具有缔约能力,这显然是不合理的。甚至在智能合约中,用户进入网络后的主体资格并不能被审查或者审查困难,导致合同效力待定甚至无效的情况将更普遍。因此,在智能合约中,缔约主体的行为能力将给智能合约的效力带来极大的挑战。在互联网交易中,判断缔约者是否具备相应的民事行为能力需耗费较大的成本。因此从促进交易的角度,《电子商务法》第48条第2款规定了推定当事人具有相应的民事行为能力的原则。

2. 智能合约提供者的本人地位

在电子交易中,交易主体往往不是亲自订立合同,而是通过计算机程序或其他自动化设置自动缔约,减少或完全不需要人工介入,这就是电子代理人制度。电子代理人不是民法上的人,也不属于法律意义上的代理人,而是受电子交易主体控制的用于缔约和履约的工具。因此,电子代理人所作出的意思表示效果应归属于电子代理人之所有人或控制人。通过电子代理人所做出的意思

① See Harry Surden,"Computable Contracts",*U. C. Davis L. Rev.* 46,2012,pp. 682 – 683.

表示，只要不存在法定或约定无效的情形，就为合法有效。

电子代理人是事先编好的缔约程序，只是控制人的交易工具，交易主体只需进行简单操作完成缔约。智能合约的提供主体在法律地位上类似于电子代理人，合同效力不直接归属于智能合约提供方，而是直接归属于交易主体。将智能合约提供方定义为电子代理人所产生的问题是当合同出现错误时，解决途径不可避免地牵扯各种中介机构，智能合约的去中心化可能会导致没有明确的纠纷解决机制和责任主体，因为电子代理人并不能成为承担责任的主体。

（三）智能合约意思表示的认定与合同效力

1. 全网节点验证时间为意思表示到达时间

在智能合约的整个订立过程中，合约当事人通过智能合约平台向相对人发出要约，经过区块链网络向全网各个节点广播该要约的内容，由全网节点对该要约信息进行初步验证并储存至各节点所在区块后，该信息内容才向特定接收人所在区块移动。这整个过程存在一个第三方验证的程序，即合约相对人收到的要约是间接的。因此，智能合约中的要约为非对话的意思表示。

对于以非对话的方式向受要约人发出的要约，学界通常采到达主义。① 对于智能合约来说，意思表示生效的时间点也与传统合同中的时间不同。意思表示做出后，经过全网验证并加盖时间戳的节点，意味着该意思表示进入了“特定系统”。参照到达主义相关规定，智能合约中意思表示生效时间应为全网节点验证的时间。

2. 依经技术处理的代码判断合约意思表示方式

《合同法》的书面形式包括数据电文。② 代码是否属于数据电文？我国《电子签名法》第 2 条和《合同法》第 11 条规定的“数据电文”，虽然文字描述方式不同，但所指代的对象相同。③ 数据电文是一种信息内容，并非信息的表现形式或者载体。作为合同的一种表现形式，数据电文应当能够为一般人识别和理

---

① 参见沈德咏主编：《〈中华人民共和国民法总则〉条文理解与适用》（下），人民法院出版社 2017 年版，第 922 页。

② 《合同法》第 11 条规定：“书面形式是指合同书、信件和数据电文（包括电报、电传、传真、电子数据交换和电子邮件）等可以有形地表现所载内容的形式。”

③ 《电子签名法》第 2 条第 2 款规定：“本法所称数据电文，是指以电子、光学、磁或者类似手段生成、发送、接收或者储存的信息。”

解，而纯粹的代码并不能被直观地理解和把握。因此，智能合约的内容必须明确，否则将导致合约无法正常履行或者未按照合约的本意履行。但是，受制于目前的技术水平，智能合约中一些难以量化的语言是无法用具体数值进行描述的。因此，智能合约的意思表示需要进行技术上的处理才能转化为法律语言进行理解。

智能合约意思表示的发出不能适用传统合同对于意思表示撤回、撤销的规则。且由于智能合约相关技术的特殊性，要约与承诺的撤回和撤销[①]也并不受当事人控制。在不存在第三方介入的情况下，智能合约是一个自治系统，利用全网节点来实现交易的安全性和稳定性。因此，要约被发出后不能被撤回。这一规则的前提是区块链使用的共识算法，将区块节点中的信息达成全网一致共识的机制，使智能合约系统变得安全、明确且不可逆。[②] 因此，一般情况下，智能合约中意思表示不能被随意撤回和撤销。另外，要约的撤回还需要在全网节点验证之前。经过全网节点验证的要约，最终会不可撤回地进入接收方的系统，因而该要约就视为已经到达相对人，不可撤回。

3. 意思表示规则导致撤销权行使不能

传统合同中，当发生意思表示错误时，如发生重大误解、欺诈、胁迫、显失公平等情形时，合同一方当事人可主张撤销权。在智能合约中，受损方对撤销权或解除权的行使面临着诸多障碍。本文前述已阐明，智能合约中意思表示方式的特殊性使要约和承诺的发出过程不可逆，指令的发出和接收只需极短时间，一旦接收节点做出承诺合约触发条件可能已成就，合约就朝着订立的目的运作。理论上来看，智能合约作为一个合同是具有可撤销的特性的，但是由于智能合约的成立过程需要全网节点的验证，那必然是需要取得全网节点共识的，想要对已经达成的合同进行修改或撤销，需要付出更大的代价获得超过 51% 节点的共识。因此，也可以认为智能合约的意思表示规则的特殊性导致撤销权行使困难或无法撤销。

---

① 一般认为承诺不可撤销。

② 参见陈东敏主编：《区块链技术原理及底层架构》，北京航空航天大学出版社 2017 年版，第 22 页。

(四)智能合约履行效力分析

1.履行规则导致情势变更原则无法应用

根据《合同法》第60条的规定，当事人负有全面履行合同的义务。当合同履行出现障碍时，为履行不能、履行迟延和不完全履行等状态。① 智能合约的履行完全由计算机代码根据设定的触发条件执行，当预设条件达成时，合同自动完成履行的过程。因而智能合约保证了合同的履行，智能合约不存在迟延履行、不完全履行、不能履行等形态。

这也就意味着，智能合约一旦成立就固定地朝向最终的合同目的运行，不管最后能否实现合同的目的，最终都会出现一个结果。合同理论中对于双方订立合同中不可预见的情形，智能合约并没有对应的措施。情势变更理论用于解决合同成立后发生当事人在订立合同时无法预见的、不属于商业风险的重大变化，导致合同丧失其履行的基础，继续履行合同将对于当事人一方明显不公平的，应允许协商不成后请求人民法院或者仲裁机构变更或解除合同。由于智能合约本身无法更改的特性，这种救济方式在智能合约中无法实现。另外，在计算机网络中，编码错误处处可见，智能合约无法实现合同目的的原因也多数归因于编码错误。作为可预见的风险，编码错误并不能被归类于情势变更。因此，智能合约的程序漏洞不能与情势变更等制度结合。

2.程序的不可逆导致合约解除不能

合同的解除是合同终止的原因，依据合同解除发生根据的区别，可以分为约定解除和法定解除。约定解除是在双方当事人达成合意的前提下解除合同，法定解除是基于法律规定解除合同。理论上，智能合约也应当具有解除合同的功能，但当程序被执行后，就脱离了合约当事人的控制，除非程序运行结束或者出错，否则无法被任何人干涉和停止。在这样的模式下，合同的解除需要付出巨大的代价。在电子合同中，由于是中心化应用程序，合同解除只需要提交补丁或者修改代码就能完成，而智能合约解除或者修改存在风险。在2016年6月17日发生的THE DAO被攻击的事件中，为了制止财产的流失和修复系统的漏洞，只能将以太坊进行分叉，再通过更新协议将这段期间的相关交易做无效处理。DAO事件折射出一个更深层次的问题：智能合约无法区分合法目的或

① 参见韩世远:《履行迟延的理论问题》，载《清华大学学报》(哲学社会科学版)2002年第4期。

非法目的。在 DAO 事件损失的价值 1400 万美元以太币的过程中，并不存在任何不正当的行为。THE DAO“攻击者”声称，其行为是按照智能合约条款，使用的编码功能，并未违反刑事法或民事法。[①] 更为严重的是，智能合约中的记录是连贯而不可更改的，这意味着无人能够使智能合约回到初始状态，贸然采取手段通过分叉等方式改变智能合约原本运行轨迹的行为，都将影响智能合约的独立性。由此看来，智能合约还需要一套完整的合同解除机制。

3. 独立执行导致违约判断困难

智能合约的履行方式决定了智能合约在理想情况下不具有履行中止或履行不能的形态。但是这并不意味着违约责任等制度在智能合约中无法发挥作用。智能合约也有合同无法全面履行的情况。例如，智能合约的触发条件未满足的情况下，合约就不能得到执行，智能合约较难在程序设定后作出调整，于是就出现违约的结果。当出现违约的结果时，通常有过错的一方应当承担违约责任，比如继续履行、赔偿损失等。但是在同一个智能合约中，继续履行并不能得到实现，而违约责任的承担对于保证合同的履行确有必要。因此，违约责任通常需要第三方介入督促违约方承担合同责任，然而在智能合约中也不存在第三方的介入。那么，如何保障合同的履行和权利义务得到正确的行使就成了智能合约的问题。另外，由于智能合约代码的复杂性，一般人无法理解甚至编写完整的合约代码，可能需要委托平台对智能合约进行技术上的协助。如果智能合约出现技术性漏洞而导致合约目的无法实现，这一结果的责任归属目前还无定论。

由于合同权利义务的复杂性，违约也表现出极其复杂的形态，违约行为的分类也就有很多。与智能合约的特点紧密相关的是预期违约与实际违约。预期违约的特点是在合同履行期限届满之前的违约，造成的是相对方的信赖利益损失，其法律责任可能是能够履行的继续履行、不能履行的赔偿损失。在智能合约的场景下，预期违约的责任判定可能会出现争议。首先，当一方恶意地拒绝履行原本能够继续履行的合同，相对方可要求合同继续履行，但是根据智能合约的执行方式，合约一旦停止继续履行将花费巨大的代价；其次，智能合约进

---

① 参见 THE DAO“攻击者”：《我获得的以太币是合法并正当的》，载比特币论坛：https://www.8btc.com/article/93738，2018 年 8 月 18 日最后访问。

入执行后即不受合约当事人控制,其执行条件已被事先预置,那么在智能合约场景下,无论发生什么情况,都无法阻止合约的执行;最后,在法律经济学影响下的违约理论中,有"效率违约"的违约理论,指的是如果一方发现违约带来的收益远超履约带来的收益,那么违约是合理的。在智能合约的场景下,效率违约不可能产生,并且可能导致合同履行的成本过高。因为如果发现一个智能合约履约后将蒙受损失,也不能停止智能合约的履行进程,只能任由该智能合约走向损失的最终结果。那么最后合约当事人的损失可能会超过普通合同停止履约的损失,这一部分损失的责任承担者在智能合约中未有定论。

四、智能合约法律性质与效力制度的构建

(一)《合同法》针对智能合约司法解释的完善

1. 明确合同的外延

《合同法》第 2 条对于合同的规定并没有将智能合约排除在外,建议在《合同法》的司法解释中对智能合约属于合同之范围的条件进行规定。智能合约的特殊性决定了其在意思表示的载体、意思表示的形成机制及具体适用规则等方面的特殊性。

要在法律框架下理解智能合约作为新事物与传统合同的共性与差别。首先,在意思表示的载体方面,代码和文字之间存在的差别决定了识别要约与承诺是困难的。智能合约采取的既不是书面或口头形式,更不是数据电文形式。作为编程语言,很难说代码形式是否符合最高人民法院《关于适用〈中华人民共和国合同法〉若干问题的解释(二)》的规定。但由于代码与上述三类载体在表达和读取上具有同质性,因此,有必要将代码形式解释为《合同法》第 10 条第 1 款中规定的"其他形式"订立的合同。其次,在意思表示的形成机制上,以代码形式订立的智能合约存在要约和承诺的识别问题。智能合约要约与承诺的生效应当以对方能够明确获知为标准,如明确地向缔约方披露出合同条款,或者将合同条款保存在能够使用技术手段转化为通常能够理解的环境中等。

截至目前,美国已有多个州通过法案承认智能合约的效力,例如,2018 年佛罗里达州通过法案规定不能因为在合同形成过程中使用了电子记录和该合同包含智能合约而被拒绝其合法性。[①] 该项法案对我国司法实践有重要的借鉴意义：一方面通过承认智能合约的法律效力弥补目前立法的缺失，另一方面加快对智能合约法律性质的研究及认定。

2. 依注册用户判断主体适格性

智能合约的匿名制度和网络中不直接接触的交易方式让交易主体无法获知对方准确、全面的信息。智能合约签订前，封闭的合同环境使当事人难以判断合同相对人的缔约能力及履约能力；合同签订后，由于责任主体不明确，合同权益无法得到保障。出于网络交易安全性及效率性的考量，对智能合约中的缔约主体资格应辩证看待，除缔约主体的意思表示能力外，还需考虑到合同本身的公正性和交易安全。立足于对智能合约订立特殊性的考虑，建议根据用户在智能合约平台注册信息来判断主体的适格性。目前网络实名制正在普及，虽然关于网络实名制的争议不小，但对于实行电子交易实名制却无异议。[②] 网络实名制的最大挑战是如何保护用户的隐私及个人信息安全，而智能合约能够实现匿名交易且最大限度保护用户个人信息。因此，在智能合约中实现用户实名制有其可行性，建议智能合约在实现实名制后可以直接根据用户注册信息判断其主体是否适格。在这种状态下即使有不适格主体订立了智能合约，其责任主体的确定也不会陷入困境。

3. 明确智能合约的电子代理人规则

基于智能合约的理论，合约应当是无错误地、固定地朝合约的最终目的执行，但现实中总会发生编码错误、被黑客攻击等情况。The DAO 事件中，由于代码漏洞导致的损失责任主体应当是智能合约的使用者还是开发者，需要借助相关规则判定。作为一个众筹项目，其管理者通过区块链智能合约这一方式筹集资金，最后出现程序漏洞造成的损失，可根据代理规则进行判定。需要赋予智能合约开发平台以法律责任，则要在不改变目前的民事主体制度的基础上，讨论智能合约提供者的法律地位。

首先，是否需要确定第三类主体“电子人”的主体地位。由于电子代理人是

---

① 参见《区块链数据和智能合约真的有法律效力？美国佛罗里达州正在立法》，载比特币论坛：https://www.8btc.com/article/153106，2019 年 3 月 12 日最后访问。

② 参见谢勇：《电子交易中的合同法规则》，人民法院出版社 2015 年版，第 65 页。

"无须个人检视或行为介入的计算机程序或一种电子或自动方法"①,无论使用什么技术,最后要达成的是现实中主体与主体之间的合同,智能合约的规则也是适用于现实主体之间的,因此不需要特别设立电子人主体。其次,由于智能合约代码的复杂性,通过智能合约订立合同的普通人必须借助代理人的专业手段订立智能合约,这就出现了电子代理人的规则问题。将代理人从单纯的自然人、法人主体扩大到智能合约提供者,并借助代理规则和责任承担规则,解决智能合约可能出现的问题。从目前的实践上来看,更多平台使用了预设的代码范本,而这些平台就要对预设的代码出现漏洞承担相应的责任。由此,通过代理人规则能够很好地解决智能合约中由于技术原因出现的问题。

4. 明确智能合约合同解释规则

当智能合约的履行结果对合同当事人一方或多方造成损害时,就需要用到合同的解释规则对当事人进行救济。对于由计算机代码呈现的智能合约,其运行规则、过程及结果具有特殊性,因此解释须慎重。合同当事人协商确定的合同条款必须通过编成为计算机语言方能在智能合约上运行,这使合同双方约定的条款只是智能合约的一部分,智能合约中自动执行部分也是合同内容的部分体现。所以,智能合约的行为性质和目的也可以成为合同解释的内容,可根据智能合约执行结果探析当事人缔结智能合约的目的来对合同进行解释。

在解释智能合约条款时,要将智能合约的代码与自然语言一一对应,尽量减少语言间的差距,需要制定统一的规则。有人提出将分离条款嵌入合约文本,实现智能合约与法律合约配对。"法律条款包含计算机代码的密码哈希字符串,确保法律代码与相关智能合约的一一对应关系。同样地,智能合约文本也包括法律合约的密码哈希字符串。因此,两者必然存在联系。若智能合约出现问题,可以通过法律合约解决该问题。"②

(二)《民法总则》适用于智能合约的特殊规则确定

1. 意思表示方式独立解释规则

智能合约本身的内容必须明确,否则将导致代码无法正常运行或运行出现

① 郭少飞:《"电子人"法律主体论》,载《东方法学》2018 年第 3 期。

② [美]凯文·沃巴赫:《信任,但需要验证:论区块链为何需要法律》,林少伟译,载《东方法学》2018 年第 4 期。

错误。但智能合约的语言性质决定了智能合约难以用代码表述这类模糊条款，而最终导致智能合约只能用于描述包含精确条款的合同。而智能合约的执行之际则表明智能合约的发送方有受要约内容约束的意思，但这一意思表示并不是通过发送方的行动来表示，而是通过代码来表示的，即接受执行的不可逆的意思表示。这是一个机械的过程，但也可以被认定为经当事人真实意思的要约，因为在传统民法上，自动售货机属于附条件的要约[①]，那么智能合约并未超出要约的范畴。但是在区块链技术环境下，区分智能合约是要约还是要约邀请成为难点。根据《合同法》第 15 条第 1 款的规定，要约必须有缔结合同的目的，但要约邀请没有这一目的。[②] 智能合约要求其代码必须明确、具体就意味着在智能合约中发布要约邀请成为不可能，即使可以通过编程技术改编要约邀请的意思，但代码的不确定性将导致潜在的风险。

承诺在智能合约中的特殊之处在于它结合了事前承诺和事后承诺的特征，既不是可执行的，也不是已经执行的。[③] 智能合约中，接收方经过验证在合约中设定自己的密钥，这一过程并不表明接收方的承诺可以执行，而是需要经过全网节点验证后，部署至区块链网络中并达到触发条件，此智能合约才进入执行环节。在以上过程中，智能合约成了一个不能进一步履行承诺的合同。

2. 依统一的技术规范标准确定意思表示方式

由于代码本身具有可读性和可解释性，因此在功能上与传统书面、口头形式和数据电文形式的载体具有同质性，我们有必要通过法律手段认可代码作为意思表示载体的效力。合同的载体问题是最基本的问题，有必要确定统一的技术标准来判断智能合约的形式是否符合传统合同形式标准。联合国贸易法委员会在 1996 年《电子商务示范法》中提出了功能等同原则，从而认可了数据电文意思表示的合法性。[④] 同理，我们可以引入功能等同原则来认可代码所承载的意思表示具有合法性，继而认可智能合约中合同条款的合法性。

---

① 参见陈自强：《民法讲义 · Ⅰ · 契约之成立与生效》，法律出版社 2002 年版，第 60 页。

② 《合同法》第 15 条规定："要约邀请是希望他人向自己发出要约的意思表示。寄送的价目表、拍卖公告、招标公告、招股说明书、商业广告等为要约邀请。商业广告的内容符合要约规定的，视为要约。"

③ See Kevin Werbach, Nicolas Cornell, "Contracts Ex Mashina", *DUKE LAW JOURNAL* 67, 2017, pp. 336 – 338.

④ 参见于海防：《论数据电文意思表示形式问题的体系化解决》，载《法学》2014 年第 11 期。

根据合约代码与自然语言的比例,智能合约分为部分由自然语言书写、部分由代码编写和由代码编写的合约。如果将无论是自然语言编写的还是计算机语言编写的合同都视为合同的书面形式,则智能合约与传统合同的法律效力相同。但是如果两种语言之间内容上有所冲突,无论是以自然语言还是代码语言对应版本为准,都需要法律制度进一步明确并给出司法解释。这又引发一个新的问题:如果法律认定自然语言与编码语言的效力不同,是以自然语言版本为准还是代码版本为准? 无论是以哪一种为准,都要明确以另外一种语言书写的合约部分的效力。或者可以引入吸收条款,即书面合同约定表明该合同为当事人之间唯一和最终的合同,排除和替代双方此前就交易订立、发出或做出的一切文书和行为的条款。①

3. 要约和承诺的撤回和撤销适用

不可更改是智能合约的技术特点也是其优势所在,智能合约是在充分尊重当事人意思自治、双方当事人达成一致的意思表示的前提下成立的。智能合约的不可变更和不可撤销是智能合约进入执行阶段的不可撤销,而造成这种情况是因为智能合约需要平衡交易安全与意思自治,并不仅仅是制度性的原因。②对智能合约来说,当发生意思表示不一致的情形时,要对意思表示的错误进行更正或修改并不容易实现。智能合约承诺的方式与意思实现类似。③ 在智能合约接收方接收合约内容并验证时,并不需要向要约发出方进行反馈,而是通过全网节点验证向全网广播。在意思实现的前提下,智能合约的成立无须作出承诺的通知,直接进入履行阶段,因而承诺和要约的撤回和撤销变得十分困难。

目前只能通过在区块链上的某一区块将旧合约替换成为新合约,或者硬分叉的方式,即在原链的基础上生成新的区块链,从时间序列上自分叉后与原链并行来改变智能合约中既定的内容和运行轨迹。但是鉴于意思表示错误的更正需要在全网节点取得一定的共识,其产生的代价巨大。另外,以上方法的可行性也需要相关技术论证和实践。目前学界提出的方法是对正在履行的智能

---

① 参见谢鸿飞:《民法典合同编总则的立法技术与制度安排》,载《河南社会科学》2007 年第 6 期。

② 参见蔡一博:《智能合约与私法体系契合问题研究》,载《东方法学》2019 年第 2 期。

③ 参见韩世远:《合同法总论》,法律出版社 2018 年版,第 151 ~ 156 页。

合约条款进行修改，具体分为两种措施，第一种为公共权力接口，第二种为应用程序接口。[①] 公共权力接口即认可第三方监督机构强行干预智能合约的履行过程，对合同中不符合实际情况的合约编码进行更改。但这种方式破坏了智能合约的去中心化，与智能合约的理念相悖。应用程序接口是在智能合约中加入应用程序接口，对接现实中影响合约的各种客观因素，如最新法律规定、最新价格变动等。一旦这些数据发生变化，该应用程序将自行启动对智能合约进行部分修改，但不致影响合约的实质内容。以上方式或多或少都破坏了智能合约的自治性，以降低效率为代价，但具有一定的可行性和合理性。

结　语

虽然智能合约可以实现自我管理、自主执行，但毕竟与现实世界有直接的联系。法律是区块链的必由之路，而非其毁灭的根源。[②] 补充和完善法律中对涉及智能合约的规定，从智能合约的运用与现实世界的联系中探索制定规则，进而适应新技术和新领域的出现给法律体系带来的挑战，保证相关法律制度能够被有效运用。

---

① See Max Raskin, "The Law and Legality of Smart Contracts", *Geo. L. Tech. Rev.* 1, 2107, pp. 327 - 328.

② 参见[美]凯文·沃巴赫：《信任，但需要验证：论区块链为何需要法律》，林少伟译，载《东方法学》2018年第4期。

智能合约订立的合同法调整

王尔杰*

摘　要：智能合约是区块链底层技术发展2.0阶段所衍生的技术，是一种运用计算机语言取代法律语言记录合同条款的合约①。我国目前合同法律体制不能很好地规整该技术。主要问题有以下：第一，智能合约计算机语言与传统法律语言的差异；第二，智能合约合同订立主体资格的认定困难；第三，智能合约合同的责任承担。面临智能合约在我国现行合同体制中的适用问题，不宜保守、固守成规，而应积极地运用法学理论将其置于开放性的合同体制之下。秉承意思自治原则，完善现行合同体制，解决智能合约的法律适用问题。

关键词：区块链　智能合约　合同法　合同订立

一、相关基本概念

（一）研究目的、方法、背景

科学技术极速发展的今天，区块链技术在新兴技术领域独占鳌头，风靡于全球科技、金融等领域。众多科技、金融企业不遗余力地投入区块链的研发中，并将区块链中的智能合约作为研发的重心。然而基于区块链技术的智能合约作为新兴的计算机技术，不仅其技术本身发展还不够成熟，我国对于智能合约的法律制度也基本等于空白。本文将从智能合约的概念出发，对其法律属性进行分析，契合现行立法措施以积极探寻我国合同体制应对智能合约所存在问题的对策。

---

* 王尔杰，中国计量大学法学院硕士研究生。

① 参见周润、卢迎：《智能合约对我国合同制度的影响与对策》，载《南方金融》2018年第5期。

智能合约作为新型计算机技术的合约，对其研究必然要涉及计算机代码和合同法。笔者将从智能合约的特性与传统合约的特性对比中探究其属性，对其与现合同法的冲突点进行分析，进而得出合同法对其规制的法理缘由。本文计划运用定性分析法、文献研究法、实证分析法进行研究。

美国跨领域法律学者、计算机专家尼克·萨博于 1994 年在其文章中最初提到了智能合约（smart contract）这一概念。直至近些年，对智能合约的研究才逐渐兴起，根本原因在于区块链技术的广泛运用，使智能合约的概念被更多的人了解，而由此带来的法律问题，也逐渐进入人们的视角。2016 年，区块链被国务院列入《"十三五"国家信息化规划》①，要求加强基础研发和前沿布局，从国家科技战略层面肯定了它的技术与社会价值。

（二）智能合约的概念、特征

在目前，理论界和实践还没有对于智能合约的权威定义。笔者借鉴相关文献并按照智能合约的特征和运作原理将智能合约定义为：一种运用计算机语言取代法律语言记录合同条款的合约②。该定义能在抽象地涵盖智能合约的法律属性的同时兼顾其技术属性，虽并未涉及智能合约的主要特征属性，但能够被广大社会群体认知。

1. 去中心化

去中心化最开始是计算机技术的概念，即在计算机分布式中，每个节点都高度自治，任意节点都能成为链接的中心，而不存在具有强制性的中心控制功能。去中心化作为区块链的核心特征，其法律作用在于能够建立起一种取代政府强制力保障的"信赖"，区块链可能成为无政府状态下维护社会秩序的基础技术。

2. 隐匿性

隐匿性的特征是由区块链运用的哈希算法所决定的，是在智能合约模式

① 《"十三五"国家信息化规划》（国发〔2016〕73 号），2016 年 12 月 15 日颁布。其中两次提到区块链："物联网、云计算、大数据、人工智能、机器深度学习、区块链、生物基因工程等新技术驱动网络空间从人人互联向万物互联演进，数字化、网络化、智能化服务将无处不在"；在强化战略性前沿技术超前布局一部分，"鼓励企业开展基础性前沿性创新研究"。

② 参见周润：《区块链智能合约的法律问题研究》，载《齐齐哈尔大学学报》（哲学社会科学版）2018 年第 4 期。

下，合同双方当事人无须亦不能知道对方交易人的信息，即可完全全面履行合同。抽象地讲，智能合约相当于一个黑匣子，合同一方当事人将合同内容通过哈希函数输入，该函数即会对该内容进行加密、处理，从而得到一个公钥和私钥；而合同另一方将他的内容、公开的公钥和你给予他的私钥进行输入匹配，即可获得合同的内容。任何人都无法仅凭公钥获得该内容。该特性能够使合同在开始之前，不被其他方式所得之，并在合同履行过程中，保证合同内容信息的安全性。

3. 不可篡改性

智能合约的不可篡改性源于区块链的不可篡改性。由于区块链的信息的传递性，信息都储存在每一个节点上，每一个节点的信息都是相同的。因此，除非能同时对全网 51% 以上的节点进行修改，否则储存在区块链中的信息是不会被篡改的。而从实际上讲，攻占区块链 51% 以上节点的技术所需要的运算量，基本是不能达到的。

4. 自动强制执行性

合同能够通过计算机自动强制执行，是由于在预先设定的代码运行下，满足一定条件时，智能合约将无条件自动执行。即类似一个附条件生效的合同，不同之处在于在条件满足时，合同自动执行而非生效。正因为智能合约的执行具有强制力，且该强制力仅需技术而无须其他主体来承担，智能合约的广泛运用将会导致法院的部分功能丧失。

（三）智能合约的法律和价值属性

1. 智能合约的法律属性

智能合约最开始是作为一个技术规范而被认识，随着理论的发展，与法律制度的碰撞日益激烈，需要一种配套的法律制度以迎合其发展。因此，赋予智能合约以法律属性成为一种必然。2016 年 2 月 25 日，美国加利福尼亚地方法院判决认为，比特币作为一种无形财产，搭建了技术和法律之间的桥梁。① 在法律层面上，将目光反复穿梭于事实与法律规范之间。一个合同需要主体、客体、内容作为构成要件，智能合约在与合同法“试触”中，既有相似之处，也有不同之点。应当以知识工程理论统摄法学和技术学视角，将区块链智能合约纳入合同

① HashFast 管理人诉 Marc Lowe 破产纠纷一案。

法框架。[①]

2. 智能合约的价值属性

按照马克思经济学原理，价值由劳动产生，价值主要包括使用价值和交换价值。而比特币作为智能合约的基础，其通过奖励机制，以哈希算法演算形成新的区块链作为目标，发放比特币。该过程是否属于劳动？一般的观点认为，其解算函数即创造了“社会财富”，应具有价值。

按照货币价值而言，其有效地解决了“拜占庭将军问题”[②]，解决了第三方信任问题，解决了交易安全问题。其符合经济学较为本质的规律：降低交换成本、提高交换效率。因此，其作为一种货币的交换价值，应值得肯定。

二、智能合约订立中的问题

（一）智能合约计算机语言和传统法律语言的差异

计算机语言和传统法律语言的差异在于信息传递的对象不同。有一种观点认为，因为计算机语言采取简单的“if...then”逻辑结构，并不存在需要解释的空间，即计算机语言的出现消除了法律语言解释的功能。如萨维尼所言，解释的目的是“再现无生命的字符所记载的有生命的思想”[③]，解释的目的在于确定当事人的意思，充分实现当事人的意思自治。实际上，不存在无须解释的字符，只是特定客观条件下，我们必须舍弃部分意思自治的内容，无视当事人原本的意思而赋予其不同的内涵。在现在计算机的参与下，能够引起法律关系变动的语言由传统自然语言转变为计算机语言再转变为自然语言，最后表达意思人和意思受领人仍然是自然人，而非机器，意思终究需要解释。计算机语言只能在意思传递时更加准确，而愈加精准的语言的涵摄范围越小。考虑到社会的复杂性，很多情况都不能以列举式的方法对社会现象穷尽，语言在关注准确表达的同时，也应当注重语言表达的弹性，如“不可抗力”“意外事件”等术语。而毫无疑问的是，无论采取计算机语言或是法律语言，语言作为传递意思的工具，解释必然存在。

---

① 参见陈立洋：《区块链研究的法学反思：基于知识工程的视角》，载《东方法学》2018 年第 3 期。

② 由莱斯利·兰伯特提出，即在 P2P 技术中，信息在传递时存在的信息丢失现象不可避免。P2P 技术又称对等互联网络技术，点对点连接，依赖用户的计算能力，通过 Ad HOC 作为连接点来实现用户之间的连接。目前该技术已被广泛运用。

③ ［德］维尔约·弗卢梅：《法律行为论》，迟颖译，法律出版社 2013 年版，第 342 页。

（二）智能合约中主体资格的认定

按照合同法现行体系，合同的成立生效需要当事人具有缔约能力，即一种行为能力或资格。由于智能合约自身属性之一——隐匿性，双方当事人无法判断对方的主体、行为能力和资格。虽然目前技术能够做到对技术使用者进行一定的认证，但其并不具有专属性，即技术使用者并非信息认证人，易导致合同订立双方主体不确定。在此情形下，智能合约或可参照网络合同规则以适用。而对于在合同订立之前，何种当事人能进入智能合约，目前亦没有明确的规定，自然人、法人、非法人组织，是否具有智能合约缔约能力？是否需要设置前置性条件对主体进行管控？另外，对于主体资格的认证，也面临巨大的挑战：在技术上添加当事人行为能力和资格的筛选功能，也有主体因素的局限性，如间歇性精神病或癫痫。目前智能合约在技术上无法很好地解决。而同时由于其不可逆性，将会严重地损害当事人的利益，贸然引进、承认该效力，将会造成法律制度的紊乱。有学者主张，根据《电子商务法》第48条“电子商务当事人使用自动信息系统订立或者履行合同的行为对使用该系统的当事人具有法律效力。在电子商务中推定当事人具有相应的民事行为能力。但是，有相反证据足以推翻的除外”的规定，在网络虚拟环境中，当事人能力由法律推定。[①] 该条文的立法目的在于牺牲当事人的部分权益来提高经济效益，而智能合约不同于简单的电子合同，一旦订立即全面自动履行。若将此条文适用于智能合约，则严重损害当事人的权益。因此，不建议采用《电子商务法》中所规定的能力推定规则。

（三）智能合约对意思表示理论的冲击

传统合同中，当事人意思表示达成一致且当事人无异议，合同即成立。当事人按照文字的含义和法律解释方法准确地将自然语言转化为法律语言，是不切实际的。当事人通过直接阅读智能合约机器语言所表达出来的含义，往往也是不切实际的。即使现在有诸多软件能帮助我们进行自然语言和计算机语言的转化，但受限于技术水平和语言模糊性，当事人往往只能凭经验判断智能合约的正确内容。在意思表达错误或受领错误时，若按照传统的意思表示理论，能否合理地解释，又将按照哪个标准来进行认定，都存在问题。[②] 意思表示理论

① 参见夏庆锋：《区块链智能合同的适用主张》，载《东方法学》2019年第3期。

② 参见谢鸿飞：《民法典合同编总则的立法技术与制度安排》，载《河南社会科学》2017年第6期。

主要解决的主客观不一致的问题被智能合约放大化、复杂化，有学者认为，“智能合约的存在能够极大地准确合同的内容，不再需要意思表示的解释”。[①] 该观点似乎偏离了问题的关键，即内容的范围应当也是由当事人合意所确定的或法律所强制规定的，合同的内容在于当事人在意思表示一致的范畴上取得相同的法效果，即不论合同的范围，抑或是当事人对于合同内容存在重大误解、表示错误。故合同确定的权利义务与当事人的达成的能够取得法效果的合意存在根本性的区别。

（四）智能合约订立合同方式的变化

我国《合同法》第 13 条规定，当事人订立合同采取要约、承诺的方式。此外，理论上还有要约邀请、反要约等概念。在智能合约当中，由于其不可篡改性、不可逆性、自动履行性，对该规则产生了较大的影响。但是，有学者认为，“在本质上与线下意思表示并无区别”，“智能合同中形成的当事人合意，与一般合同的合意相同，符合合同构成要素的合意要求”。[②] 在该体制下，当事人发出的要约以及承诺是可以撤销和撤回的。对此可以在技术上设定，即在合同订立过后设置一条路径，在一定期限且在对方尚未“承诺”前规定单方面的解除权，使该智能合约自始从未发生或发生但无效。

（五）智能合约的成立和生效

成立是合同生效的前提，生效是合同成立逻辑的延续。当事人意思表示达成一致合同即成立，合同同时满足法定的一般构成要件即生效。智能合约的存在，对于无效合同的认定，将产生巨大的困难。例如，《合同法》第 52 条第 4 款规定，违背社会公共利益的合同无效，而社会的复杂性决定了该条款中“公共利益”的认定将有很大的裁量性和不可确定性。由于智能合约的隐匿性，我们不能从外界探知合同订立双方主体，则无法全面地判断该合同是否损害了公共利益。再如，根据《合同法》第 52 条第 3 款在现实中认定以合法手段掩盖非法目的的合同无效，该条文不能仅仅依靠法条的规定来作出判断，就目前区块链系统的发展状态来看，正确定义“非法目的”是不太现实的。故此，依旧需要人

---

① 余成峰：《法律的“死亡”：人工智能时代的法律功能危机》，载《华东政法大学学报》2018 年第 2 期。

② 夏庆锋：《区块链智能合同的适用主张》，载《东方法学》2019 年第 3 期。

为地检测智能合约中合同内容，而由于智能合约的隐匿性，并不能做到这一点。

三、智能合约订立问题的解决建议

（一）注重自然语言和机器语言的兼容性

所有的问题都是人的问题。现阶段智能合约技术作为一种手段而被人所利用。机器语言相比较自然语言有着准确性的优越性，但在准确表达的同时，也丧失了自然语言的弹性。合同的模糊性是一种功能而非一种缺陷，机器语言简单的结构无法支撑复杂合同内容的表达。语言作为意思表示唯一的工具，其方式的转变意味着需要更多的兼容性。在产生两个语言文本时，究竟以哪个文本为准？对此，笔者认为应当以自然语言文本为主，对意思表示进行解释。但合同原文本可能是按照编码人的意思进行编码的，此时若贸然引进编码人抑或是平台责任，又属于另一个问题。如何处理好机器语言同自然语言的关系，将成为智能合约能否广泛推广运用的必要条件，也是自然科学同人文科学交织共同促进社会发展的有效途径。

（二）加入主体资格认定机制

在技术上，应当加入对于主体资格的认定机制以及对主体资格的分级录入机制。在许可区块链上，当事人身份可以得到确认，主体行为能力易于判断。而在公链上，用户身份信息以公链地址表示，以实现隐匿性，在数据透明的同时并未与主体相绑定。因此，链上节点无从知晓交易的主体，从而保护用户隐私。基于与相关联的公匙的数学关系，私匙被假定为个人。虽然这能让代码钥匙构成数学身份体系的基础，但并不能解决主体资格的判定。随着技术的发展，智能身份应用在注册、登记或交易时，将能够解决对当事人主体能力和资格的自动识别和认证工作。据此，建议参照我国的标准援引规则，引入阶层性主体资格分类：系统首先对该主体的资格进行审查，判断其满足一般要件或去除不需要的要件，如国家的强制性规范；而后在此基础上，按层级逐步地对主体进行筛选，选出对应的合适当事人。[①] 该规则逻辑与“if…then”相同，能很好地搭建技术与法律的桥梁。

---

① 该思路来自导师陶丽琴教授关于民法典合同编标准援用规则。

（三）智能合约意思表示理论的适用

在传统合同法中，合同的成立由合同当事人的合意达成一致。美国法院在判例中认定，网上交易的合意内容需要具备三个要素：一是网上交易使用条件的明确通知；二是当事人受调控约束的明确警告；三是用户对条款和条件的明确同意。因此，当智能合约的当事人通过点击或其他电子形式表示同意时，这种电子行为已经显示出合意的意思。问题在于，合意范围和内容该如何确定。在智能合约当中，对于意思的认识可以通过两种方式：一即直接阅读计算机语言；二即阅读计算机语言翻译的自然语言。迫于计算机语言的专业性，不具有普适性，不能要求订立主体能够阅读计算机语言来了解合同内容的含义。因此只能采用由计算机语言翻译而成的自然语言来对意思内容进行理解，并由此引发出究竟以哪个文本的含义为准的问题。在简单的智能合约当中，计算机语言能够与自然语言的翻译达成一致，故此仅需按照传统合同规则进行处理。我们不能苛求当事人对智能合约有细致认识，只需对智能合约所产生的主要法律效力有认识即可推定当事人对于事实的认识达到了充分的程度，可以把智能合约姑且当作以实现交换为目的的工具。就这个方面，智能合约的部分内容当作电子合同来处理，根据文本的提供者是否尽到了合理的提示义务，以判断是否适用格式条款无效的规定。

而在标准文本确定过程中，建议以自然语言文本为准。首先，自然语言作为一种自然随文化而演化的人类交流思想思维的普遍工具，是人从出生到死亡与社会交流的唯一途径。与其说是人类选择了语言，不如说是自然决定了语言。其次，自然语言能够便捷地传达意思表示的大致意思，并且可以结合相应的语境赋予意思不同的含义，使得意思的传递更加高效。“在探求意思表示的内容时，法律性的判断已经有一定的影响，依情境而言，售货员只能将其表示理解为买卖的要约，客户必须受其意思表示的拘束，而且该意思表示在法律上必须作如是理解”。[①] 而机器语言作为人与机器的语言，本身具有极强的专业性，其简单的逻辑性决定了意思内容上的肤浅，只能不断地通过代码编程对某一固定含义的意思进行表达。二者相比较，自然语言在社会人与人的交流中更占优势。再次，满足当事人交易便捷、注重效率的需要。智能合约的优势在于降低

① ［德］拉伦茨：《法学方法论》，陈爱娥译，商务印书馆2003年版，第12页。

了交易成本、明确了合同的实际内容。若实际合同的履行与双方达成的合意主要内容不一致，该责任无法归责于任一方时，宜认定该合同不存在，减少当事人的损失。当事人在交易过程中，能够受领的意思是A的意思，而计算机语言实际操作的是B的意思。按照理性谨慎受领人的角度，我们不能要求表意人或受领人为没有意思表示的内容所负责，这与意思自治的私法基本原则相违背。最后，在实际合同的履行与双方达成的合意有部分内容相同时，该如何处理？例如，在甲向乙借款，并约定了利息，双方达成了合意并通过智能合约履行，而在智能合约履约过程中，并未履行或超出履行了双方约定的利息。该案例在实践中不会出现，仅借此简单说明处理方法。笔者认为，若先有自然语言文本，而后通过计算机语言进行翻译表达，仅在履约过程中发生错误，则双方就未履行或超出履行部分按照原合同内容进行履行。而若先有计算机文本后翻译为自然语言文本，以采用自然语言文本为宜；计算机语言因其准确性，无法完整地涵盖复杂的情形，故自然语言需要采用略加概括的语言加以修正，以囊括大部分情形，该自然语言文本实际上是对计算机语言文本的补充和更正。此外，在对合同文本进行解释时，也应遵照一般合同形式对当事人的内心真意、当事人双方合同习惯等进行解释以进行法律的适用。

（四）第三方责任主体

我国合同责任一般采用严格责任，当一方违反协议时，若无免责条款将承担赔偿责任。而在智能合约模式下，将很难确定责任承担的主体。如在实际操作人和登记人不一致时，建议由登记人负责，再由登记人向实际操作人追偿。又如，在网络平台提供格式合同时，是否需要对当事人主体资格承担保证责任？此责任承担方式建议参照《电子商务法》中的有关规定。再如，在编码人不知道当事人的真实意思而进行编码时，如何确认编码人的责任？在代码开发者或应用提供者为一方当事人时，如果代码存在重大错误影响合同的主要条款，应当赋予当事人撤销权，并可以要求代码开发者承担相应责任。当代码开发者为第三方时，当事人应共同承担此责任；而仅在代码开发者具有重大过失或故意时，根据具体不同情形，可以赋予当事人撤销权或认定该合同不成立或赋予当事人解除权，并要求编码人承担相应责任。①

---

① 参见郭少飞：《区块链智能合约的合同法分析》，载《东方法学》2019年第3期。

（五）加入权力接口

加入权利接口，即在合同订立之初，就对合同的内容设置一个外接通道，能通过此通道运用强制力对合同内容进行修改，对合同中不符合实际情况的编码进行修改。此举虽然与智能合约的去中心化性质有所违背，但在当下技术水平尚不足以满足市场需求的情况下，不失为一种将智能合约推广运用折中的方法，既能够减轻技术上的要求，也能得到政府的认可支持。但需要注意的是，在接入该链接时，应当明确，对于涉及合同性质的条款是不得变更的，否则此时将会失去智能合约的不可变更性，也同时失去了区块链的可信任度。此种方法应当谨用、慎用。

结　语

初次接触区块链时，读的第一篇文章的作者极为推崇区块链技术和智能合约，竟言法律的功能在区块链技术下尽失。这对我秉承坚守的法律价值造成了极大的冲击，实让我眩目良久。后又仔细分析作者的逻辑思路，再与现下时代背景相结合，慨而叹之，作者意图的“理想国”，遥遥无期矣。区块链作为信息时代下高效经济的产物，为整个市场交易提供了便利，具有无限的可能，但现今技术尚未成熟，即便成熟后，依旧不能替代法律在社会关系中的作用。社会关系是由人与人的关系所构建的，智能合约的存在只是建立了人与人交流更加便捷的桥梁。技术终究只是人类发现自然、改造自然的工具。人工智能不能取代人类，智能合约亦不能取代法律。无论形式如何变化，法律将作为一种客观精神，始终悬挂在人类文明的发展史中。

论人工智能创作物的著作权归属：投资者对创作者的超越

陈全真*

摘　要：人工智能进行创作已经成为现实，目前学界普遍认可智能创作物的可版权性，只是在著作权归属原则上有较大分歧。创作原则基于其深厚的自然法根基而成为传统著作权归属认定的固有原则。但人工智能不是自然法思想下的"人"，不具备完全的权利能力，智能创作物适用创作原则认定著作权归属显然存在法理悖论。投资原则在智能创作物领域突破传统创作原则的桎梏，已然是一种不可逆转的趋势，应构建一套以人工智能投资者（一般为所有者）为著作权人，同时辅之以意思自治原则的智能创作物归属制度。

关键词：智能创作物　著作权　创作原则　投资原则

一、人工智能时代创作原则受到的挑战

当 AlphaGo 以 4∶1 的比分完胜围棋世界冠军李世石，人机大战以人类落败的结局落下帷幕。相比赛前李世石豪言 AlphaGo 不过是初级棋手的嚣张，赛后的李世石显得有些落魄。人们不禁要问，AlphaGo 究竟是什么，能把一个世界冠军逼成这样？根据 AlphaGo 的"生父"DeepMind 的团队描述，AlphaGo 已经不再是一台传统意义上的围棋机器，而是一种能够自我学习、更新的围棋人工智能。随着科技的不断发展，人工智能势必不会只应用在围棋上。现阶段，人

* 陈全真，海南大学法学院（2011 年国家司法文明协同创新中心南方基地研究人员），主要从事知识产权法、科技法学的研究。

工智能创作的诗歌、音乐、小说等不断涌入人们的视野。那么到底什么是人工智能？有学者总结得非常到位：抽掉人的欲望和激情，再抽掉人的肉体，并把剩下的理智力量无限放大后基本上就可以认为是人工智能的样子了。[①] 而专业的人工智能研究者这样定义：所谓人工智能就是用人工的方法在机器（计算机）上模拟、延伸和扩展人的智能的理论、方法、技术应用系统的一门科学，由于人工智能是在机器上实现的，因此又称为机器智能。[②] 根据智能等级的高低，人工智能大致可以区分为弱人工智能和强人工智能。前者所“创作”的作品一般需要大量的人力参与，此时弱人工智能就相当于人类的辅助性工具，与人们使用纸、笔或者绘图工具并无二致，将其“创作”的作品归入现行著作权法框架下也并无不妥。

然而基于深度学习技术的强人工智能已经可以脱离人类的参与，独立进行创作，且其创作的作品与人类的作品几乎没有任何差别。比如，由微软公司投资、基于深度学习技术的智能机器人“小冰”就独立创作出诗歌《阳光失了玻璃窗》，该诗歌已于 2017 年 5 月正式出版发行。这种情况下，再将人工智能视为人类进行创作的辅助性工具，显然是不合适的。传统著作权法的权属安排是以创作为原则，即谁创作谁就享有著作权。按照这个原则，著作权人应是创作作品的自然人。然而在人工智能创作物领域，这个原则的适用受到极大挑战。当人工智能创作了作品，因为其不是自然人，就无法享有著作权；而自然人因为没有参与创作，也不享有著作权。这样一来，人工智能创作物在著作权法上的权属显得无处安放。长此以往，智能创作物作品逐渐累积，大量的此类作品进入公共作品市场，不但无法得到著作权法保护，而且至少会造成以下较大的影响：首先，从宏观角度来讲，知识产权天生具有的垄断性决定了智能创作物排斥“共有财产悲剧”现象，私有财产排斥共享。[③] 其次，智能创作物无序进入作品经济市场，将会极大地挫伤人们创作的积极性，致使文化创新动力不足。最后，人工智能创作的低成本优势将导致智能创作物的数量剧增，人类原有的普通作品将会逐渐被淘汰。智能创作物占领作品市场后，由于机器智能产生的作品在类

---

① 参见李智勇：《终极复制：人工智能将如何推动社会巨变》，机械工业出版社 2016 年版，第 16 页。

② 参见曹少中、涂序彦：《人工智能与人工生命》，电子工业出版社 2011 年版，第 2 页。

③ 参见孙建丽：《人工智能生成物著作权法保护研究》，载《电子知识产权》2018 年第 9 期。

型、品质等方面可能较为相似,且作为公共作品,侵权现象可能会频发,从而进一步导致人工智能技术创新动力受阻。

即便有学者为了迎合人工智能所具有的超强智能,试图赋予人工智能法律人格,以解决人工智能无法享有权利、履行义务的难题,①但适用于知识财产领域的著作权则显得过于牵强。原因在于,能否赋予人工智能法律人格是整个私法层面的根本性问题,虽然著作权法属于私法的一个部门法,却涉及较多的公共利益,具有强烈的公法属性,前者能推及后者,但后者却无法推及前者,即著作权法无力解决这一根本性问题。② 所以本文无意于以人工智能的法律人格为前提探讨智能创作物的著作权归属问题,智能创作物的著作权归属难题并不在于法律人格的有无,而在于著作权法乃至知识产权法的价值倾向问题。因此,本文仅以著作权的归属原则为主线,剖析创作原则在人工智能时代所遭遇的法理困境以及在著作权归属上面临的弊端,探索投资原则在智能创作物领域著作权归属认定上的优势,以期为人工智能创作物的权属作出合理安排。

二、智能创作物著作权归属的悖论——知识财产法哲学的视角

著作权法中的创作原则起源于自然法学派约翰·洛克的“财产权劳动学说”。洛克认为,每个人有权拥有自己的身体,在此前提下,只要他使任何东西脱离自然所提供的和那个东西所处的状态,他就已经在那个东西中掺进他的劳动,加进了他自己的某种东西,因而使它成为他的财产。③ 简言之,洛克的核心立场是:上帝将世界赐予人类共有;每个人都拥有对自己人身的所有权;每个人的劳动属于他自己;当一个人把他的劳动掺入属于共有的某物时,他便使该物成为他的财产。④ 这样,洛克以“财产起源与发展”为前提,以劳动为标准,将私有物从共有物中划分出来,为私有财产权的起源提供了具有说服力的论据。⑤ 洛克的财产权劳动理论不仅可以解释有形财产权的合理性,而且为解释无形财产权的合理性提供了一个重要的理论基础。⑥ 著作权,虽然由于其客体——智

① 参见袁曾:《人工智能有限法律人格审视》,载《东方法学》2017年第5期。

② 参见熊琦:《人工智能生成内容的著作权认定》,载《知识产权》2017年第3期。

③ 参见[英]洛克:《政府论》(下篇),叶启芳、翟菊农译,商务印书馆1996年版,第20~21页。

④ 参见[澳]彼得·德霍斯:《知识财产法哲学》,周林译,商务印书馆2017年版,第70页。

⑤ 参见陈全真:《基因人格权:一个新型人格权的理论证成》,载《科技与法律》2018年第5期。

⑥ 参见[澳]斯蒂芬·巴克勒:《自然法与财产权理论:从格劳秀斯到休谟》,周清林译,法律出版社2014年版,第142页。

力成果——非物质性和无形性而让人们捉摸不透，但毫无疑问智力成果是人们脑力劳动的产物。根据洛克的逻辑，天赋人权思想中包含人对自己身体的所有权，而劳动不管是体力抑或是脑力劳动都是人身体的自然延伸，所以人对自己的智力成果享有财产权是理所当然的。这种理解不但获得了现实中人们的普遍认可，而且在域外知识产权法和国际知识产权公约中也有所体现。域外知识产权法和知识产权公约无一例外地规定，首先保护智力成果创造者而不是投资者的权利，体现了尊重人们劳动的法理观念。由此，约翰·洛克论述中体现的“创造者所有”思想逐渐适用于无形财产，演变为著作权法中的创作原则。

但是在人工智能时代，智能创作物适用创作原则认定著作权归属显然存在法理悖论，即将创作原则适用于人工智能创作物就不具备正当性基础。诚如上文所述，创作原则缘起于洛克的“财产权劳动学说”，但洛克“创造者所有”思想的前提是建立在天赋人权的“人”这一主体之上，人因为对自己的身体享有所有权，才享有自己劳动的创造物。而现阶段的人工智能并没有生物学意义上的身体，也不具备完全的权利能力，而且欠缺自主意识，适用创作原则保护作者附着的人格利益的正当化条件也无法成立。

三、投资原则的催生

随着人工智能时代的到来，传统的创作原则在智能创作物的归属认定上逐渐显现出理论缺陷，使创作原则面临着严峻的挑战。根据创作原则，智能创作物的著作权应归创作者——人工智能所有，但由于人工智能并不具有完全的权利能力，或者说并不具有完全的人格，无法认定其对创作物享有著作权。根据洛克的学说，人工智能对自身不具有身体上的权利，无法进一步认定其劳动的价值，所以，在现行私法体系下人工智能无法享有对其创作物的著作权。而事实上，创作原则并非关于作品著作权归属安排的唯一途径。现行著作权法的制度设计对于创作原则的突破已初见端倪，全面构建以投资者为中心的权属安排机制或将为智能创作物的著作权归属提供新的解决思路。

在近代社会，生产力的发展主要依靠手工业，个体工商业者是主要的市场主体。在文艺创作领域，自然人是主要的作品创作主体，文学艺术作品的创作主要依靠个人的脑力劳动。这种脑力劳动产生的智力成果经过著作权法中创作原则的确认，成为私权保护的客体。手工业时代自然人个体的文学艺术创作能满足人们的精神需要，同时他们的智力劳动也推动了创作市场的发展。但进入生产力巨大发展的现代社会，人们的精神文化需求随着社会生产力的进步而日益增长。手工业时代传统的文学艺术作品已经不能适应社会生产方式的巨大变革以及人们日益增长的精神文化需求，新的作品形式也随之产生。电影、电视剧、唱片等作品难以通过自然人个体的创作完成，多方组织、协调、管理和投资成为此类作品完成创作的决定性因素。为适应生产关系的变革和满足人们精神文明的需要，世界各国开始鼓励创作这种新形式的作品，并开始在作品著作权归属理念上对创作原则作出一定的突破，实现作品著作权归属从创作者到投资者的转变，由此产生了作品著作权归属的另一原则——投资原则。总体来说，投资原则是在生产力巨大发展的背景之下产生并逐步进入著作权归属理念中的，它是科学与社会进步的产物。

我国的著作权制度在借鉴外国先进制度的基础上，结合了具体国情，既包括了传统著作权法的创作原则，也体现了与科学和社会发展相适应的投资原则。创作原则与投资原则成为我国著作权法中认定创作物权属的两大原则。例如，我国《著作权法》第 11 条规定的“视为作者”条款：“著作权属于作者，本法另有规定的除外。创作作品的公民是作者。由法人或者其他组织主持，代表法人或者其他组织意志创作，并由法人或者其他组织承担责任的作品，法人或者其他组织视为作者。如无相反证明，在作品上署名的公民、法人或者其他组织为作者。”其中，“创作作品的公民是作者”以及“著作权属于作者”的表述确立了创作原则在作品归属认定上的核心地位，但在满足特定条件后，法人或者其他组织也可以“视为作者”。[①] 严格按照创作原则及其背后的法理，非自然人主体因没有参与智力劳动，无从享有著作权，因为作品的创作者是自然人。因此，当法人或者其他组织对作品的创作进行了主要的投资，《著作权法》规定法人或其他组织可以被“视为作者”，这实际上是对创作原则的突破，是投资原则在著作权归属认定上的反映。

我国著作权法在部分作品的权属安排上，也体现出对投资者利益的考量。《著作权法》第 16 条将职务作品分为两种类型：普通职务作品和特殊职务作品。对于普通职务作品，我国著作法在确认作者对该作品享有著作权的同时，还赋

---

① 参见姚志伟、沈燚：《论人工智能创造物的著作权归属》，载《湘潭大学学报》（哲学社会科学版）2018 年第 3 期。

予了单位为期两年的优先使用权。而对于特殊职务作品，法人或其他组织为公民创作提供了诸如设备、资金或资料等物质技术条件。作为作品创作的投资者，法人或其他组织为作品的完成提供了物质基础，所以我国著作权法仅保留作者的署名权，将署名权之外的其他著作权利赋予了作者单位。投资原则还体现于耗资巨大的电影电视剧行业上。《著作权法》规定，电影作品和以类似摄制电影的方法所创作的作品，其著作权由制片者享有，但导演、编剧、摄影、作曲、作词等作者享有署名权，并有权与制片者签订合同以获取相应的报酬。其中制片者在实践中是指制片单位，一般要承担组织、协调任务并投入大量的资金。从《著作权法》条文安排来看，电影作品著作权的绝大部分权利被授予给了投资人。可见在此类需要大投资的作品上，我国《著作权法》十分重视投资者利益的保护。

总体来说，创作原则基于其深厚的法理根基而成为传统著作权归属认定的固有原则，在著作权归属认定上具有很高的普适性。但第二次工业革命后，随着社会生产力水平的巨大发展，著作权产业逐渐发展为经济增长的重要一环，著作权制度显现出较强的商业化倾向，作品不再仅是作者劳动成果或精神人格的表达。一些需要巨额资金支持的作品形式如电影、电视剧、唱片和多媒体作品相继纳入著作权客体范围，这些新型的作品创作分工愈加细致，分工的细化导致完成创作的成本更加高昂，创作者本人已无力承担前期的组织成本与后期的投资风险。因此资本实力较为雄厚的投资者出现，他们组织不同分工环节的创作者共同完成作品的创作。投资者一般既需要关注投资风险，又需要时刻关注市场的需要，其已逐步成为著作权产业中最重要的一环。投资者虽然没有耗费脑力劳动，但投入了巨额资金。若忽视投资者的利益，这些新形式的作品就难以创作完成，进而导致文艺创作无法适应社会生产力的发展以及人们精神文化方面的需求。所以，在这些耗资巨大的作品创作领域，投资者的利益分配是著作权法制度最关注的。从著作权的发展历史来看，在著作权主体认定上，一直存在"著作权人格理论"和"著作权激励理论"的争议。在著作权制度的萌芽时期，一方面，因为创作过程相对简单且作品类型单一，创作者可以独立自主地完成作品；另一方面，受制于当时薄弱的物质生活条件和理论基础，著作权的正当性屈尊于"友善"的"劳动财产权学说"和"著作权人格理论"之下，导致作者的身份简单,且通常与创作者具有同一性。[①] 但作者与创作者的同一性只是问题的表面,投资者的利益需求才是著作权法发展的原始动力。当投资者意识到这点,作者与著作权人即出现了错位:一部作品的作者不一定是著作权人,著作权人也不一定是作者,二者出现了分离。这实际上反映了立法对著作权不同配置模式的制度选择。

著作权作为一项综合性的权利束,其内部又包含着十几种权利,而这十几种权利的归属不停地在创作者与投资者之间徘徊:在工业革命以前,洛克"创作者所有"的思想贯穿于著作权法理念之中,著作权的享有者即是作品的创作者。而工业革命后,随着社会生产力大幅提升,越来越多的作品不仅需要创作者的智力劳动,而且更加依赖大量的资金支持。在这种情况下,离开了投资者的资金,著作权制度也可能会瓦解,所以此时再一味地将著作权的所有权利分配给创作者已不合理。就市场的最优化选择而言,著作权法注重保护投资者利益也是文化产业的最优配置。[②] 我国著作权法也顺应了市场的发展,对作品权利人的保护已经形成以创作者为主、以投资者为辅的权属原则。[③] 总体来说,顺应时代产生和发展的投资原则在一些领域突破传统创作原则的桎梏已然是一种不可逆转的趋势,尤其是对那些需要大量资金支持的作品而言,从创作原则过渡到投资原则是著作权法理念的发展方向。

四、智能创作物的著作权归属

诚如上文所述,著作权法理念随着科学技术与社会的进步诞生了新的归属原则——投资原则,其与创作原则一同成为著作权归属认定的两大基本原则。电视剧、电影、唱片等作品是在新时代技术进步、文化提升、投资增加的共同作用下产生的。因此,这类作品的著作权归属也不得不考虑除作者之外其他人的利益,其著作权享有者与作者发生分离也是情理之中。正如有论者所言,在智能创作物的权属认定上,应当首先重视投资者的利益,尊重人工智能设计者、所有者、使用者之间的自由约定,并按照约定优先的原则处理权属纠纷;倘若没有

---

① 参见熊琦:《著作权法中投资者视为作者的制度安排》,载《法学》2010 年第 9 期。

② 参见熊琦:《著作权法中投资者视为作者的制度安排》,载《法学》2010 年第 9 期。

③ 参见曹新明:《我国著作权归属模式的立法完善》,载《法学》2011 年第 6 期。

约定，则应建立一套以人工智能投资者（一般为所有者）为核心的著作权归属模式。① 也有论者认为，本着激励人工智能的改进、新作品的创作和促进作品流通进而增长公共利益的目的，应当将此类智能创作物的著作权归属于人工智能的创造者或所有者。② 类似的观点还有，自然人独享作者身份不符合历史、现状与未来走向，对智能创作物提供保护是产业链运转的需要，人工智能的所有人应当被视为作者，只是需要通过法律修辞的方式完成主体认定的说理。③ 另有学者较为保守，认为在人工智能创作物是否能构成著作权法意义上的作品的判断上，应坚持以“独创性”为标准；而在智能创造物的著作权归属上，则应逐步建立起以创作者（编程者、使用者或所有者）为主、以投资者为辅的权属规则模式。④ 由于智能机器人是依靠人类设计的算法程序而完成写作，该机器人及其写作的技术路径无一不是人类创制，不应由人工智能本身去享有著作权，而应按照著作权法关于职务作品或雇佣作品的规定，由创造或投资人工智能的人去享有并行使著作权。⑤ 另有学者主张借鉴英国《著作、设计和专利法案》第 9 条第 3 款规定，结合近因原则，将对生成物做出重大贡献的“必要安排之人”视为作者，以填补适格主体的空缺，即以使用者、投资者为核心构建智能作品权利体系，以适应、促进人工智能技术的快速发展。⑥ 另有青年学者也认为，对人工智能生成物的权利分配，应平衡操作者、设计者、雇主、委托人及相关公众等主体之间的利益：在一般场合，人工智能生成物的著作权归属于创作者所有；鉴于人工智能生成物的创作具备高风险、高投资的特征，在雇主与委托人等投资人参与的特殊场合，其著作权归属于人工智能投资者是最为经济的一种处理方式。⑦

---

① 参见易继明：《人工智能创作物是作品吗?》，载《法律科学》（西北政法大学学报）2017 年第 5 期。

② 参见尹卫民：《论人工智能作品的权利主体——兼评人工智能的法律人格》，载《科技与出版》2018 年第 10 期。

③ 参见孙山：《人工智能生成内容的著作权法规制——基于对核心概念分析的证成》，载《浙江学刊》2018 年第 2 期。

④ 参见季连帅、何颖：《人工智能创作物著作权归属问题研究》，载《学习与探索》2018 年第 10 期。

⑤ 参见吴汉东、张平、张晓津：《人工智能对知识产权法律保护的挑战》，载《中国法律评论》2018 年第 2 期。

⑥ 参见孙建丽：《人工智能生成物著作权法保护研究》，载《电子知识产权》2018 年第 9 期。

⑦ 参见李晓宇：《人工智能生成物的可版权性与权利分配刍议》，载《电子知识产权》2018 年第 6 期。

上述论者无一例外地认为人工智能投资者(所有者)利益应当得到重视。事实上,智能创作物的产生与电影电视剧等需要大投资的作品类似,因为人工智能从设计到投产必然耗费巨大的财力,在智能创作物的权属安排上也必然要考虑到投资者的利益。

(一)创作原则的摒除和投资原则的吸纳

然而笔者认为,与电影、电视剧、唱片这类作品相比,智能创作物的著作权归属具有明显的特殊性,以至于著作权无法被分割为部分权利赋予人工智能,也不应分割为部分权利赋予人工智能设计者,而只能以完满的状态赋予人工智能投资者(一般为所有者),理由如下:

首先,人工智能创作物适用创作原则存在法理悖论。即便人工智能创作物从形式来看已然达到《著作权法》所要求的独创性程度,但在本质上这些作品都不是基于主体思想、意识或者情感的表达,无法定性为智力劳动的产物,仅仅是通过事前设定的算法进行分析、筛选完成的特定输出。[①] 而事实上,目前的人工智能依靠这种输出,几乎可以独立完成数据从搜集、分析到作品创作完成的全过程,人类只在启动程序参与人工智能作品创作。即便如此,因人工智能不具有完全的权利能力或主体资格,赋予其著作权便无法理依据。前已述及,洛克"财产权劳动学说"长期作为知识产权制度的哲学根基,为知识产权这一新型财产权的存在奠定基础。但洛克"创造者所有"的思想是建立在天赋人权的"人"这一基础上的,因为自然人对自己的身体享有所有权,对于自己身体劳动的创造物,当然取得所有权。然而现阶段的人工智能并不具备完全的权利能力,更不具有生物学意义上的身体,对自己"身体"无从享有所有权,进而无法依据洛克"创造者所有"的思想将其创作的作品著作权归于人工智能本身。权利能力作为主体享有权利的资格,承认现阶段人工智能(弱人工智能)具有部分权利能力,只是其权利存在的因由,但却不是其权利存在的根据。倘若只赋予人工智能权利的空壳,而忽视了人工智能的权利能力抑或主体资格问题,权利的大厦将会不堪重负。所以,人工智能无法脱离洛克思想对主体的限定,进而无法适用创作原则享有创作物的著作权。

其次,从著作权法的利益激励理论来看,放弃创作原则而采用投资原则,更

---

① 参见曹源:《人工智能创作物获得版权保护的合理性》,载《科技与法律》2016 年第 3 期。

能促进人工智能技术的快速发展。自从国务院印发《新一代人工智能发展规划》,将人工智能上升为国家发展战略,我国人工智能产业才步入蓬勃发展阶段,各大互联网企业和科研院所都在逐步加大人工智能技术的投入与研发。此时正迫切需要一个有利于产业发展的外部法律环境,需要有科学合理的激励机制和权利保障机制,充分保护人工智能投资者的合法权益,保障人工智能投资者能够通过行使权利而收回投资的成本并获得合理的利益,从而达到激励人工智能技术创新的目的。而知识产权法中的著作权制度就是一种激励机制,只有充分地激励投资者加大对人工智能技术的投入,才能产生更多更好的为社会需要的人工智能产品。著作权的激励机制在人工智能领域首先表现为,确认和保障投资人在著作权法上的地位或权利,即承认投资者对人工智能创作物享有著作权。相反,如果不重视投资者的利益,不给予其充分必要的法律保护,投资者在人工智能领域的投资热情就会受到极大打击,从而使科学技术与社会文化事业的发展成为无源之水、无本之木。

(二)智能创作物的著作权归属制度设计

我国著作权法的主体制度产生于国内著作权产业发展的初始阶段,投资者与创作者之间,无论是雇佣关系抑或是委托关系,都没有那么复杂,以至于《著作权法》可以对作品市场中有限的主体关系作出明确规定。只是到了现代社会,创作者与投资者的矛盾才逐渐激化。而当人类进入智能互联网时代,智能创作物的出现再次将创作者与投资者的矛盾升级,两者之间的关系也再次陷入含混不清的局面。这种混乱局面已不利于著作权产业乃至人工智能产业的进步,在立法上厘清二者的关系,并确立人工智能投资者对智能创作物的著作权主体地位,通过激励更多、更好的投资流向人工智能产业,使人工智能创造更多优秀的创造物,以最大限度地助力人工智能产业和著作权产业的发展。

在智能创作物著作权归属制度的设计上,不但要从宏观上充分考量对整个作品市场的影响,而且要从微观上分析各个主体对创作物的整体贡献,以合理的制度设计达到利益平衡的效果。基于上述考量,在创作者与投资者之间进行著作权的配置本身并无对错之分,但从版权的历史发展来看,继工业版权与文艺版权分野之后,人工智能成为工业版权发展进程中的里程碑。① 虽然"作品归

① 参见易继明:《知识产权的观念:类型化及法律适用》,载《法学研究》2005年第3期。

于创作者”是著作权法的固有理念，但是当工业版权出现后，版权的人身属性被逐渐弱化，著作权归属的重心已经从创作者转向投资者。人工智能技术的发展，使得机器人创作逐步成为可能。但鉴于目前的人工智能尚不具有完全的权利能力，而智能创作物的著作权配置关系人工智能产业的发展态势以及文化创新的稳定，从人工智能的产业政策加以衡量，在所有者、设计者和使用者之间进行权衡是较为妥当的。应首先对人工智能的创作物进行界定，建立一套以人工智能投资者（一般为所有者）为著作权人，同时辅之以意思自治原则的智能创作物著作权归属制度安排。

首先，投资者对人工智能创作物应当享有著作权，这在一定程度上可以视为智能创作物著作权的原始取得。所有者投入资金，希望通过人工智能的创作而获得回报。将智能创作物的著作权归属于所有者，是投资原则的体现。投资者在组织创作、投入资金与承担风险之后，不但应当自主行使著作财产权，还应当不受著作人身权的限制，使投资者、使用者与消费者等主体之间能够实现权利的自由变动。在具体制度的安排上，英美法系的立法模式值得我国借鉴。英国《版权、设计与专利法》（Copyrigwt，Designs and Patents Act，CDPA）第 9 条第 3 款规定，对于计算机生成的戏剧、文学、音乐等文学艺术作品的版权归属问题，对创作过程做出必要安排之人应当被视为作者。同时，英国 CDPA 又在第 178 条中对第 9 条第 3 款作出了文义解释，计算机生成的作品被限定在没有人为因素的前提下。我国著作权法对此可以进行借鉴，将人工智能投资者确立为智能创作物的著作权主体。

其次，就人工智能的设计者而言，其对人工智能算法本身享有著作权毫无争议，但无理由对人工智能创作物也享有著作权。一方面，设计者仅仅在智能算法的程序设计上发挥作用，而对于人工智能的创作过程没有实质性干预。换句话说，设计者仅对创造物的产生提供原因力，而这种原因力无法干预人工智能的具体运行。所以，智能创作物是人工智能所创作，而非人工智能设计者所创作。另一方面，如果将智能创作物的著作权赋予智能系统的开发者与设计者，则意味着人工智能本身的知识产权权利人将同时对人工智能的创作物享有著作权，这就导致权利人的一个智力行为产生了双重权利，有垄断的嫌疑，不利于激励作品创作市场的发展。[①] 所以,将设计者作为智能创作物的相关利益主体是难以成立的。

最后,对于人工智能使用者的利益也不容忽视。在绝大多数情况下,人工智能的所有者与使用者是同一主体。当购置或维护人工智能的成本较低时,使用者一般可以直接自行购买进行使用,成为人工智能的使用者兼所有者;而当购置或者维护人工智能的成本较高时,基于所有者的投资,使用者同样可以实现对人工智能的利用,即人工智能的使用者可以通过与所有者约定的方式,继受取得智能创作物的著作权。不过,当二者出现分离,因为民法上物权优先于债权的原则,投资者(所有者)的利益是第一位的。继受取得的安排是考虑到随着社会分工的日益复杂,人工智能使用人与投资人发生分离是大趋势,即拥有人工智能的人并不一定是人工智能的直接使用者,其可以将人工智能租借给其他人以获取收益。[②] 当所有者的利益已经通过租赁去实现,其不一定有意愿再取得智能创作物的著作权。因此,法律不应限制投资者和使用者通过约定的方式,让使用者获得智能创作物的著作权。并且现行《著作权法》中的著作权让与制度具有很强的开放性,实现上述约定并不会打乱现行著作权让与的制度安排。

---

① 参见王果:《论计算机"创作作品"的著作权保护》,载《云南大学学报》(法学版)2016 年第 1 期。

② 参见易继明:《人工智能创作物是作品吗?》,载《法律科学》(西北政法大学学报)2017 年第 5 期。

人工智能机器人侵权责任制度研究*

徐 斌** 马齐林***

摘 要:本文目的在于分析在人工智能机器人发展现状的背景下所产生的智能机器人的民事侵权责任问题,探索对于相关责任问题的制度建构,尝试解决智能机器人民事侵权在我国当今制度下的不适应性。本文意图根据现存的智能机器人问题,从构建相关的法律主体出发,完善相关的赔偿机制,构建相关的新型法律规范,减少相关智能机器人的纠纷。

关键词:智能机器人 侵权责任 法律主体 新型法律

随着世界科技的发展,人工智能已经逐渐成为一个热议的话题。与此同时,人工智能技术,不断在自动驾驶汽车、医疗机器人、工业机器人、护理机器人以及相关的互联网服务行业进行运用,与人类的生活更加密切。当人工智能已经在我们的生活中随处可见时,难免会产生相关的法律问题。法学界从最早讨论人工智能相关产品的"法律主体"到现在演变成讨论人工智能的"责任"问题。这从另一方面也反映出,我们身边的人工智能有着一定的风险,我们需要对一些侵权行为进行探讨,需要讨论人工智能的相关责任。而根据人工智能机器人的一般定义,人工智能机器人是指采用人工智能技术智能化的机器人,一般具有以下特征:(1)通过传感器、与其环境进行数据交换以及数据分析等方式获得自主性的能力;(2)具有从经历和交互中学习的能力;(3)具有可见形体;

---

* 基金项目:本文系2018年浙江省软件科学研究计划项目(计划编号:2018C35050)研究成果。

** 徐斌,浙江工商大学法学院学生。

*** 马齐林,浙江工商大学法学院教授,博士,研究方向为民商法。

(4)具有随环境而调整其行为和行动的能力。[①] 总而言之，智能机器人是一种能够通过环境进行数据分析的自主性机器人。因为智能机器人具有自主化的特点，换言之，即存在实际运行过程中"责任人"难以寻觅的问题。由于是否存在强人工智能和超人工智能还不确定，故本文从现有的实际智能机器人出发，讨论相关问题。

一、智能机器人相关侵权问题

(一)肖像权等权利问题

在智能机器人中，仿人机器人是国内外机器人研究最活跃的领域之一，更是国际机器人研究领域最具代表性的研究对象，也是机器人学、机器人技术以及人工智能的终极研究目标。基于此，各种机器人开始模仿明星的形象、动作、语言等。例如，香港汉森公司模仿奥黛丽·赫本的"索菲亚"人形机器人，上海也出现了安倍鞠躬机器人。这样的做法容易导致机器人与明星出现混淆的地方，如怀特诉三星公司案(White v. Samsung)。还有的商家会利用这样的明星化的机器人从事广告代言等活动，从中谋取利益。《广告法》第 38 条第 1 款规定："广告代言人在广告中对商品、服务作推荐、证明，应当依据事实，符合本法和有关法律、行政法规规定，并不得为其未使用过的商品或者未接受过的服务作推荐、证明。"而代言主体为机器人不为实际意义上的"人"，是否还依旧适用该条法律？

(二)知识产权问题

智能机器人现在已经能够创作音乐、绘画等，如百度已经研发出可以创作诗歌的机器人，微软公司的人工智能产品"微软小冰"已经在 2017 年 5 月出版了人工智能诗集《阳光失了玻璃窗》。在智能机器人创作过程中，是否会有剽窃、抄袭等现象的出现？如果出现剽窃和抄袭的现象，责任该归于何者？因智能机器人有其自主性，能够根据环境和数据分析进行自主学习，智能机器人在实际创作过程中也许会有自己的元素，那么智能机器人创造出的作品是否具有和人类一样的著作权？

---

① 参见司晓、曹建峰：《论人工智能的民事责任：以自动驾驶汽车和智能机器人为切入点》，载《法律科学》(西北政法大学学报)2017 年第 5 版。

(三)人身权利问题

在互联网上,一篇关于深圳高新技术成果交易会机器人伤人的文章在网络上热传,文章称"机器人在没有指令的情况下,突然失控'发飙',自行打砸展台玻璃,一位路人全身多处划伤后被担架抬走"。该消息在网络上引发热议,"机器人原力觉醒""杀伤力爆棚"的猜测也不断传播。[①] 无独有偶,2018 年 2 月,中国"全球首例特斯拉自动驾驶致死事故案"有了最新进展,特斯拉公司承认其车辆在事故时处于自动驾驶状态。[②] 由此可见,部分智能机器人失控后,会造成对相关人身权利的侵害。现有的责任规制是否适用人工智能案件?现有的责任规则是否合理?这些都是亟待解决的问题。

(四)隐私权问题

现在人工智能相关技术已经应用在一些律所或者公司,例如,在审理合同方面,机器人可快速识别合同中缺失的条款以及已存在的重要商业条款和法律条款,并自动生成两份文件:一份是智能化的风险分级报告——《交易风险分析报告》,可快速排查重大风险及全部风险排序,供企业家做出明智的商业决策参考;另一份是智能化的风险定位报告——《交易风险定位指南》,为企业法务和律师快速定位合同中的风险条款,并提供最优示范条款。[③] 而对于人工智能系统来说,其平台本身具有公开性,很难保障本公司或者案件的有关合同内容不会泄露。律师能够负有法律上的保密义务,但智能机器人不会负有相应的保密义务,这对于隐私问题是一个大的挑战。

二、智能机器人侵权责任承担的可能情形

(一)使用或者监督智能机器人的主体责任

在使用智能机器人进行生产生活时,如果使用或者监督智能机器人的人未尽到相关的注意义务和监督责任,引发了智能机器人侵权的行为,则责任应该归咎于使用者或者监督者。比如,在使用智能机器人来进行城市改造时,当在

---

① 《机器人伤人事件的法律分析:侵权责任的侵权主体是谁?》,载王丽侠律师网:https://lawyers. 66law. cn/s250734000 2d 66 – i314815. aspx,2019 年 10 月 1 日最后访问。

② 《特斯拉自动驾驶致死案进展:公司承认在案发时处于自动驾驶状态》,载搜狐网:https://uoww. sohu. com/a/224462482 – 571508,2019 年 10 月 20 日最后访问。

③ 参见《合同智能审核机器人亮相 2019 京交会》,载腾讯财经:https://finance. qq. com/original/caijingzhiku/lvlishan0529. html,2019 年 10 月 26 日最后访问。

现场监工的人未能注意到相关的群众或者未能做好相关群众的疏散工作，抑或是给智能机器人发布了一个错误指令，使得智能机器人在推倒一堵墙后造成了人员伤亡，此时责任应该归咎于使用或者监督人工智能的人类。或者在实际使用过程中，可能存在一些使用者不合理使用，例如，将智能机器人作为自己犯罪的工具，或者直接由智能机器人实施相应的侵权行为。

（二）制造商、经销商等责任

当产品出现瑕疵或者缺陷，比如程序本身存在错误的编码或信息流通过程中存在损耗，导致智能机器人的侵权行为时，责任应该归属于制造商或者经销商。比如，智能机器人厨师因程序编码错误，错误地将过量的油倒进锅里，引发了一场伤人事故；或者是工业机器人在实际正常操作过程中突然失灵，造成人员伤亡。在这样的产品瑕疵或者产品缺陷中，主要是制造缺陷或者是运输过程中导致的产品损坏。因为这样的原因，将侵权责任归咎于相关的制造商与经销商情有可原。实际生活中，也可能存在经销商未告知使用智能机器人具体的注意事项导致机器人事故的情形经销商未尽到告知的义务，根据现有的法律，也应当承担相应的法律责任。

（三）设计者责任

在实际生活当中，存在部分人工智能机器人设计之初就产生相关法律权利侵害的情形，比如在文章最开始提到的仿人机器人。此种设计的目的在于模仿一些明星，借明星的人气或者热度，从而获得一些商业利益，但这种行为容易导致明星肖像权的侵害，也容易损害明星相关的财产性利益。或者在实际生活中，仿人机器人的设计本身就是存在违法现象的。对于这类智能机器人，责任不应该追究于生产者、销售者，更不应该是使用者，而应由设计者来承担事件的主要责任。

（四）黑客责任

在人工智能网络中，如果有黑客攻击智能机器人的智能系统，使智能机器人无法按照设计程序进行工作，出现误差造成他人损害，黑客就是责任人。[①] 可以将整个人工智能体系想象成现在的网络体系，当有黑客入侵并改变程序，就

① 参见杨立新：《人工类人格：智能机器人的民法地位——兼论智能机器人致人损害的民事责任》，载《求是学刊》2018 年第 4 期。

会致使智能机器人无法接收原本的指令从而造成侵权。这种行为理应由黑客承担主要责任。但是如果真要追究黑客的责任的话,还要具体考量,因为如果设计者不存在任何的保护措施,或许设计者也要被扩大为责任主体。本文在此不多做叙述。

(五)智能机器人自身责任

从社会一般观念来说,这个情形还是处于假想状态,因为脱离了现有的相关法律,但笔者认为这样的情形在当今这样的弱人工智能时代值得探讨。需要由智能机器人担责的情形,无非有着两种情况:(1)智能机器人自身可以对其造成的行为独立承担责任;(2)相关责任无法归咎于上述讨论的情形中,只能由人工智能自身负责。由于智能机器人是根据使用者的相关指令进行工作,并且能够根据环境进行学习的一种机器人,那么生活中容易出现这样的情形:在某一天,你身处外地,而孩子刚刚放学回到家,于是叫家中的机器人开始准备给孩子做饭,但实际上家里的冰箱空无一物。在智能机器人找食物的过程中,发现家里的猫,于是就把家里的猫给主人炖了。对于智能机器人而言,它需要完成主人的指令,但它不懂得人类的一些价值观,它不清楚猫对于人类来说,价值不在于猫肉,而在于其与人类相处。智能机器人只懂得做什么,而不懂得一些行为的意义,所以有时候可能会侵犯其他人的利益。如果那只被吃的猫是别人家的,那么是否会构成侵权行为?这样的责任,该归属于使用者,还是机器人本身?假设智能机器人可以承担责任,显而易见,这样的行为理应由智能机器人自身负责。智能机器人这种行为的本质是,其无法理解人类的一些价值观。在其设计的时候,本身是为了大众而设计的,考虑的是整体的价值观。但当其进入某个人类个体的生活时,因每个人的价值观不同,就容易有价值观的冲突。虽然智能机器人本身有着通过环境学习的能力,但它又不能违背原来设定的程序(如要遵从使用者的要求),于是就会产生类似的侵权行为。

三、智能机器人的法律主体问题

(一)否定说

现在学界大多数观点持否定说。其中有"工具说",即智能机器人本质上还是属于机器范畴,从现状来看,还无法完全代替人类的工作。即便智能机器人很智能,也始终是人类开发出来的,受到人类的控制,并且本质上无法代替人的某些情感,无法满足人类心理方面的需求,还属于一种"冷冰冰"的工具。不过这样的理论似乎难以解释沙特阿拉伯的“索菲亚”机器人的公民身份所带来的对于机器人法律主体认同的某种趋势。但也有人提出反对意见，认为“索菲亚”等机器人不具有真正意义上的人的概念。我国学者认为，人工智能只能在某些方面帮助人类从事法治活动，而根本改变不了人在法治中的主导作用，因为它不是人，是人造的机器。[①] 周铭川认为，由于电子机械运动与人的生理运动之间存在不可逾越的鸿沟，从金属、塑料和指示电极开与关的程序组合中无法产生人的意识。在对人类意识的本质及生成机制缺乏透彻理解的情况下，无论是符号主义还是联结主义，都不可能模拟出人的意识。[②]

（二）肯定说

根据法律主体的演变，从最早的自然人，到后来的法人、非法人组织，说明法律主体已经不再局限于单纯的人类。而现在的智能机器人，拥有着自主学习的能力，与人类关系密切，未来与人类的差异将越来越小。将智能机器人确立为新的法律主体，对于人类的社会发展以及生产经营活动大有裨益。欧盟《机器人民法规则》（European Gvil Law Kwles in Kobotics）第59（f）条规定：“从长期来看应当为机器人创设一个特殊的法律地位，至少可以将最复杂的自主机器人设立为具有电子人的资格（the status of electronic persons），以便对可能造成的损害负责，并将电子人格应用于机器人自主地做再出决定或其他的独立地与第三方进行互动的情形。”同时，从当前的法律来看，自主意识是智能机器人取得法律人格的主观条件，能够进行独立的意思表示并进而形成社会关系是客观条件。是否属于社会关系是由人来作概念上的设定，意思表示能力对现在的智能机器人而言已无技术障碍。[③]

（三）折中说

该说既不完全肯定智能机器人具有人格，也不完全否定其具有人格，只是部分肯定。该说衍生出了“电子奴隶说”，即将机器人当作古时候的奴隶，虽然是人，但不具有自身的人格，相关的权益方面要受到主人的约束和允许；还有“电子人格说”，即认为智能机器人可以在某些方面、某些领域享有特定人格，故

---

① 参见郝铁川：《不可幻想和高估人工智能对法治的影响》，载《法制日报》2018年1月3日，第10版。

② 参见周铭川：《强人工智能刑事责任之否定》，载《上海政法学院学报》2019年第2期。

③ 参见孙占利：《智能机器人法律人格问题论析》，载《东方法学》2018年第3期。

于一定的行为享有“决定权”，拥有着“电子人格”，故在一些方面可以作为人类来处理；最后还有一种“有限人格说”，即智能机器人可以享有人格，但享有的人格只能是“有限的”，机器人有着“类人化”和“工具化”的特点，故智能机器人只能享有部分的人格。最近有学者提出一种人工类的法律主体，即人工类人格，是指智能机器人所享有的，通过人工制造的，类似于或者接近于自然人的自然人格的民事法律地位。[①]

本文认为，根据智能机器人的定义，智能机器人有着自主学习的能力，其与一般的工具不同，单纯将智能机器人划归到物或者工具的范围，不适宜解决智能机器人的相关侵权责任问题。同时，从人工智能发展现状看，当今的人工智能还处于弱人工智能，即不具有自身独立的意识，故将智能机器人设定为与人拥有相同的权利地位，未免操之过急。笔者认为，智能机器人服务于消费者，本质上是一种服务性商品，但其又有自身的学习能力，可以根据环境进行调整，不属于单纯的奴隶，还是有着一定的“人格”。“人工类人格说”其实是指人对一部分自身生产出的产品赋予一定的“人格”，智能机器人本身还是物，只不过智能机器人处于最高的物格地位[②]，故该说并不认同智能机器人本身可以承担一些责任。对于“电子人格说”，本文不多加以评价，因为根据智能机器人的特点以及现在与人类的亲密程度，很难划分出智能机器人可以像人承担责任的领域。本文认同“有限人格说”，认为智能机器人可以享有“人格”，但只是部分的“人格”，与真实的人格承担责任的范围不一样。这样可以使智能机器人承担一部分责任，同时也不会与现有的人类人格相冲突。其实，自古以来，人们认为人是社会的主人，只有人才能享受权利，承担义务。实际上，动物也可以成为权利主体。但因为人类社会的以人为主的思想，长期以来，人类都是认为动物是人类的附属品，只能满足人类的需求。例如，一个人可以肆意地踢打一只流浪狗，按常理来说，不会受到任何的惩罚。即便这个人受到谴责无非是基于人类内心的怜悯之心或者是社会管理的需要，人们本身不会认同动物的权利与人类等同，需要受到保护。但现在社会如果认同动物在法律上的权利，本身就是一种

---

① 参见杨立新：《人工类人格：智能机器人的民法地位——兼论智能机器人致人损害的民事责任》，载《求是学刊》2018 年第 4 期。

② 参见杨立新：《人工类人格：智能机器人的民法地位——兼论智能机器人致人损害的民事责任》，载《求是学刊》2018 年第 4 期。

文明的进步,其中起很大因素的就是人的情感,例如,“老佛爷”(Karl Lagerfeld)的猫可以继承其资产,这说明现在的一些动物已经开始有法律地位了。笔者认同这一趋势,但不认同动物可以完全获得类似于人类的权利。而相比于动物,人工智能与人类更加接近。哈利维认为,人工智能更接近于人类,主要理由有两点:一是人工智能具有类似于人类的逻辑推理能力,动物则不具备,因而人工智能更接近于人类;二是人工智能在理性上更接近于人类,动物在情感上更接近于人类,法律适用更需要理性而不是情感。① 在当今社会,可以考虑给予智能机器人一部分“人格”,这符合社会的发展,也能解决因智能机器人本身行为而导致的问题。

四、相关立法和责任制度的构建

(一)立法的必要性

从法律的设立目的出发,当社会中有现有的法律无法解决的纠纷时,就应该要设立、完善法律,直至实现纠纷的解决。现有的关于智能机器人的案件,一般适用的法律是《侵权责任法》和《产品质量法》。一般的侵权案件,可归结于使用者本身的,可以采用过错责任。如果将智能机器人当作产品的话,一般适用无过错责任。但现有的责任制度并不妥当。首先,无过错责任本身在民法领域里已经是最严厉的责任了,在产品法中,本质上是一种不真正连带责任。立法者是要通过加大追责范围,倒逼生产销售者严格遵守相关的法律法规,但智能机器人有所不同,这样的法律,不一定能够很好地起到实际效果。我国《产品责任法》规定了生产者对产品缺陷的免责事由,即在产品投入流通时尚不存在缺陷或者依当时的科学技术尚不能发现缺陷存在。智能机器人本身具有自主学习能力,故设计者、生产者和销售者无法确认其是否具有缺陷,不能做好相应检查义务。其次,现有的法律未规定智能机器人的追责情况,如若发现不可归责于他人的情形,势必会造成对被追责者的不公。

(二)民事法律的紧迫性

我国目前不存在相关的人工智能领域的法律,但人工智能相关的侵权行为已经进入我们的生活中。在我国,根据目前智能科技相关领域项目的发展进程

---

① 参见彭文华:《哈利维的人工智能犯罪观及其启示》,载《上海政法大学学报》(法治论丛)2019年第4期。

来看，智能机器人仍只能被定义为“物”而非“人”，因此不具备法律意义上的主体资格。传统民法只能对一般的人工智能产品进行法律规范，但随着人工智能相关领域迅猛地发展，我国的法律应抓紧跟上。立法有着滞后性，民法调节的是与民众息息相关的生活，可以采取适当的超前立法，保障民众在实际生活中的合法权益；而刑法有着谦抑性原则，不宜随意地扩大或者改变。故民法要承担新领域法律的先行者。

（三）法律的特殊性

首先，该法调整对象就是与智能机器人相关的案件。这类案件的相关责任机制与一般的产品侵权案件不同，会存在智能机器人这样一个有着“有限人格”的主体承担相应的责任。其次，由于人工智能相关产业的特殊性，对于相关产业的打击力度不宜过大，人工智能相关的立法不应该过于严苛。在如今，世界各国都在努力地发展人工智能相关的产品。法律应该是要本着给人工智能机器人等产业营造一个好的市场环境的目的，在解决相关纠纷的前提下，促进相关人工智能的发展。张军检察长也曾公开表示对于民营企业家要有法律上的支持。2018 年 3 月 5 日，李克强总理在《政府工作报告》中 4 次提到“智能”话题，并且提出要“加强新一代人工智能研发应用”。故在此需要考虑到立法的中立性。

（四）责任制度的构建

对于涉及智能机器人的案件，笔者主张传统与创新相结合。根据智能机器人的发展现状，面对大多数的智能机器人案件，我们事实上可以通过运用传统的理论，找到案件的责任主体，如经销商、使用者等。如果我们现有的法律能够达到公平正义，优先采用现有的法律；但如果现有的法律无法实现一些案件的公平正义，或者对于一些案件的侵权责任模糊不清，可以考虑采用新的责任制度。

对于智能机器人研发者，主张采用过错责任。一方面，一个产品的发展，一项技术的发展，研发者至关重要。如果要求对研发者实行过多的责任追究，本身就是一种对创新价值的破坏，也违背了国家的人才强国战略。另一方面，对于研发者适用过错责任，可以起到一定的警示作用，不会导致研发者肆无忌惮，也能很好地起到法律的震慑作用。这样的方式，可以从本质上促进整个行业发展。

对于产品的生产者和销售者，主张适用无过错责任。无过错责任本质上就是保障消费者权益，倒逼相关的厂家遵守行业规范的一种法律规范。这样的制度设计符合每一件进行生产和销售的东西。因为只有当一件物品被生产出来，它才实际存在；只有当其被销售时，这样的产品才进入市场，流进千家万户。所以，无论如何都要把好进入消费者的关卡，避免损害的群体扩大，引发不必要的纠纷。

对于智能机器人本身担责的问题，由于其不具有实际上的赔偿能力，可以考虑实行相关的保险制度或者资金池。但也有学者提出反对意见：首先，我国目前并未承认人工智能的主体资格；其次，这种主张实质上最终还是由人工智能的使用者来承担相应的责任，所以解决方案不免多此一举。[①] 但笔者认为，首先，智能机器人的主体资格可以存在，其可以享有部分的"人格"，而且设立这样的部分"人格"有利于责任的公平归属；其次，设立相关的保险制度并不一定是使用者埋单，或许可以从买卖智能机器人的相关利润中抽取一部分当作基金或者由政府进行补贴，这些方式都可以促进智能机器人保险制度的确立。在实现相关的保险制度时，可以参考一下关于自动驾驶汽车的相关法律法规，如英国《汽车技术和航空法案》(Venicle Techno Logy and Aviation Bill)规定了自动驾驶汽车的强制保险，事故发生后保险公司先行赔付。如果事故发生时车辆正处于自动驾驶模式，车辆操作者或所有人对事故无过错的，由制造商承担最终责任。我们可以设计当智能机器人发生事故时，由保险公司先行赔付。如果不满足上述群体承担责任的情形，保险公司先行赔付很好地实现了智能机器人本身担责的状况。设立这样的制度，一方面，保险公司就会倒逼追踪实际责任人，有利于责任的追溯；另一方面，如果不满足上述群体担责的条件，有利于智能机器人本身担责的实现。

（五）关于立法的其他建议

智能机器人的相关立法可以参照商法的相关历史，即可以由人工智能领域的科学家或者企业成立相关组织，自身形成一套类似于法律规范或者生产规范的规则，如可以采用代码充当一部分法律法规；在相关机器人出厂的时候，内装一个黑匣子，便于数据监测。而当行业规范形成之后，法律人可以产生将其融

① 参见储陈城：《人工智能时代刑法归责的走向》，载《东方法学》2018 年第 3 期。

入现代的法律框架里。这样做有利于人工智能行业的可持续发展,同样也能将人工智能的相关法律法规与其他法律相契合。

结　语

人工智能已经显现出愈发不可阻挡的市场趋势,智能机器人也已经逐渐在各个领域中出现。作为法律人的我们,要学会居安思危,需要我们不断完善相关的法律法规。智能机器人本身是一个新领域,我们要用看待新世界的眼光看待新鲜事物,在讨论相关的法律问题时,要有足够的大局观,考虑全面,为整个社会所考虑,为整个国家所考虑。这样法律才能成为智能机器人等相关产业的发展助推器与行业净化器。

算法霸权的危害与规制

——以检察公益诉讼为视角

赵 辉*

摘 要:算法具有的专业性、复杂性和不透明性等特点,容易引发算法黑箱和算法歧视、危害社会公共利益等问题,导致算法霸权的出现。而我国现有监管制度存在缺乏统一的监管部门、监管乏力等问题,难以对算法霸权问题形成有效监管。检察机关通过提起公益诉讼或支持起诉的方式,加强与监管部门的协作配合,可以对算法霸权形成较为有效的规制。通过及时提出检察建议,提起公益诉讼,加强宣传教育,配合立法机关做好研究论证工作等方式,可以有效探索检察机关对"算法霸权"提起公益诉讼的新路径。

关键词:算法霸权 检察 公益诉讼

当前,全球范围内新一轮科技革命正在萌发,传统互联网正在向万物互联和智能化方向发生深刻转变。人工智能技术的不断突破,给人们的生活带来前所未有的智能与便捷,特别是算力、算法的突破为互联网上流动的海量数据提供了最完美的商业可能。BAT① 与华为、京东等国内企业以及谷歌、微软、亚马逊等全球科技巨头均倾全力押注人工智能技术,当前世界的竞争已经转变为大数据与算法的竞争。随之而来的,是卖车卖房卖保险的骚扰电话、电信金融诈骗短信、铺天盖地的广告轰炸。近年来数据泄露事件的频发,网络黑产的猖狂,

---

* 赵辉,浙江省衢州市人民检察院法律政策研究室副主任(主持工作),浙江省环境资源法学研究会理事。

① BAT 是指我国三大科技公司,即百度、阿里巴巴和腾讯。

以大数据和人工智能为基础的算法霸权也在大行其道。这些现象一定程度上威胁着当前的社会公共利益,使人们不堪其扰。大数据之父维克托·迈尔·舍恩伯格(Viktor Mayer Schönberger)认为,大数据的核心是预测,而实现预测的途径是通过挖掘不同变量间的相关关系,揭示数据背后的隐性知识。[①] 互联网和云存储的诞生,让你无时无刻不留下痕迹,你的交际、工作、爱好、性格、运动轨迹、家庭住址、工资收入、消费喜好等,只要想查都可以在网上查到。从百度竞价排名导致的"魏则西事件"、万豪酒店 5 亿用户数据泄露、雅虎 30 亿用户数据泄露到 Facebook 大规模用户数据泄露,再到滴滴出行、旅游票务平台、外卖平台等的"大数据杀熟"事件,以及手机 APP 过度收集个人信息、偷偷收集个人信息、无法妥善保存用户数据等事件的发生,无不揭示着当前社会已经进入了一个被算法所控制和垄断的世界。而当前互联网领域发生的问题人们更多的是着眼于表面现象进行分析,并没有认识到导致这些问题产生的深层次原因是企业算法存在的问题。无论是各类互联网平台还是手机 APP,其运行都需要企业设置特定的算法。因此,只有保证企业算法的合规合法,才能更好地解决互联网领域存在的危害社会公共利益的情形。

一、什么是算法霸权

"算法"(algorithm)一词最早起源于 9 世纪波斯数学家阿尔·花拉子米(al－Khwarizmi)的名字(其拉丁文名字就是 Algorithm)。花拉子米认为求解问题应当遵循有条理的步骤,这种条理性后来被视为算法的核心。[②] 当前常说的算法,是作为大数据运算方式的算法,也是实现人工智能的算法。大数据包括数据收集和数据分析两个部分,数据收集只是基础工作,数据分析才是实现大数据价值的关键。而要实现海量数据分析、数据挖掘乃至预测,就必须通过设置特定的算法来完成,通过算法最终形成我们需要的人工智能。简单来说,大数据就像是原材料,而算法就是中间的加工技艺,人工智能就是最后的成品。因此,大数据的价值,只有通过算法才能实现。而算法的专业性、复杂性和不透明性,也决定了算法只能被少数人理解和掌握。尤瓦尔·赫拉利(Yuval Noah

---

① 参见[英]维克托·迈尔·舍恩伯格、[英]肯尼思·库克耶:《大数据时代》,盛杨燕、周涛译,浙江人民出版社 2012 年版,第 34～35 页。

② 参见[美]达斯格普塔等:《算法概论》(注释版),钱枫、邹恒明注释,机械工业出版社 2009 年版,第 2 页。

Harari)曾预言,未来的时代将会进入算法主导的时代,权威将从个人转向由算法构成的网络。人类不会再认为自己是自主的个体,不再依据自己的期望度日,而是习惯把人类整体看作一种生化机制的集合体,由电子算法网络实时监测和指挥。[①] 而一旦出现滥用算法的情形,企业过分利用算法的支配地位,可能会影响社会稳定,对国家和社会公共利益带来不良影响,从而导致“算法霸权”的出现。

算法的影响十分广泛,以我们目前经常使用的手机软件为例。淘宝基于用户每天的搜索记录和交易习惯,向用户进行精准商品推送,美团、大众点评等外卖应用程序(Application,App)基于用户的点餐记录、用餐习惯向用户精准推送着外卖商户,乃至于用户平时用的浏览器也在基于用户的浏览习惯、浏览记录向用户推送着大部分的网页。算法的精准推送,确实在很大程度上可以帮助我们快速获知我们需要的信息,减少不必要的时间浪费。但企业本身均具有逐利性,为了取得市场优势地位,企业通过不断优化算法获取用户的大数据,并通过算法对获取的大数据进行分析,了解用户的喜爱和偏好,从而牢牢抓住用户。算法的不断发展,使绝大多数人看到的都是搜索引擎或者 APP 推送给我们的信息。它们基于特定的算法对我们进行着精准的信息推送,并基于搜集到的我们的个人信息对算法进行不断的改进完善,导致人们获取知识的渠道被限定在算法控制的范围内。直接的结果就是这些网站向我们显示的都是它们认为我们会点击的内容,这将会导致我们在接触到算法推送的虚假信息或者假新闻时无法进行辨别。算法可以利用这一点,不断加深一个人对于某件事情的偏见,在偏见累积到一定程度时,可能会危害到整个社会秩序。

二、算法霸权的危害

(一)导致算法黑箱和算法歧视的产生

随着人工智能技术的不断发展,越来越多的信用评估系统、入职评估系统乃至犯罪预测系统被开发出来。这些技术的出现带来了效率的提升,但也带来了一系列问题:被输入电脑中的数据和算法如何确保公正性。人们认为人类决策的时候可以会有这样那样的偏见或者信息不充分等因素影响,可能影响结果的公正性,但是机器不会带有任何感情色彩,且运算过程不受人类影响,能够确

---

① 参见[以色列]尤瓦尔·赫拉利:《未来简史》,林俊宏译,中信出版社 2017 年版,第 296 页。

保公正。公平作为一个比较模糊的概念，被翻译成算法公平可能存在困难，但在信用评估、社会综治、犯罪预测中，基于大数据的人工智能系统正在将公平问题算法化。虽然算法进行决策时不会受到非法律的外在因素影响，但算法都是由设计者、开发者设计和开发出来的，而这些人在设计算法时或多或少会受到自身所处的阶层、环境等因素的影响，可能会将自身的一些偏见带入算法之中。这些自主决策系统一般仅仅输出一个数字，比如犯罪风险分数等，而不会提供作出这一决策所依据的材料和理由。① 一般人根本无法理解其算法的原理和机制，在机器无监督学习和深度学习的情况下，有时设计者都无法说明机器是如何决策的，这就导致了算法黑箱的产生。算法会产生独到的偏见，原因在于，算法对人的认识几乎是即时的，没有时间维度。② 许多数学杀伤性武器都是依靠自己的内置逻辑来定义其所处理的情况，然后再以其自己的定义证明其输出结果的合理性的。这种模型会不断地自我巩固、自我发展，极具破坏力——而且在我们的日常生活中很常见。③ 以信用评估系统为例，雇主相信信用低和工作表现差成正相关，这就导致了信用评分低的人很难找到工作。失业导致他们陷入贫穷，而这又进一步降低了他们的信用得分，让他们找工作难上加难。

（二）导致了"大数据杀熟"现象的出现

前段时间热议的滴滴、携程等出行、旅游平台就同样的商品和服务对老客户、忠诚客户进行价格歧视，不少人认为这是一种互联网平台利用大数据工具损害消费者权益的违法行为，俗称"大数据杀熟"。当消费者在一个平台注册时，平台会要求填写出生年月、地址、电话等基本信息，这就形成了一个人的会员 ID。消费者在各类网站或 APP 上进行浏览、购买商品、进行评价等一系列行为在交易平台形成了交易数据。经过时间、用户数量的累积，平台利用算法对用户进行个性化商品推荐，并对用户的消费习惯、商品偏好、支付能力等进行挖掘和分析，对用户进行分类，对价格不敏感客户和忠实的老客户采取高价格政

---

① 参见腾讯研究院、中国信通院互联网法律研究中心等：《人工智能——国家人工智能战略行动抓手》，中国人民大学出版社 2017 年版，第 243 页。

② 参见涂子沛：《人脸分析：一门新"玄学"》，载虎嗅网：http://www.huxiu.com/article/273782.html，2019 年 2 月 16 日最后访问。

③ 参见［美］凯西·奥尼尔：《算法霸权——数学杀伤性武器的威胁与不公》，马青玲译，中信出版社 2018 年版，第 19 页。

策,而对新客户、价格敏感客户采取低价格政策,并最终形成精准营销乃至于价格歧视。大数据之所以可以被用来"杀熟",是因为拥有这些数据的企业,可以通过各种算法或技术,挖掘出蕴藏在其中的具有极大商业利益和价值的用户个人信息,进而作出归纳性的推理,为每位用户贴上相应"标签",从而达到企业自身商业利益的最大化。① 而这种行为在法律上是否属于违法行为,在学术和实务界一直有争议。大数据"杀熟"被曝光后,滴滴、携程等企业纷纷表态不存在所谓的大数据"杀熟",更有观点以"算法中立"或"技术中立"为由进行辩解。但任何一种算法或者技术背后体现的都是设计开发者的价值观、世界观、思维倾向及其既得利益,"技术"离开了人类背景,就不可能得到完整意义的理解,因此算法或技术中立本身就是一个伪命题。中消协认为,这种"杀熟"的销售方式不仅侵犯了消费者的知情权、公平交易权和隐私权等正当权益,也严重背离了市场经济的公平原则。②

(三)导致个人隐私信息的滥用

当前,互联网企业非法或过度收集用户个人信息的现象普遍存在。一些数据采集者将服务准入门槛与个人数据的提供进行绑定,如果不提供个人数据,将不能使用其服务。例如,有些 APP 与用户的通讯录没有一点关系,但是只有接受其读取通讯录,才能完成 APP 的安装过程,或者才能正常使用其功能。2017 年下半年,中国互联网数据中心联合 360 手机卫士发布的《2017 年中国 Android 手机隐私安全报告》中显示,相比 2016 年,利用核心隐私权限越界获取"通话记录"和越界"读取彩信记录"的 APP 数量出现大幅度增长。2018 年 10 月,上海市网信办对本地最常用的 23 个 APP 获取用户个人信息等相关权限申请情况展开调查,结果发现抽查的 APP 几乎都存在滥用权限获取用户信息的问题。③ 2018 年 11 月 28 日,中国消费者协会发布 100 款 APP 个人信息收集与隐私政策测评情况:在收集个人信息方面,APP 普遍存在涉嫌过度收集个人信息

---

① 参见李伦:《"楚门效应":数据巨机器的"意识形态"——数据主义与基于权利的数据伦理》,载《探索与争鸣》2018 年第 5 期。

② 参见孙永政:《中消协:"大数据杀熟"侵犯消费者的权益 背离市场经济的公平规则》,载央广网:http://china.cnr.cn/news/20190209/t20190209_524505561.shtml,2019 年 2 月 18 日最后访问。

③ 参见侯强:《上海网信办抽查 APP 获取用户信息等权限申请情况 约谈 23 家运营企业》,载新华网:http://www.xinhuanet.com/2018-10/16/c_1123568464.htm,2019 年 2 月 18 日最后访问。

的情况,47 款 APP 隐私条款内容不达标,其中 34 款没有隐私条款。支付宝、ofo 小黄车、美图秀秀等 APP 均存在问题,猎豹浏览器还默认开通监听外拨电话。[①] 2018 年 12 月 29 日,中国互联网协会通过技术检测以及用户举报发现,QQ 音乐等 18 款 APP 疑似存在过度收集"短信""通讯录""位置""录音"等用户敏感信息,万能看等 9 款 APP 疑似存在未经用户同意收集使用用户个人信息等问题。[②] 此外,其他针对部分 APP 进行的评测或审查均发现不同程度的过度收集个人信息的情况。这些数据在很大程度上反映出当前我国个人隐私信息的滥用现象已经十分严重。

(四)危害社会公共利益

滥用大数据的结果是导致"数据独裁",使人成为数据的奴隶。[③] "魏则西事件"曝光后,国家网信办会同有关部门成立联合调查组进驻百度公司,集中围绕百度搜索在该事件中的问题、搜索竞价排名机制存在的缺陷展开调查。调查报告认为,百度搜索相关关键词竞价排名结果客观上对魏则西选择就医产生影响,百度竞价排名机制存在付费竞价权重过高、商业推广标识不清等问题,影响搜索结果的公正性和客观性,容易误导网民。[④] 从百度竞价排名导致的"魏则西事件",到电信诈骗导致的"徐玉玉事件",究其根源,都是在算法的不当设计下导致的公民权益受到侵害。而算法霸权导致的侵害不仅仅针对个别人,而是针对不特定的多数人,不仅破坏传统现实物理社会中的法益,也严重破坏市场经济下的网络信息安全法益和网络秩序。大数据、人工智能技术的不当使用正在悄悄地甚至公然地侵袭公民的信息权利,个人的隐私、尊严、安宁面临不复存在的严重危机。[⑤] 人工智能算法天然的封闭性、暗箱性、选择性本质很可能造成有违公平正义、有悖公序良俗的歧视性后果。

---

① 参见《100 款 APP 个人信息收集与隐私政策测评报告》,载中国消费者协会官网:http://www.cca.org.cn/jmxf/detali/28310.html,2019 年 2 月 18 日最后访问。

② 参见《中国互联网协会召开专家评议会引导和督促互联网企业加强用户个人信息保护》,载中国互联网协会官网:http://www.isc.org.cn/zxzx/xhdt/listinfo-36373.html,2019 年 2 月 18 日最后访问。

③ 参见[英]维克托·迈尔·舍恩伯格、[英]肯尼思·库克耶:《大数据时代》,盛杨燕、周涛译,浙江人民出版社 2012 年版,第 234~236 页。

④ 参见孙道萃:《虚假广告犯罪的网络化演变与立法修正思路》,载《法治研究》2018 年第 2 期。

⑤ 参见张文显:《"未来法治"当为长远发展谋》,载《新华日报》2018 年 12 月 4 日,第 15 版。

三、检察机关对“算法霸权”提起公益诉讼的必要性和依据

（一）算法霸权危害社会公共利益

算法霸权带来的骚扰电话、数据泄露、网络黑产等现象，已经严重侵害了社会上不特定多数人的利益，影响了社会秩序的稳定，加之监管困难等因素，有必要以提起公益诉讼的形式保护社会公共利益。部分社会组织已经对该领域进行了先行探索。2017 年 12 月 11 日，江苏省消保委就百度公司涉嫌违法获取用户信息权限一案向南京市中级人民法院提起消费民事公益诉讼。检察机关也在骚扰电话领域先行一步进行探索。宁波海曙区检察院针对骚扰电话严重影响公众正常生活，甚至影响急救电话等特种服务电话正常运营的情况，向通信管理部门发出检察建议，督促其依法履行监管职责。此后，骚扰电话明显减少，取得了良好的社会效果。① 这些探索都对将算法霸权问题纳入公益诉讼领域提供了借鉴参考，或许可以尝试将算法领域侵害公共利益同时符合公益诉讼其他条件的情况纳入《民事诉讼法》第 55 条的“等”内。

（二）检察机关的职责所在

检察机关法律监督作为一种司法监督，是党和国家监督体系的重要组成部分。习近平总书记多次作出重要指示，要求加强检察监督、强化法律监督能力。②《人民检察院组织法》第 2 条规定了人民检察院有维护国家利益和社会公共利益的职责。《民事诉讼法》第 55 条第 2 款、《行政诉讼法》第 25 条第 4 款以及最高人民法院和最高人民检察院《关于检察公益诉讼案件适用法律若干问题的解释》（以下简称《公益诉讼解释》）第 13 条、第 21 条都规定了检察机关可以对损害社会公共利益的行为提起公益诉讼。对于其中的“等”字，《英烈保护法》已正式明确检察机关可以对侵害英烈名誉荣誉案件提起公益诉讼。2018 年 12 月 25 日，最高人民检察院召开的关于 2018 年在检察公益诉讼的工作情况新闻发布会上提到检察机关坚持做好“等”内的理解和掌握。对于个别“等内”“等外”理解有分歧但又严重侵害公益、群众反映强烈、普通诉讼又缺乏适格主体的情况，一些地方检察机关在当地党委、人大、政府和法院等的支持下，进行

---

① 参见闫晶晶、戴佳：《检察机关将积极审慎探索公益诉讼新领域》，载《检察日报》2018 年 12 月 26 日，第 1 版。

② 参见张军：《强化新时代法律监督　维护宪法法律权威》，载《学习时报》2019 年 1 月 2 日，第 1 版。

了审慎而又积极的探索。而且,在此前中央深改委审议通过的设立互联网法院的方案明确规定,互联网法院可以受理“检察机关提起的互联网公益诉讼案件”。这些都给检察机关进行探索提供了政策指引。[①] 由此来看,针对算法霸权问题,也可以积极探索检察公益诉讼发挥职能作用的路径。

(三)社会发展的需要

当前,我国社会主要矛盾已经转化为人民日益增长的美好生活需要和不平衡不充分的发展之间的矛盾。在这种新形势下,人民群众的关注点不只是物质方面,更有精神层次,不再是简单的“有没有”的问题,而是“好不好”的问题。这种新要求反映在司法领域的重要表现就是,人民群众对生态环境和资源保护、食品药品安全、损害英烈名誉等领域更关注、更敏感,更期待能通过公益诉讼等法治手段及时依法解决相关问题。而当前,网络空间已经是人们生活的主要领域之一,人们也更加关注如何在网络社会中获得公正、平等、安全。但互联网与大数据技术表面上看扩大了平等与自由,事实上是进一步强化了社会分层。单一个人与大数据掌控者之间的力量悬殊越来越明显,个人越来越无法掌握自己的命运。[②] 比如互联网平台获取到用户的个人信息后,最后会把用户的信息拿来出售,或者自己利用,或者向用户精准投放广告。在这个过程当中,如果个人隐私被泄露出去了,经过了很多环节,就很难判断过错方。此时,检察机关主动发挥检察职能,针对网络社会领域侵犯社会公共利益的案件提起公益诉讼,可以有效维护受损的公共利益,满足人们日益增长的美好生活需要。

(四)网络领域侵权现象严重

优先算法关涉公共利益,涉及不特定的多数人。而个人的力量微弱,除提出个人利益损害的民事诉讼以外,很难就算法问题提出系统性诉讼请求。算法性问题不解决,头痛医头脚痛医脚是没有太多实际意义的。这也是为什么这些互联网公司会一错再错的原因。[③] 根据中国政法大学互联网金融法律研究院和中国政法大学大数据与法制研究中心发布的《2018 中国大数据法治发展报告》

---

① 参见闫晶晶、戴佳:《检察机关将积极审慎探索公益诉讼新领域》,载《检察日报》2018 年 12 月 26 日,第 1 版。

② 参见吴梓源、游钟豪:《AI 侵权的理论逻辑与解决路径——基于对“技术中立”的廓清》,载《福建师范大学学报》(哲学社会科学版)2018 年第 5 期。

③ 参见刘哲:《以公益诉讼的模式对“算法”进行系统监督》,载《检察风云》2018 年第 21 期。

中反映的情况看，个人信息泄露情况依然十分严峻，在收回的15,960份有效问卷中，有70%的受访者表示收到过垃圾短信，有57.38%的受访者表示接到过知道自己姓名或单位等个人信息的推销电话，有49.28%的受访者表示租房、购房后，遭遇营销骚扰或诈骗电话（短信）等。而面对个人数据泄露，大多数人的反应是没有采取过任何维权措施，占受访者的45.15%。不选择维权的原因包括缺乏有力证据（31.07%）、维权程序复杂（49.72%）、维权耗费太多时间（53.30%）、不知道如何维权（37.34%）等。而且在对公民对"用户隐私与使用协议"的阅读情况的调查中，高达98%的人表示几乎不阅读这些内容。在大数据时代，个人意图与主观过错的边界，已经变得越来越模糊了。很多情况下企业是利用数据挖掘技术进行信息的二次搜集，即对用户留存在网络空间中的各类具有积累性和关联性的足迹加以汇聚、整合、分析，从而推导或还原出有价值的用户个人信息。这一过程发生在用户毫不知情的前提下，不知情也就意味着用户无法及时地阻止侵权行为，救济自身的合法权益。

四、检察机关对"算法霸权"提起公益诉讼的路径

由于算法的专业性、隐蔽性、复杂性等特征，检察人员很难弄清算法运行的内在逻辑和程序设计，对算法合法合规性的审查只能借助专业人士。但由于算法本身具有的黑箱性质，专业人士可能也无法彻底弄清算法的运行模式，对算法难以形成有效监管。因此，检察机关对"算法霸权"问题提起公益诉讼应更多地着眼于"算法霸权"问题造成的危害结果，从已经发生危害结果的算法问题入手，对其设计和运行公司提起民事公益诉讼或者通过行政公益诉讼诉督促相关行政机关部门履行监管职责，使算法背后的公司承担起损害社会公共利益的责任。例如，通过惩罚性赔偿金、公开赔礼道歉等形式加大企业算法违法运行成本，从而促使企业自行改善原有算法运营模式，使其合规合法，进一步增强企业责任感。并在此基础上，以检察公益诉讼为抓手，进一步推动"算法霸权"问题的事前预防和事中监督。

（一）加强事前预防，推进算法合规

习近平总书记明确提出，"要全天候、全方位感知和有效防护"。检察机关要将保障算法合规合法的关口前移，提高算法研发企业的责任意识和网络安全意识。张军检察长在乌镇第五蜀世界互联网大会"大数据时代的个人信息保护"分论坛上曾指出，发挥检察机关等作用，加大对个人信息保护力度，为大数

据产业稳健发展和个人信息安全创造良好法治环境。[①] 当前算法的设计与审查主要依托于企业内部的技术研发人员和法务人员，受企业逐利性思维的影响，可能对算法的合规性、合伦理性以及合法性审查不足。检察机关作为国家法律监督机关，具有确保法律的正确统一实施的职能。而且，在服务营商环境的大背景下，检察机关通过帮助企业进行算法的合规合法审查，向技术研发人员解释法律规则的具体要求，确保技术研发人员设计出的算法符合法律和伦理要求，这也能更好地帮助企业健康稳定的发展。比如，近年来，中国检察机关结合办案，认真分析侵犯个人信息犯罪的特点和规律，及时向相关管理者、网络服务提供者提出堵塞漏洞、健全机制的检察建议。[②] 此外，在司法政策的把握上，既要鼓励企业对创新性算法的研发，也要防止个人身份信息泄露、“大数据杀熟”等问题出现；既要考虑有利于数据产业的发展，避免不恰当地增加网络运营者的义务，也要充分考量有利于对用户信息安全的保护，对网络运营者适当增加其保护义务。

（二）加强事中监督，用活行政公益诉讼

不受约束的算法权力容易演变为算法霸权。把算法关进制度的笼子，才是让算法既服务于市场，也服务于社会的可持续方式。党的十九大提出“智慧社会”的建设目标，这离不开一套包容创新、完善监管的制度体系。检察机关探索对侵害众多公民个人信息权的行为，以及相关行政机关违法行使职权或者不作为致使众多公民个人信息被侵害的情形，提起公益诉讼。[③] 检察机关作为国家法律监督机关，应当充分发挥惩治、预防、监督、教育、保护等职能，为互联网产业的健康发展提供有力司法保障。从而使相关从业者善明法、明善法，网络服务者善守法、守善法，管理者善执法、执善法，三方共同携手保护互联网世界的绿水青山。[④] 检察机关应综合运用刑事、民事、行政检察的方式及时对监管部门发出检察建议或者提起行政公益诉讼，确保监管部门强化对互联网企业算法合

---

① 参见姜洪：《携手加强大数据时代个人信息司法保护　积极提供全球互联网发展治理中国方案》，载《检察日报》2018 年 11 月 9 日，第 1 版。

② 参见谢文英：《从公益诉讼角度寻找破解沉迷网游路径》，载《检察日报》2019 年 2 月 11 日，第 5 版。

③ 参见谢文英：《从公益诉讼角度寻找破解沉迷网游路径》，载《检察日报》2019 年 2 月 11 日，第 5 版。

④ 参见戴佳：《法律与科技携手，治理维护好网络世界》，载《检察日报》2018 年 11 月 9 日，第 2 版。

法性的监管。尤其是针对消费者被侵权但未察觉损失的情况，要有针对性地建议监管部门对企业展开检查。“政府部门应该通过立法规范和监管涉及数据挖掘与建模规程中用户信息分析的算法逻辑，杜绝‘算法黑洞’，避免‘大数据杀熟’现象的发生。”①此外，针对当前行政监管中存在的条块分割、政出多门等问题，要积极发挥检察机关职能优势，建议政府设立独立的算法监管机构，加强执法司法协作，及时共享数据，对监管对象进行整体画像、分类施策，从而抢在危害发生之前精准执法，提升监管效能。

（三）加大事后惩处力度，与监管部门形成算法监管合力

针对已经造成社会公共利益损害的算法霸权行为，检察机关应通过提起民事公益诉讼或者行政公益诉讼的方式及时督促有关企业和行政执法机关及时修复受损的社会公共利益。具体来说，一是支持有关社会组织提起民事公益诉讼。从目前的司法案例来看，各地消协是对相关互联网企业算法霸权问题提起公益诉讼的主要组织。对于消协针对这些企业提起的民事公益诉讼，检察机关可以以支持起诉的方式参与进来，帮助消协更好地收集证据和提供法律帮助。二是检察机关自行提起民事公益诉讼。对于自行发现的算法霸权危害社会公共利益的案件，在公告期满没有相关社会组织和单位参与的情况下，检察机关可自行提起民事公益诉讼。三是检察机关提起刑事附带民事公益诉讼。在办理侵害公民个人信息相关犯罪中，可能存在涉案企业算法霸权损害社会公共利益的问题。在履行相关公告程序后，检察机关可以通过刑事附带民事公益诉讼的方式及时确保社会公共利益得到维护。四是提起行政公益诉讼。此类主要是针对行政监管部门未履行算法监管义务、监管不到位等问题，首先通过行政公益诉讼诉前检察建议的方式督促相关监管部门履行监管义务，保障社会公共利益；期满监管部门未履行相关义务的情况下，检察机关可以直接提起行政公益诉讼。

（四）加强宣传教育，提高人们对算法霸权的认识，提高企业的公信力和责任感

只有人们不断问责和监督人工智能技术、提出道德伦理要求并探讨可行的解决路径，在技术突飞猛进发展时不忘法律监管范围与时俱进，才能最大限度地让算法造福于人类。数字经济时代，个人、企业、政府间的关系日益复杂，个

---

① 王俊秀：《数据监控、隐私终结与隐私通货》，载《探索与争鸣》2018年第5期。

体活动通过网络可能会对外部市场环境产生广泛影响，加大了监管权责认定难度。现有依靠政府自身力量的单边监管模式显然不足以应对新的形势，平台的崛起、社群的崛起都是对政府监管权威的挑战。未来，平台、社群等将在规则的制定、行为的监管中发挥越来越重要的作用，如何利用和引导社会力量参与治理是必须面对的新课题。① 司法机关、互联网企业、技术社群、民间机构、公民个人等各个主体都要充分发挥作用。近年来，中国检察机关结合办案，充分利用网站、微博、微信、新闻客户端等网络媒体平台，依法公开侵犯个人信息犯罪案件信息，不断提高公民识骗防骗能力，震慑违法犯罪活动。要充分动员社群力量，建立“共建、共治、共享”的信息安全监管社会支撑体系，积极引导人工智能行业自治组织发展，培育公民信息安全保护意识。

（五）配合立法机关做好研究论证工作，推动人工智能领域立法进程

习近平总书记强调，建立健全保障人工智能健康发展的法律法规、制度体系、伦理道德。这个世界需要法律、规则和伦理的维护，确保人工智能安全、可靠、可控。加快信息化综合立法进程，可以法律手段对信息资源进行科学管理、合理调配，解决我国信息化领域自主创新不足、应用水平不高等突出问题。检察机关应发挥自身职能，推动立法完善，构建算法监管的多元保护体系。要合理把握人工智能发展需要与国家信息安全保障、公民社会与国家安全之间的平衡，科学谋划智能化应用和信息安全产业发展规划，出台人工智能相关发展行动计划，引领人工智能产业积极、健康发展。信息安全监管思路方面，要打破部门监管樊篱，消除数据壁垒，避免消耗性竞争，实现跨部门监管资源的整合。数据治理有自己的边界，任何治理活动都受制于法律、社会规范、市场和代码，应遵循“以数治数”、流程设置等科技治理原则，从而建立一个具有中国特色和具有中国价值的数据治理理论和数据立法。面对科学技术的双刃剑及由信息技术引发的风险社会，必须把互联网、大数据、人工智能等的开发运用置于法治的规制之中，使之在法治的轨道上运行，将其对人类有利的一面发挥到极限，而将其对人类有害的另一面及时拦截于外。“让人们在算法决策、机器决策中真正获得规则公平、权利公平、机会公平。”②

---

① 参见李强治：《论我国网络假货治理的复杂性》，载《现代电信科技》2016 年第 3 期。

② 张文显：《数字技术立法尤其要超前》，载《北京日报》2019 年 1 月 21 日，第 13 版。

第二部分

个人信息、数据权利与网络法治

大数据时代个人信息宪法保护的证成

杨佳豪*

摘　要：我国已经进入大数据时代，政府收集和使用着大量的公民个人信息，但是公权力对个人信息的掌握和利用所可能带来的问题并没有引起足够的重视。理论上证成个人信息的宪法保护必要性与合理性，既需要有足够的现实需要，又要求有充分的学理支撑。在目前的宪法体制下，宪法如何保障个人信息也值得关注。

关键字：大数据　个人信息　宪法保护

有组织地大规模收集和使用个人信息来实现国家对社会和人民的有效管理是一种有着深远历史传统的行为。早在古代社会，中央集权制国家就通过人口登记、编户齐民、特务机关等制度来广泛收集臣民的个人信息。在没有人权、法治概念的专制社会，对国家收集和使用个人信息的行为自然不会产生任何法律上的问题。进入 21 世纪，随着大数据时代和互联网信息社会的到来，海量、多样化的数据集合搭配上云计算的数据处理与应用模式被广泛用于国家管理工作，个人信息所处的社会环境有了天翻地覆的变化，公民越来越多以“信息人”的身份参与社会生活。一方面是政府通过高科技手段对公民个人信息数据的全方位收集、掌握与利用；另一方面是伴随着自由、民主和法治观念的蓬勃发展，公民对有关自己的各种信息的关注日益增加。当现代大数据技术的快速发展脱离宪法价值制约时，理应为推动社会发展的高科技成果却可能损害宪法的价值。① 这就产生了如今个人信息的宪法保护问题。

---

*　杨佳豪，中南财经政法大学硕士研究生，主要研究网络法、个人信息保护。

①　参见贾亚莉：《科技革命与宪法发展辩证关系探析》，载《理论导刊》2005 年第 10 期。

一、什么是“个人信息”

简单来说，个人信息是指能够单一或组合之后识别特定个人的一切信息。①虽然个人信息是个长期以来和公民个人息息相关的概念用语，但现代意义上的个人信息法律定义出现却比较迟。1995 年欧盟《关于保护个人信息处理中的个人和个人信息自由流通的指令》对“个人信息”的定义是：“与一个身份已被识别或者身份可识别的自然人相关的任何信息”。该定义是国外最有影响力的个人信息法律界定。我国立法中则以《网络安全法》中的定义最为详细，该法第 76 条第 5 项从行政法角度对个人信息作出了详细的规定：“个人信息，是指以电子或者其他方式记录的能够单独或者与其他信息结合识别自然人个人身份的各种信息，包括但不限于自然人的姓名、出生日期、身份证件号码、个人生物识别信息、住址、电话号码等。”从这些法律规范中，我们可以对大数据信息时代个人信息的具体特征作进一步解析。

第一，个人信息的拥有主体只能是自然人，无论是国外还是国内，对个人信息主体的限定都非常明确统一。虽然社会组织和法人等单位也会存在和自身有关的大量秘密数据信息，但这些数据信息应被视为商业秘密，体现的是经济价值，单纯归属于财产权的范畴。

第二，个人信息具有可识别性。可识别性是由信息主体的自然人属性所决定的，无法识别特定个人的信息则无法成为法律所保护的个人信息。个人信息之所以重要，是因为它与特定个人的生活息息相关：大数据时代的个人信息体现了一个人生活的方方面面乃至身体的生理健康等情况，与个人的人格和尊严有密切关联。因此法律需要重点关注和保护。

第三，个人信息的内容具有开放性。个人信息的具体内容包括个人身份、工作、家庭、财产、健康等各个方面的资料数据。在大数据时代，个人信息的内涵和外延得到了无限的放大。网页浏览记录、社交工具聊天记录、出行轨迹记录、购物记录等，这些信息无论是实体的还是虚拟空间的，都应该被纳入法律所保护的个人信息范畴。

大数据时代的个人信息无论是内涵还是外延都具有相当广阔的灵活性和

---

① 参见张平：《大数据时代个人信息保护的立法选择》，载《北京大学学报》（哲学社会科学版）2017 年第 3 期。

动态性,需要国家机关和学术界紧跟科技的进步不断更新发展对个人信息的认识与研究,在对个人信息正确认识的基础上实现对个人信息在大数据、信息化时代的保护全覆盖。

二、个人信息保护的现实必要性

当代互联网的普及和发展彻底改变了个人的生活方式和人与人之间的交流互动方式,而大数据技术的迅猛发展则使互联网的潜能发挥到了一个新的量级。大数据技术与人工智能的结合使政府对海量公民个人信息的收集、分析与利用效率大大提升。政府在个人信息使用中的主导地位,政府对个人信息的收集与处理以及个人信息自身的波及效应,都带来了许多远超现行法律规范乃至人们常规认知的现实问题。

(一)政府对个人信息的使用

在大数据时代国家无疑是公民个人信息最大的使用者。制定法律法规采集个人生物信息,推行义务性实名制注册、登记系统,建立和管理巨型数据库存储使用公民信息,组织信息处理与分析系统和专业团队等,这些大数据时代对数据信息利用必不可少的措施只有政府才拥有足够的资源、技术和能力去实施。很多领域政府与商业机构在采集和利用个人信息方面的界限非常模糊:在网络主权观的指导下,政府出于维稳、国家安全、社会治理、服务群众等目的经常要求大型企业提供所掌握的公民个人信息,在个别情况下政府甚至有能力直接从大型企业的数据库中调取所需要的数据信息。即使个人信息保护相对完善的美国,也不时曝出美国政府以行政手段要求 Facebook、Google、Yahoo 等大型企业在用户不知情的情况下向政府提供其存储的个人信息数据。而在中国,政府仍在经历从"管理型"政府向"服务型"政府的转型,政府的信息采集、处理工作基本上是以强制性的行政命令为依托,所有单位、个人都有无条件配合政府工作的义务,因此政府获得了几乎全部的社会资源去搜集和利用公民的个人信息。在这种情况下,谁来监督政府对公民个人信息的收集调取成了极大的问题,只能寄希望于政府内部的监督制约机制与政府自身对信息需求的克制。但正如孟德斯鸠所说:"一切有权力的人都容易滥用权力,有权力的人往往使用权力一直到遇有界限的地方才休止。"缺乏有效制约监督的政府,将会不遗余力甚至不择手段地收集网罗所有的个人信息,对个人隐私、人格尊严等合法权益造成巨大威胁。

海量的数据信息是大数据处理模式的前提与基础，各种信息工程为政府高效利用公民的个人信息提供了坚实的保障。这以公安机关的"金盾"工程为典型代表。"金盾"工程作为公安信息化建设的集大成者，已经建成了一系列管理公民个人信息的应用信息系统。在这些信息系统中，全国人口信息管理系统是核心，它将几乎所有的全国人口都纳入了计算机的信息化管理模式中，成为政府工作至关重要的基础性信息工具。这些规模巨大的系统建设为我国的人口管理与服务、维护社会秩序、打击违法犯罪活动发挥了极大的作用。但也带来了许多严重的个人信息保护问题，例如，政府数据库信息的录入与查询把关不严导致信息录入错误或容易遭到工作人员的随意查询，视频监控的拍摄范围包括了个人住宅的卧室甚至公共厕所等空间。如果将这些不同的信息工程系统予以整合优化，将会形成一个规模极为庞大、内容极为丰富的政府巨型数据库。据统计，到 2015 年，全国各级政府建成了超过 3000 个各型数据库，掌握着全社会信息资源的 80%，涵盖了公民生活的方方面面。如何规范这些数据库的数据信息收集渠道，如何保障这些数据库的维护安全，是大数据时代政府信息建设所必须要考虑的问题。

负面信息标注的泛滥是大数据时代新凸显的问题之一。国家出于社会治理的需要对掌握的公民数据信息进行分类标注，而负面信息标注是指对部分需要被限制合法权益的公民的个人身份信息进行的标记。现行行政体制下能够在人口基础信息库中进行负面信息标注的政府部门众多，标注的理由和依据也多种多样。繁多的负面信息标注对公民合法权益的侵害甚至超过了许多行政处罚。近年来政府为实现对全国所有信用主体的覆盖，整合大量不同部门、行业和领域的信用信息系统，大力建设国家级统一信用信息共享交换平台，并建立了失信黑名单制度。在社会主义市场经济中，公民在工作生活中总是需要与银行、国有企业等机构发生经济交易联系，难免会存在经济纠纷。如果对失信黑名单制度的设计不够严密周全，各个机关动辄以失信标注为借口干扰正常的经济纠纷解决，会使市场经济秩序大乱。特别是未来统一信息交换平台建成之后，任何国家机关都可以在这个平台内查询、标注公民身份信息，而一经标注将会影响公民生活的方方面面。随着信息化建设的深入和巨型数据库之间的交互更为密切，公权力机关负面信息标注泛滥的问题值得引起重视。

（二）个人信息的波及效应

个人信息存在明显的波及效应。由于政府信息化建设对社会生活的全覆盖，公民在日常生活中越来越多以“信息人”的面目存在。对个人信息的采集和利用已经成为政府作出各种行政行为的前提和依据，公民享有对个人信息的决定和控制权成为其实现其他基本权利的前提性权利。[①] 如果政府对个人信息的使用出现了差错，或者公民的个人信息没有得到有效的安全保障，将会严重影响公民行使其他的合法权益，这就是个人信息所具有的波及效应。在现实中几乎所有需要和政府发生关系的地方，如教育、工商登记、社保福利，都需要公民提供自己的个人身份信息。再加上近些年来实名制系统的普及，很多民事活动，如就医、邮寄快递、出行住宿等也都需要公民合法有效的身份证明。因此公民的个人信息，特别是身份与户籍信息成为公民能够在社会上生存所必需的保障。在大数据时代，政府对公民个人身份信息处理中的一个小差错，很可能会在波及效应的影响下得到无限放大最终酿成巨大的损害结果。尤其是云计算技术将录入数据库的单项信息，经过无数个环节的计算、整合、加工，每一个环节上都可能产生“蝴蝶效应”。个人信息波及效应的存在，使个人信息的影响范围已经超过了个人的认知范围，国家看待个人信息作用的视野也需要达到更高的高度。

负向波及效应则是大数据时代个人信息利用与个人信息保护所必然导致的结果。大数据需要海量的数据信息为支撑，但个人信息的保护却又需要抑制政府对公民个人信息的收集和利用的需求。如果对个人信息的保护过度，可能造成公民其他基本权利得不到有效的保障，从而产生负向波及效应。这其中以公务人员财产公开制度的争论最为典型。官员依法申报登记的财产是否需要向有关机关如实登记，要登记的财产信息范围有多广，主体是全体公职人员还是特定级别官员，有关部门存储的干部财产信息是否要向社会公开，这一系列涉及官员个人财产信息收集、处理的争论持续不休。对官员个人信息的保护会不会导致人民群众、新闻媒体对国家干部的监督弱化虚化，官员的个人财产信息到底有没有作为隐私保护的必要，这种矛盾与当下网络反腐的热潮相结合，突出体现了个人信息保护中存在的负向波及效应。

---

① 参见孙平：《“信息人”时代　网络安全下的个人信息权宪法保护》，北京大学出版社 2018 年版，第 178 页。

在大数据时代里,国家公权力对公民个人信息的获取和利用需求是前所未有的,公民的生活也高度依赖于国家所存有的各类个人信息的准确真实性。甚至可以说,在这个高度发达的信息社会里,公民个人具有了一定意义上的“信息生命”。从形象来说,一个在国家数据管理系统中有着完整、合法、准确的个人信息的公民,就有着一个健康的“信息生命”;如果公权力机关存有的个人信息存在失实或者负面标注,这个“信息生命”就是病态的,是会给公民的生活带来极大不便的;而若是一个人没有依法登记户籍信息,这样的“黑户”就等于“信息生命”死亡,几乎无法在这个社会独立自主地生存。因此说大数据时代,公民个人信息的价值极为重要,与人在社会中的生存可以说息息相关,所以尤其需要国家机关依法正确处理个人信息,避免因不当收集和利用个人信息导致公民合法权益遭受侵犯。宪法作为协调公民与国家相互关系的根本大法,是限制国家公权力滥用或不当行使的最重要法律,需要在大数据时代针对现实问题作出应有的回应。

三、个人信息宪法保护的学理证成

在大数据时代,国家是公民个人信息最大的利用者,同时也可能是最大的威胁者。如何依法规范国家对公民个人信息的利用,平衡好国家治理需要与公民个人权利保护需求之间的冲突,就需要作为国家根本大法的《宪法》从社会主义法治体系的顶层进行价值权衡与制度设计。但要证明将公民所拥有的对自己个人信息所享有的权利可以被称为宪法所保护的基本权利,则不仅要有国家法治进程中的现实需求为依据,同时还需要法学特别是宪法学理论的发展提供坚实的理论支撑。

(一)学说争鸣

对个人信息及其保护的法律属性,在国内法学界长期存在学术上的分歧。这些分歧主要是由个人信息内涵与外延的复杂性所造成。信息化时代的高速发展,大数据技术对个人生活的深度介入,使公民个人信息权的法律属性界定也更加困难。

第一,隐私权说。个人隐私权是指个人对有关自己的私事拥有决定和控制的权利。有的学者认为,个人信息可以看作个人不愿让他人知悉的信息,[①]因而

---

① 参见徐德刚、雷钧惠:《论隐私权在宪法中的价值定位》,载《湖南科技大学学报》(社会科学版)2009年第2期。

适用于对隐私权的保护方式进行保护。美国作为采取该学说的代表性国家,先将信息权视为民事权利中的隐私权,再通过判例将民事法律中的隐私权上升为宪法隐私权进行保护。

第二,人格权说。持此观点的学者认为个人信息的本质属性就是人格属性,个人信息的内容直接体现了自然人的一般人格利益。[①] 个人信息遭受侵犯首先损害的是个人的人格尊严,因此个人享有的与个人信息有关的权利实质上是人格权的组成部分之一。德国根据其基本法的人性尊严和一般人格权条款,采用了“信息自决权”的概念,其实质是公民针对国家机关所享有自由决定其个人信息何时何地以何种方式被收集和使用的权利。[②]

第三,所有权说。该学说将个人信息视为公民的个人财产,公民对个人信息所享有的各种权利类似于公民对自身财产所享有的所有权、处分权。大数据时代的个人信息数据的处理确实会为信息主体带来经济收益。持此观点的学者以美国波斯纳法官和中国的刘德良教授为代表。

上述三种公民个人信息权的归属学说中,人格权说和隐私权说影响最大,最为主流。而所有权说则影响力较小。但这三种说法都有其一定的合理性,也存在不足,需要从中选出最适合的理论学说为依据巩固和发展个人信息保护的学理基础。

(二)理论探究

隐私权概念诞生于19世纪末的美国,在隐私权奠基之作的《隐私权》一文中,作者将隐私权的核心原则定义为“神圣的不可侵犯的人格”,隐私权从诞生之初便和人格尊严联系密切。一方面,在中国现有的宪法学研究视野下,隐私权本身就是一种纯粹的学理性权利,是用教义学的方法解释宪法文本的有关条文后得出的一种宪法基本权利,其目的仍然是维护人格尊严与个性发展。德国宪法法院就是把隐私权与基本法中人格尊严条款相联系起来,将隐私权作为人格权的组成部分给予宪法保护。因此从本质上说,隐私权仍然是属于人格权的具体延伸,而非中国《宪法》所单独规定的独立基本权利。以隐私权作为保护个

---

① 参见陈奇伟、刘倩阳:《大数据时代的个人信息权及其法律保护》,载《江西社会科学》2017年第9期。

② 参见赵宏:《信息自决权在我国的保护现状及其立法趋势前瞻》,载《中国法律评论》2017年第1期。

人信息的主要权利依据,难以在中国的宪法规范层面得到合适的论证。另一方面,以隐私权理论为基础保护个人信息也会面临如何将信息界定为“隐私”的前置性阻碍。只有当个人信息属于个人隐私的时候,才能将其作为隐私权的保护对象予以保护。但随着大数据信息时代的到来,很多个人信息经过信息系统的处理后具有了一定的公开性,根据“人对自己已被公开的信息不享有隐私权”的观念,这类个人信息不再具有隐私权上的保护价值。但如果对这些已公开的个人信息,政府存在滥用或者不当处理的时候,仍可能对公民合法权益造成严重侵害,而此时隐私权已经无法提供足够的学理保护支撑。隐私权保护的另一大弊端是隐私权本质上是一种消极权利,重在防止国家对公民个人隐私的不当收集与干预。但在大数据时代,国家对公民个人信息的收集和利用是公权力有效行使和公民享有其他权利的基础条件。对公民个人信息的保护不但需要防止公权力的非法干涉,更需要国家积极主动地收集需要的个人信息,并对已有的个人信息依法作出最大化地利用,而这些要求已经远超出了隐私权保护的内涵。总而言之,隐私权的保护理念,既不能适应大数据时代个人信息自身所需保护的复杂性要求,亦欠缺明确的宪法规范根据,不宜作为个人信息保护的权利来源依据。

人格权是我国《宪法》第 38 条所明确列举的基本权利,也是国内学界主流的个人信息保护的宪法权利基础。宪法上的尊严将人视为价值,以保有人的精神本质构成为终极目标,否认与排斥任何有损人格发展的公权力行为。① 个人信息保护首先需要保护的就是个人信息所反映的个人隐私与个人的人格尊严,特别是要防止政府通过收集和利用个人信息侵犯公民的人格尊严与发展。无论是美国法视域下通过隐私权完成对个人信息的保护,还是德国基本法中直接以人的尊严为根据提供个人信息的宪法保护,其立足点都在于通过保护个人信息实现对自然人人格尊严的保障。因此从本质上说,个人信息的宪法保护就是保护公民在宪法上应享有的人格尊严。宪法上的人格权要求人作为人的主体地位不能否定,不能将人客体化、工具化。② 而在大数据时代,国家机关通过将人以“信息人”的形态编入各种信息系统、管理平台并进行行政管理,很可能将

① 参见郑贤君:《宪法“人格尊严”条款的规范地位之辨》,载《中国法学》2012 年第 2 期。

② 参见上官丕亮:《论宪法上的人格尊严》,载《江苏社会科学》2008 年第 2 期。

人作为人的价值所矮化，使人客体化为政府巨型数据系统中的一个信息单元。而人格权所保护的正是人在大数据时代所具有的人的尊严。基于对人格尊严的尊重与保护，宪法人格权的保护范围涵盖了凡是因政府的不当收集或使用即会危害个人尊严的信息，可以实现大数据时代对个人信息保护的最大化覆盖。另一方面，人格权也不排斥积极的权利因素。人格尊严有其内在的最低限度标准，其真正实现必须借助于一定的物质和制度条件。[①] 政府应积极利用现代科技提供的各种技术手段合法合理地使用公民的个人信息数据，将各类信息工程的建设成果和先进的大数据技术用于保障人民自由行使合法权益，而不是仅限于帮助国家机关管理甚至监控人民的衣食住行。政府应主动行动为公民的人格发展创造良好的服务环境。因此笔者认为，现行《宪法》中的人格权条款，是论证个人信息保护的最为适宜的宪法学理论根据。

第三种所有权说过于注重个人信息的经济价值而忽视了个人信息所反映的人格尊严价值。个人信息所直接反映的内容是特定个人的各种情况、动态，而这些情况、动态本身并不能直接具有经济价值，只有在经过必要的商品化处理后才能产生经济效益。因此个人信息首先所体现的是人格尊严价值，而经济价值是派生的、次要的、不本质的。因此所有权说无法构成对个人信息保护的坚实的理论基础。

综上所述，无论是隐私权还是人格权的保障，其实质都是政府通过保护个人信息来实现维护公民人格尊严的宪法要求。任何宪法都不可能在制定的时候准确预见到将来人民所需要宪法提供保护的全部内容。大数据时代的个人信息作为一种现代科技带来的新事物，正是需要宪法提供相应的保护以使公民免受强大的公权力机关侵犯其合法权益。维护人格的神圣性是个人信息保护所追求的终极目标。在我国要从宪法规范上证明个人信息具有宪法所保护的价值与需求，必须以现行《宪法》涉及公民权利的条款为基础，并通过学理式的解释方法进行合理的解读以及合乎逻辑的方法才能得以证成。[②] 正如上文所述，以现行《宪法》的人格尊严条款和人格权理论为统领实现对个人信息的宪法

---

① 参见刘志刚：《人格尊严的宪法意义》，载《中国法学》2007 年第 1 期。

② 参见姚岳绒：《论信息自决权作为一项基本权利在我国的证成》，载《政治与法律》2012 年第 4 期。

保护提供了坚实的学理基础。

四、宪法的保障

通过上文在现实和学理两方面论证个人信息宪法保护的必要性和正当性，证成个人信息可以纳入宪法的保护范围后，作为根本大法的《宪法》如何为个人信息提供有力的保障，就成为个人信息保护入宪的关键问题。囿于中国现有的法治实践的不足，如合宪性审查机制的长期停滞、宪法解释制度的欠缺，现阶段中国宪法所能提供的个人信息保障方式集中体现在立法和思想两个层面。

在立法上，《宪法》作为国家的最高法，具有最高的法律效力，是一切国家机关的根本活动准则。国家机关对个人信息的收集和使用，必须要根据宪法规范进行，在制定相应的规章制度，乃至全国人大及其常委会针对公民个人信息的有关事务进行立法的活动中，都必须遵守《宪法》保障公民人格尊严的规定。在大数据时代里政府尤其不能出于管理的便利性将人客体化，人的主体性和独特性在科技高度发达的大数据时代已经受到了史无前例的削弱，[①]宪法必须在立法上最大限度起到平衡人的价值与公共利益价值的作用。

思想层面，宪法是国家普法工作的最终范本。通过宪法对个人信息保护的关注与强调，强化公民个人对自身信息的保护和利用意识。为了国家和公共利益，大数据时代的公民将自己太多的个人信息毫无保留地交给了政府。但反过来人们也应该认识到科技的进步最终不是为了国家管理的有效便捷，而是为了每一个人的自由、幸福、安定和有尊严。为了政府治理的便利，一味无条件让与自己的个人信息，让自己在公权力的面前成为“透明人”并不具有必要性。宪法通过让公民认识到自己个人信息的重要性，最终意识到人格尊严的神圣不可侵犯，在思想上杜绝“监控政权”产生的价值基础。

结　语

在大数据时代，先进的科学技术与强大的公权力结合既为国家的治理带来了极大的便利，同时也给我们个人的基本权利保障带来了新的问题。在大数据政府时代，应当正确处理个人信息保护与公共利益之间的关系，积极采取措施

---

① 参见韩大元：《当代科技发展的宪法界限》，载《法治现代化研究》2018 年第 5 期。

排除国家权力恣意而为侵犯人格尊严的各种情形,[①]切实尊重和捍卫公民个人的人格尊严,将个人信息的保护提升到宪法的高度。唯有如此,才有可能让公民真正获得幸福感与获得感,让科学技术发展的巨大成就造福于广大人民群众。

---

① 参见仪喜峰:《论宪法上的人格尊严保障》,载《北京工业大学学报》(社会科学版)2014 年第 2 期。

公民个人信息安全与网络法治的冲突与保护

——以司法公开行为为例

蒋达奇[*]　赵敏丹[**]

根据马克思主义的历史唯物主义观点，物质生活的生产方式决定社会生活、政治生活，社会存在决定社会意识，社会意识又可以塑造与改变社会存在。故在现代社会进入了网络时代的大背景下，上层建筑的司法也相应不可避免地要融入网络化的大潮中，且如能合理运用的话，也会进一步推进社会的发展。但是，值得注意的是，在网络法治的浪潮下中，公民个人信息必然会作为当事人的信息在有关司法行为中留下痕迹，而公民个人信息作为公民的隐私，其涉及公民的权利保护问题。故如何在司法的过程中，有边界、合理地使用公民个人信息值得我们探讨。

一、个人信息权的内涵及保护的现状

（一）个人信息的法律内涵

根据最高人民法院、最高人民检察院《关于办理侵犯公民个人信息刑事案件适用法律若干问题的解释》第 1 条的规定，个人信息是指以电子或者其他方式记录的能够单独或者与其他信息结合识别特定自然人身份或者反映特定自然人活动情况的各种信息，包括姓名、身份证件号码、通信通讯联系方式、住址、账号密码、财产状况、行踪轨迹等。

（二）个人信息被侵害的现状

说到个人信息被侵害，我们每一个人都是受害者。从每天比起床闹钟还要

---

* 蒋达奇，浙江省温岭市人民法院法官。

** 赵敏丹，浙江省温岭市人民法院法官。

规律且从不缺席的“地铁口旺铺了解一下”，到一买房就有装潢公司“算”到你需要装潢，再到一开通股票账户相关骗子公司就“送财上门”。是巧合吗？肯定不是，更不可能是相关人员能掐会算。这一切反映的就是我们个人信息被侵害的现状以及背后一系列黑暗的产业链。在日常生活中，我们的每一次二维码扫描、每一次微信窗口点的允许、每一次路边填的调查报告都是我们对自己个人信息使用的授权行为。而当相对方获取我们的信息之后，是否在授权范围使用，是否用于出售，我们都无从得知。还有一点容易被忽视的是，作为公权力代执者的政府机关，在信息的收集上本身就顶着公权力的头衔，很多时候都跳过了上述授权过程，与之直接冲突的便是对于个人信息保护的知情权。现实的教训是惨痛的，远有北京市公安局朝阳分局酒仙桥派出所保安队长高某在2015年6月至8月私自登录“公安部人口管理系统”，非法获取个人信息4000余条，并对外出售；近有本省某法院干警通过协查系统获取、泄露当事人车辆情况、行驶轨迹等信息引发当事人之间不必要纠纷。尤其是现在推进政务公开机制，无论是主动公开还是依申请公开，一旦公民的权益被侵害，公民自身有时候都不知，更别提维权。因此需要我们以更严谨的态度去审视。

（三）现有个人信息保护框架

网络化年代，个体对个人信息保护的呼声越发强烈。法律对时代的呼吁也予以有力回应。2017年出台的《民法总则》就明确规定，自然人的个人信息受法律保护，任何组织和个人需要获取他人信息的，应当依法取得并确保信息安全，不得非法收集、使用、传输个人信息，不得非法买卖、提供或公开他人个人信息。《关于加强网络信息保护的决定》对“互联网服务提供者和其他企业事业单位”进行约束；《消费者权益保护法》对“经营者”进行约束；《网络安全法》对互联网服务提供者进行约束；《刑法》则对自然人犯罪进行惩治，但未涉及单位犯罪问题。综合来看，我国现有个人信息保护的规定分散在各个不同的法律条文中，针对个别主体、个别行为进行规制，尚未构成一个系统的保护框架。除此之外，尽管在刑事上对情节严重的个人信息侵害行为予以定罪处罚，但在私法救济上，民众仍很难找到具体的维权渠道及对造成损失的赔偿标准。作为单一个体，一旦发现自身的信息权受侵害但尚未构成犯罪，去哪里维权、怎么维权、如何赔偿损失都是亟待解决的问题。

二、司法行为中对公民个人信息进行收集、利用或者公开的合法性问题

(一)个人信息保护与有关司法行为的冲突

个人信息有其隐私性及特定性,尤其是对自然人而言,个人信息可以识别出个人身份及与之匹配的各种信息。个人信息被广泛收集、使用或公开,会对私人生活、人格尊严和自由,乃至人身和财产安全产生重大影响。而个人信息权即是基于此,个人信息权又叫信息自决权,主要是指公民对自己个人信息的支配和自主决定权,而其他人不得随意获取、使用、泄露公民的个人信息。①

但有关司法行为难以避免会泄露部分个人信息。以司法公开为例,中共中央《关于全面推进依法治国若干重大问题的决定》明确提出:“构建开放、动态、透明、便民的阳光司法机制,推进审判公开、检务公开、警务公开、狱务公开,依法及时公开执法司法依据、程序、流程、结果和生效法律文书,杜绝暗箱操作。”②这是新时代我国继续深化司法信息公开改革的宣言书,充分展现了新时代国家继续推进司法信息公开改革的坚定决心。我国目前司法公开主要包含了司法行政信息与司法程序信息、法官信息公开。其中,司法行政信息公开涵盖了基础信息、人事信息、法院采购信息、预算与决算信息、司法统计信息等的公开,可能涉及的是国家秘密。司法程序信息公开就是司法程序中,法院采集与制作的所有信息公开,可能涉及的是公民个人隐私。法官信息公开就是法官在任免期间的信息、法官个人信息和纪律处分信息等的公开,可能涉及的是法官个人隐私。司法公开是响应国家号召维护公民监督权、知情权,做好政务信息公开的重要一环,依据的原则和方向是“以公开为常态,不公开为例外”,故在公开的内容和形式上讲究的是真公开、能公开的全公开。司法公开过程中,无论是上述何种信息的公开,当中都不可避免地涉及部分个人信息的泄露。

虽然为保障公民的知情权和监督权,推行司法公开等制度获得一定好评,但无论是学术界还是民间都对此仍存质疑。第一,关于司法公开等司法行为以侵害公民个人隐私为代价的质疑。司法公开最直观公开的是公民的个人信息,是公民的隐私。虽然司法公开能起到一定的正面价值,但不能以牺牲《宪法》和

---

① 参见王利明:《论个人信息权的法律保护——以个人信息权与隐私权的分界为中心》,载《现代法学》2013 年第 4 期。

② 《中共中央关于全面推进依法治国若干重大问题的决定》,载《人民日报》2014 年 10 月 29 日,第 1 版。

《民法总则》赋予公民的隐私权和个人信息权为代价。第二，关于司法行为收集、利用、公开个人信息缺乏界限的质疑。能否收集、利用的范围、公开的形式缺乏明确规定，使在司法实践中相关司法行为不严谨、随意性较大，易导致权利侵害事件的发生。第三，关于司法行为收集、利用、公开个人信息缺乏程序规范，易发生人为泄露、滥用的质疑。习近平总书记也说过，一个人战胜不了自己，制度设计得再缜密，也会“法令滋彰，盗贼多有”。如上述公安部门干警能够私人查询公民相关信息继而泄露，法院干警在接触公民个人信息时，是否也会重蹈覆辙？

（二）司法行为涉个人信息合法性依据

评价司法行为对公民个人信息的收集、利用或者公开的合法性，不仅要审查该行为是否符合相关个人信息权保护的法律规定，即有法可依，还要审查其是否具有必要性，即要求对公民的个人信息进行收集、利用或者公开等司法行为能够取得一定法律效果，具有正确的价值导向。

以具体司法行为为例，比如裁判文书公开，首先最高人民法院《关于人民法院在互联网公布裁判文书的规定》不仅规定了人民法院应当在互联网公布裁判文书，还对公布裁判文书的形式、内容、方法等进行了详细的规定，此规定给予了司法公开有法可依的特性。在必要性方面，从裁判文书内在性质上来说，其系记载法院审理和解决案件的程序、事实依据、法律依据及确定和分配当事人实体权利和义务的集中反映和书面记录。作为国家公权力司法权运行的结果和体现，裁判文书天生具备公共性。虽然裁判文书表面内容是记载涉案当事人双方的私事，但其内在意义是表达法律对相关权利的保护，是对全社会的公示，能起到一定价值导向的作用。从裁判文书外在表象来说，裁判文书公开是公民知情权的体现，能够满足公民对案件审理过程及结果的知情权；也是法律监督的体现，通过裁判文书的公开为监督司法提供渠道，倒逼司法机关以事实为依据、以法律为准绳，公正司法；还是提高司法公信力的体现，通过裁判文书中的释法说理，让每个公民知晓裁判结果的产生过程及判决原因，更具说服力，有效提高法院判决的公信力。

再如，公布失信被执行人名单，最早是2007年《民诉法》第231条[①]（现行《民诉法》第255条）首次授权法院可以通过媒体公布被执行人不履行生效裁判文书义务的相关信息。在2013年公布实施的《关于公布失信被执行人名单信息的若干规定》（以下简称《失信名单若干规定》）更是规定各级人民法院可以依申请人执行人申请或职权，通过报纸、广播、电视、网络、法院公告栏等方式，向社会公布失信被执行人的姓名、性别、年龄、身份证号码、失信行为的具体情形、生效法律文书确定的义务以及履行情况等信息，正式确立了失信被执行人名单信息公开制度。2017年，最高人民法院重新修订上述规定，对失信被执行人名单的纳入标准、纳入期限、信息更正等相关程序进行明确，进一步完善了实行被执行人名单的信息公开制度的法律依据。从必要性角度来看，对失信被执行人的相关信息进行公开，不仅起到对今后不及时履行发生法律效力的法院裁判文书行为的被执行人加重惩戒及约束的作用，对我国诚信建设将产生重大影响，还能积极发挥信用体系信息的功能和效果，严格规范和指导各级人民法院正确运用信用惩戒措施，加大失信被执行人的违法成本与代价，促使被执行人自觉履行生效法律文书确定的义务，保护了执行相对人的合法权益。

此外，还有审判过程中的调查取证行为、送达过程中的公告程序、执行过程中的信用画像等。至少从法律构建层面上，我国现行法律赋予了司法机关在必要时对公民个人信息进行收集、利用或者公开的权利，我们的司法行为具备了基本的合法性。

三、司法行为在对公民个人信息进行收集、利用或者公开时如何进一步保障公民的信息权

虽然上文已经论述了司法行为中对个人信息收集、利用或者公开的合法性，但实践中仍旧存在不少冲突。比如，法院庭审录像直播中，法官查明当事人身份过程涉及住址、公民身份证号码等的泄露；当事人申请财产保全时，法院通过大数据过度获取被申请人财产信息；审判过程中依当事人申请或职权调查取证时，调查当事人不必要信息等问题。如何在司法过程中，对公民的个人信息

---

① 2007年《民诉法》第231条规定："被执行人不履行法律文书确定的义务的，人民法院可以对其采取或者通知有关单位协助采取限制出境，在征信系统记录、通过媒体公布不履行义务信息以及法律规定的其他措施。"

做到有边界、合理地收集、利用或者公开,对于保障公民个人信息权尤为重要。

(一)涉及公民个人信息时司法行为须遵循合法、必要、平衡原则

合法原则,系指符合目前我国有关收集、使用或者公开个人信息涉及的相关法律、行政法规。我国虽尚未出台专门的个人信息保护法,但已从各个方面加强了对个人信息保护的重视。首先,《民法总则》第111条及《网络安全法》第41条,笼统地规定了自然人的个人信息受法律保护。任何组织和个人需要获取他人个人信息的,应当依法取得并确保信息安全。收集、使用个人信息,应当遵循合法、正当、必要的原则,公开收集、使用规则,明示收集、使用信息的目的、方式和范围,并经被收集者同意。不得非法收集、使用、加工、传输他人个人信息,不得非法买卖、提供或者公开他人个人信息。其次,《刑法》第253条之一规定,违反国家有关规定,向他人出售或者提供公民个人信息,情节严重的,构成侵犯公民个人信息罪。从刑事角度对个人信息权进行保护,对侵犯个人信息权的违法行为予以打击。除此之外,我国不仅在《关于加强网络信息保护的决定》《互联网上网服务营业场所管理条例》《征信业管理条例》中对个人信息权进行立法保护,在《消费者权益保护法》《妇女权益保护法》《未成年人保护法》《身份证法》等法律文件中都有涉及对个人信息权的相关规定。①

必要原则,也即目的限定原则,当司法行为对公民个人信息进行收集、利用或公开时,不能仅仅根据上述法律规定审视是否享有相关权力便进行收集,而不对是否需要收集、利用有无意义、公开是否有成效进行审查。比如,在审判过程中衡量是否需要启动调查取证程序,法律虽然赋予了法院因当事人申请或者依职权调查取证的权力,但是我们不能有申请便调,应当对需调取的证据评估能否证明待证事实、服务于审判,再决定是否予以调取。干警在收集、利用、公开相关信息时要坚持相关性原则和有限处理原则,检索的数据必须和工作目的有关,不得查看与目的无关的数据信息。此外对于数据的处理数量和处理方式都要在当初的目的范围之内。② 司法行为但凡涉及公民个人信息,均须考量与所欲追求的目的之间必须相适宜,具有合目的性,能够起到一定的法律效果。

---

① 参见全国人大常委会法治工作委员会:《中华人民共和国消费者权益保护法释义》,法律出版社2013年版,第132页。

② 参见郭瑜:《个人数据保护法研究》,北京大学出版社2012年版,第170页。

平衡原则,即手段相对于所要保护的法益而言具有平衡性。在处理涉及个人敏感信息的过程中,由于将个人敏感信息公开至互联网会给信息主体造成过大损害,此时司法行为相对于所要保护的法益而言不再均衡,超出了正常比例范畴。此时,就要采取完全不予公开或者对信息进行匿名化处理的方式,使司法行为所要保护的法益与对司法行为相对人的个人信息权造成的损害达到某个平衡点,切实保护个人信息安全,从而保护信息主体的人格尊严,使其免不必要的侵害。

(二)完善具体司法行为实施细则

2017 年新修订的《失信名单若干规定》对失信被执行人名单纳入标准进行了修改,于第 1 条将失信被执行人的范围由混合式改为列举式,并于第 3 条对不应纳入失信被执行人名单的对象作出了排除性规定。上述两条规定对失信被执行人的范围进行明确的确定,执行人员可以一一对照规定实施,避免漏列或者错列。我国现行法律,无论是《民诉法》还是《关于加强网络信息保护的决定》等法律文件,均是宽泛地规定公民个人信息应予以保护,但未能明确哪些信息、如何保护。保障司法行为的正当性应当有科学的法律依据作为依托。涉及公民个人信息的司法行为是分散在司法机关不同部门、不同程序、不同阶段中的,为此专设一部法律显然不合适。可以在现有法律框架的基础上,加强如上述《失信名单若干规定》实施细则的出台,通过专门的细则一一对应相应的司法行为,明确司法行为中公民个人信息收集、利用、公开的界限。实施细则的出台不仅能进一步让涉公民个人信息司法行为有法可依,更能有助于干警在行为实施过程中有效地把握尺度问题,防止逾越警戒线,对个人信息造成误用、滥用,是对个人信息的保护,也是对干警自身的保护。

(三)加强涉公民个人信息司法行为程序要求

在英美法系中,程序法的定义主要见于《牛津法律大辞典》,指"用来表示不同实体法的法律原则和规则的体系。程序的对象不是人们的权利和义务,而是用来证明、证实或强制实现这些权利和义务的手段,或保证在他们遭到侵害时能够得到补偿"。[①] 在我国,关于程序法的定义纵观各大院校法理学教材,大同

---

① [英]沃克:《牛津法律大辞典》,北京社会与科技发展研究所译,光明日报出版社 1988 年版,第 17 页。

小异，基本认为“程序法是规定保证实体权利与义务、职责与职权得以实现的方式和手段的法律”。[①]

程序正义是实体正义的保障。通俗地讲，程序法是实体法的操作说明书，如上文制定相应的实施细则后，更需要我们规范相应的程序去应用，让干警能够根据说明书更合理更有效率地去操作。不然，再好的法律条文也是一纸空文。加强对涉公民个人信息司法行为的程序要求，应当从多角度出发、从细节出发，不仅可以增设审批、数据系统留痕等程序，也可以通过细化具体程序的形式实现，如在信息收集上要求两人共同参与，既能有效防止干警个人私查，也能在后续流程中起到互相监督的作用。

我国司法体制改革是新时代全面深化改革的重要组成部分，而司法信息公开等司法行为的改革实践又是国家司法体制改革中的基础性工程。我们不会因为司法行为涉及个人信息权的保护存在困难便动摇改革的决心。司法行为与个人信息权保护之间的冲突呈现方式有很多种，同样解决问题的措施也是多元的，我们要处理好二者之间的关系，切实做到守护公平正义不以牺牲公民信息权为代价。

---

① 付子堂主编：《法理学初阶》，法律出版社 2005 年版，第 160 页。

企业数据获取“三重授权原则”反思及类型化构建*

徐　伟**

摘　要：源于新浪微博诉脉脉案的“三重授权原则”，要求数据获取企业在获取数据持有企业的用户数据时，需满足用户对数据持有企业、用户对数据获取企业以及数据持有企业对数据获取企业的“三重授权”。将这一原则普遍适用于所有数据类型并不妥当。企业间数据获取规则应区分数据类型的不同而做类型化构建：获取可识别的原生数据时，需获得用户同意，无须数据持有企业的同意；获取非可识别的衍生数据无须取得用户同意，但需取得企业同意；获取可识别的衍生数据需同时获得用户和企业的同意；获取非可识别的原生数据时，无须取得用户同意，是否需取得企业同意取决于数据是否公开。

关键词：企业数据权　三重授权原则　原生数据　衍生数据　不正当竞争

2019年6月举办的20国集团会议上发布了“贸易与数字经济的部长宣言”，①数字经济的重要性已成共识。与之相应，数据成了数字经济时代的“石

* 基金：国家社科基金青年项目“网络服务提供者侵权责任基础理论研究”（16CFX042）；国家社科重大基金项目“大数据时代个人数据保护与数据权利体系研究”（18ZDA145）。感谢朱剑丽、孙慧芳在资料查找和整理上的协助。

** 徐伟，宁波大学法学院副教授。

① See “G20 Ministerial statement of Trade and Digital Economy”，https://g20trade - digital. go. jp/dl/Ministerial_Statement_on_Trade_and_Digital_Economy. pdf，July 10，2019.

油”，其重要性与日俱增。也正因如此，企业之间的数据之争正日益频繁地上演。本文试图通过对企业数据之争的判决/事件的梳理，明确企业数据之争的主要法律问题，并在此基础上提出企业数据之争的基本规则，希冀为这一目前“浑沌”的领域提供借鉴。

一、企业数据获取的典型纠纷及主要法律问题

（一）企业数据获取的典型纠纷

当前已发生的数据纠纷，主要有以下几种典型情形。

第一，数据获取企业未经用户和数据持有企业的同意而直接获取[①]数据。国内的典型案件是2016年的大众点评诉百度地图案[②]等，美国则有2017年的hiQ诉LinkedIn[③]等。在大众点评诉百度地图案中，大众点评为用户提供商户信息、消费评价（包括环境、服务、价格等，可附照片）、优惠信息等服务。百度地图不仅为用户提供导航等地图服务，也提供商户信息查询等服务。百度用户也可对商户做评价，但此类点评较少。为此，百度地图通过搜索技术获取了大众点评的用户点评数据并大量全文展示于地图软件中。大众点评主张这一行为构成不正当竞争。法院认为，百度在使用来自大众点评的评论信息时，应遵循“最少、必要”原则，即采取对大众点评损害最小的措施。百度的大量全文展示行为已超过必要限度，实质性替代了大众点评的内容提供服务，构成不正当竞争。

第二，数据获取企业获得了用户同意，但并未获得数据持有企业同意而获取数据。国内的典型事件是2017年的腾讯微信与华为数据之争等。在腾讯华为事件中，华为出品的荣耀Magic手机提供了Magic Live智慧系统，该系统可以根据微信聊天内容等自动加载地址、天气、时间等信息。比如，当用户在微信聊天过程中提及电影相关信息时，该智慧系统就会自动推荐近期热映大片，并根据用户的喜好提供影院与订票功能等。对此，腾讯认为，华为的上述做法实

① 就技术的角度而言，数据取得有抓取和获取两种，二者最大的区别在于数据方是否授权，故表述上常采“非法”抓取数据和通过接口获取数据。鉴于本文聚焦于企业数据之争，而无论抓取抑或获取都存在争议，故本文不对这两个概念做细致区分。本文的“获取”采广义理解，包括了抓取和狭义获取。

② 上海汉涛信息咨询有限公司与北京百度网讯科技有限公司、上海杰图软件技术有限公司不正当竞争纠纷案，上海知识产权法院（2016）沪73民终242号民事判决书。

③ *See* hiQ Labs, Inc. v. LinkedIn Corp., 273 F. Supp. 3d 1099 (N. D. Cal. 2017).

际上夺取了腾讯的数据,并侵犯了微信用户的隐私。华为则否认侵犯了用户隐私,称"任何用户信息属于用户,既不属于微信,也不属于荣耀 Magic,荣耀 Magic 获取的信息是经用户授权并只在荣耀 Magic 手机上处理的,并未上传至任何云端"。并表示,荣耀 Magic 已通过工信部的测试,表明这款手机没有违反隐私监管规定。最终,双方间的纠纷并未形成诉讼,而是通过工信部协调解决。①

第三,数据获取企业获取数据虽获得了用户与数据持有企业的同意,但逾越了双方约定的范围而"过度"收集数据。国内的典型案件是 2016 年的新浪微博诉脉脉案②。在该案中,新浪微博主张脉脉的下述行为不当:(1)未经新浪授权获取微博用户的职业、教育信息。脉脉通过新浪微博提供的 Open API③ 获取新浪微博用户的数据。根据双方间的《开发者协议》,脉脉获得的是普通级别权限,只能获得用户 ID 头像等数据,无权获得用户职业、教育信息。但由于新浪微博的技术缺陷,只是普通级别的脉脉通过其获得的接口同样也获得了用户职业和教育信息。(2)在新浪终止脉脉的 API 端口,终止双方合作协议后,脉脉违反《开发者协议》,仍使用之前获得的微博用户数据。(3)未经新浪同意,绕过 API 获取了非脉脉用户的新浪微博数据。(4)将获得的非脉脉用户与脉脉用户手机通讯录中的联系人关联,导致非脉脉用户的微博信息展示在脉脉用户的脉脉软件联系人中。④ 法院支持了新浪微博的上述主张,认为脉脉的两项行为构成不正当竞争:一是获取、使用新浪微博用户信息的行为;二是获取、使用脉脉用户手机通讯录联系人与新浪微博用户对应关系的行为。法院的主要理由是:脉脉的信息获取、使用行为违反了双方间的《开发者协议》,未经新浪微博授权,或未经非脉脉用户同意,损害了消费者知情权等,且对公平竞争秩序构成了损

---

① 参见杨鑫倢:《工信部回应华为腾讯数据之争:正组织调查,敦促企业规范搜集》,载澎湃新闻:https://www.thepaper.cn/newsDetail_forward_1756038,2019 年 8 月 19 日最后访问。

② 北京微梦创科网络技术有限公司与北京淘友天下技术有限公司、北京淘友天下科技发展有限公司不正当竞争纠纷案,北京知识产权法院(2016)京 73 民终 588 号民事判决书。同时,该案也涉及了数据获取企业未经数据持有企业和用户同意而获取数据,以及违反约定使用数据的情形。

③ Open API(亦称 API,Application Programming Interface,应用程序编程接口),指开放接口调取数据,实现企业间数据的共享。同时,数据提供方通过接口的权限级别,实现对第三方获取的数据范围的控制。

④ 新浪微博还主张了脉脉在网络上发表的言论构成商业诋毁等,但这些主张与本文无关,故不提及。

害。同时,二审法院在裁判中提出企业获取数据应遵循“三重授权原则”①,即用户授权数据持有企业共享其数据,数据持有企业授权第三方企业获取其数据,用户授权第三方企业使用其数据。②

第四,数据获取企业获取数据虽获得了用户与数据持有企业的同意,但数据持有企业主张数据获取企业“不当”使用数据,如将获得的数据再次授权给其他企业等。③ 国内的典型案件是2019年的腾讯微信/QQ诉今日头条抖音/多闪案④。该案中,腾讯主张今日头条的下述行为构成不正当竞争并申请行为保全:(1)在抖音产品中向抖音用户推荐好友时使用来自微信/QQ开放平台的微信/QQ用户头像和昵称等微信/QQ数据;(2)将微信/QQ开放平台为抖音产品提供的已授权微信/QQ账号的登录服务提供给多闪产品使用;(3)在多闪产品中使用来自微信/QQ开放平台的微信/QQ用户头像、昵称等用户信息;(4)在多闪产品中设置邀请QQ好友、邀请微信好友、一键邀请群好友功能按钮,诱导用户邀请微信/QQ好友使用多闪、注册抖音以及迁移微信/QQ群关系及好友关系。法院支持了前三项保全申请,但以不满足保全的紧迫性和必要性而否定了

---

① 本案的审判长在之后发表的文章中将“三重授权原则”的表述改为了“三重同意原则”。张玲玲、田芬:《涉及用户数据信息商业利用的竞争行为是否属于正当的司法判断——评上诉人淘友技术公司、淘友科技公司与被上诉人微梦公司不正当竞争纠纷案》,载《中国知识产权报》2017年4月19日,第8版。本文认为,在数据权属(尤其是企业对用户数据的权属)尚无定论的情况下,“三重同意”的表述更妥当。同时,“三重授权”是项“规则”而非“原则”。只是为尊重判决书原文和便于与目前学界相关研究对话,会在行文中根据语境使用“授权”或“同意”、“原则”或“规则”,不同表述在本文中含义上并无差别。

② 事实上,国内学界对“三重授权原则”指的是哪“三重”存在不同的解读。其中,数据获取方需取得用户的同意这点没有分歧,但对另两重授权则有不同理解。王利明先生认为另两重指“第一次如果数据的收集者在收集信息的时候必须获得授权,第二次把收集到的信息进行分享的时候还要获得另一次授权”。王利明:《数据共享与个人信息保护》,载《现代法学》2019年第1期。薛军先生认为另两重指数据获取方需获得提供方的授权,以及提供方许可获取方获得数据需经用户的授权。参见薛军:《大数据时代数据信息权益的法律保护》,载《中国知识产权报》2017年4月19日,第11版。李安认为另两重指平台收集用户数据需经用户授权,第三方获取数据需经平台授权。参见李安:《人工智能时代数据竞争行为的法律边界》,载《科技与法律》2019年第1期。本文认为,薛军先生的理解与判决书原文较为一致,故也采此理解。

③ 严格而言,此类案件属于数据使用纠纷,而非数据获取纠纷。但因数据使用与获取密切相关,比如企业间的数据使用规则(主要是限制性条款)往往在获取数据的合作协议中作出约定,一旦数据获取方违反约定将面临终止合作等后果,故数据使用“不当”会反过来影响数据获取。此外,若数据获取方将获得的数据再次授权给第三方使用(数据使用行为),就第三方角度而言,则是数据获取行为。故本文将部分数据使用行为也纳入讨论范围。

④ 该案目前尚未判决,初步查明的案件事实及法院观点可通过法院作出的行为保全裁定书了解。详见天津市滨海新区人民法院(2019)津0116民初2091号民事裁定书。

第四项行为的保全。法院认为,数据的使用是否合理、适当,应主要考量以下因素:一是数据持有企业和获取企业间的《开放平台开发者服务协议》;二是用户的知情权、选择权和隐私权等;三是个人信息的合理保护。法院在说理中再次重申了新浪微博案所提出的“三重授权原则”。

(二)企业数据获取中的主要法律问题

综合上述企业数据获取的典型纠纷可看到,此类纠纷有着以下特点。

第一,我国的企业数据纠纷中,原告都以“不正当竞争”主张自身的权益。这或许是因为我国目前立法中尚未明确承认企业对数据享有排他性“权利”,故企业无法直接以权利受侵害主张。

第二,企业数据纠纷不仅涉及争议双方企业,也往往涉及用户和社会公共利益,故法院裁判中往往将这些利益都纳入考量。然而,从法院说理来看,目前的考量重点往往在于用户利益和数据提供方利益,以及强调避免数据获取方“不劳而获”地取得市场竞争优势的市场竞争秩序的维护,对数据获取方利益、数据共享的社会价值及潜在的数据提供方限制作为竞争者的数据获取方的“不当”行为,则鲜有提及。

第三,“三重授权原则”成为判断企业间数据获取是否正当的重要方式。自“三重授权原则”在新浪微博案中被提出以来,该原则似乎已成为数据提供方主张数据获取方行为不当的“利器”,且该原则也对后续相关案件的裁判产生了重要影响。比如,在上述腾讯与今日头条纠纷的裁定书中,法院认为“该原则已成为开放平台领域网络经营者应当遵守的商业道德”。①

第四,企业间的《开发者协议》成为法院认定数据获取企业行为是否妥当的重要依据。尽管此类《开发者协议》在实践中是由数据提供方单方提供,且相关条款对数据获取方往往较为不利,如约定“一旦双方合作终止,数据获取方应立即删除所获得的所有数据”,但法院普遍承认了此类协议的效力,并要求数据获取方应完全遵守该协议。

基于上述特征可知,企业数据纠纷的主要法律问题是,如何对涉及的相关当事人利益和社会公共利益做衡量;而在具体判断上,则主要涉及不正当竞争

---

① 事实上,新浪微博案被评为“2016 年度北京市法院知识产权司法保护十大典型案例”之一,这表明司法系统对该案裁判规则的认可。

行为的判断。其中，"三重授权原则"作为企业数据获取中的"特色"规则，值得认真对待，也是本文检视的重要对象。

"三重授权原则"系新浪微博案中二审法院提出的，针对第三方应用通过开放平台（如 Open API）获取用户信息时应遵循的原则。该原则要求数据获取方在获取数据时既要获得用户的同意，同时也要获得数据提供方企业的同意。之所以需要二者的同意，是因为"数据在流动、易手的同时，可能导致个人信息主体及收集、使用个人信息的组织和机构丧失对个人信息的控制能力，造成个人信息扩散范围和用途的不可控"。而之所以要避免"不可控"，是因为：其一，根据《消费者权益保护法》第 29 条等规定，"对用户个人信息的采集和利用必须以取得用户的同意为前提，这是互联网企业在利用用户信息时应当遵守的一般商业道德"。其二，"数据的获取和使用，不仅能成为企业竞争优势的来源，更能为企业创造更多的经济效益，是经营者重要的竞争优势与商业资源"。①

自"三重授权原则"提出以来，其不仅得到了之后法院相关判决的遵循，也得到了学界不少学者的认同。比如，王利明先生认为"此种做法值得赞同"。②薛军先生也认为"这一表述具有非常丰富的内涵……法院在新浪微博诉脉脉案中阐发的针对个人信息保护，以及针对平台企业的数据信息权利的保护思路，比较好地平衡了各方主体的利益，对于我国未来个人信息保护以及数据信息产业的健康发展具有指导意义。"③

当然，也有学者并不认同这一原则。比如，许娟先生根据"风险决策树模型"得出，"三重授权原则不符合效益决策模型。……新浪诉脉脉案一审、二审法院决策既不利于技术创新，也存在伪隐私保护的嫌疑"。④ 薛其宇先生从企业间数据竞争的规制路径角度提出，"三重授权原则"系从个人信息保护角度的规制方式，"个人信息保护规制的方法缺乏可行性及可操作性，难以有力规制数据不正当竞争行为。并且混淆了单独的个人信息与作为商业资源的个人信息的

---

① 北京知识产权法院（2016）京 73 民终 588 号民事判决书。

② 王利明：《数据共享与个人信息保护》，载《现代法学》2019 年第 1 期。

③ 薛军：《大数据时代数据信息权益的法律保护》，载《中国知识产权报》2017 年 4 月 19 日，第 11 版。

④ 许娟：《互联网疑难案件中数据权利保护的风险决策树模型》，载《南京社会科学》2019 年第 3 期。

区别。因此,新浪诉脉脉案中的三重授权模式在数据不正当竞争的规制中并不合适。”①本文赞同“三重授权原则”“不利于技术创新和伪隐私保护”的批评,但将从不同角度对此作出论证。同时,本文并不认为“三重授权”模式在数据不正当竞争的规制中完全不合适,而是指出该模式在部分情境中是妥当的,但在多数情境中并不合适。

本文认为,“三重授权原则”是企业间数据流通的“高标”,即这是对企业获取数据提出的较为严格的要求,因为这一原则要求数据获取方需同时取得相关利害关系人——用户和数据持有方的同意。这一“高标”的优势在于为用户和数据持有企业提供了较强的保护。在目前个人对其信息、企业对其数据的权属尚不明朗的状况下,无论个人或企业对相关信息是否享有“绝对权”属性的权利,“三重授权原则”通过当事人间的合意方式,有效消弭了潜在的诸多法律风险。但该原则的这一优势同时也成了其弊端,即严格的数据获取要求可能限制数据的流通和开发,抑制企业创新和数字经济的发展,并导致企业运营成本和社会成本的增加等。②

基于上述对“三重授权原则”是“高标”的定位,一般而言,采用该原则将有助于强化(至少不至于弱化)数据安全。但本文将论证,该原则仅应适用于有限的数据获取情形中。

二、获取可识别的原生数据无须企业同意之证成

本部分将论证,在数据获取方获得用户明确同意的情况下,该企业获取数据提供方的相关用户可识别的原生数据时,无须数据提供方的同意。这是实务中争议最多的纠纷情境,也是本文最主要的主张。因本主张的数据范围仅限于可识别的原生数据,故下文将首先说明数据的分类,再证明本主张。

(一)数据的分类

关于数据的分类,目前最主要的分类是个人信息和非个人信息,是否“能够

① 薛其宇:《互联网企业间数据不正当竞争的规制路径》,载《汕头大学学报》(人文社会科学版)2018年第12期。

② 参见彭诚信:《独角兽法学精品·人工智能丛书之第二辑主编序》,载规制与公法公众号:https://mp.weixin.qq.com/s/ufRfeLCdW7mGpUgfX0nw8w,2019年8月19日最后访问。

单独或者与其他信息结合识别自然人个人身份”①是区分二者的标准。② 此二者的区分实益在于，用户对个人信息享有诸多权益，但对非个人信息则无法主张。在个人信息中，又进一步区分为敏感信息和一般信息。国家标准《信息安全技术　个人信息安全规范》第3.2条规定，个人敏感信息指“一旦泄露、非法提供或滥用可能危害人身和财产安全，极易导致个人名誉、身心健康受到损害或歧视性待遇等的个人信息”。二者区分的实益在于对前者法律上更强调对用户的保护和“自决”，对后者则侧重于数据的开发利用。③ 对本文而言，上述分类的价值在于，在企业间数据流通时，用户对其个人信息享有一定的控制力。

但上述分类的不足在于，这些分类都是从个人角度出发，以数据与个人的关联程度而做的分类。鉴于本文关注企业间的数据纠纷，且实务中的纠纷往往发生于企业之间，而非用户与企业间，故企业对不同类型的数据享有何种不同权益对本文而言更具价值。基于此，本文采从企业角度出发对数据做分类。此种分类，目前学界大致有两种。

其一，是将数据分为基础数据和增值数据。基础数据是最本源的数据，即所有足以对主体构成识别的数据。用户作为个人数据的提供者，拥有个人基础数据的所有权。增值数据是指数据处理者通过对网络用户从事各种活动进行搜集整理等增值处理行为产生的各种数据。数据处理者享有经个人数据主体同意基于基础数据进行加工、编辑、分析而产生的增值数据所有权。④ 可见，这是以识别性作为区分标准。可以直接或者间接识别特定个人身份的数据是基础数据，基于用户同意而加工编辑分析而成的数据是增值数据。这种分类虽然试图从企业角度做区分，但其脉络似乎仍然是参照了个人信息与非个人

---

① 参见《网络安全法》第76条第5项。

② 对于数据“可识别”的标准，存在分歧。主要担忧有两点：一是数据反向识别技术等的发展导致数据是否可识别在“事实”上并非泾渭分明。二是“可识别”与否的“法律”认定标准不明。比如，朱烨与百度隐私权纠纷案中，两审法院在cookie信息是否“可识别”问题上作出了不同判断，参见南京市中级人民法院(2014)宁民终字第5028号民事判决书。尽管就数据是否“可识别”仍存在诸多模糊空间，但鉴于我国在内的不少国家立法都已接受了“可识别”这一标准，本文将接受这一标准作为论证前提。

③ 比如，张新宝先生提出的“两头强化，三方平衡”理论，便是指“强化个人敏感隐私信息的保护和强化个人一般信息的利用”。张新宝：《从隐私到个人信息：利益再衡量的理论与制度安排》，载《中国法学》2015年第3期。

④ 参见丁道勤：《基础数据与增值数据的二元划分》，载《财经法学》2017年第2期。

信息的区分。但是，所谓基础数据与增值数据间的区分，事实上无法以识别性作为区分标准，因为增值数据也完全可能识别用户身份，如对用户健康状况的评估结论数据，故识别性作为区分标准不足采。从上述基础数据和增值数据的描述来看，作者似乎是以数据是否经过企业的加工、编辑、分析作为二者的划分标准。

其二，是将数据分为原生数据和衍生数据。前者指不依赖于现有数据而产生的数据；后者指原生数据被记录、存储后，经过算法加工、计算、聚合而成的系统的、可读取、有使用价值的数据。① 可见，这一分类是以数据的产生是否依赖于现有数据作为区分标准。依赖于现有数据，经过算法加工、计算、聚合而成的是衍生数据，企业对此享有权利；反之，不享有权利。

与前述的其他数据分类不同，原生数据和衍生数据的区分，有效地体现了企业对数据所投入的“创造性劳动”的不同，而这是影响数据持有方在第三方获取其数据时，能否主张对数据控制力的重要因素。

综上所述，可识别性（个人信息与非个人信息）是影响用户对数据是否享有控制力的主要因素。是否依赖于现有数据（原生数据和衍生数据）是影响数据持有企业对数据是否享有控制力的重要因素。据此，本文将数据分为四类：可识别的原生数据、可识别的衍生数据、不可识别的原生数据以及不可识别的衍生数据。下文分别说明企业获取这四类数据的基本规则。

（二）可识别的原生数据无需企业授权的理由

可识别的原生数据指企业从用户处收集的，可识别用户身份的信息，比如用户的 ID 名称、头像、教育信息、网页浏览记录等。由于此类信息属于个人信息范围，故数据获取方从数据持有方处获取此类数据时需经用户同意，这是我国理论与实践的共识，也可从已有立法中解释出这一规则。比如，王利明先生认为：“数据共享之所以要取得数据权利人的同意，是因为数据共享本质上也是个人信息传输和收集的一种方式。”②我国已有的新浪微博案等，也提出了企业获取数据需经用户同意的要求。我国已有立法中虽没有条文直接提出这一规

① 参见杨立新、陈小江：《衍生数据是数据专有权的客体》，载《中国社会科学报》2016 年 7 月 13 日，第 5 版。

② 王利明：《数据共享与个人信息保护》，载《现代法学》2019 年第 1 期。

则,但立法中普遍存在企业收集用户数据需经用户同意的规定。[①] 虽然这些规定所针对的典型情境是企业从用户处直接收集数据,但若将数据获取方获取数据的行为也解释为"收集、使用个人信息",则数据获取方也应遵循获得用户同意的规则。因此,可识别的原生数据共享需经用户同意,且这一同意为数据获取方从用户处获得的明确的同意,当无疑问。

有疑问的是,此类数据的共享是否要经企业同意？目前我国的司法裁判和学界主流采肯定说,其理由主要有两点。

其一,避免数据获取方"搭便车",削弱数据持有方的竞争优势。"相关的平台服务者通过自身的努力所获得的数据信息,也受到法律的保护,不允许他人搭便车,不劳而获"。[②] 若数据获取方可不经持有方同意而获取数据,将导致"无正当理由截取了被上诉人微梦公司的竞争优势,一定程度上侵害了被上诉人微梦公司的商业资源。"[③]

其二,通过数据持有方这一"守门人"来提升用户的数据安全。比如,公安部发布的《互联网个人信息安全保护指南》第 6.6 条规定,共享和转让个人信息时需满足的要求之一是"在对个人信息进行共享和转让时应进行个人信息安全影响评估,应对受让方的数据安全能力进行评估确保受让方具备足够的数据安全能力,并按照评估结果采取有效的保护个人信息主体的措施"。可见,数据持有方要对获取方的数据安全能力"把关",以保障用户的信息安全。王利明先生甚至建议,"民法典有必要对信息共享中信息收集人和持有人保障个人信息安全的义务作出规定"。[④]

此外,学界主张企业数据权的学者提出的另一理由,是企业对其收集的数据享有排他性权利,故第三方获取数据需经其同意。关于企业数据权,本文将在第三部分展开详细分析,此处暂不展开。此处将论证,上述两项理由都难以

---

① 比如,《网络安全法》第 41 条第 1 款规定:"网络运营者收集、使用个人信息,应当遵循合法、正当、必要的原则,公开收集、使用规则,明示收集、使用信息的目的、方式和范围,并经被收集者同意。"类似的规定另见全国人大常委会《关于加强网络信息保护的决定》第 2 条第 1 款、《消费者权益保护法》第 29 条第 1 款,等等。

② 薛军:《大数据时代数据信息权益的法律保护》,载《中国知识产权报》2017 年 4 月 19 日,第 11 版。

③ 北京知识产权法院(2016)京 73 民终 588 号民事判决书。

④ 王利明:《数据共享与个人信息保护》,载《现代法学》2019 年第 1 期。

成立，可识别的原生数据共享无须数据持有企业的同意，主要理由如下。

1. “企业同意”规则的利弊衡量

诚然，若数据获取方无须数据持有方同意便可获得用户数据，将提升获取方的竞争力而相对削弱持有方的竞争优势。但这一论证存在如下不足。

第一，竞争力的此消彼长并不能直接得出法律应保护数据持有方的竞争优势的结论。相反，通过法律保护自由市场中某一方企业的竞争优势并非常态，而是例外。正如法院在“大众点评诉百度地图案”中指出：“大众点评网上用户评论信息是汉涛公司付出大量资源所获取的，且具有很高的经济价值，这些信息是汉涛公司的劳动成果。”但是，“当某一劳动成果不属于法定权利时，对于未经许可使用或利用他人劳动成果的行为，不能当然地认定为构成反不正当竞争法意义上的‘搭便车’和‘不劳而获’，这是因为‘模仿自由’，以及使用或利用不受法定权利保护的信息是基本的公共政策，也是一切技术和商业模式创新的基础，否则将在事实上设定了一个‘劳动成果权’。”[①]基于此，竞争力的消长尚不足以成为支持数据持有方在数据流通中享有决定权的充分理由。

第二，数据获取方从持有方处获取数据并非“不劳而获”。应注意的是，若采数据获取方获取数据无须持有方同意的规则，并不意味着数据获取方可以自由地获取持有方的全部用户数据，因为获取方获取数据还需从用户处获得明确同意。比如，通过 Open API 获得新浪微博某用户的数据，需该用户明确授权脉脉获得其在微博的用户信息（需输入微博用户名和密码确认）。因此，只有数据获取方为用户提供了有着足够吸引力的产品或服务时，才能获得用户的授权，故数据获取方为用户提供的“优质”服务，正是其为获取用户数据所付出的代价之一。当然，就数据持有方的角度而言，数据获取方并没有为其提供“服务”，故数据获取方并没有对其支付“对价”。但这一推论成立的前提在于数据持有方对其数据享有“排他性”的权利或法律应予保护的正当利益。然而，正如上一段所指出的，这一“劳动成果权”目前并没有得到立法的认可，而主张“正当利益”的保护则需负专门的论证义务。

当然，正如数据获取方需通过“优质”服务来获得用户的授权一样，数据持有方为收集数据也付出了可观的成本，故数据持有方对其收集的数据享有一定

① 上海知识产权法院(2016)沪 73 民终 242 号。

的权益应无可指摘，如享有在法律和约定的范围内利用数据的权利。此处的问题在于，此种权益是否应包含对第三方能否获取其数据的决定权。这一问题的回答，需要比较不同制度安排对双方企业利益的影响，以及整体而言对社会的利弊得失。在价值层面，则主要体现为鼓励创新价值、市场自由竞争价值（既要制止不正当竞争，也要避免垄断）以及数据流通价值等之间的冲突与权衡。正如戴昕先生所指出的，“企业竞争维度上的机制设计相对更复杂，需要同时照顾到先发企业投资于收集、处理个人信息并基于此生产高价值数据资源的激励，以及后发企业充分利用现有资源寻求创新、避免形成垄断等市场竞争价值”。[①]

若采获取数据需经持有方同意的规则，无疑有助于保障数据持有方的竞争优势及相应的投资回报，进而鼓励创新和促进相关产业的发展。但这一规则的“副作用”同样不容忽视：数据持有方（往往是行业中处于优势地位的企业）可据此限制竞争者，乃至在一定程度上具有了影响哪些企业可进入相关市场的主导权，而这无疑会抑制创新且阻碍相关产业的发展。在积极与负面作用两相权衡下，本文认为该规则的负面作用更大，主要理由如下。

第一，允许无须数据持有方同意便可获取数据并不会严重抑制相关产业的投资与创新。因为：其一，由于网络外部性[②]、锁定效应[③]等原因，互联网领域有着“极强的‘强者恒强，赢者通吃’的竞争范式”，[④]故“抢占先机”对互联网企业而言尤为重要。比如，网约车发展初期的滴滴与快的间的“补贴大战”，团购刚出现时的“百团大战”等，都是企业为占据某一新兴领域而“跑马圈地”的例证。基于互联网领域的这一特征，一旦用户规模已养成，其他企业想要再进入将异常困难，即便财大气粗如阿里、腾讯者，也往往采取的是收购而非推出类似服务的方式来进入该领域。故在实践中，企业不会因为后发企业可能获取其用户数据而不愿成为先发企业。其二，后发企业无法完全“掏空”先发企业的用户数据。即便后发企业获取数据无须先发企业同意，但其仍需经用户的同意。由于

① 戴昕：《数据隐私问题的维度扩展与议题转换：法律经济学视角》，载《交大法学》2019 年第 1 期。

② 网络外部性指互联网上产品的价值并不完全取决于产品本身的质量，而与使用该产品的用户数量紧密相关。使用该产品的用户规模越大，产品的价值就越大。

③ 锁定效应指用户在使用特定互联网产品以后，因网络外部性的作用而会被锁定在该产品网络中，用户若更换产品就需要放弃巨大的既得利益，或者付出较高的学习成本。

④ 孔祥俊：《反不正当竞争法新原理 · 分论》，法律出版社 2019 年版，第 517 ~ 519 页。微信是典型例证。“打败微信的，永远不可能是下一个微信”，即提供同质产品的后发企业无法替代先发企业。

该同意需要具体用户的一一授权,很难想象后发企业能够在短时间内获得先发企业所积累的所有或大多数用户的授权,故先发企业的前期投入和竞争优势并不会因为数据可以被获取而付之东流。基于上述考量,采获取可识别的原生数据无须企业同意规则在实践中并不会严重抑制相关投资和产业发展。

第二,若要求获取可识别的原生数据需经企业同意,会不可避免地抑制数据获取方创新和产业发展,理由主要有四。

其一,先发企业(数据持有方)会"本能"地拒绝向潜在的竞争者共享数据。尽管企业往往愿意标榜自身的共享美德,但数据的共享往往只发生在数据获取方与其无(潜在)竞争关系,不会威胁到其业务发展的前提下。比如,在新浪微博案中,新浪微博长期以来允许脉脉通过 Open API 获取其数据,即便在新浪微博发现脉脉超过约定获取了用户职业和教育信息后,新浪微博也并没有立即终止双方间的合作。双方间的破裂,依被告脉脉的主张,肇始于新浪微博推出了其职场社交服务"微人脉",与同样定位为职场社交软件的脉脉发生了直接竞争,而最终的触发则因脉脉获 B 轮 2000 万美元融资。[①] 尽管先发企业为自身利益而试图限制后发企业无可厚非,但对行业整体而言,会限制占多数的后发企业的创新和发展。正如姚佳先生所言:"数据作为目前发展的关键性因素之一,其如能在本产业不同主体之间流动,必然有助于提升整个产业发展水准与良性生态。因此,建立一种企业数据利用分享规则与生态,也是当下的重要价值选择。"[②]此外,先发企业的此种拒绝,不仅会发生于有着直接竞争关系的企业中,也可能蔓延至没有直接竞争关系的企业,典型例证是腾讯微信与华为 Magic 手机之争。

其二,后发企业将更难进入相关市场领域。采无须企业同意便可获取可识别的原生数据的规则貌似"中立",即任何企业都可能成为数据的获取方和被获取方,但在实践中的实施效果其实并不"中立",相反,这是有利于初创期的中小企业的规则。理由在于:已经拥有众多用户的大企业往往无须收集其他企业的用户账户信息,而处于初创期的中小企业才会有此迫切的需求。比如,新浪微博案中,被告在脉脉 APP 最初上线时,新浪微博账户是其唯一接受的用户登录

---

① 参见北京知识产权法院(2016)京 73 民终 588 号民事判决书。

② 姚佳:《企业数据的利用准则》,载《清华法学》2019 年第 3 期。

方式，其甚至不提供手机注册等方式登录。因此，本规则表面上“中立”地促进企业间相互共享数据，但在实践中将演化为中小企业更便利地获取大企业用户信息的结果。这将有助于破除互联网领域的“强者恒强，赢者通吃”的垄断格局。反之，若获取数据以企业同意为前提，将可能导致先发企业只将数据共享给关联企业，进一步强化垄断格局。

其三，当数据持有企业在某领域处于支配地位时，采获取数据需经企业同意的规则将导致数据持有企业事实上有权决定以此类数据为基础的各项创新能否展开，以及哪些企业可进入相关的行业领域。比如，在腾讯与华为纠纷中，鉴于微信在即时通信服务领域处于垄断地位，若获取用户微信数据除了需要用户本人同意外，还需腾讯同意，则意味着以即时通信服务数据为基础的各种创新能否展开将取决于腾讯的意愿。这在宏观层面可能抑制相关领域的创新和发展，在微观层面可能导致市场垄断。

其四，即便数据获取方获得了企业同意，其使用该数据往往受到持有方提出的诸多限制，且面临数据随时可能被“收回”的风险，影响数据的深度开发和企业的有序经营。目前实践中数据共享的做法是企业双方订立《开发者协议》等。由于此类协议多由数据持有方提供或主导，故无论是获得的数据范围、开发利用等，数据获取方往往受到较多限制。比如，协议中的典型条款之一是，一旦双方合作终止，数据获取方要立即删除获得的所有数据。这在实务中将对数据获取方造成很大的困扰。比如，在新浪微博案中，在双方合作终止后，脉脉事实上花费了 6 个月时间才完成了将用户的新浪微博数据彻底清理的工作。[①] 在腾讯与今日头条案中，今日头条主张“采取保全将会影响被申请人的正常运营，给二被申请人造成不良社会影响和损害其声誉”。而原告腾讯也认可了“为保障该部分用户的利益免受影响，申请人明确表示将裁定生效前已通过微信/QQ 账号登录方式登录过多闪产品的用户排除在请求的保全措施之外”。[②]

综上所述，通过对获取数据是否需要数据持有企业同意的利弊衡量，“企业同意”规则对技术创新和产业发展造成的“副作用”在广度和深度上要高于该规

---

① 双方合作自 2014 年 8 月 15 日终止，数据至 2015 年 1 月彻底清理完毕。详见北京知识产权法院(2016)京 73 民终 588 号民事判决书。

② 天津市滨海新区人民法院(2019)津 0116 民初 2091 号民事裁定书。

则带来的正面“激励”效应。故“无须同意”应是更可取的选择。

需明确的是,若采取了“无须同意”规则,则在数据获取企业得到用户同意后,数据持有企业是否负有积极配合提供用户信息的义务,如提供 API 接口的义务?本文并不主张数据持有企业负有此积极作为的义务,而是主张其只负有消极不干扰数据获取企业获取相关信息的义务,如不采取技术手段阻止数据获取方获得相关用户数据等。但如果数据持有方已经有向公众提供 API 服务,则基于非歧视原则,该企业不得在为其他企业提供 API 服务的同时,选择性地限制部分企业通过 API 获得相关用户数据。

采“无须同意”规则可能面临的另一现实问题是,这一规则是否会导致实践中掌握信息的数据持有方不愿再提供便利的数据共享服务,如 API 服务,进而使得该规则的现实可行性打折扣。本文认为,这一规则并不会严重影响 API 等数据共享服务,理由主要在于:其一,企业提供 API 接口,一般而言在商业上是“双赢”的结果。比如,提供 API 的企业可借此扩大自身的影响力,而使用 API 的企业则获得了相关用户信息等便利。正如法院在新浪微博案中所言,新浪微博“实施开放平台战略向第三方应用有条件地提供用户信息,目的是保护用户信息的同时维护新浪微博自身的核心竞争优势”。[①] 其二,利用 API 接口获取数据的企业,多数遵守《开发者协议》行事,故提供 API 的企业自然需考量是否为了避免少数的“逾矩”企业而取消整个 API 服务,毕竟这种选择有因噎废食之嫌。其三,即便有企业“逾矩”试图“过度”收集用户信息,数据持有方也可以获取方违背法律规定的“必要性原则”[②]而限制该企业的信息获取行为。虽然某信息是否“必要”并非由提供 API 的企业单方界定,但在现实中其仍然掌握了一定的主动权,比如通过技术手段来限制数据获取方收集其认为超过“必要性原则”的数据。而数据获取方若欲主张其试图收集的信息符合“必要性原则”,则需通过主动磋商乃至诉讼来实现。基于上述考虑,可合理推测,“无须同意”规则并不会显著影响 API 等数据共享技术在实践中的运用。

另一可能的担忧是,若接受了获取数据无须企业同意的规则,是否会弱化

---

① 北京知识产权法院(2016)京 73 民终 588 号民事判决书。

② 比如《网络安全法》第 41 条第 1 款中规定:“网络运营者收集、使用个人信息,应当遵循合法、正当、必要的原则。”《消费者权益保护法》第 29 条等也有类似的规定。

用户数据的安全性。即未来企业在提供产品或服务时，会普遍要求用户同意其获得该用户在其他网站/软件中的数据，进而导致用户为获得企业的服务而大量暴露自己的信息给企业。这一担忧在实践中发生的可能性很低，原因至少有二。其一，企业获取数据需经用户的明确同意，这一同意在实践中一般表现为用户输入其相关的账号密码。比如，企业若欲获得用户的微信数据，需用户主动输入其微信账号密码来验证并获得授权。因此，用户输入自己的各种账号密码来授权企业获取其在其他网站的信息在实务中一般不会发生，否则带来的将是糟糕的用户体验。其二，需澄清的是，采获取数据无须企业同意，并不意味着数据获取方可以获得用户在数据持有方中的任何用户数据。鉴于我国在个人信息收集中采纳了"必要性原则"，即企业收集的用户信息应以必要为限，故数据获取方在获取另一企业的用户信息时，仍应以必要为限。若数据持有企业认为获取方要求获取的用户信息超过了必要的限度，可以拒绝获取方获取相关信息。当然，基于获取方希望尽可能广泛地获取用户信息和持有方希望限制用户信息共享的现实动机，这样的规则会导致何为"必要信息"成为实践中双方争议的焦点之一。在双方的不断"拉锯"中，可以合理期待"必要信息"在各具体场景中的"习惯"会逐渐形成。因此，"无须同意"规则并不会导致用户数据的大量暴露。

2. "企业同意"规则无助于强化用户保护

在企业获取数据的规则设计中，始终要考量的因素之一是用户个人信息/隐私权的保护。正如姚佳先生所言"无论如何进行价值与利益衡量，充分保护个人信息都是'底线'与终极价值，不容撼动。"[①]因此，保护用户个人信息也成了"企业同意"规则的理由之一，即由数据持有方作为用户利益的"守门人"。在企业数据纠纷中，保护用户隐私这面"大旗"始终被数据持有企业反复提起和强调，尤其是在我国立法尚未确认企业数据权利的当下。同时，用户隐私保护也是法院裁判时选择支持数据持有方主张的重要考量因素。但本文此处将揭示，企业在保护用户个人信息方面存在明显的"言行不一"现象，"企业同意"规则并不能有效提升对用户的个人信息保护水平，企图由数据持有方来为用户利益把关并不可行。

---

① 姚佳：《企业数据的利用准则》，载《清华大学》2019 年第 3 期。

尽管数据持有企业在纠纷中总是强调其对用户隐私的重视与保护，但若对照企业的实际行为，常会发现“言行不一”现象。以新浪微博诉脉脉案为例。尽管原告新浪微博主张其为了保护用户隐私而终止了与脉脉的合作，但原告的多项行为表明，其对用户隐私其实并非如此“关心”。① 其一，脉脉获得的是 API 普通接口，本无法获得微博用户的教育信息和职业信息，但新浪微博却因自身的技术漏洞而让脉脉可以直接获得此类信息，表明新浪在保护用户数据的技术上并未给予足够重视。其二，新浪在发现脉脉超过双方间协议约定的范围收集微博用户的信息后，并未立即在技术上予以弥补或要求脉脉纠正，而是要求脉脉共享其用户信息给新浪作为交换。在该要求被拒绝后，才禁止了脉脉的 API 接口。正如一审法院所评价的，新浪这是“在发现第三方应用软件发生非法抓取使用微博用户信息的情况下，以他人利益作为交换条件，放纵不正当竞争行为”。其三，新浪主张脉脉非法获取并使用脉脉注册用户的手机通讯录联系人与新浪微博用户的对应关系，且在脉脉软件中予以展示。但事实上，新浪自己提供的微博服务和微人脉软件，也同样存在获取用户手机通讯录信息并匹配相应的微博用户，且在软件中予以展示的行为。最后，新浪主张脉脉的违法行为之一，是脉脉通过“脉脉”“淘友网”两个微博账号大量读取微博用户的职业和教育信息，非法抓取、使用了新浪微博用户信息，侵害了微博用户的信息权益。然而，新浪与其用户订立的《微博服务使用协议》中第 6.2 条却约定：“微梦公司保证不会将单个用户的注册资料及用户在使用微博服务时存储在微梦公司的非公开内容用于任何非法的用途，且保证将单个用户的注册资料进行商业上的利用时应事先获得用户的同意，但下列情况除外：……6.2.4 用户自行在网络上公开的信息或其他已合法公开的个人信息。”这一约定表明，新浪认为其可无须用户同意而使用用户自行在网络上公开的信息。但却主张脉脉的相关行为侵害了用户的信息权益。综上可见，新浪微博对脉脉行为的指摘，与其自身的诸多行为并不一致。故保护用户隐私是否真的是新浪起诉脉脉的动机之一，颇值怀疑。

其实，本案中不仅新浪言行不一，被告脉脉又何尝不是。比如，脉脉公司创

---

① 下述事实均来自新浪微博诉脉脉案的判决书，详见北京知识产权法院（2016）京 73 民终 588 号民事判决书。

始人林凡在微博上称，“我的人生面临过很多次纠结，但这一次选择，只用了1秒钟。理由很朴素：用户在脉脉的隐私资料，不可能在未经用户授权的情况下，以任何形式、任何理由，提供给任何第三方。脉脉决定：关闭微博登录……”虽然林凡自称是为守护用户隐私而拒绝了新浪微博的要求，但脉脉漠视其与新浪微博间的合作协议，通过API竭尽所能地获取微博用户信息的行为，与其宣称坚持的价值南辕北辙。

若观察企业数据之争，会发现绝大部分纠纷都存在着企业“言行不一”的现象。比如，腾讯与华为的数据之争。腾讯认为华为获取并利用微信用户聊天数据等行为侵犯了微信用户的隐私，即便华为已获得了用户的同意。但在此事件中对用户隐私“颇为敏感”的腾讯，本身也从事着挖掘、利用用户数据的行为，如在微信朋友圈中发布的广告，便是分析了用户微信数据后做个性化投放。因此，若承认微信朋友圈的广告精准投放行为合法正当，则主张华为行为侵害了用户隐私便显得“只许州官放火，不许百姓点灯”。

同样，在腾讯诉今日头条案中，腾讯主张抖音在向用户推荐好友时使用了来源于微信/QQ的用户头像和昵称，及抖音将其获得的用户微信数据共享给多闪等行为，侵害了用户隐私。但腾讯的微信和微视软件却也从事着类似的行为。在王先生诉腾讯案中，王先生主张，微信/QQ将其用户信息共享给了腾讯旗下的微视软件，以帮助微视提供更精准的服务。具体而言，当用户使用微信/QQ账号登录微视软件时，微视软件不仅会收集用户的注册信息等以验证用户身份，而且会获取用户在微信中的好友信息，并向用户推送好友发布的视频。香坊区法院作出了腾讯立即停止在微视中使用王先生的微信/QQ好友信息，并立即停止将王先生的相关信息推荐给其他用户的行为保全裁定。①

为何会普遍存在上述“言行不一”的现象？一种可能的解释是，数据持有企业是以保护用户隐私之名，行限制对手竞争之实。比如，在新浪微博案中，原被告间的数据合作关系长期存在，而当原告开始推出职场社交软件“微人脉”，与被告提供的服务重叠后，原告便对被告获取数据提出更严格的要求。此外，原

---

① 参见王巍：《微视自动获取好友信息，用户申请停止使用获法院支持》，载新京报网：http://www.bjnews.com.cn/news/2019/07/02/598162.html，2019年8月19日最后访问。目前这一案件还在审理中。

告曾一度希望被告提供其用户数据给原告旗下的“微人脉”，以作为被告获取原告微博用户数据的交换。可以想象，若被告接受了原告的这一提议，或许就不会有此诉讼，原告在诉讼中对被告行为的诸多指摘可能也就放过了。因此，原告的诉讼动机并非保护用户隐私，而是为了限制竞争对手，实现自身商业上的扩张。

企业以保护用户隐私之名行排斥竞争之实在美国的 hiQ 案中曾被法官明确指出。与我国案件不同，该案是数据获取方 hiQ 起诉了数据持有方 LinkedIn，主张被告不得禁止其抓取被告网站上公开发布的用户数据。该案中的被告 LinkedIn 也声称自己禁止原告抓取其用户信息的目的，是出于保护用户隐私的考量。但 LinkedIn 的这一主张并不“可靠”，比如，在另一案件中，LinkedIn 曾主张用户对其公开发布的信息并不享有隐私利益。因此，LinkedIn 的保护用户隐私主张并没有被法院接受。相反，法院认为更应支持原告 hiQ 的主张，即 LinkedIn 的行为目的在于排斥 hiQ 作为竞争者进入数据分析领域，可能违背了反垄断法（Sherman Act）的政策与精神。[①]

综上所述，企业对用户隐私/数据的保护，是以自身利益而非用户利益为核心考量。在限制对方获取和利用用户数据有利于其排斥（潜在）竞争者时，高举保护用户隐私的大旗；而在获取和利用用户数据有助于提升自身的产品/服务时，则尽可能广泛地获取用户数据，对所谓的用户隐私视而不见，或以获得了用户许可为由一笔带过。企业的这一做法，其实是在法律没有赋予企业数据权利的情况下，以保护用户隐私为名而实现对数据的排他性权利的一种策略。

基于上述分析，在信息流通中寄希望于由企业来把关和维护用户数据安全的想法并不可行，且这无法通过提升企业的自律程度、道德水准或法律的强制性要求而完全解决，因为这一规则违背了“任何人不得为自己法官”的基本原理。数据持有企业并不是超脱于用户和数据获取企业之外的第三方，相反，其利益深深地嵌入其中。故数据持有企业不可能基于维护用户利益，而非基于自身利益，作出相关决策行为。此外，“企业同意”规则不仅无助于强化对用户的保护，还会造成排斥市场竞争等弊端。

---

① *See* hiQ Labs, Inc. v. LinkedIn Corp., 273 F. Supp. 3d 1099, 1118 (N. D. Cal. 2017).

3. 比较法考察:欧盟和美国的经验

第三方企业获取数据持有企业的数据,需经数据持有企业的同意,这是我国当前实务界的通行做法,似乎"理所当然"。但若考察美国和欧盟的情况,可发现这并非显而易见的结论。

在欧盟,数据共享(data sharing)领域尚没有直接明确的法律规则。根据一份提交给欧盟执委会(European Commission)的报告显示,法律对数据所有权(data ownership rights)规定不明确,企业对数据可采取的合法处理行为不明确,以及难以追踪和控制被共享的数据,是目前欧盟在数据共享问题上面临的主要法律障碍。① 虽然欧盟并没有明确的数据共享规则,但欧盟《数据保护条例通则》(General Data Protection Regulation, GDPR)中规定的数据可携权(right to data portability)或许可以为企业间的数据流通提供启示。

数据可携权由欧盟《数据保护条例通则》第 20 条确立。第 20(1)条规定:"数据主体有权获得由他/她提供给数据控制者(controller)的,与其相关的个人数据,该数据应是结构化、被普遍采用且机器可读的格式。数据主体有权将这些数据无障碍地从原数据控制者传输给其他数据控制者。"数据可携权的规范目的是"强化对数据主体的保护并赋予主体在相关个人数据上更多的控制力",同时该制度是"一种重要的支持个人数据在欧盟自由流通并促进数据控制者之间竞争的途径。该制度将方便数据主体在不同服务提供者之间转换,从而在欧盟数字单一市场战略下,促进新服务的发展"。②

虽然数据可携权的首要出发点是强化对用户的保护,其制度设计也是赋予用户权利,但这一制度对企业数据流通的规则设计同样有借鉴意义。因为这一制度的目标之一是限制企业对用户数据的排他性控制,从而促进数据流通、企业竞争及数字经济发展。有学者甚至认为,"数据可携权与数据保护法的基本权利属性并不完全契合,相反,其应被视为是欧盟为了促进数据驱动市场

① See Everis Benelux, "Study on Data Sharing between Companies in Europe (Final Report)", https://publications. europa. eu/en/publication - detail/ - /publication/8b8776ff - 4834 - 11e8 - be1d - 01aa75ed71a1/language - en/format - PDF/source - 101964902, July 10, 2019.

② Article 29 Data Protection Working Party, "Guidelines on the Right to Data Portability", 16/EN WP 242 rev. 01, 3 (2017).

(data - driven markets)竞争和创新的一种新规范途径”。[①]

如果数据可携权所体现出的价值选择是可取且可行的,[②]则本文所主张的“无须同意”规则亦应得到支持,因为二者的实践效果相似,即在用户同意的情况下,用户数据从一家企业转移到了另一家企业。二者的区别主要在于:数据可携权是从用户的角度赋予的权利,数据因用户的请求而发生移转;本文主张的规则是从企业角度的设计,在第三方企业获得用户许可后,有权获得用户在数据持有企业的数据而无须该企业许可。

此外,数据可携权所涵盖的数据范围对本文也有参考价值。从《数据保护条例通则》第20(1)条的规定可看到,用户可基于可携权而获得/传输数据有两个要件:由主体提供且与主体相关。对此二要件的理解,欧盟数据保护工作组(Data Protection Working Party)做了较为宽泛的理解。根据工作组发布的指南:(1)“与主体相关”意味着任何匿名数据或与该数据主体无关的信息都不在可携权范围内。当数据涉及数据主体之外的第三方主体,如通讯录联系人信息,仍应在可携权范围内。只不过获得数据的新数据控制者不得侵害第三方主体的权利,如基于市场推广目的而向第三方发送广告信息。(2)“由主体提供”应做广义理解,包括:一是由主体主动、有意提供的数据,如用户名、年龄等;二是由用户使用服务或产品而产生的监测到的数据,如用户搜索历史、地理位置信息以及通过可穿戴设备得到的心率数据等。(3)若与数据主体相关的数据同时涉及知识产权或商业秘密,数据控制者也不得据此拒绝数据主体的请求。但可携权的数据范围并不包括数据控制者基于“由主体提供的信息”而创造的推断数据(inferred data)和衍生数据(derived data),比如对用户健康状况的评估结果数据。[③]

由此可见,数据可携权所涵盖的数据范围非常宽泛,其主要的判断标准在于数据是否由数据主体“提供”。从指南的表述来看,“提供”似乎可理解为:用

---

① Inge Graef et al., “Data Portability and Data Control: Lessons for an Emerging Concept in EU Law”, *German L. J.* 19, 2018, p. 1359.

② 对数据可携权当然不乏批评之声,主要的批评来自其规范目的能否实现及其可能的高昂实施成本。*See* Peter Swire, Yianni Lagos, “Why the Right to Data Portability likely Reduces Consumer Welfare: Antitrust and Privacy Critique”, *Md. L. Rev.* 72, 2013, p. 335. 但肯定意见似乎仍是主流。

③ Article 29 Data Protection Working Party, “Guidelines on the Right to Data Portability”, 16/EN WP 242 rev. 01, 9 - 12 (2017).

户参与了数据的产生，无论该参与是直接提供，抑或是被技术设备所收集。指南的这一界定，与本文主张的可识别的原生数据范围相似。本文中的原生数据与衍生数据，是以数据的产生是否依赖于现有数据为区分标准，其核心在于区分企业对数据所投入的“创造性劳动”的不同。本文分类与可携权的差别在于：本文是从企业角度所做的分类，而可携权是从用户角度所做的界定。但二者所涵盖的具体数据内容，则基本重叠。这为本文的主张提供了比较法上的支撑。

在美国也有着类似欧盟可携权的制度安排。“数据红利共享制度”也起到了允许用户在不同服务提供者间传输数据的效果。比如，2011 年美国首席技术官要求工业必须“以在线且可被机读（machine readable）的方式公布用户数据，并且不能限制用户对这些数据的再利用”。① 这意味着，用户可以从初始企业获得其可被机读的数据，然后在其他企业提供的服务上使用该数据，该再使用行为无须经过初始企业的“授权”。可见，美国的数据红利共享制度与欧盟的可携权在实践中发挥了相似的作用，这进一步强化了本文的比较法基础。

当然，美国的企业数据之争，主要体现于其判决中。从已有的判决来看，数据持有企业若欲禁止第三方获取其数据，可能的诉因（cause）有：侵权中的干涉动产侵权（trespass to chattels）、计算机欺诈与滥用法（Computer Fraud and Abuse Act）中的未经/超越授权进入系统（without authorization or in excess of authorization）、违约、侵害版权以及反垄断和不正当竞争。尽管干涉动产是此类案件早期主要的诉因，但在 1994 年《计算机欺诈与滥用法》允许提起民事诉讼后，该法逐渐成为企业诉讼的主要诉因。法院在认定当事人是否未经/超越授权进入系统，以及是否构成垄断和不正当竞争上，存在分歧。部分判决在说理或裁判的实践效果上支持了本文的主张，部分则与本文相左。

Facebook 诉 Power Ventures 案是与本文观点部分相左的案件之一。被告 Power Ventures 为用户提供聚合其社交软件账户的服务，即用户登录 Power Ventures 账户，并授权被告获取其在 Facebook 等各社交软件的信息。这样，用户可以只登录被告网站就能追踪各社交网站的信息。在被告向 Facebook 用户

---

① *See* Aneesh Chopra, “Remarks to GridWeek” http://www. whitehouse. gov/sites/clefault /files/microsites/ostp/smlutgrid 09 - 15 - 11. paf, March 23, 2016. 转引自龙卫球：《数据新型财产权构建及其体系研究》，载《政法论坛》2017 年第 4 期。

推广其服务被 Facebook 意识到后，Facebook 向被告发送了禁止信（cease and desist letter），要求其停止推广服务，并签署《开发者协议》。被告拒绝后，原告通过 IP 技术禁止被告获取其网站上的用户信息。被告则采取了改变 IP 地址的方式继续获取信息。之后，原告以被告违反《计算机欺诈与滥用法》等为由提起诉讼。地方法院支持了原告的所有诉讼请求，但上诉法院则做了一些调整。第九巡回法院认为，在原告发送“禁止信”前，被告有理由认为，在获得原告用户的同意后，其有权进入原告的计算机系统。但在原告发送“禁止信”后，被告仍然进入原告系统违反了《计算机欺诈与滥用法》。法院在说理中认为，“Power Ventures 要想继续通过 Facebook 系统来推广其服务，需同时获得 Facebook 具体用户（作为数据和个人页面的控制者）和 Facebook（数据存储于其服务器上）的同意。在 Facebook 发送禁止信后，仅仅拥有用户的同意并不足以允许其继续进入系统”。[①] 可见，Facebook 案中法院认为同时获得用户和数据持有方同意是第三方企业获得数据的必要条件。

但美国也同样存在不同于上述判决的案件，hiQ 案是典型。在 hiQ 案中，原告 hiQ 从被告 LinkedIn 网站抓取了 LinkedIn 的用户数据，并对获得的用户数据做统计分析后销售，如通过分析用户在 LinkedIn 发布的信息来推断哪些用户存在离职倾向，并将该结论销售给其雇主。[②] 在 hiQ 案中，hiQ 收集并使用用户的数据既未经用户同意，也未经数据持有企业 LinkedIn 同意，但最终法院判决 LinkedIn 不得禁止 hiQ 从其网站收集用户数据。在涉及《计算机欺诈与滥用法》时，法院认为，hiQ 案与 Facebook 案等已有案件的主要差别在于：本案所涉的用户数据是公开的数据。根据《计算机欺诈与滥用法》的立法史和规范目的，其主要是为应对黑客行为，故该法中的“授权”应仅限于需认证的系统，比如需输入密码的系统。

美国的上述两个典型案件，与我国已发生的企业数据之争案件都不完全相同，但仍不乏参考价值。Facebook 案法院直接指出被告 Power Ventures 若欲获取原告的用户信息需经用户与 Facebook 的双重同意。但需注意的是，两项同意的基础并不同。需经用户同意，是因用户是数据和个人页面的控制者，即用户

---

① Facebook, Inc. v. Power Ventures, Inc. , 844 F. 3d 1058, 1062 – 68 (9th Cir. 2016).

② *See* hiQ Labs, Inc. v. LinkedIn Corp. , 273 F. Supp. 3d 1099 (N. D. Cal. 2017). 该案仍在上诉中。

是数据的权利人。但之所以要获得 Facebook 同意,并不是因为 Facebook 对数据享有某种权利,而是因为数据存储于其服务器上。被告 Power Ventures 也不是因为侵害了 Facebook 的数据权而承担责任,而是因为未经授权进入了 Facebook 的系统,即这一主张的法律基础是侵权法上的"干涉动产侵权"。在我国,"干涉动产侵权"并不是一种独立的侵权类型,已有的司法实践也未见有判决将未经许可进入企业的计算机系统作为一种侵权行为对待。[①] 我国判决中法院支持数据持有方的理由,往往是企业"对基于自身经营活动收集并进行商业性使用的用户数据整体同样享有合法权益"。[②] 因此,从企业对数据享有的权益角度而言,Facebook 案其实并没有支持我国法院赋予数据持有方对数据享有一定的控制权的做法。当然,若就"功能等同"的角度而言,该判决确实与本文主张不同。至于 hiQ 案,美国法院提出的获取数据无须用户和企业同意的观点,尽管与本文主张不同,但"举重以明轻",该判决关于无须企业同意的理由,也在一定程度上支持了本文的主张,只是本文并不同意该判决关于获取数据无须用户同意的论证。[③]

综上所述,比较法的经验确实在一定程度上支持了本文主张的"无须同意"规则。

三、获取其他类型数据的规则

除上文的"可识别的原生数据"外,其他类型数据的获取规则相对易于达成共识,本文只做简要论证。

第一,获取非可识别的衍生数据无须取得用户同意,但需取得企业同意。获取非可识别的衍生数据无须取得用户同意,这一点当无疑问,因为数据无法识别用户身份,自然无法获得用户同意。主要的问题在于,此时是否需数据持有企业同意。对此问题的回答,典型的思路是,先确定企业对衍生数据享有何种属性的权利,之后确定具体的权利内容,即"数据权属是数据利用和流通及数

---

① 但我国已将非法进入计算机系统或获取公民个人信息纳入刑事责任,参见《刑法》第 285 条和第 253 条之一。刑事(而非民事)先行是我国个人信息保护领域的一个特点。

② 详见天津市滨海新区人民法院(2019)津 0116 民初 2091 号民事裁定书。

③ 从美国学界对该案件的评论来看,较少关注"用户同意"的探讨,而主要聚焦于"企业同意"问题,且不乏对该案判决的支持者。See Jamie L. Williams,"Automation is not 'Hacking':Why Courts must Reject Attempts to Use the CFAA as an Anti – competitive Sword",*B. U. J. Sci. & Tech. L.* 24,2018,p. 416.

据产业化的逻辑起点”。[①]

关于企业数据权，国内的主张主要有两类：一类是赋予企业对其收集的用户数据广泛地享有权利；另一类是对企业持有的数据做分类，然后主张企业对部分类型的数据享有权利。吊诡的是，目前第一类观点主要由学界学者主张，而第二类观点主要由实务界人士主张。

在学界，关于企业的数据权利属性，有新型财产说、知识产权说、原始取得说等。龙卫球先生认为，针对数据应分别构建自然人的关于个人信息的权利和企业的关于数据的权利，后者统称为企业新型数据财产权，具体包括数据资产权和数据经营权两种形态。数据资产权的客体，是具有特定功能或者利用价值的数据集合或者数据产品。数据资产权作为一种专有排他权，比对所有权、知识产权来设计，其私益结构部分，体现为企业对其数据在特定范围享有占有、使用、收益和处分的权利。[②] 许可先生也认为，数据权“意指数据控制者对‘数据集合’(collection of data)享有的占有、处理、处分的权利”。数据集合指“通过计算机技术形成的、以二进制信息单元0/1 表示的半结构化或多结构化巨量电磁记录。与‘数据库’不同，它不需要经过严格逻辑汇编也即‘结构化’，亦不要求原创性，并在规模、种类、更新的及时性和速度等方面远超前者。”[③]依此论述，企业数据权所涵盖的数据范围相当广泛，凡是企业数据集合中的数据，都可纳入数据权而予以保护。同时，企业数据权的权利内容也包罗万象，企业可对与数据相关的各方面利益享有广泛的控制力。

与国内学界试图对企业所持有的数据广泛地赋予数据权不同，国内实务界人士对企业数据权的主张则要“谦抑”得多。正如本文“数据的分类”部分所介绍的，实务界试图对数据做区分，并对不同类型的数据主张不同的权利。比如，丁道勤先生将数据分为基础数据和增值数据。对基础数据，用户作为数据的提供者，拥有个人基础数据的所有权；对增值数据，数据处理者享有基于基础数据

---

① 丁道勤：《基础数据与增值数据的二元划分》，载《财经法学》2017 年第 2 期。

② 参见龙卫球：《再论企业数据保护的财产权化路径》，载《东方法学》2018 年第 3 期；龙卫球：《数据新型财产权构建及其体系研究》，载《政法论坛》2017 年第 4 期。

③ 参见许可：《数据保护的三重进路——评新浪微博诉脉脉不正当竞争案》，载《上海大学学报》(社会科学版)2017 年第 6 期。

进行加工、编辑、分析而产生的增值数据所有权。① 同样,杨立新先生和陈小江先生将数据区分为原生数据和衍生数据,二者区分的主要实益在于:企业对后者享有绝对性权利,即应以衍生数据为客体建立数据专有权,该权利是一种财产权,性质上属于一种新型的知识产权。② 其实,尽管丁道勤先生将数据是否可识别作为区分基础数据和增值数据的标准,但从其具体阐述来看,其似乎也主要以数据是否经企业加工编辑作为区分的实质标准。若做此理解,则该区分与原生/衍生数据的区分并无不同。

综上可见,尽管学界在企业是否对用户个人信息享有权利方面存在分歧,但在经企业加工产生的衍生数据方面,则有共识:企业对此类数据享有一定的排他性的权利。据此,获取非可识别的衍生数据需经企业同意,应是共识。

就为何企业可对其通过数据挖掘技术后得到的衍生数据享有排他性权利,学界的解释一般是基于促进产业发展的考量。就理论解释层面,企业挖掘数据的行为可解释为“加工”,故企业可基于加工这一事实行为取得对衍生数据的权利。更进一步,即便企业加工所依赖的“原料性”数据来源并不合法,其加工的事实行为也可能使企业对该衍生数据享有权利,即此时第三方企业若欲获得数据,仍需获得数据持有企业的同意。

第二,获取可识别的衍生数据需同时获得用户和企业的同意。理由在于:一方面,因为数据可识别,故需获得用户同意;另一方面,作为衍生数据,需获得企业同意。故获取此类数据需同时获得用户和企业同意。

第三,获取非可识别的原生数据无须用户同意,是否需企业同意应视数据是否公开而定。一方面,因为数据非可识别,故无须经用户同意;另一方面,若此类数据并未公开,则不应允许数据获取企业自由获取或要求持有企业提供数据,因为此时数据获取企业缺少了“用户同意”这一获取数据的正当性基础。但若此类数据被公开,或数据持有企业并未采取技术措施来避免其被获取(事实上公开),则此时应允许其他企业自由获取数据,理由主要有两点:一是学界对原生数据是否应赋予数据权利尚无共识,在此情况下本文认为不宜赋予数据持

① 参见丁道勤:《基础数据与增值数据的二元划分》,载《财经法学》2017 年第 2 期。文章发表时,丁道勤的身份是京东集团法务部政策研究总监。

② 参见杨立新、陈小江:《衍生数据是数据专有权的客体》,载《中国社会科学报》2016 年 7 月 13 日,第 5 版。文章发表时,陈小江单位系阿里巴巴集团公司法务部。

有企业较强的数据控制力;二是基于促进数据流通和企业竞争的考量,对无关用户的"非可识别"数据,应以数据的充分流通和挖掘为优先考量。当然,这并不意味着数据持有企业在获取非可识别的原生数据上的投入将被其他企业自由地搭便车。只要数据持有企业对此类数据采取一定的措施避免其公开,其仍可享有此类数据带来的相关利益。

四、企业数据获取类型化规则的适用

根据本文的论证,企业数据获取应区分不同数据类型而采不同规则,具体(见表1)。

表1 数据类型及相应的数据获取规则

数据类型	可识别的原生数据	非可识别的原生数据	可识别的衍生数据	非可识别的衍生数据
数据类型例证	用户名、头像	匿名问卷的答复	用户健康状况评估	"双11"各省消费者网购金额
数据获取规则	需用户同意;无须企业同意	无须用户同意;是否需企业同意视公开与否而定	需用户且企业同意	需企业同意;无须用户同意

对上述规则,补充说明三点:(1)目前被法院广泛接受的"三重授权原则",其适用范围应做大幅限缩。只有在获取可识别的衍生数据时,才适用三重授权原则。(2)上述规则,只适用于与用户"有一定关联"的数据,并不包含实务中所有的数据类型。所谓"有一定关联",指数据由用户提供(既可以是可识别身份,也可能是无法识别身份),或数据在用户提供的基础上"加工"而成。实务中除本文所涉的数据外,还包括与用户无关的数据,如法律法规、司法判决、报刊等数据。对这些数据,以及由这些数据所组成的数据库,有着一套相对独立的规则,①并非本文探讨的数据规则所适用的对象。换言之,本文所提出的数据获取规则,并不能涵盖实务中所有的数据情形。(3)需注意区分数据和数据库。现实中可能出现原生和衍生数据相结合而成的混合数据库,即数据库中的部分数据直接源于用户提供,部分源于企业计算、加工等。但对某一数据而言,不存在混合的情形。本文是从数据(而非数据库)角度探讨数据获取问题。

① 此类数据/数据库的规则多见于关于"数据库"的研究中。

根据上述规则,国内的典型企业数据纠纷,可做以下法律判断。

第一,大众点评诉百度地图案。百度在获得大众点评网上的用户评价信息时,并未获得用户同意,故该行为不应得到支持。法院认为百度构成不正当竞争应予赞同。

第二,腾讯与华为事件。鉴于华为在获取用户的微信聊天记录前已获得了微信用户的同意,且用户的微信聊天记录属于原生数据,故华为获取该数据无需再获得腾讯的许可。腾讯不得以侵害其企业数据为由禁止华为的数据获取行为,更无法以保护用户隐私来正当化自己的主张。当然,现实中可能出现的一种情况是,手机用户主体与微信用户主体并不一致,即华为获得的用户许可与微信用户并非同一主体。此时华为无权获取微信用户信息。但鉴于两类主体同一的可能性在绝大多数情况下成立,故若腾讯做此主张,应负举证责任。

第三,新浪微博诉脉脉案。新浪微博主张的多项不正当竞争行为,评价如下:(1)被告脉脉在双方合作期间超出 API 许可范围抓取并使用了脉脉用户在微博上的职业、教育信息。由于脉脉已获得用户同意,[①]且职业、教育信息属于可识别的原生数据,故脉脉可获得该数据,无须以新浪同意为前提。同样,在双方合作结束后,脉脉也仍可使用这些微博用户数据。脉脉的这些行为不应被认定为不正当竞争行为。[②] 当然,新浪微博若欲否定脉脉的行为,还可尝试的另一主张是:脉脉对微博用户职业、教育信息的收集,超过了"必要限度",违背了信息收集的必要性原则。[③] (2)脉脉未经新浪同意,绕过 API 获取非脉脉用户的

---

① 脉脉与其用户订立的《脉脉用户协议》第 2 条中约定:"第三方平台记录信息"定义为'用户通过新浪微博账号、QQ 账号等第三方平台账号注册、登记、使用脉脉服务的',将被视为用户完全了解、同意并接受淘友公司以包括但不限于收集、统计、分析等方式使用其在新浪微博、QQ 等第三方平台上填写、登记、公布、记录的全部信息。用户一旦使用第三方平台账号注册、登录、使用脉脉服务,淘友公司对该等第三方平台记录的信息的任何使用,均将被视为已经获得了用户本人的完全同意并接受。详见北京知识产权法院(2016)京 73 民终 588 号民事判决书。

② 当然,新浪微博与脉脉间订立的《开发者协议》中有约定,脉脉可通过 API 获得的数据范围并不包括微博用户的职业、教育信息。但若采本文主张的规则,则新浪微博不得通过协议来排除脉脉获取用户信息的权利,否则本规则将在实践中被架空。

③ 鉴于这涉及的是必要性原则的界定和适用问题,本文不做展开。值得一提的是,一审法院认定:"用户职业信息、教育信息具有较强的用户个人特色,不论对于新浪微博,还是脉脉软件,都不属于为程序运行和实现功能目的的必要信息。"需注意的是,法院此处所谓的"必要信息",指新浪微博与脉脉订立的《开发者协议》中约定的"开发者可以为实现应用程序运行及功能实现目的之必要需求而收集相关用户数据",与立法上要求的信息收集应遵循的"必要性原则",未必一致。

新浪微博数据。由于未经用户同意,故该行为不应得到支持。

第四,腾讯微信/QQ 诉头条抖音/多闪案。该案中,腾讯的主张至少有三点:一是禁止抖音向用户推荐好友时使用来自微信/QQ 开放平台的微信用户头像、昵称;二是禁止抖音将通过微信/QQ 开放平台获得的数据授权给多闪使用;三是禁止多闪使用微信的用户头像、昵称。腾讯的上述主张,涉及第三方企业获得数据持有企业的数据后,在数据使用方面的行为规则。这一问题虽与本文所论证的获取规则并不相同,但本文的获取规则对此案件的裁判仍不乏启示意义,理由在于:本文主张第三方企业在获得用户同意后,获取数据无须数据持有企业同意,举重以明轻,第三方企业对获得的数据的使用,数据持有企业更无权置喙。当然,这并不意味着第三方企业可对获得的数据为所欲为,该企业仍需遵守法律上关于个人信息保护的规则,并受用户协议的约束。此外,鉴于今日头条公司所使用的是微信用户头像、昵称信息,此类信息属于用户的基本信息,难谓逾越了数据收集的"必要性原则"。据此,腾讯公司的上述主张不应得到支持。①

除司法裁判外,我国相关规范性文件也应做相应调整。

其一,应增设关于企业间数据流通(共享)的规则,而非将此类规则"寄居"于个人信息保护规则中。企业间的数据流通规则与个人信息保护规则并非仅仅是"一体两面"的关系,因为非可识别的信息属于企业数据但并非个人信息,且企业对可识别的衍生数据也享有一定的权益。另外,不同角度下的数据/信息表达也不同。② 故通过个人信息规则并不能完全涵盖和解决企业数据流通问题。当然,我国《民法总则》第 111 条和第 127 条已将个人信息和数据区别对待,只不过或许是因为目前的数据法律问题争议较大而尚未在法律上明确数据规则。若是如此,通过个案性的司法裁判及"指导性案例"或典型案例等来逐渐厘清相关数据规则或许是目前更可行的选择。

其二,目前部分寄居于个人信息保护规则中的数据规则,也应做调整,如区分不同的数据类型来设置相应的规则。目前我国已有众多涉及个人信息的规

---

① 天津市滨海新区人民法院已对上述三项行为发布了行为保全的裁决,详见(2019)津 0116 民初 2091 号民事裁定书。本文认为该裁决不当。

② 比如,企业角度的数据可分为原生和衍生数据,而个人角度的信息可分为用户提供和非用户提供信息(欧盟 GDPR 采取的分类方式)。

范性文件，比如，2019 年 4 月公安部发布的《互联网个人信息安全保护指南》第 6.6 条“共享和转让”中规定“个人信息原则上不得共享、转让。如存在个人信息共享和转让行为时，应满足以下要求：a）共享和转让行为应经过合法性、必要性评估……”指南对数据共享的规则采取了不区分数据类型的一体对待的做法。但依本文的论证，在更新该指南时，或许可对不同类型的数据采取不同的规则。

结　语

作为数字经济时代的核心资源之一，数据已成企业间的“兵家必争之地”。企业间的数据获取问题是目前司法实践中争议的焦点所在。数据获取规则的设计，将影响实践中商业模式的选择和相关产业的发展，同时也丰富了企业数据权益制度、不正当竞争制度等。

对企业数据获取规则，目前研究的主要思路在于，先界定企业对数据的权利属性及权利内容，从而得出企业间数据之争的行为边界。此类研究有着毋庸置疑的重要价值。但本文并非要加入此场“混战”中，而是转换思路，试图从获取数据是否需经企业和用户同意的角度，去勾勒企业间的数据流动关系，希望能为未来属性问题上的“一锤定音”及相关司法裁判的改进提供智识上的积累。

征信数据的运用与保护研究

蒋庐雯*

摘　要:我国个人征信体系建立较晚,相对于欧美发达国家,不仅在个人信息保护方面存在明显差距,自身也面临着诸多的挑战。我国的个人征信数据除了传统征信数据之外,还有在网络生活中产生的其他各种商业行为的数据。而现实中存在相关法律位阶低、监管不完善、个人信息被滥用等问题,甚至有大量的征信数据商被以侵犯公民个人信息罪查处。为了保护我国公民的个人征信数据,应当提升个人信息保护的立法层级,明确征信数据信息主体和使用者的权利义务,健全征信数据信息主体的保护与救济体系,加快区块链技术在征信数据运用中的应用。

关键词:个人征信数据　征信体系　第三方征信企业　区块链

一、征信数据的含义及运用

(一)征信数据的含义

"征信"二字出自春秋《左传》"君子之言,信而有征,故怨远其身",指的是君子说出的话诚信确凿而有证据。总的来说就是有据可依,从多个方面能证明君子所说的话可以兑现,这也就是征信体系。目前美国征信体系对于信用的解释分为个人的偿贷意愿、到期还款能力、个人经济实力(主要指固定资产)、资产可变现性、朋友圈以及工作住所的稳定性这六大方面。而征信数据就是基于上述六大方面对一个人的信用程度进行的具体展示。

---

* 蒋庐雯,杭州市滨江区检察院检察官助理。

征信数据可以分为个人征信数据和企业征信数据。个人征信数据主要包括信用范围、信用历史、信用违约、信用查询、信用状态、信用分数。此外,还包括个人信息、法律信息和其他交易信息等。企业征信数据与个人的相类似。本文讨论的是个人征信数据,美国对个人征信数据的具体分类见表1。①

表1　美国个人征信数据具体分类

类别	解释及说明	例　子
信用范围	房贷、车贷	最多2个贷款的最高授信额度、期限、信用违约等信息
	银行卡	最多3个银行卡的开户时间、账户余额等
	学贷、分期贷款	教育贷款的次数、时长及最多2个分期贷款信息
	个人信息及法院判决	个人身份信息及涉及的法院判决等
信用历史	最久的信用交易	最久的信用交易年限(信用卡),最久学贷交易年限,最久的交易开户日期
	最近的信用交易	最近的循环支付账户年限,最新银行交易信息,最近90天内迟付的日期
	平均的信用交易时间	开户平均年限
信用违约	破产	最近驳回/未清偿的破产至今的月份数,过去6/12/24/36个月公布破产总次数,正申请/已驳回/未清偿的破产总次数
	违约	过去6/12/24/36个月撇账次数,当前被追债金额一个月内是否出现撇账情况
	迟付	过去30/60/90天的迟付金额,历史最高迟付金额,过去6/12/24个月交易中迟付30/60/90天的总次数
信用查询	汇总查询	过去6/12/24个月的总查询次数,过去3/6个月内的优先查询次数,历史总查询次数
	最近的信用交易	最近的循环支付账户年限,最新银行交易信息,最近90天内迟付的日期
	房贷/车贷查询	过去3个月内车贷/房贷的查询次数,自最后一次车贷/房贷查询至今的月份数
信用状态	信用额度	最近开户信用卡额度,正拖欠的银行的交易额度

① 刘新海等:《美国征信数据及其在金融业的应用》,载《征信》2016年第11期。

从表格中,我们可以发现,实际上美国采用的征信数据主要还是基于传统的金融业务及如法院判决等公开的政府信息。

在我国现有的法律体系中,对于征信数据的范围的规定还是比较粗浅的。例如,2013 年国务院施行的《征信业管理条例》对个人征信数据的范围采用了排除法的方式予以叙述,在第 14 条中规定禁止采集个人的宗教信仰、生理信息及法律规定禁止采集的个人信息,同时设立了保留事项。① 2014 年中国人民银行颁布的《个人信用信息基础数据库管理暂行办法》第 4 条对个人信用信息的范围做了概括性列举,明确规定个人信用信息、个人基本信息、个人信贷交易信息的范围。② 可见,在我国其实对于征信数据的具体内容并没有特别清晰的列举,而实践中各社会第三方征信机构采集大量的其他个人数据进行综合分析,因此实际上我国的征信数据范围广于美国的征信数据范围。

(二)征信数据的运用

征信数据不仅影响个人的日常生活,如就业、贷款,也对企业日常的经营活动产生了深远影响。尤其是金融保险业,需要大量使用征信数据进行风险监控、信贷决策和定价等经营决策。个人征信数据主要运用于风控、客户信用评估、市场拓展和催收。

风控是通过大数据和算法来对一个人的偿债能力以及违约可能性进行计算,主要是用来预测客户还贷的能力和未来违约的可能性,这也就是日常所说的信用风险模型。互联网金融企业,不同于传统的银行,能够通过大量的网点和工作人员进行尽调等现实接触的方式来预估风险,而且互联网客户提供的证明材料的真实性在网络世界中也难以证明,因此客户的征信数据就尤为重要。毫不夸张地来说,互联网金融的业绩好坏更多时候就取决于风控的水平好坏。

---

① 《征信业管理条例》第 14 条规定:“禁止征信机构采集个人的宗教信仰、基因、指纹、血型、疾病和病史信息以及法律、行政法规规定禁止采集的其他个人信息。征信机构不得采集个人收入、存款、有价证券、商业保险、不动产的信息和纳税数额信息。但是,征信机构明确告知信息主体提供该信息可能产生的不利后果,并取得其书面同意的除外。”

② 《个人信用信息基础数据库管理暂行办法》第 4 条规定:“个人信用信息包括个人基本信息、个人信贷交易信息以及反映个人信用状况的其他信息。个人基本信息是指自然人身份识别信息、职业和居住地址等信息;个人信贷交易信息是指商业银行提供的自然人在个人贷款、贷记卡、准贷记卡、担保等信用活动中形成的交易记录;反映个人信用状况的其他信息是指除信贷交易信息之外的反映个人信用状况的相关信息。”

当然这种风控是事先的预测，在客户借贷之后，个人征信就可以让企业根据客户履约方式等信息来准确衡量客户信用等级，从而实现劣质和优质客户的筛选，也是是一般信贷企业常见的"黑名单"和"白名单"。市场拓展则是指，公司可以根据不同客户信用等级的评定情况，有针对性地向目标客户群推荐产品和服务，还可以有效控制新客户的违约风险。催收则是指客户违约后，进入讨债环节，金融公司会专门成立讨债部门，或者外包给专业讨债公司。而此时个人征信数据就可以提高讨回的成功率和追回的金额。

二、我国个人征信体系的发展与现状

（一）国外征信体系的不同模式

征信体系作为舶来品，在国外主要分为三大类：一是以美国为代表，完全市场主导型，政府主要负责立法和监督。二是以法国为代表，央行完全主导型，基本只采集金融机构信息，也只面向金融机构开放（中国目前的征信体系接近于法国）。三是以日本和德国为代表，市场与政府共同协作，相互补充。政府公开部分数据给市场机构，市场机构也会收集一些政府未归纳统计的数据作为对央行征信体系的补充。

美国：在无须主体同意的情况下采集客户金融、法院、税务、生活缴费等全方面信息。征信局作为完全独立的第三方既不生产数据也不从事金融业务，只从事信用评分业务，保证信用评分的客观性和全面性。联邦政府负责监管和立法，二者相互协作建立一个信用社会。目前美国的三大征信局是：Experian、Equifax、TransUnion。三家侧重的应用领域和场景略有不同，信用产品也多种多样，以市场化的价格提供给金融机构、雇主企业和个人等，但主要的评分模型都是采用 FICO 公司的，只是 FICO 公司会根据各家的需求进行量身定制。

法国：在征得主体同意的情况下，央行强制金融机构上报金融数据，只记录客户负面金融信息，不做信用评分。对于正面金融信息和其他信息不做记录。数据源于金融机构，最终信用报告也只面向金融机构，央行严格管控。

德国：在无须主体同意的情况下，央行主导的公共信用信息系统记录个人金融信息，以 Schufa 为代表的私营信用信息机构一方面依法从公共信用信息系统收集信息，另一方面再从其他合作机构收集信息，最终形成信用评分和报告，服务于金融机构并同时应用到各个领域。

（二）我国征信体系建立的过程

我国的个人征信体系建立较晚，主要模仿的是法国的模式。2006 年人民银行个人征信系统才正式上线全国联网运行。2013 年 3 月国务院正式施行《征信业管理条例》，明确人民银行为征信业监督管理部门。2015 年 1 月人民银行印发《关于做好个人征信业务准备工作的通知》，要求芝麻信用等八家企业做好第三方个人征信准备工作。2015 年 10 月人民银行发布了《征信机构监管指引》，加强对信息主体的权益保护。2016 年 5 月，央行征信管理局下发《征信业务管理办法（草稿）》，该草稿从信息的采集、整理、保存、加工、提供、使用及征信业监管等方面对征信业进行详细规定，但该办法至今未出台。

（三）我国个人征信体系的现状

我国目前的个人征信体系主要是人民银行征信和第三方征信，但是互联网金融、消费金融进入快速增长的阶段后，我国人民银行的个人信用数据库受制于数据来源渠道狭窄（主要对接金融机构）、征信系统数据分散、征信数据信息更新较为缓慢以及征信成本较高等问题，传统体系已经无法满足需要，因此促进了第三方个人征信数据市场的蓬勃兴起。从信用中国官网查询，现今我国完成备案的企业征信机构有 150 家左右，其中具有代表性的是芝麻信用等八家企业（见表 2）。

表 2　常见八家第三方信用企业的分析①

	芝麻信用	腾讯征信	前海征信	考拉征信
隶属集团	蚂蚁金服	腾讯	中国平安	拉卡拉
数据来源	天猫、淘宝电商， 蚂蚁金服， 自行上传， 合作金融、公共机构	财付通， QQ、微信， 自行上传， 合作机构	平安集团金融数据， 合作机构：互联网金融公司、电信	拉卡拉旗下个人支付、企业支付、小额贷款等合作机构
评分模式和数据处理技术	类似美国 FICO 评分机制	采集相关行为和基础画像等数据，利用统计学、机器学习等方法	FICO 标准	类似 FICO 标准

① 该八家企业的基本信息源于网络。

续表

	芝麻信用	腾讯征信	前海征信	考拉征信
主要产品及服务	芝麻分、信用报告、反欺诈、行业关注名单	信用评分、反欺诈、人脸识别、七颗星评分	好信用评分、数据累、云系统(信贷云、反欺诈云)	考拉分
目前应用场景	签证、借呗、信用住等	微粒贷、金融机构微信审判、互联网金融公司授信审批	平安内部金融类产品、互联网金融公司授信、南京地铁	拉卡拉集团小贷, 其他小额贷款公司
隶属集团	独立第三方征信	独立第三方征信	独立第三方征信	多家机构共同发起组建
数据来源	合作金融机构, 各级政府、 公共事业单位	积累的银行、医疗、保险、教育等信息, 合作的地方中小金融机构和企业平台	合作的P2P平台, 其他第三方合作机构	银之杰金融服务体系, 亿美软通移动商务平台, 新奥燃气信息, 合作P2P平台
评分模式和数据处理技术	传统征信模型 数据发掘	自主研发的信用评价算法	中文模糊匹配	国际大数据建模技术
主要产品及服务	个人及企业信用报告, 个人及企业信用评价体系, 互联网征信整体解决方案, 个人身份保护服务	个人征信报告, 企业征信报告, 信用体系建设	个人征信评分, 反欺诈	个人信息用报告, 租房信用报告, 同业征信联盟反欺诈
目前应用场景	传统金融机构授信, 互联网金融机构授信	传统金融机构授信, 电商	P2P, 消费金融	租房

可是随着2018年12月底互金整治办①与网贷整治办②联合下发的《关于做好网贷机构分类处置和风险防范工作的意见》首提坚持以机构退出为主要工作方向,奠定了2019年行业清退转型的主基调。2019年,监管对网贷相关用户隐

① 即“互联网金融风险专项整治工作领导小组办公室”。

② 即“网贷风险专项整治工作领导小组办公室”。

私的保护力度，从 P2P 备案、“315”曝光、“714”整治到数据服务商被抓，达到史上最高峰。

2019 年 9 月 6 日，位于杭州的魔蝎数据以及上海的新颜科技两家大数据智能风控服务商被查。9 月 11 日，位于华星时代广场的公信宝主体运营公司杭州存信数据科技有限公司被查封，公信宝员工被全部带走。9 月 12 日上午 11 时多，天翼征信的总经理、副总经理以及市场人员被警察带走。其间，互融公司等相继主动或被动与监管部门约谈，即所谓合规自检。9 月 19 日，信用管家运营主体公司杭州信牛网络科技有限公司（主要提供现金贷导流服务）也已经被查。这些企业被查也证明随着征信数据的重要性日益凸显，征信企业漠视用户的利益随意收集个人信息、侵犯个人隐私的行为已经引起了政府的关注，规范征信数据的来源将是上述企业未来规划发展的主流方向。

三、征信数据的运用存在的问题

（一）相关法律规范的法律位阶都较低，难以适应新形势发展

近期，欧美发达国家关于个人信息保护不断推出新规定。比如，美国在 2015 年 2 月发布《消费者隐私权法案》政府讨论稿，欧盟在 2018 年 5 月 25 日颁布的《通用数据保护条例》，都加强了对消费者个人信息的保护力度。

反观我国，关于征信数据的立法只有《征信业管理条例》，是由国务院颁布的行政法规。从现实的数据产业发展来看，该条例的规定已经出现了滞后的情况。而 2018 年 5 月 1 日生效的《信息安全技术——个人信息安全规范》（以下简称《标准》）仅是国家推荐标准。由于我国尚未出台个人信息保护法且其他法律（包括《网络安全法》）缺乏具体可操作的个人信息保护规则，该规则是企业适用的唯一标准。因此，征信企业在发展过程中，更多地关注数据的挖掘和征信评价模型的建立，而没有关注到数据来源的合法性和使用的范围。

（二）个人征信监管制度落后，出现监管真空

个人征信信息有很大一部分来自共享，比如央行主导下成立的百行征信，由于是八家主要的征信第三方企业和央行共同成立的，虽然已经取得了征信业务的第一块牌照，但是仔细分析其征信数据的来源，可以发现实际上主要是由各数据信息的使用者提供给百行征信。这就不得不让人产生一个疑问：这样的共享是否合法？征信数据越全面肯定越有利于征信评价的准确性，但是这样未经授权的共享对于消费者个人的隐私权侵害却是毋庸置疑的。我国实施的是类似于法国的

监管体系,从整体上来说除却第三方的征信机构,最主流的仍然是央行个人征信数据。央行个人征信数据库既是监管机构又是服务机构,这无疑就是既做运动员又做裁判员的局面,就会导致监管权责不明的现象。而且,数据来源的多头肯定会导致监管不到位的现象,甚至有可能会导致误传误信的情况。

(三)个人征信数据非法采集、非法滥用的情形严重

中国互联网协会于 2016 年向中国网民做过一次全面调查,84% 接受调查的网民称有个人信息被泄露的经历,54% 的被调查者认为信息被严重泄露。[①] 个人征信数据由于其经济价值,更是面临被非法收集、过度收集、不当泄露、违法交易以及二次开发等问题。

金融机构消费贷款和互联网消费金融放贷规模的快速增长,促进围绕他们提供科技服务和数据支撑的公司如雨后春笋般地快速成长。野蛮生长的同时,不可避免有些公司触碰法律底线。一些公司因为各种原因不愿或者不能介入央行数据库,一些如现金贷的公司本身金融产品就存在违法的问题,因此其无法使用正规渠道的征信数据,于是就采取各种方式收集公民个人信息。例如,一新媒体撰稿人安在君(AnZer_SH)发现在应用系统上找到多款 APP 可查询个人征信,不少 APP 的下载次数达 1 万次以上,有的甚至达百万次,[②]但是实际上在收集完用户的个人信息后,并不能直接查询到本人的征信信息。但是上述 APP 却可以使用你提供的信息,通过爬虫技术去获取可以用于征信的数据。更有甚者,有些 APP 无论功能是否涉及个人通讯录、位置等数据,均要求客户予以同意,否则就无法正常使用,超范围地收集公民的个人信息,严重影响个人的信息安全。如何在促进个人征信业发展过程中,既合理收集、开发、运用个人信用信息,又能保护个人权利不受侵害成为迫在眉睫的课题。

(四)个人征信数据被侵害维权困难

现有的法律对于个人征信数据被侵害的具体权利救济缺乏规定。《标准》作为信息标准,只规定了企业应当遵守的规则,但是没有提出如果违反应当受到怎样的处罚。《征信业管理条例》也只是在第 3 条笼统规定从事征信活动不

---

① 参见《〈中国网民权益保护调查报告 2016〉:54% 的网民认为个人信息泄露严重》,载中国互联网协会:http://www.isc.org.cn/zxzx/xhdt/listinfo-33759.html,2019 年 10 月 21 日最后访问。

② 参见安在:《惊动央行发文警禁,APP 征信窃取信息究竟有多疯狂》,载百家号:https://baijiahao.baidu.com/s?id=1603231762435575657,2019 年 10 月 21 日最后访问。

得侵犯个人隐私。在实务中，一些平台要求客户授权查询个人征信数据，但是实际上中央个人征信数据库并没有授权第三方 APP 可以直接查询个人征信数据，因此客户有可能误信而导致被迫收集个人信息。另外，一些授权文书采取长篇大论的模式，将授权范围、时间等重要信息隐藏在一些不起眼的条文中，在手机阅读的情况下很可能会导致客户因阅读不便而随意授权。更有甚者，某些 APP 会要求客户授权一些和使用功能完全不相关的数据，如果不授权就无法进行下一步的操作。在侵犯客户权利时，由于 APP 在注册时便使用上述方式半强迫客户提供授权，一旦发生纠纷，平台就可以提出抗辩，因此客户维权困难。[①] 而且，因为此类 APP 的数量众多，互相之间有征信数据的交换，而且这种交换是相对内部的协议，所以实际上用户无法确定实际侵权的责任主体，追责更是无从谈起。

四、征信数据的保护研究

(一)个人征信数据进行单独立法

如前文所述，我国在个人信息数据保护方面仍然没有单独立法，因此只在刑事、行政立法上对侵犯公民个人信息行为进行规制。2009 年 2 月《刑法修正案(七)》中新增第 253 条之一侵犯公民个人信息罪；之后在 2013 年 10 月出台的《消费者权益保护法》提倡对消费者个人信息的保护和经营者适度使用的原则；2015 年 8 月《刑法修正案(九)》及之后的司法解释对于侵犯公民个人信息罪进行了更加严格的规定。2017 年 6 月 1 日施行的《网络安全法》更是从国家网络安全战略高度对个人信息进行保护。2018 年 8 月 27 日提交初审的《民法典各分编草案》中，设有人格权编，其中设专门章节规定隐私权与个人信息。[②]

特别值得一提的是，2020 年 3 月 16 日，我国信息安全标准化技术委员会公布了新的《信息安全技术　个人信息安全规范》(2020 年 10 月 1 日开始施行，以下简称 2020《标准》)。其中规定了个人信息控制者不得强迫收集个人信息的具体要求，减少了“征得个人授权同意的例外”，增加了“个性化展示及退出”机制、“基于不同业务目的所收集的个人信息的汇聚融合”的要求、“第三方接入

---

① 参见彭婷婷、谢新泉：《互联网消费金融背景下征信监管问题探析》，载《征信》2017 年第 2 期。

② 参见朱宁宁：《六编 1034 条民法典各分编草案亮相》，载《法制日报》2018 年 8 月 28 日，第 2 版。

管理”要求，提升个人数据保护官（Data Protection Officer，DPO）和个人信息保护部门的地位，细化“个人信息安全事件报告”要求，对“保障个人信息主体选择同意权的方法”提出更详细的规则。但是，这也仅是一种规范，从法理角度来说，也是缺乏强制力的。因此在下一步立法中，应当对于个人征信数据的收集、使用、处理、转让进行明确的规定，对于违反规定的第三方征信数据企业从民事、行政、刑事规定不同的惩戒方式。

近期，全国人大已将《个人信息安全法》与《数据保护法》列入立法规划，[①]期待在各界人士的推动下，保护个人信息的专门法能够早日出台。

（二）明确信息主体与信息使用者的权利义务

1. 信息主体的权利

（1）同意权

同意权主要是指个人征信主体有权在个人信息被收集前被明确告知信息收集的用途、方式、频率、储存的地点和期限、是否将共享给其他主体、保密及安全措施等信息。同意权主要强调信息使用者不能以笼统的形式要求个人提供征信数据，而且通过程序后台方式获取个人的征信数据必须在信息主体明知且明示同意后方可收集。收集个人敏感信息[②]，应当在获取时二次获得信息主体的明示同意。例外情形就是，如果个人征信与社会公益或者公共安全相关，或者个人信息来自公众渠道，则无须个人的同意便可以获取。

（2）查询、删改权

《征信业管理条例》第 25 条规定了信息主体的异议与征信机构的删除程序。因此，信息主体首先应该有查询自己的个人征信数据的权利。在查询过程中，如果发现个人信息控制人违法收集信息、违法使用、违法向第三方共享或转让信息或公开披露信息的，有权要求信息控制人或第三方及时删除，而且这种权利不因数据收集的时限而丧失。如果信息主体在查询时有需要，第三方应当向公众提供便利以反映其个人征信数据等个人信息是否存在被违法披露等事项。

---

① 参见《十三届全国人大常委会立法规划》，载中国人大网：http://www.npc.gov.cn/npc/xinwen/2018-09/10/content_2061041.htm，2019 年 10 月 21 日最后访问。

② 根据 2020《标准》第 3.2 条，个人敏感信息包括身份证件号码、个人生物识别信息、银行账号、通信记录和内容、财产信息、征信信息、行踪轨迹、住宿信息、健康生理信息、交易信息、14 岁以下（含）儿童的个人信息等。

2. 信息使用者的义务

(1)最小化、匿名化与去标识化

《网络安全法》第41条[①]已经对信息使用者收集个人数据进行了原则性的规定,但是现实是各种手机APP在获取个人数据时会采取"多多益善"的方式,而这种方式也就必然导致数据的滥用和对公民个人信息的侵犯。因此应当要求第三方收集的个人信息应当与产品具有直接关联、自动采集的信息应当符合必需的最低频率、间接获得的个人信息应当符合必需的最少数量要求,并且信息保存期应当是必需的最短时间,而不能将数据进行沉淀。超出必要保存期限的个人信息应当删除或做匿名化处理,要保证数据无法恢复。而且对于数据库的使用权限、下载权限,管理人员都应当设置严格的规定,以保证个人征信数据的安全。

(2)不得转提供

信息使用者应当按照与个人信息主体约定的用途使用个人信息,不得用作约定以外的用途,不得未经个人信息主体同意向第三方提供。转提供必须征得信息主体的明确书面授权,除非这些数据经过匿名化处理,无法恢复也无法追溯到公民个人。如果信息使用者在未经授权的情况下将数据提供给他人,则应当被追究刑事和民事责任。

(三)健全个人征信主体的救济体系

在我国,公民个人信息被侵犯的案件,一般涉及的都是侵犯公民个人信息罪,行政和民事的判例较少。一方面,作为一种可能是未然形态的侵权,即便是发现个人信息被侵犯,在没有直接损失的情况下很难实现维权,而且实际投入和获得的赔偿之间差距巨大。另一方面,现实中公民个人征信数据被侵犯的现象又十分普遍,被侵犯的公民个人信息肆意扩散,导致其他犯罪的滋生。如何在公共利益和个人权利之间做好平衡就十分重要。笔者认为,类似这种第三方侵犯公民个人征信数据的案件,其实可以考虑由检察机关进行公益诉讼。2017年12月,江苏省消费者保护委员会起诉北京百度网讯科技有限公司消费民事

① 根据第41条,网络运营者收集、使用个人信息时应当遵循合法、正当、必要原则,对与其提供的服务无关的个人信息禁止收集。

公益诉讼一案[①],原告代表消费者就个人信息安全被侵害提起公益诉讼。该案最后以百度公司修改规则,原告撤回起诉而结案。因此,建立完善的权利救济程序,在实体法中对于如何赔偿进行明确的规定,才能够使公益诉讼真正发挥作用,从而保护公民个人的征信信息安全,促进征信业的健康发展。

(四)运用区块链技术构建个人征信数据共享模式

区块链具有去中心化、公开透明、不可篡改及可溯源性的特点,而上述特征也正回应了个人征信数据共享中的需要。在个人征信数据中加入区块链技术,就可以通过运用分布式共识、数据加密、时间戳和经济激励等方式,在各节点无须互相信任的分布式系统中实现基于去中心化的点对点交易、协作和同步。[②]这可以有效地破解现实中存在的各数据源之间相互孤立的情况,从而拓展数据的来源、覆盖的人群比例和数量。同时,点对点传输能够简化业务流程,解决中心数据库因为庞大数据导致的效率低下、数据存储成本高昂、安全系数差的问题。而区块链的不可篡改、可溯源性会激励人们在实施各种社会活动时时刻注意自己的征信影响。而且相关数据的共享有了区块链技术的加密就无法篡改,对信息进行匿名化处理后可以很好地防止数据被信息使用者随意转让。即便是有未经授权的交换行为也可以进行溯源,从而保证个人征信数据的可靠性、安全性。

结　语

征信系统作为现代人的"经济身份证",是互联网高速发展的今天所必需的,而征信数据产业也必须从传统模式向区块链和大数据应用等前沿科技方向探索和发展。在当前普惠金融和数字经济发展的大潮下,个人征信数据的收集和使用必然有一个逐步走向规范的过程。因此,需要学界和实务界不断探索和研究。

---

① 详见江苏省南京市中级人民法院(2018)苏01民初1号民事裁定。

② See Anjum A et al. "Blockchain Standards for Compliance and Trust", *IEEE Cloud Computing* 4, 2017, pp. 84 – 90.

平台二选一与限定交易的排异与融合

伍富坤*

摘　要：平台二选一难以契合现有法律概念，与《反垄断法》中限定交易之间的关系着实"暧昧"。传统的相关市场界定、市场支配地位的认定方法实难适应双边平台的特点，亟须根据双边市场的特征加以改造。符合限定交易的平台二选一要毫不留情地进行查处。鉴于《反垄断法》修订尚处论证阶段，滥用相对市场优势地位能否最终纳入尚未可知。因此，对于不符合限定交易的平台二选一情形，从实用主义立场出发，应寻求《电子商务法》第35条确立的滥用相对优势地位的救济。

关键词：平台二选一　限定交易　相关市场　市场支配地位　相对优势地位

随着电子商务的兴起，电商平台实力壮大，近年来时有发生平台二选一的情形，但平台二选一的含义究竟是什么？与相对交易的关系是什么？由于平台经济、互联网平台所具有的独特性，一般的相关市场界定方法、市场支配地位认定方法能否适用？此外，《电子商务法》第35条与《反垄断法》之间的关系同样值得重视。2017年11月27日，国务院印发的《关于深化"互联网+先进制造业"发展工业互联网的指导意见》①无疑释放了一个重要的信号——促进互联网产业健康发展。但是，一些电商平台实行的平台二选一却损害了消费者、平台内

---

* 伍富坤，四川宜宾人，武汉大学法学院硕士研究生，研究方向为知识产权与竞争法。

① 《关于深化"互联网+先进制造业"发展工业互联网的指导意见》，载中华人民共和国中央人民政府网：http://www.gov.cn/xinwen/2017-11/27/content_5242603.htm，2019年4月13日最后访问。

经营者以及竞争者的合法利益。与此同时,破坏了竞争秩序,社会公共利益将最终受损。互联网平台经济的特殊性使平台二选一与《反垄断法》之间表现出排异现象。因此,构建一套融合现代互联网平台特征的反垄断法思维至关重要。

一、概念界定与属性分析

(一)行为内涵

严格来讲,平台二选一并非一个法律概念,不具备法律上的内涵与意义。准确把握平台二选一的概念,必须从"平台""二""一"这三个维度进行整体把握。首先,"平台"特指提供商品或服务的互联网电商平台,"一般由互联网企业的基础产品或核心产品建立一个良好的用户基础,以此吸引其他'边'的用户群,逐渐形成多样化、多层次不同于传统的双边交易市场。"①其次,"二"也并非表明平台内经营者只有两个选择交易对象,实际上这里的"二"泛指两个及以上的多个潜在的交易对象。最后,此处的"一"指只能选择一个交易对象,而不得再与其他交易对象之间再行交易。综上所述,平台二选一是指:"当平台内经营者存在多个交易对象时,互联网平台经营者要求平台内经营者只能与自己交易,而不得同时与多方进行交易。"从本质上讲,平台二选一是锁定平台内经营者,并排斥其他同行业竞争者的行为。

需要注意的是,平台二选一与反垄断法中限定交易之间不同。限定交易,是指具有市场支配地位的经营者利用其优势,限定他人按照自己的意愿进行交易,排斥其他经营者公平竞争的行为。② 限定交易与二选一行为具有高度的重合性,但也有不同,主要表现在:第一,主体资格要求不同。平台二选一的实施主体不要求具备市场支配地位③,而限定交易的主体必须具备市场支配地位,如果不具有市场支配地位,《反垄断法》则不具有适用的空间。第二,平台二选一范围更广。鉴于限定交易对行为主体有严格的资格限制,因此在逻辑上,电商平台中对平台内经营者实施的符合限定交易构成要件的行为一定是平台二选一,反之则不行,即限定交易是平台二选一的充分条件。

---

① 孙晋、钟瑛嫦:《互联网平台型产业相关产品市场界定新解》,载《现代法学》2015 年第 6 期。

② 参见王先林:《竞争法学》,中国人民大学出版社 2018 年版,第 254 页。

③ 市场支配地位是指经营者的一种市场状态,一般是指经营者在特定市场上所具有的某种程度的支配或控制力量。一般可以推定市场份额占市场二分之一以上的企业具有市场支配地位。

（二）行为特征

1. 实施主体多样性。互联网中规模迥异的平台在利益的驱使下往往均积极追求二选一的行为。以网购平台实施二选一行为为例，其中的主体，既包括淘宝这样的行业巨头，还包括了京东这样的极富竞争力的平台，甚至还包括拼多多这样的行业新秀，由此可见实施主体具有多样性。

2. 行为多具强制性。作为平台内经营者，从追求利益最大化的角度出发，其能进入的市场越多，所能获取的交易机会也就越多，因此一般不具有主动追求二选一行为的动机与目的。以外卖平台上的卖家为例，一个平台的受众总是有限的，为最大限度增加交易机会、扩大交易范围，通常卖家会入驻多个外卖平台开展经营活动。除非出现特殊情形，否则卖家不会选择给自己"戴上镣铐"，而多是被迫接受平台的限制。

3. 行为具有时效性。二选一行为多在短期内集中爆发，然后市场迅速恢复正常状态，表现出极强的时效性。以网购平台实施的二选一行为为例，各大平台实施该行为主要集中在各大网络购物狂欢节，主要目的包括但不限于提高平台影响力，获得市场优势，最终增加盈利可能性。

4. 行为本质是锁定。平台通过实施二选一行为，首先将平台内经营者锁定在平台内；其次通过用户粘性，将消费者锁定在平台之上。因此，平台二选一的动机在于将双边平台市场中的消费者与平台内经营者锁定在平台之上，进而增加其市场控制能力，达到增强盈利能力的效果。

（三）价值衡量及属性判定

平台二选一行为的性质不能一概而论，盲目地"一刀切"。唯有在对其行为进行整体、系统考量之后，得出的判断才具有说服力。平台二选一兼具正负效益。

1. 行为正效应

首先，扩大平台影响力，降低交易成本，提升整体效率。互联网背景下，用户对平台具有很强的用户粘性，"在存在用户锁定效应的情况下，互联网企业总是千方百计地扩大自己的网络规模从而强化锁定效应"。① 另外，鉴于有的平台内经营者的所提供的品牌往往会吸引并牢牢"控制"消费者，如果平台之间的替

① 叶明：《互联网行业市场支配地位的认定困境及其破解路径》，载《法商研究》2014 年第 1 期。

代性明显，并且存在其他更优平台，则可能导致一部分消费者随商家的转移而转移，从而间接地扩大了更优平台的影响力。由于电商平台存在“边际成本为零”的特征，①平台的使用客户越多，其远期盈利能力也就越强。

其次，提升平台内经营者忠诚度，增强平台竞争力。当平台经营者以“利诱”方式进行二选一时，不排除部分平台内经营者为追求短期的经济效益与之进行合作的可能性，该行为反过来又增强了平台的竞争力。② 假设，某外卖运营平台对愿意与其进行“独家合作”的卖家实行“忠诚折扣”。具体而言，如果卖家仅与其合作，平台将降低平台抽取利润的比例或增加平台补贴力度，进而诱使更多的卖家入驻。如此不排除一些商家会转而寻求此种合作的可能，至少这种忠诚折扣对于业绩较差的卖家极具诱惑力。与此同时，这些“忠诚”卖家又将增强平台同其他平台之间的竞争力，至少将增加平台竞争的信心。

最后，改善商品售后服务，增加消费者福利。对于选择接受二选一行为的平台内经营者，即增强了平台对平台内经营者的监管能力，也在一定程度上将有利于平台内经营者集中力量解决售后问题。由于消费者反馈的售后信息将是集中到唯一的平台，再由平台集中提供，缩减了在多个平台之间切换造成的时间损耗，加上有力的平台监管，将使平台内经营者投入更多的精力以处理消费者权益问题。此外，假设平台二选一协议中设置了担保条款以吸引卖家选择平台，那么消费者的利益则能得到更好的保障。③ 由庞大的平台作为后盾，即便卖家不承担责任，消费者的利益仍然能得到有效保护。

2. 行为负效应

首先，扰乱正常的市场交易、竞争秩序，最终损害社会福祉。一个公平、开放、有序的市场竞争环境，对于作为新兴产业的互联网产业的发展可谓至关重要，对增进社会整体福祉无疑具有重要影响。相反，缺乏竞争力的市场将会扰乱正常的市场交易、竞争秩序，最终将损害社会创新动力，减损社会公共利益。当前的互联网市场中，行业巨头实施的限制竞争行为频发，平台二选一即为典

---

① 参见叶秀敏：《平台经济的特点分析》，载《河北师范大学学报（哲学社会科学版）》2016 年第 2 期。

② 参见古红梅：《纵向限制竞争的反垄断法规制》，法律出版社 2011 年版，第 106 页。

③ 例如，1994 年，德国格鲁恩迪克公司设定的普遍担保义务对于消费者而言无疑具有积极效应。参见王晓晔：《王晓晔论反垄断法》，社会科学文献出版社 2010 年版，第 143 页。

型。对于新兴的互联网平台而言,往往面临规模较小、影响力低、用户人数增长缓慢、网络流量不足等困境,平台二选一将加剧新兴互联网平台的窘境。对于行业巨头来说,其一举一动势必将对整个市场产生重大影响。其实施二选一的行为,将减少其他平台的交易机会,小微平台想要与之竞争需要比互联网巨头更多的成本,最终形成市场壁垒。缺乏规范性的平台二选一损害了健康的市场竞争秩序,甚至抑制了市场竞争,毫无疑问是对社会公共利益的损害。

其次,损害平台内经营者和消费者的利益。平台二选一行为对平台内经营者的利益影响最为直接。绝大部分平台内经营者并不会主动追求二选一行为,往往是被动接受。平台二选一行为将使平台内经营者交易的场所减少,随之而来的便是潜在交易机会的丧失,即便可能存在某些弥补措施,但都是短期效应,平台内经营者的利益终将受损。对于消费者,平台二选一行为无疑侵犯了消费者的自主选择权。消费者以往可以在不同平台之间根据意愿自由抉择,但是二选一行为加上消费者在互联网时代的用户黏性,以及电商平台之间的替代性明显,消费者为了能够获得同样的消费体验,将被迫转向其他平台,最终权益受到侵害。

最后,损害竞争对手的利益。平台二选一在增加自己交易机会、提升自身盈利能力的同时,势必减少竞争者的交易机会,削弱其盈利能力,因为市场总量在一定时期内总是恒定的,在竞争者之间此消彼长。具有市场支配地位的电商平台滥用市场支配地位或相对优势地位,实施排除、限制竞争的二选一行为,对市场而言,将使相关市场处于低竞争状态,竞争的作用将无法显现,最终可能会抑制其他市场竞争主体的创新动力,[①]减损竞争者的利益。

3. 行为属性判定

检视二选一行为带来的正负效益,尽管平台二选一有利于形成规模经济、能在一定程度增进消费者福祉、形成短期正效应,但是长远来看该行为不仅对消费者的利益造成极大的损害,还将损害平台内经营者的利益,打击其积极性,而且将不利于整个互联网产业的发展,损害社会公共利益。一般认为,平台二选一行为具有违法性,涉嫌违反《反垄断法》[②]及其他法律。实践中平台二选一

---

① 参见叶明:《互联网企业独家交易行为的反垄断法分析》,载《现代法学》2014 年第 4 期。

② 参见焦海涛:《"二选一"行为的反垄断法分析》,载《财经法学》2018 年第 5 期。

的类型多样，性质各异，包括但不限于：强制性与非强制性的二选一；具有市场支配地位与具有相对优势地位的二选一。不同类型背后的构造形态差异巨大，其性质也有所差异。对平台二选一的法律态度不应做出“有罪推定”，需要经过严谨的论证、分析。

二、平台二选一难以完全契合限定交易

近年来平台二选一频发，愈演愈烈的趋势绝非偶然，在法律层面缺乏相应制度安排也是其诱因。平台二选一与限定交易存在不同已如前述，以下具体分析二者“排异”之处。

（一）逻辑起点：相关市场界定障碍

相关市场的界定并不是反垄断法中的一项独立制度，但是它却是建立反垄断法各主要制度的基础，更是反垄断法实施中的一个重要问题。[①] 相关市场界定的宽严影响着反垄断执法与司法的尺度，而其界定又极具弹性。与此同时，互联网平台市场作为双边市场具有其特性，传统界定方式的直接“移植”会导致排异现象。

1. 互联网双边市场下，主体增加的同时也增加了相关市场界定的难度。相较于传统的单边市场下单一的市场主体，互联网平台中存在两个市场主体。市场主体的增加也使相关市场的范围较之于传统单边市场更加广，并且互联网市场界定遵循个案分析的原则，无疑使原本就模糊的相关市场范围更加令人捉摸不定。[②]

2. 互联网产品的免费特性弱化了用户对价格的敏感程度。互联网市场中存在的交叉网络外部性往往会诱使平台针对不同的主体实行不同的定价策略。作为消费者的平台用户往往能得到免费使用互联网产品的机会，这明显与传统的单边市场下的交易类型无法契合。在两种情形下 SSNIP 测试法（Small but Significarlt and Nontransitory Increase in Price Test，又称假定垄断者测试法）都无法直接适用：第一种是互联网平台之间针对普通用户一概免费使用；第二种则是平台突然收费。值得注意的是后一种情形基于用户习惯的影响，用户的敏

---

① 参见王先林：《论反垄断法实施中的相关市场界定》，载《法律科学（西北政法大学学报）》2008 年第 1 期。

② 参见王晓晔：《论相关市场界定在滥用行为案件中的地位和作用》，载《现代法学》2018 年第 3 期。

感性将更高，出现转移的可能性更大。而 SSNIP 作为普遍采用的一种界定相关市场的测试方法有其自身的预设前提——消费者对于产品价格变化极其敏感，但是互联网产品的免费获得性无疑使 SSNIP 的分析前提不复存在，SSNIP 也就难以直接在平台经济中直接适用。①

3. 用户锁定效应消解了 SSNIP 的适用可能性。交叉网络效应的影响使平台对广大消费者产生了“锁定”效应，此时消费者的转移成本较高。② 基于消费者的个人使用习惯，转移平台中需要花费的成本，主要是适应所消耗的时间成本，除非新的互联网产品具有绝对的优势，否则消费者基于“理性经济人”不会转而选择其他可替代的互联网产品。在不考虑价格因素的情况下，消费者的转移意愿在此种情形下收到抑制，采用 SSNIP 测试法得出的结果将不那么令人信服。

（二）前置要件：市场支配地位认定障碍

1. 市场结构标准遭受质疑与挑战。从世界各国的反垄断法的执法、司法实践来看，市场结构理论是最普遍适用的分析方法，我国自然也不例外。行为主体市场份额通常左右执法、司法的结果。但是，越来越多的实践证明了，市场份额的作用有所弱化，而经营者控制市场的能力的作用受到更多的青睐。③ 与此同时，“在互联网市场中，由于特殊的‘免费’经营模式，市场份额的计算方法受到了挑战”。④ 电商平台向消费者提供免费的商品，在此情形下因为公式中的因素含有“零”，因此难以计算出该电商平台的市场占有率，市场结构标准得出的结论自然难称合理。

2. 交叉地带缺乏理论支撑。限定交易条款存在前置要件，即行为实施主体需具备市场支配地位。然而，实践中平台二选一的实施主体之间差异巨大，有

① 参见王晓晔：《论相关市场界定在滥用行为案件中的地位和作用》，载《现代法学》2018 年第 3 期；李剑：《双边市场下的反垄断法相关市场界定——“百度案”中的法与经济学》，载《法商研究》2010 年第 5 期；吕明瑜：《网络产业中市场支配地位认定面临的新问题》，载《政法论丛》2011 年第 5 期。

② 参见蒋岩波：《互联网产业中相关市场界定的司法困境与出路——基于双边市场条件》，载《法学家》2012 年第 6 期。

③ 参见刘贵祥：《滥用市场支配地位理论的司法考量》，载《中国法学》2016 年第 5 期。

④ 胡丽：《互联网企业市场支配地位认定的理论反思与制度重构》，载《现代法学》2013 年第 2 期。市场份额的计算方法：在某一时间，某一产品的销售金额或销售数量除以同类产品市场销售总金额或销售总数量再乘以百分之百。

的是行业巨头，而有的只是行业新秀。即便忽略前述逻辑起点中存在的障碍，对于平台二选一的规制路径仍不明朗。例如，对于那些不具备市场支配地位的电商平台实施的具有明显排除、限制竞争效果的二选一行为，由于我国竞争法立法模式采取分别立法的方式，而且此次《反不正当竞争法》修订又完成了与《反垄断法》之间完全的切割，[①]如何规制仍就令人费解。

此外，我国《反垄断法》第 19 条列举了可以推定具有市场支配地位的情形，"可以推定"意味着也可以不推定，蕴含赋予裁量权之意味。因此对于二选一情形下实施主体是否具备市场支配地位仍应按照合理原则的要求，全面、具体、综合分析，不能仅考虑市场份额，还需重点考虑互联网平台本身所具有的特殊性。具体来说，对于即便市场份额符合《反垄断法》第 19 条第 1 款第 1 项[②]的电商平台实施的二选一行为也应当审慎对待，综合考量。

三、平台二选一的《反垄断法》规制进路

（一）限定交易规制路径重构

1. 改进相关市场界定方法

针对平台二选一下平台的双边市场特性，传统的市场界定显得有些"陈旧"，无法体现出行业的特征，因此需要改进传统的界定方式。

第一，改进替代性分析法。传统的替代性分析主要以消费者为观察对象，但是在平台二选一的情形下，平台为终端的消费者提供的是一种免费的服务，平台无法直接从消费者处获利，所以从消费者角度分析得出的结果难以令人信服。因此，在对平台二选一的相关市场界定时不妨"以利润来源边市场为界定相关市场的主要依据"，[③]此时将重心转移到对平台内经营者的考察上，从平台内经营者的角度检讨不同平台之间的替代性问题。例如，对于淘宝与美团之间是否同处一个市场，对于平台内经营者而言，很难说两者之间具有高度的替代性，因此，也就不能将二者界定为一个市场。

第二，改良 SSNIP。针对电商平台的双边市场属性，在运用 SSNIP 的时候，也要针对不同的主体分别采取不同的策略。而且对于电商平台而言，其盈利方

---

① 参见宁立志：《〈反不正当竞争法〉修改的得与失》，载《法商研究》2018 年第 4 期。

② 一个经营者在相关市场的市场份额达到二分之一的。

③ 蒋岩波：《互联网产业中相关市场界定的司法困境与出路——基于双边市场条件》，载《法学家》2012 年第 6 期。

式主要通过收取佣金，提成来实现，而非通过广告实现。所以，针对消费者而言，互联网产品的免费获得性，使小幅或暂时的涨价都可能出现消费者转向其他平台的可能性，因此从消费者角度界定相关市场可适度降低比率。例如，针对付费会员用户，涨价的幅度仍按照传统的5% ~10%，而针对免费的普通用户，以涨幅达到会员收费的50%为标准。对于平台内经营者，平台实际上对其实行收费策略，因此可以沿用传统的5% ~10%的标准。[①] 最后将两者的二者结果合并即能得出最终的结果。

2. 弱化市场结构标准，综合行为任意性与行为结果两因素

就我国现目前的电商市场来看，如果按照市场结构标准认定市场支配地位，结果将是平台二选一难以得到《反垄断法》的规制。例如，就网购平台而言，仅淘宝的市场份额超过了50%[②]可以推定为具有市场支配地位，限定交易有规制的空间，但仍不确定。因此市场结构标准需要做出变化。

第一，弱化市场份额的作用。在平台二选一的执法中，应当相对弱化市场份额的作用。例如，对于被举报的美团实施平台二选一的行为，不能仅因为它的市场份额较大，就直接认定其构成限定交易。要对其进行查处，应当谨慎，经过严密的论证，综合考量多种因素。值得注意的是，最新的《反垄断法专家修改意见稿》（以下简称意见稿）第20条第3款第1项与现行的《反垄断法》第18条第1项之间的区别。根据意见稿第20条第3款第1项，“认定经营者具有市场支配地位，可以依据下列因素：（一）该经营者在相关市场内根据相关商品的销售金额、销售数量或者其他重要指标确定的市场份额”。[③] 意见稿中充分表达了市场份额应当得到弱化的意思。意见稿的“可以依据下列因素”替代了《反垄断法》中的“应当依据下列因素”，同样传递了弱化市场份额的意思。因此，对平台二选一实施主体的认定上，应当相应弱化市场份额的作用。

第二，判断电商平台在实施平台二选一行为时，是否不受其他外力因素的限制，其行为是否具有任意性。如果电商平台实施二选一行为具有任意性，不

---

① 参见李丹：《互联网企业市场支配地位的认定》，载《河北法学》2015年第7期。

② 参见《拼多多占据中国电商市场5.2%，排名第三！》，载百家号：https://baijiahao.baidu.com/s?id=1605842310487322766，2019年4月8日最后访问。

③ 参见《〈反垄断法〉及专家修改建议稿全文对比》，载竞争法微网公众号：https://mp.weixin.qq.com/s/wrs7kn-Ihs1ELk1C9THeYw，2019年6月1日最后访问。

必考虑其他因素的制约，可以表明其在相关市场内具有相当的市场支配力量，这也符合《反垄断法》第 18 条第 2 项的要求。

第三，判定平台二选一是否产生了或可能产生严重排除、限制竞争的效果。若平台二选一造成了反竞争效果，可以推定其具有市场支配地位，因为如果不具有一定市场支配地位，其行为难以产生反竞争的效果。

此外，结合互联网平台的特征，意见稿第 20 条第 3 款第 6 项规定了“该经营者拥有的用户数量以及用户对其商品的依赖程度”，这一判断因素对于认定电商平台是否具有市场支配地位极具启发意义。

对于确实具有市场支配地位的电商平台实施的平台二选一，并产生或可能产生严重排除、限制竞争的效果，但“如果其他利用市场支配地位的行为能够在实现自身利益的同时兼顾相关方的利益，也应当为不构成滥用市场支配地位的正当理由”。[①] 例如，网购平台在实施二选一行为的协议中增加了对消费者的普遍担保义务，更好维护了消费者权益，可以视为正当理由给予豁免。否则应当根据《反垄断法》第 17 条第 1 款第 4 项以及第 47 条对平台二选一进行规制。

（二）引入滥用相对市场优势地位

一般认为，相对优势地位是指市场中不具备独占市场地位的企业，在特殊情况下对于依赖其进行交易的相对人具有类似于垄断企业的一种支配性影响力，即该企业对于依赖其生存的企业具有“相对”的强势地位。[②] 2016 年的《反不正当竞争法（修订草案）送审稿》第 6 条[③]中曾有一条关于相对优势地位的规定，但在最终文本中该条被删去。不过这仍凸显出我国理论界对于该制度的认

① 肖江平：《滥用市场支配地位行为认定中的“正当理由”》，载《法商研究》2009 年第 5 期。

② 参见袁嘉、刘维俊：《互联网行业滥用相对优势地位规制研究——以“二选一”行为为视角》，载《价格理论与实践》2016 年第 5 期。

③ 《反不正当竞争法（修订草案）送审稿》第 6 条：经营者不得利用相对优势地位，实施下列不公平交易行为：（一）没有正当理由，限定交易相对方的交易对象；（二）没有正当理由，限定交易相对方购买其指定的商品；（三）没有正当理由，限定交易相对方与其他经营者的交易条件；（四）滥收费用或者不合理地要求交易相对方提供其他经济利益；（五）附加其他不合理的交易条件。本法所称的相对优势地位，是指在具体交易过程中，交易一方在资金、技术、市场准入、销售渠道、原材料采购等方面处于优势地位，交易相对方对该经营者具有依赖性，难以转向其他经营者。

识在加深,并引起立法者的关注。无独有偶,最新的意见稿第 23 条[①]也增加了滥用相对优势地位的规定。两次立法活动无疑表明滥用市场相对优势地位在我国的竞争法下是存在生存空间的。比较而言,"相对优势地位更加接近于反垄断法的内容,相对优势地位的执法过程有的时候也需要借鉴反垄断法的规定,与反垄断法联系更为密切"。[②] 根据台湾学者的观点,"有关相对优势地位的规范,实为对绝对优势地位规范之延伸,企图在该当事业纵使不具有市场独占或支配地位之情况下,对其滥用行为仍有所管制"。[③] 比较法上,德国法、日本法都将相对优势地位纳入《反不正当竞争法》中进行规制,《反不正当竞争法》的修法实现了两部法律之间的完全切割,实现了体系上的独立性,也为正在进行的《反垄断法》修改预留了创新空间。认定具有相对优势地位的关键在于交易双方具有不平等的地位,一方由于某种原因较另外一方存在优势,另一方不得不依附于一方。

在现今通行的市场结构标准下,完全可能出现所有实施二选一的平台都达不到《反垄断法》规定的滥用市场支配地位的"及格线",从而无法利用限定交易进行规制。而滥用相对优势地位同样会造成排除、限制竞争,最终损害公共利益,立法上应当给予回应。目前我国的两部竞争法实现了彻底的分割,但是分别立法带来了现实问题,即对于处在两者交叉领域的行为缺乏行之有效的规制依据。毫无疑问,电商平台相对于平台内经营者而言,处于相对的优势地位,平台内经营者想要获得更多的交易机会必须依赖于平台。如果具有相对优势地位的平台实施了不公平的二选一交易行为,那么依据相对优势条款可以进行有效的规制。意见稿为滥用相对优势地位正式引入《反垄断法》提供了一个充分论证的机遇,应当在小心求证、审慎论证的基础上应给予正面回应。

---

① 经营者不得利用相对优势地位,限定交易相对人选择交易对象、与其他经营者的交易条件、对交易相对人进行不合理的收费或者要求交易相对人提供其他经济利益,或者附加其他不合理的交易条件。具有相对优势地位的经营者从事前款行为,能够证明存在正当理由的,不予禁止。本法所称相对优势地位,是指在具体交易过程中,交易一方在资金、技术、市场准入、销售渠道、原材料采购等方面具有优势,交易相对方对该经营者具有依赖性,难以转向其他经营者的市场地位。

② 王晓晔:《论滥用"相对优势地位"的法律规制》,载《现代法学》2016 年第 5 期。

③ 黄铭杰:《相对优势地位滥用与公平交易法之规范》,载《台大法学论丛》2001 年第 5 期。

（三）从实用主义出发：适用《电子商务法》第 35 条

《电子商务法》作为一部行业特别法，自公布实施以来即受到极大关注。有消息称，二选一行为频发加速了《电子商务法》的出台。事实上《电子商务法》一开始就负担着保障互联网电商产业健康发展的重要使命。[①] 就《电子商务法》第 22 条、第 35 条与竞争法之间的关系，学者之间存在不同观点，笔者较为赞同"《电子商务法》第 22 条、第 35 条均指向竞争法"的观点。[②]

虽然作为竞争基本法的《反不正当竞争法》和《反垄断法》对于滥用相对优势地位都持审慎的态度，但是《电子商务法》第 35 条基于实用主义的立场，率先在"实质上确立了范围极度宽泛的对滥用相对优势地位行为的规制"[③]。《电子商务法》第 35 条条具有以下特征。

第一，打击范围有扩大之嫌。[④] 比较《电子商务法》关于相对优势地位的规定与意见稿或者学界的观点可以看出，《电子商务法》第 35 条确立的滥用相对优势地位范围较之于一般意义上的相对优势地位范围更广。原因在于《电子商务法》第 35 条并未要求交易相对方对电商平台需要具备依赖性，而在有关相对优势地位的论述中，无疑不强调"依赖性"之要件，[⑤]忽略依赖性要件有打击过大，不当授权之嫌。

第二，《反垄断法》关于滥用市场支配地位的规定在电子商务领域有被架空的现实风险。[⑥] 由于《反垄断法》关于滥用市场支配地位规定了严格的限制性要件，论证过程包含大量的经济学分析，因此如想要启用该条有相当大的难度。但是，《电子商务法》第 35 条关于相对优势地位的规定却相对简单、粗糙，适用

---

① 参见《电子商务法》第 1 条。

② 《法律专家热议电商平台"二选一"问题》，载搜狐网：http://www.sohu.com/a/302589066_241553，2019 年 4 月 13 日最后访问。

③ 朱理、曾友林：《电子商务法与竞争法的衔接：体系逻辑与执法展望》，载《中国社会科学院研究生院学报》2019 年第 2 期。

④ 朱理、曾友林：《电子商务法与竞争法的衔接：体系逻辑与执法展望》，载《中国社会科学院研究生院学报》2019 年第 2 期。

⑤ 参见王晓晔：《论滥用"相对优势地位"的法律规制》，载《现代法学》2016 年第 5 期；张昕：《企业滥用相对优势地位规制研究》，载《竞争政策研究》2016 年第 3 期；朱理：《滥用相对优势地位问题的法律规制——虚幻的敌人与真实的危险》，载《电子知识产权》2016 年第 6 期。

⑥ 朱理、曾友林：《电子商务法与竞争法的衔接：体系逻辑与执法展望》，载《中国社会科学院研究生院学报》2019 年第 2 期。

上也没有什么限制性条件，极易启动。由于滥用市场支配地位认定的高度技术性加之行政权天然就具有扩张性，如果《电子商务法》第35条不加限制地适用，将严重威胁甚至架空《反垄断法》在电子商务领域的地位。

第三，责任较轻。根据《电子商务法》第82条，电商平台滥用相对优势地位根据违法情节将被处于5万元到200万元不等的罚款，此《反垄断法》第47条规定的责任轻。

尽管质疑《电子商务法》第35条的声音不绝于耳，但是从实用主义立场出发，该条在处理平台二选一时仍具有相当大的优势与适用空间。首先，平台二选一的主体并非都满足反《反垄断法》的规制条件。由于滥用市场支配地位要求行为主体必须具备市场支配地位，因此很多不具备此地位但实施了排除、限制竞争的行为得不到《反垄断法》的规制，此时《电子商务法》第35条无疑是一种有益补充。其次，电子商务领域或者互联网行业有其特殊性。《电子商务法》第35条作为结合了电子商务领域的特殊竞争法，理应具有相当适用空间。最后，《电子商务法》第35条的执法、司法实践将为《反垄断法》最终是否引入滥用相对优势地位提供有力参考。"法律的生命在于经验而不在于逻辑"，[①]此前国内关于滥用相对优势地位的论述主要在于理论层面的探讨，缺乏实例的支撑。而《电子商务法》第35条的运用将为理论的发展提供更多的参考，也更加有利于正在进行的《反垄断法》修改。

（四）平台二选一规制的体系化构建

《反垄断法》和《电子商务法》之间，后者行业特色明显，而前者则更关注公共利益。因此，当行为发生竞合时，《电子商务法》应为行政执法之首选。

1.《电子商务法》作为行业监管法、竞争法的特殊法理应优先适。通过对《电子商务法》第82条和《反垄断法》第47条的对比，《电子商务法》责任范围更为明确，《反垄断法》责任范围更大、惩罚性更明显。同时，"互联网市场及竞争的特殊性使认定这一行业的市场支配地位滥用行为具有极大的不确定性，即

---

① Olive Wendell Holmes, Jr. Review of C. C. Langdell, "Summary of The Law of Contract", *American Law Review* 14, 1880.

便滥用行为表面成立,其可罚性往往也不如传统经济领域那样明显”。[①] 适用作为行业特殊法的《电子商务法》进行规制更迅速、更合理,但是对《电子商务法》确立的相对优势地位需进行严格解释,应当限缩《电子商务法》第 35 条的适用范围,避免行政权力滥用,过分干预市场,最终损害自由竞争。

2. 产业政策应受到重视。2017 年 11 月 27 日,国务院印发了《关于深化“互联网 + 先进制造业”发展工业互联网的指导意见》,意见中明确提到对于互联网平台要秉持审慎监管的态度。[②] 该指导意见,可以视作我国当前关于互联网平台的产业政策的佐证。过分地打击互联网平台的二选一行为与我国当前的产业政策要求不相符,因此执法、司法过程中对于尚未严重造成排除、限制竞争的平台二选一,《反垄断法》宜保持谦抑性,审慎适用《反垄断法》中的限定交易规定。

值得注意的是,审慎适用不等于不适用,对于经过严格论证分析的平台二选一,若确实符合限定交易的规定,不应当严守教条,应当毫不犹豫地选择限定交易规则进行规制。如此一来,才能保障《反垄断法》的权威性,创建更加开放、包容、竞争有序的市场环境。

结　语

平台二选一与限定交易之间有区别,同时具备一定一致性,这要求在法律适用时把握其间的差异,改造传统的分析框架,构建适应互联网平台的分析路径。《电子商务法》第 35 条不是洪水猛兽,恰恰相反,正因为现实催生了《电子商务法》中的相对优势地位条款。对此应当正确对待,审慎分析,谨慎论证,该条的实施效果对于正在进行的《反垄断法》修改将极具参考价值。

---

① 焦海涛:《论互联网行业反垄断执法的谦抑性——以市场支配地位滥用行为规制为中心》,载《交大法学》2013 年第 2 期。正如前文中分析的,互联网平台经济自身具有的平台复制成本趋近于零,且创造性破坏、互联网平台中垄断具有必然性的特征,决定了在执法中不能仅仅关注平台的市场份额,市场份额以外的因素也是考量的对象,因此执法中应当秉持谦抑性。

② 反垄断执法与竞争政策、产业政策密切相关,不同的产业政策导致的执法结果可能会存在差异,因而应当重视产业政策的地位。

论《电子商务法》中的“通知—声明”规则

张　玲*

摘　要:《电子商务法》首次在法律层面规定了声明条款,以往的“通知—删除”规则已不能完全涵盖其内容。本文创造性地提出“通知—采取措施”规则和“声明—终止措施”规则两个新概念,并将其合称为“通知—声明”规则,使之更符合法律规定。完善“通知—声明”规则,要重点关注以下几个问题:(1)合格通知的要件;(2)发出错误通知要的责任问题;(3)15日的等待期设置并不完全合理;(4)平台经营者的行政责任条款问题。本文在上述问题讨论的基础上尝试提出相关建议。

关键词:通知—声明　电子商务法　知识产权侵权　反通知

引　言

2019年1月1日,《中华人民共和国电子商务法》(以下简称《电子商务法》)开始实施。从该法可知,电子商务纠纷主要系电子商务平台经营者、消费者以及平台内经营者三大主体之间,在通过互联网等现代化信息网络数字技术平台销售各类商品、提供各类服务的过程中产生的纠纷。

网络购物产品责任纠纷、网络购物合同纠纷、网络服务合同纠纷这3类纠纷是杭州互联网法院的主要收案案由。杭州互联网法院于2017年8月18日成立,到2019年6月30日为止,一共受理4878件案件,其中包括2047件网络购物产品责任纠纷案件、1278件网络购物合同纠纷案件、1523件网络服务合同纠

* 张玲,浙江工商大学法学院硕士研究生,广东华商律师事务所实习律师。

纷案件。在同一时期,全院总共收案 20,442 件,而电商纠纷案件在全院同期收案数中的百分比达 23.71% 。①

由此可以看出,电子商务领域竞争激烈,侵权纠纷日益增多。为了更好解决电商环境下越发增多的知识产权侵权纠纷,《电子商务法》设置了"通知—声明"规则。我国《中华人民共和国侵权责任法》(以下简称《侵权责任法》)和《信息网络传播权保护条例》(以下简称《条例》)已经设置通知规则,在实践中维护了网络侵权中被侵权人和网络服务提供者的权益,也促进了纠纷的解决。但是《侵权责任法》却没有赋予侵权人进行辩护的权利,《条例》只保护著作权中的信息网络传播权,这既阻碍了网络服务提供者及时查明事实真相,也损害了公民的言论自由。理论界和实践界一直在讨论应该设置与通知权相对应的声明权,也称为反通知权。

《电子商务法》在《侵权责任法》及《条例》的基础上,吸收并完善了该规则。《电子商务法》第 42 ~45 条中设置的通知规则和声明规则主要涉及三方主体,即电子商务平台经营者、平台内经营者和知识产权权利人。《电子商务法》规定了平台经营者保护知识产权的义务、知识产权侵权中权利人的救济程序和平台内经营者的声明权利及处理程序。

但是,《电子商务法》中设置的"通知—声明"规则保护的范围依旧具有明显的局限性。虽然与《条例》相比,《电子商务法》中的"通知—声明"规则从著作权领域扩大到整个知识产权领域,但是根据体系解释,该规则不能适用于知识产权以外的领域。在知识产权以外的领域发生的网络侵权行为,目前应该适用《侵权责任法》第 36 条关于网络侵权责任的规定,该规定又被称为"通知—删除"规则,只规定了通知权而没有规定与之相应的声明权,对被投诉人的利益有所损害。本文通过研究《电子商务法》中的"通知—声明"规则,为《电子商务法》以后完善法律、设置司法解释和正在编纂的《民法典(草案)》网络侵权部分提供建议。因此,本文对加强"通知—声明"规则的适用研究、统一司法适用也具有重要的现实意义。

① 参见杜前等:《杭州互联网法院服务保障电子商务创新发展的实践》,载人民司法公众号:https://mp.weixin.qq.com/s/w_0TyKf_-sOwTohjnpDR7w,2019 年 10 月 10 日最后访问。

一、“通知—声明”规则的概述

在对“通知—声明”规则的具体应用进行研究之前，有必要对其本体进行研究。“通知—声明”规则包括“通知—采取措施”规则、“声明—终止措施”规则，主要规定于《电子商务法》第42条至第45条，是规范电子商务平台经营者作为中转媒介在知识产权纠纷中应对知识产权侵权投诉的规则。该条规则由《侵权责任法》第36条设置的“通知—删除”规则发展而来，按照法律规定的操作流程，也可以称其为通知—采取措施—声明—终止措施规则。

根据《电子商务法》的规定可知，“通知—声明”规则设定的主要标准操作流程如下。

第一部分：知识产权权利人发现侵权发出投诉通知——电子商务平台采取必要措施（删除、屏蔽、断开链接、终止交易和服务）——转通知给平台内经营者，即“通知—采取措施”规则。

第二部分：平台内经营者在收到平台经营者发出的转通知之后，可以根据法律规定进行应对。平台内经营者接获转通知—提交不侵权声明—平台经营者转通知权利人—经过15日选择期（权利人未投诉或起诉）—平台经营者终止采取的必要措施（恢复），即“声明－终止措施”规则。

违反该标准操作流程的对应主体，则要承担相应的法律责任。平台可以在法律规定范围内予以适当补充。根据上文所述，“通知—声明”规则应该分为两部分，通知—取下—转通知，即“通知—采取措施”规则；声明—转通知—恢复，即“声明—终止措施”规则。除这两部分之外，法律还规定了“红旗”规则，也应当属于“通知—声明”规则的一部分。“通知—声明”规则完整流程可见图1。

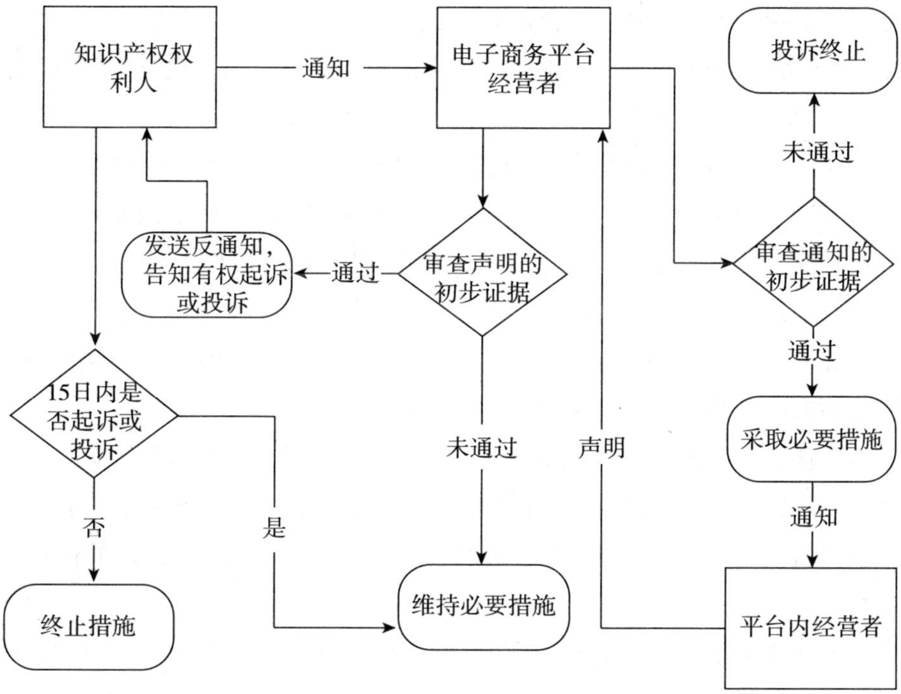

图1 《电子商务法》"通知—声明"规则流程

二、"通知—采取措施"规则

"通知—声明"规则主要内容规定于《条例》《侵权责任法》《电子商务法》《民法典(草案)》四个法律法规中,《电子商务法》中的"通知—声明"规则主要是指第42条至第45条规定的知识产权保护治理措施,对全部知识产权领域均依法适用。

"通知—采取措施"规则系"通知—声明"规则的上半部分,主要存在于《电子商务法》第42条中。

(一)关于合格通知的认定

关于合格通知的认定,本文认为可以将合格通知的要件分为法定适格和约定适格。法定适格为最低的底线,即有初步证据证明侵权行为的发生即可。约定适格系指合格通知要件可以由平台自己设定。但平台不得以通知者发出的通知不符合平台设定的要件为由进行抗辩。

学者们对合格通知的要求具有不同的主张。何琼法官主张从整体利益最大化的角度分析无须严格要求合格通知。其中从证明标准的角度应当将“初步证据”理解为:通知人提供的证据可以初步证明侵权行为的存在,侵权的可能性至少应为50%。[①] 吴旭华主张在实务中可以通过提高初步证据的门槛,投诉双方都应提供充分的证据证明侵权行为是否存在,以达到利于双方的抗辩的目的。[②] 泛亚公司诉百度的案件中,法院认为合格通知应有具体的网站链接,并且该链接应能具体指向侵权作品。[③] 而洪婧则主张设置不同的合格通知标准。在著作权侵权纠纷中,因为该平台可以简单地搜索涉嫌侵权产品的名称,找到与其相对应的侵权内容,可以设置较低的标准。而在商标和专利侵权纠纷中,则需要权利人提供被诉侵权商品的具体网络地址。[④]

本文认为可以将合格通知的要件分为法定适格和约定适格。法定适格为最低的底线,即有初步证据证明有侵权行为的发生即可。因为网络具有海量信息,要求知识产权权利人提供每一个侵权的具体链接网址在实践上并不具有可操作性。

约定适格系指合格通知要件可以由平台自己设定,比如《京东维权处理规则》要求证明投诉人资格,提交权属证明、投诉链接、侵权情形的初步证据,勾选“投诉人承诺”等。[⑤] 知识产权人向平台经营者发出通知是实现知识产权保护措施的第一个步骤,与法定适格中合格通知的要求相比,约定适格中合格通知的要求可以更加地明确和细致。但是,只要知识产权权利人发出的通知与法定的最低要求相符合,平台经营者就有义务采取必要的措施,而不得以通知者发出的通知与平台设置的标准不符作为抗辩理由。

(二)发出错误通知的责任问题

何琼法官指出,目前“通知—声明”规则应用中最突出的问题系错误和恶意

---

① 参见何琼、吕璐:《“通知－删除”规则在专利领域的适用困境——兼论〈侵权责任法〉第36条的弥补与完善》,载《电子知识产权》2016年第5期。

② 参见浙江省高级人民法院:《第一期“浙知沙龙”综述》,载浙江法院新闻网:http://www.zjcourt.cn/art/2019/8/6/art_78 _16836.html,2019年8月16日最后访问。

③ 参见最高人民法院(2009)民三终字第2号判决书。

④ 参见浙江省宁波市中级人民法院课题组:《“通知—删除”规则的区别适用》,载《人民司法(应用)》2018年第4期。

⑤ 参见《京东维权处理规则》,载京东:http://ipr.jd.com//user/user_register,2019年8月16日最后访问。

通知的频繁发生，导致规则运行成本高，利益严重失衡。阿里巴巴法务王丽娜也表示恶意投诉泛滥使知识产权保护工具化。[①]《电子商务法》第42条，也就是“通知—采取措施”规则规定了知识产权权利人和平台经营者的权利、义务和责任，如果违背了法律规定的义务，则应当承当相应的责任。此处的责任主要可以分为知识产权权利人的责任和电子商务平台经营者的责任。其中，权利人又因为其主观心态的不同可以分为一般错误通知的责任和恶意错误通知的责任，由于主观恶意的不同，发出通知者所要承担的责任也不同。因此，厘清发出错误通知的责任问题具有非常重要的现实意义。

1. 恶意错误通知的责任

《电子商务法》在此次的“通知—声明”规则中增制了更严厉的恶意通知制度，对知识产权保护起到了更好的震慑作用。2019年1月1日《电子商务法》开始实施后，在2019年1月24日，杭州铁路运输法院在线宣判了国内首例因恶意发出错误通知导致平台内经营者蒙受巨大损失，依法承担赔偿责任的案件。[②]张延来认为虽然法律中关于恶意投诉的加倍赔偿条款对被投诉的商家更有利，但在实践中，由于举证困难，商家往往难以证明投诉人恶意投诉的意图，致使大部分的商家最终选择放弃了加倍赔偿。因此，希望司法机关能够通过调研报告或判例来指导和解决这一问题。[③]《民法典(草案)》规定了错误通知的责任，但是未规定恶意通知的责任。虽然恶意通知制度尚存在一些不足，但是对《民法典》而言有很好的借鉴意义。本文将对恶意通知制度进行探讨，以便为《民法典》提供借鉴。

2. 赔偿标准不确定

对于恶意通知的规定，虽然看似系加重了侵权人的责任，但是赔偿标准的不确定，使之也是形同虚设。因此，有学者提出罚款金额应具有详细的裁量标准。[④]

---

① 参见赵旭东主编：《中华人民共和国电子商务法释义与原理》，中国法制出版社2018年版，第284页。

② 参见杭州铁路运输法院(2018)浙8601民初868号判决书。

③ 参见张延来：《法眼电商》，法律出版社2019年版，第142页。

④ 参见浙江省高级人民法院：《第一期“浙知沙龙”综述》，载浙江法院新闻网：http://www.zjcourt.cn/art/2019/8/6/art_78_16836.html，2019年8月16日最后访问。

我国目前的法律规定的标准也各不相同。[①] 惩罚性赔偿的特征之一是不以实际损失为限，而且，平台内经营者平时的收入和电商节大促时的收入有很大的差距，所以《电子商务法》中的“通知—声明”规则中的惩罚性赔偿损失的标准还有待法律加以确定。

本文认为在对知识产权损害进行定损赔偿时，要从两个方面进行考证。首先是要遵从市场价值规则，在其规则之下真实且准确地对被损害的知识产权的价值进行定损。其次要明确侵犯知识产权的主体、客体以及其行为涉及的各种客观条件和因素，对其进行全面的分析与评估。只有从多方面综合全面地进行考证，并按照规范行使自由裁量权，这样才能够确定知识产权损害的合理且真实的赔偿额度。

在实践中，杭州互联网法院在杭州富阳某纸业有限公司和某纸业集团有限公司商标权纠纷案中，采取了“严格保护知名品牌，对恶意侵权者从高认定赔偿数额”的观点。[②] 电子商务本身依靠虚拟在线平台进行商务交易，具有虚拟化、跨区域等特征，使知识产权侵权的危害程度以空前的速度倍增。但由于平台的监管作用，平台上的每笔交易都被存储，每笔交易都可有迹可查。[③] 即使很难确定权利人的实际损失，计算侵权人的所得利益也会比较容易，所以也可以侵权人的所得利益来确定赔偿的标准。

3. 关于认定“恶意”的标准

关于认定“恶意”的标准，有学者主张应以客观标准为依据，即采用诉讼或仲裁的最终结果作为评判依据。[④] 针对错误通知时造成的损害，应根据具体情况来具体判断其赔偿责任。因为通知方的主观恶意或者过错是不尽相同的，因此将过错认定为推定过错有利于判断。即如果诉讼或仲裁最终认定不成立侵

---

① 《消费者权益保护法》第 55 条第 1 款实质上系针对经营者违约行为的惩罚性损害赔偿的规定，要求为价款的 3 倍。第 2 款实质上系关于人身损害赔偿的惩罚性赔偿，要求为所受损失的 2 倍以下。在《侵权责任法》第 47 条产品责任中也有惩罚性赔偿的规定，但是未规定赔偿条款细则。在最高人民法院《关于审理商品房买卖合同纠纷案件适用法律若干问题的解释》第 8 条、第 9 条、第 14 条规定中采用的方案是双倍惩罚性赔偿。

② 参见杭州互联网法院(2018)浙 8601 民初 1188 号判决书。

③ 参见纪萌萌:《电子商务知识产权侵权行为构成要件及责任承担》，载《法制与经济》2017 年第 1 期。

④ 参见浙江省高级人民法院:《第一期“浙知沙龙”综述》，载浙江法院新闻网:http://www.zjcourt.cn/art/2019/8/6/art_78_16836.html，2019 年 8 月 16 日最后访问。

权,则反推举报人有过错。但是,恶意意图很难仅从结果中确定,需要结合案件涉及的因素综合判断。因举报人恶意通知造成的损失,应当加重赔偿。

对于“恶意”这一主观要件如何客观评价,本文认为可以参考其他法律对于主观过错认定的方式,即以行为判定相关责任人的主观状态。例如,从证据材料收集的时间、侵权行为可能被发现的时间与通知时间之间的间隔来考虑,或者对于一些特殊时间节点(如“双十一”)进行举证责任倒置的规定,即特殊时间点进行通知造成损害的,推定其存在恶意等。

此外,有学者建议在《电子商务法》进一步完善的情况下,将恶意投诉纳入行政监督范围。[①] 这个建议比较贴近《电子商务法》第 84 条设置的行政责任。本文在第三部分有关于行政责任的论述,但是该行政责任针对的主体系平台经营者。如果将恶意通知者也纳入行政处罚的范围,将有助于市场秩序的稳定,减少恶意通知的频率。此外,还可以和当前的信用体系建设相连接,将恶意通知者纳入黑名单,参照“失信被执行人”的惩罚进行威慑、惩戒。

三、“声明—终止措施”规则

“声明—终止措施”规则与“通知—采取措施”规则相对应,系“通知—声明”规则的下半部分,主要规定于《电子商务法》第43 条中,也称为“反通知—恢复”规则。在电商平台收到知识产权权利人发出的通知,并将其转送给平台内经营者后,也就进入该规则的范围。

(一)“声明—终止措施”规则的内容

声明系指被通知的平台内经营者告知电子商务平台经营者其行为不构成知识产权侵权的一种反向通知。平台内经营者向平台积极提交声明的该项权利也可以称为声明权,系平台内经营者所享有的一项权利。这是我国首次在法律层面确立了声明规则。以往声明条款只零散地置于著作权相关的规范性文件中,而《侵权责任法》第 36 条只规定了通知条款,令很多学者诟病。这次《电子商务法》填补了法律上关于声明条款的空白,是一个很大的进步。

经营者可以选择发出声明,或选择不发出声明。因为声明一旦发出,当平台经营者接到声明,就需要立刻将之前由于“通知”所删除、屏蔽或者断开链接

---

① 参见浙江省高级人民法院:《第一期“浙知沙龙”综述》,载浙江法院新闻网:http://www.zjcourt.cn/art/ 2019/8/6 /art_78_16836.html,2019 年 8 月 16 日最后访问。

的内容进行恢复。因此对声明特别重要的三个问题是有效声明的构成要素;决定的主体;权利人对判定不服时的处理。本文认为,这种声明无须具有不构成侵权的初步证据。同样,这种证据不必是决定性的、确凿充分的。电子商务平台的经营者在收到声明后,无须作出决定,直接将声明转给发出通知方。如果发出通知方在收到声明后15日内未提供其已进行行政投诉或提起民事诉讼的证据,平台将根据法律直接将其删除的内容进行恢复。

(二)15日等待期的设置并不完善

《电子商务法》草案中起初并未提及15日的等候期,而是在公布的时候借鉴了《民法典(草案)》的规定,为更好地衔接新法,在《电子商务法》中规定了15日的等候期规则。但也正因为匆忙立法,未进行充分的论证,而这点对于电商平台的影响又是巨大的,因此引起学者的讨论。[①] 本文认为在《电子商务法》第43条第2款中设置的此15日等待期,并不十分合理,在产品销售的关键节点仍然无法起到保护平台内经营者权益的作用,需要更好地完善以切合司法实践。

有学者提出可以考虑在规则中加入担保金制度,以平衡各方利益。[②] 本文认为设置保证金制度将大大减少15日等待期所存在的缺陷和不足。保证金方案可以安置在被通知人的声明环节,即平台对经营者已经采取了规定措施,并向权利人发出声明,权利人接到平台转送的声明后,自愿选择向平台支付保证金。平台因故可以暂时终止已采取的必要措施。在15日的等待期内,平台有义务冻结并保管保证金。如果通知人未在15日或者之后主动采取积极的维权措施,平台将解除对保证金的冻结。相反,保证金将继续被平台予以冻结,直至争议最终解决。保证金的确定和扣划执行是保证金制度具体实施的难点,特别是保证金的金额确定方面。考虑到商品的规模和流动性,巨额利润很容易使保证金制度的规则难以适用和威慑商人。建议综合考虑商家的历史销量、信用等级,商品的规模和流动性,侵权可能性等因素,从而确定保证金金额。保证金的制度可以有效地解决在《电子商务法》明确流程及15日等待期的情况下导致灵活平衡受限的现实困境。

---

① 参见刘晓春:《〈电子商务法〉知识产权通知删除制度的反思与完善》,载《中国社会科学院研究生院学报》2019年第2期。

② 参见浙江省高级人民法院:《第一期"浙知沙龙"综述》,载浙江法院新闻网:http://www.zjcourt.cn/art/2019/8/6/art_78_16836.html,2019年8月16日最后访问。

不过保证金的设置标准也要合理，过高的保证金会损害平台内经营者的资金流动，过低的保证金将达不到维护知识产权权利人权益的效果。

（三）平台经营者的行政责任

《电子商务法》第84条还对违反第42条、第45条规定时电子商务平台经营者应当承担的行政责任作出了特别规定，即由有关知识产权行政部门责令限期改正；逾期不改正的，处5万元以上50万元以下的罚款；情节严重的，处50万元以上200万元以下的罚款。

该规定诚然督促了平台经营者限期及时进行整改，但是实践中，对平台内经营者的保护并不能达到预期的效果，更像是使平台经营者免于处罚的"避风港条款"。根据《电子商务法》第84条的规定，行政部门可以对违反法律规定的平台经营者进行罚款的处罚，但是根据法律的规定，行政部门进行罚款的前提是平台经营者未限期改正。即平台经营者如果限期改正，则将可以完全避开该行政责任。

部分平台内经营者可能因为平台经营者的不作为。例如，在"双十一""双十二"这种商品销售的高峰节点，而遭受到巨大的损失。恶意主体可以通过伪造侵权材料，向平台经营者发出通知，平台经营者再将通知转送给平台内经营者。而在商品销售的关键节点，如果平台经营者没有及时处理平台内经营者发送的不侵权声明，将会给平台内经营者造成无法预计的损失，严重的甚至可能导致破产。由此可能会启动《电子商务法》第84条规定，行政部门可以因此要求平台经营者限期改正，而平台经营者在接到限期改正的通知后只要及时履行义务就可以免于罚款。但是此时平台经营者所作出的改正这种"事后行动"可能已经意义不大甚至没有意义。法律保护民事主体的立法原意未能得到充分实现。

因此，本文建议，行政部门对平台经营者进行相应罚款的前提条件可设置为两个，二者符合其一时就可进行相应的处罚。一是平台经营者不限期整改，二是平台经营者不作为给知识产权权利人或者平台内经营者造成严重损失。

四、规则存在的问题及解决建议

（一）电商具有建立知识产权保护制度的义务

《电子商务法》第41条规定，"电子商务平台经营者应当建立知识产权保护规则”。然而,综观整部法律,对于未建立知识产权保护制度的平台经营者,没有找到相应的处罚规则。

在实践中,当权利人遇到电子商务侵权,一般所采取的维权方式是启动通知删除程序。而如何送达通知是权利人在该程序中经常遇到的首要问题。尽管国内多数大型电子商务平台已经建立了知识产权保护制度,设置了完备的告知渠道,但仍有不少电子商务平台没有做出保护知识产权的配套制度设置。遇到该种情况时,权利人只有试图通过联系电子商务平台的客服或者直接将通知函邮寄给电子商务平台的经营者来尝试发出通知,但却往往会遇到客服以缺乏权限为理由而不进行处理或者将邮件通知退回的情况。

如果知识产权权利人想进一步保障自己的权利,他将要负责证明他已经将通知送达。而且,假若之前没有将联系客服的行为或邮寄通知的行为进行公证,还可能面临证据不足以证明通知已送达的风险。当权利人最终通知送达成功,也有可能因为没有明确的系统规范,对于何时会收到处理反馈,权利人根本无从预料。因此面对未被删除的链接,很难知道是电子商务平台未处理还是相关商家发出的声明所致。

综合上述原因,虽然《电子商务法》没有规定处罚措施,但本文认为,可以根据《电子商务法》的规定,对于未建立知识产权保护制度的部分电子商务平台,将权利人证明通知送达的举证责任予以适当的减轻,甚至可以制定更严格的标准,用于电子商务平台的过错认定和采取措施的合理时限审查方面。

(二)引导使用在线争议解决机制

浙江省知识产权研究与服务中心业务主管许正鹏建议若权利人提出通知,经被投诉方同意的,为了达到双方和解的目的,平台可以引导双方通过专业调解机构进行沟通和谈判,恢复商品链接,同时也起到了节省社会司法资源的效果。[①] 该举措正好符合我国当前鼓励推行的依法维权和化解纠纷机制。通过引导权利人和平台经营者使用在线争议解决机制,可以减少诉讼。《电子商务法》第 63 条规定,“电子商务平台经营者可以建立争议在线解决机制”。该机制具有自愿性、中立性和在线性三个突出的特征。平台通过设置在线争议解决的规

---

① 参见浙江省高级人民法院:《第一期“浙知沙龙”综述》,载浙江法院新闻网:http://www.zjcourt.cn/art/2019/8/6/art_78_16836.html,2019 年 8 月 17 日最后访问。

则，在平内台经营者同意，知识产权人亦同意的情况下，根据公平自愿原则解决双方争议。这种简便易行的方式符合“通知—声明”规则，平台经营者仍然是作为中立的第三方解决侵权纠纷，只不过是把通知和声明的步骤和时间进行了极大的优化。

我国目前已有电子商务平台开始尝试建立并运行在线争议解决机制，最具代表性的是阿里巴巴集团于2012年建立的“大众评审机制”。施行至今，已有超过600万志愿者申请加入大众评审队伍，参加到纠纷评审的人次超过1.7亿，成功处理的纠纷超过1500万起。[①] 到2018年年底，阿里巴巴上线的“大数据+大众评审”机制已经识别出近200个品牌涉嫌山寨并及时对其进行了处理。[②] 而且这套模式将以常规机制的形态在未来将天猫全部品牌均置于其中，这与“通知—声明”规则保护知识产权和其他民事权益的宗旨如出一辙。其通过网络，为解决争议纠纷提供更为便利的方式，减少更多的成本，体现了“互联网世界”诚实自由、自主自愿的基本理念，有效地节约了社会资源，对电子商务的发展提供了极大支持。[③] 因此引导使用在线争议解决机制势在必行。

（三）设置不同的审查标准

对于合格通知和合格声明的标准，有学者赞成对著作权、商标权和专利权的标准要统一，认为目前《电子商务法》在适用中存在的困境之一是对知识产权三大权利一致统一对待的困境。[④] 有学者认为对于“通知—声明”中的“通知”和“声明”的标准不应统一，著作权、专利权和商标权在很多方面差异颇多。[⑤] 例如，侵权可能性的判断难度不同、范围相异，在平衡各方利益的侧重点上也不

---

① 参见《阿里“大众评审机制”上线六年处理纠纷1587万起》，载新华网：http://www.bj.xinhuanet.com/bjyw/2019-01/08/c_1123963391.htm，2019年9月10日最后访问。

② 参见《阿里推出“大数据+大众评审”机制已处理近200个山寨品牌》，载新华网：https://www.zhifuzi.com/news/100667.htm，2019年9月10日最后访问。

③ 参见赵旭东主编：《中华人民共和国电子商务法释义与原理》，中国法制出版社2018年版，第494~500页。电子商务法起草组主编：《中华人民共和国电子商务法条文释义》，法律出版社2018年版，第207~212页。徐海明：《中国电子商务法律问题研究》，北京理工大学出版社2017年版，第200~201页。

④ 参见何琼、吕璐：《“通知—删除”规则在专利领域的适用困境——兼论〈侵权责任法〉第36条的弥补与完善》，载《电子知识产权》2016年第5期。

⑤ 参见李明德：《“通知删除”制度在专利侵权领域的适用——威海嘉易烤生活家电有限公司诉永康市金仕德工贸有限公司、浙江天猫网络有限公司侵害发明专利权纠纷案》，载《中国发明与专利》2018年第7期。

尽相同。“一刀切”会导致特定实际效果的异化,从而导致合格通知的标准边界存在定义不清、具体规则适用思路不清、各方利益调节失衡等问题。[①]

综合现在各方观点,本文认为对著作权、商标权和专利权设置不同的通知审查标准的方法比较可行。《京东知识产权维权处理规则》中就对著作权、商标权和专利权的通知要求和申诉要求分别列了不同的要求。[②] 通过不同的标准可以更好地达到保护知识产权的要求,也可以提高平台经营者处理投诉的效率。

在商标和专利领域,建议平台在收到投诉通知后,暂时不对相关产品进行屏蔽或删除,而是快速将投诉通知转送给商家,令其限期提交声明。而在著作权领域,平台在收到投诉通知后可对相关产品进行屏蔽或删除,但只要商家发出符合条件的声明,平台即可立即恢复链接,然后权利人可以通过提起诉讼或申请诉讼前保全来解决争议。《民法典》中的“通知—声明”规则还适用于物质性人格权和精神性人格权的网络侵权保护,此时可以适用和著作权领域一样较低的标准。

---

① 参见浙江省宁波市中级人民法院课题组:《“通知—删除”规则的区别适用》,载《人民司法》2018年第4期

② 参见《京东维权处理规则》,载京东:http://ipr. jd. com//user/user_register. 2019 年 8 月 16 日最后访问。

第三部分

数字金融与质量法治研究

国际数字贸易规则的制定与主要议题*

马　光**

摘　要：随着国际数字贸易的快速发展，现有规则已经很难满足其进一步发展，因此，需要出台相应的国际规则。在此方面，美国为了维持和发展其在数字贸易领域所处的领先地位作出了积极的努力。在数字贸易中对个人隐私的保护也受到越来越多的关注，欧盟则是较为典型的个人数据保护倡导者。如何对数字贸易发展和个人数据保护进行协调就成了非常值得研究的议题。

关键词：电子商务　数字贸易　个人信息　个人数据　个人隐私保护

一、引言

2013 年“棱镜门”事件发生后，对个人数据的保护迅速成为国际热门话题。2013 年的联合国大会通过了《数字时代的隐私权》决议，欧盟法院则在 2015 年以美国情报部门有可能侵犯欧盟市民的个人数据保护为由，将从 2000 年开始实施的欧美《安全港协议》予以无效化。接着在 2016 年 7 月 14 日，美国联邦上诉巡回法院判决美国法律执行当局不能强制要求微软公司将其存储在爱尔兰数据中心的顾客邮件交出来。此案被评价为在法律执行的正当利益和个人隐私权之间实现了较好的均衡。联合国信息安全政府专家组（United Nations Group of Governmental Experts on Information Security，UNGGE）和上海合作组

* 本文系浙江大学“人工智能与法学专项课题”和“国际合作区域拓展计划——一带一路国家合作项目经费”研究成果。

** 马光，浙江大学光华法学院副教授。

织的《2015 年国际行动纲领草案》也确认国家对信息通信技术的利用要尊重人权和基本自由。对数字隐私[①]的保护在以联合国为中心的多边体制和欧盟、美国等贸易主体的双边体制中都得到确认。

互联网等网络空间对贸易和经济发展起到了至关重要的作用,而我们将此类经济称为"数字经济"(digital economy),将此类贸易则称为"数字贸易"(digital trade)。《关税贸易总协定》和《服务贸易总协定》分别为促进货物贸易和服务贸易而制定,那么,为了发展和调整数字贸易,是否需要出台新的国际规则呢?答案是肯定的,因为现有的国际规则已经无法满足数字贸易的快速发展。一方面,美国为了维持和发展其在数字经济(包括数字贸易)领域所处的领先地位作出了积极的努力。这些努力主要表现在以《全面与进步跨太平洋伙伴关系协定》(Comprehensive Progressive Trans – Pacific Partnership,CPTPP)和《美墨加协定》(Agreement between the United States of America, the United Mexican States, and Canada, USMCA)等自由贸易协定(Free Trade Agreement,FTA)为中心[②]的国际条约上。其中,CPTPP 已于 2018 年 12 月 30 日正式生效,而 USMCA 则尚需完成缔约国的国内批准程序。

另一方面,在数字贸易中对个人数据的保护也受到越来越多的关注,欧盟则是较为典型的个人数据保护倡导者,这主要表现在以其《通用数据保护条例》(General Data Protection Regulation,GDPR)为中心的立法上。

本文将从 CPTPP、USMCA 对数字贸易的相关规定入手,再结合 GDPR 和《关于个人数据自动化处理的个人保护公约》(Convention for the Protection of Individuals with regard to Automatic Processing of Personal Data,以下简称《108 号公约》)对跨境流动个人数据的保护规定,探讨这些规定的内涵,并在此基础上对国际数字贸易规则的制定提出相关建议。

---

① 美国通常在假设只有私人信息可以得到保护的前提下使用"数据隐私"一词。相比之下,欧洲使用更广泛的术语"数据保护",它可以扩展到公共领域的信息。See USITC, *Digital Trade in the U. S. and Global Economies*, Washington, D. C., USITC Publication 4415, 2013, pp. 5 – 8.

② 其实,美国和约旦、澳大利亚、巴林、智利、哥伦比亚、韩国、摩洛哥、阿曼、巴拿马、秘鲁、新加坡等国签订的 FTA 和中美洲 FTA 均具有电子商务相关章节,但因 CPTPP 和 USMCA 的内容更为典型和全面,故在本文中仅对这两个 FTA 进行研究。

二、相关定义和 CPTPP、USMCA 的适用范围

首先，我们要明确若干相关概念，这些概念包括：数字贸易和电子商务，数字产品、个人信息、个人数据和个人隐私等。

目前世界上尚无普遍得到认可的数字贸易定义。尽管如此，美国国际贸易委员会的报告将其定义为：通过固定线路或无线数字网络交付产品和服务。此定义包括美国的国内商业活动以及国际贸易，但不包括大多数实物商品的贸易。例如，在线订购的商品和具有数字对应物的实物商品（如以 CD 或 DVD 出售的书籍、软件、音乐和电影）。[①]

而从美国所发起或签订的 FTA 来看，USMCA 之前的 FTA 均采用了电子商务（Electronic Commerce）的概念，而在 USMCA 中，电子商务章节则更名为数字贸易。从此，也可以看出这两个概念正处于逐渐混用的状态。

美国签订的 FTA 中，只有美国－摩洛哥 FTA 对电子商务下了定义，其第 14.4 条规定，“电子商务”指通过电子方式生产、分销、营销、销售或交付产品的服务。而这些 FTA 均没有对数字贸易下定义。尽管如此，我们从 CPTPP 和 USMCA 这两个 FTA 中电子商务和数字贸易处于对应关系这一点分析，可以得出其概念与早期美国国际贸易委员会的上述定义还是有较大差异。与未对数字贸易下定义不同，包括 CPTPP 和 USMCA 在内的多数 FTA 都对数字产品做出如下定义：“数字产品”是指经过数字编码、生产，用于商业销售或分销，并可以电子方式传输的计算机程序、文本、视频、图像、录音或其他产品，数字产品不包括货币在内金融工具的数字化表示。[②]

通过比较分析不难看出美国所主导的 FTA 中所用到的个人信息（Personal Information）和欧盟在 GDPR 中用到的个人数据（Personal Data）概念其实没有本质区别。而从《经济合作组织对关于隐私保护与个人资料跨境流动的指针的建议》（OECD Recommendation of the Council concerning Guidelines governing the Protection of Privacy and Transborder Flows of Personal Data）来看，虽然并未对隐私（Privacy）做出明确定义，但其将“保护隐私的法律”定义为“指其执行具

---

① See USITC, *Digital Trade in the U. S. and Global Economies*, Washington, D. C., USITC Publication 4415, 2013, p. 7.

② CPTPP 第 14.1 条，USMCA 第 19.1 条。

有保护个人数据作用的国家法律或法规”，从而不难看出其实是将个人隐私与个人数据等同起来。即从这一点来看，个人数据、个人信息和个人隐私其实都被予以混用，本文也将不对这三个概念进行区分，但是，在援引相关条约和法律的具体条款时，则采用与条约中的用法相一致的概念。

而且，GDPR 对个人数据的定义和 CPTPP 和 USMCA 对个人信息的定义也基本相同。GDPR 和《108 号公约》均对个人数据做出了如下定义：“个人数据”是指与已识别或可识别的自然人（“数据主体”）有关的任何信息；①“可识别的自然人”是指可以直接或间接识别的自然人，特别是可以参考诸如姓名、识别号、位置数据、在线标识符之类的标识符，或者可以参考特定于身体、生理、该自然人的遗传、心理、经济、文化或社会身份。② 而 CPTPP 和 USMCA 对“个人信息”的定义是，指包括数据在内，能够被识别的有关自然人的信息。③

关于国际法地位，数据包括数字隐私角度上的个人信息和数字贸易角度上的个人信息。相同地，数据在国际法上武装冲突领域也得到较为深入的探讨。例如，在《网络行动国际法塔林手册》（以下简称《手册》）的编写过程中，对数据可否成为在国际人道法上受到网络攻击的物体予以探讨。即如果数据能够被认定为不构成网络攻击对象的民用物体，破坏或变更数据的网络行动就能构成适用国际人道法的攻击，而对民用数据和其他受保护数据采取的网络行动则是非法的。当然，对数据的攻击导致人员的伤亡或物体的损伤，将被认定为攻击。相同的，使设施等功能丧失的数据破坏或变更也被理解为攻击。

但是，对于在不发生人员伤亡或物体损伤等物理结果或功能丧失的情况下，对数据本身的网络行动可否构成能够适用国际人道法的攻击这一问题，《手册》编写组的多数专家持否定意见。他们认为红十字国际委员会对《1949 年日内瓦第一议定书》（以下简称《第一议定书》）中“民用物体的一般保护”的相关评注所提到的“可见的且有形的某物”这一解释具有说服力。国际专家组多数意见认为，数据是无形的，也是不可见的，因此不属于受国际人道法保护的物体。他们认为，数据无法被感觉器官所感知，因而物体的含义不应包括数据。

① GDPR 第 4(1)条，《108 号公约》第 2 条。

② GDPR 第 4(1)条。

③ CPTPP 第 14.1 条，USMCA 第 19.1 条。

尽管如此，仍有少数专家的意见是应将特定数据当作物体。他们主张，对没有被认定为军事目标的数据应禁止网络行动。因为，如果不对没有被认定为军事目标的数据的网络行动予以禁止，对很有价值和重要的民用数据的删除将能规避武装冲突法的规制。这样，就将会与《第一议定书》第 48 条所规定的平民居民应从敌对行为的效果得到保护的武装冲突法目的相抵触。但是，多数专家还是认为这种立场并非实在法，而仅仅是应然法，所以对此予以否决。①

至少现在，数据因不可见和无形无法被认定为受到国际人道法保护的民用物体，但因为数据灭失的效果有可能比伴随传统攻击产生的效果更加有害，也许这种法律立场无法持续很长时间。例如，以毁损国家经济体制信赖的方式变更金融体制的数据，比对一家银行进行的传统攻击，对平民居民来说可能更为致命。在依赖于网络的世界里，对有形物体产生的损害和对数据产生的损害来说，规范的区分将逐渐变得困难。②

2013 年 12 月 18 日，联合国大会在第 68 届会期中通过了《数字时代的隐私权》决议。该决议基于国际社会对 2013 年 6 月发生的“棱镜门”事件的强烈反响，由巴西和德国主导。该决议重申《联合国宪章》的宗旨和原则，也重申了《世界人权宣言》《公民权利和政治权利国际公约》《经济、社会及文化权利国际公约》在内的相关人权条约中铭记的人权和基本自由。并且，该决议确认包括隐私权在内，人在网下所具有的相同权利在网上也应得到保护。从此，除了在人权理事会 2012 年《互联网上推动、保护及享有人权》决议所特别明示的网上言论自由外，线上的隐私权保护也被特别明示。

2014 年 6 月 30 日，联合国人权事务高级专员办事处向联合国大会提交《数字时代的隐私权》报告。该报告阐明世界上公开和非公开的数字监控例子在扩散，政府的大量监控已经不再是例外措施，而是成为一种危险的习惯。而且，该报告确认国际人权法对包括国内外监控、数字通信监听和个人信息收集在内，应为隐私权的促进和保护提供明确和普遍的装置。该报告建议通过开发能够有效防止滥用的保护装置，使监视政策或行为能够符合包括隐私权在内的国际

---

① 参见《手册》规则 100 第 5 ~ 7 段。

② See Michael N. Schmitt, “Rewired Warfare: Rethinking the Law of Cyber Attack”, *International Review of the Red Cross* 96, 2014, p. 204.

人权法,并为此将对各自的国内法、政策和行为进行审查,同时关注被害者对有效救济措施的权利,要求保障有效、独立的监督体制和行为。

在 UNGGE 看来,网上的人权保护对美国在内的西方国家和包括中国和俄罗斯在内的非西方国家来说都是敏感的事项。

在第四届 UNGGE《报告》的自发性规则部分,各国提到为了保障信息通信技术的安全利用,要保障包括表达自由权利在内的人权,并为此应尊重联合国大会的《数字时代的隐私权》和人权理事会的《互联网上推动、保护及享有人权》决议。虽然从线上人权保障包含在自发性规则这一点来看,其在强制力上是有问题的,但是,不能排除其发展成为国际规范的可能性。

CPTPP 和 USMCA 能够支持武装冲突法的前述新解释可能性。在商品和服务的基础上,对数据的贸易以国际规范的方式得到认可和保护,意味着数据与商品和服务一样成为能够所有和使用的对象,并从而具有了经济价值。如果 CPTPP 和 USMCA 对数字贸易的国际规范能够被其他 FTA 和世界贸易组织(World Trade Organization,WTO)诸边协定所吸收,那么数据将与受到国际人道法一般保护的人和传统物体一样,能够成为新的受保护的物体。因为,在经济贸易关系中被认定为重要的数据在国际人道法上也应被认定为从网络攻击受到保护的重要民用物体。数据作为国际网络法的基本要素,也成为连接构成国际网络法具体领域的要素。

CPTPP 第 14 章(电子商务)和 USMCA 第 19 章(数字贸易)中包含对信息的规定,而该信息涵盖了个人信息。这两章均适用于缔约方采取或维持的以电子方式影响贸易的措施。[①] 因为是"影响"贸易的措施,所以,其适用范围广于适用于贸易或调整贸易的措施。而这里的措施包括任何法律、法规、程序、要求或实践。因此,其实际适用范围应在具体情况下予以分析。

CPTPP 第 14 章和 USMCA 第 19 章不适用于:(1)政府采购;(2)由缔约方或代表缔约方持有或处理的信息,或与此类信息有关的措施,包括与其收集有关的措施。[②] 因此,由政府或代表政府收集或处理信息的行为不适用该章。例如,国内法要求将政府持有的公民健康信息仅在国内予以保存和处理,这种规

① CPTPP 第 14.2.2 条,USMCA 第 19.2.2 条。

② CPTPP 第 14.2.3 条,USMCA 第 19.2.3 条。

定则不受 CPTPP 和 USMCA 的约束。即此时无须考虑这些 FTA 对数据本地化的禁止。此外,CPTPP 和 USMCA 把个人信息保护的范围限定在电子商务或数字贸易用户。① 这一点是可以理解的,因为其规定在电子商务或数字贸易章节中。另外,CPTPP 第 14 章和 USMCA 第 19 章的规定还适用 WTO《服务贸易总协定》第 14 条下的一般例外及类似于第 14 条之二所规定的安全例外。② 即在符合这些例外的情况下,可以对数据跨境流动进行限制,尽管这些限制因受到相关条件的约束而变得非常困难。USMCA 则规定公开的政府数据适用该章,对公开的政府数据规定在第 19.18 条中。其规定:缔约方认识到,便利公众获取和使用政府信息可以促进经济和社会发展、竞争力和创新。在某一缔约方选择向公众提供政府信息(包括数据)的范围内,应努力确保该信息采用机器可读和开放的格式,并且可以被搜索、检索、使用、反复使用和重新分发。缔约方应努力合作,以查明缔约方可以扩大对已公开的政府信息(包括数据)的访问和使用的方式,以期增加和创造商机,特别是为中小企业创造商机。从政府信息的整体排除到部分排除,反映了美国缔结 FTA 时的一种新倾向。

三、对数据自由跨境流动的要求和本地化的限制

CPTPP 规定各缔约方可以对通过电子手段传输信息提出自己的监管要求,③而类似条款在 USMCA 则没有出现。尽管该条款在其他条款的限制下并未赋予缔约方实质性的规制权,但因其在第 1 款就以类似于总则的形式赋予缔约方权利,所以即使 USMCA 将该款予以删除,还是可以理解为对数据跨境移动的规制产生了较大影响。尽管如此,当该活动涉及涵盖人的经营活动时,各方应允许通过电子手段跨境流动包括个人信息在内的各种信息。④ 而"涵盖人"则包括:涵盖投资、缔约方的投资者(金融机构投资者除外)、缔约方的服务提供者。⑤ 因此,缔约方要保障包括个人信息在内信息的跨境流动,也就是说,数据跨境流动自由得以保障。

但这种保障也是有例外的,即缔约方为了实现合法的公共政策目标,可以

---

① CPTPP 第 14.8 条,USMCA 第 19.8 条。

② CPTPP 第 29.1.3 条和第 29.2 条,USMCA 第 32.1.2 条和第 32.2 条。

③ CPTPP 第 14.11.1 条。

④ CPTPP 第 14.11.2 条,USMCA 第 19.11.2 条。

⑤ CPTPP 第 14.1 条,USMCA 第 19.1 条。

采取或维持对信息跨境流动的限制措施。这种措施要符合:(1)不构成任意或不合理的歧视或变相的贸易限制;(2)对信息传输施加的限制不超过实现目标所需限度。[①] 换言之,要符合这种例外,应满足如下四个条件:(1)实现合法公共政策目标所需;(2)不构成任意或不合理的歧视;(3)不构成变相的贸易限制;(4)不超过实现合法公共政策目标所需限度。只要不符合上述四个条件之一,就会构成对该条款的违反。

这里所规定的"合法公共政策目标"应包含隐私保护。因此,可以主张为了隐私保护而对信息的跨境流动进行限制是正当的。但实际上能够构成符合上述所有条件的例外并非易事。实际上,能够将允许包括个人信息在内的信息之电子手段跨境流动规定为一种义务还是具有很大意义。将信息或数据看作商品、服务、资本和人之外新的生产要素,允许信息的跨境流动符合时代要求,并能通过信息流动进一步扩大商品和服务的自由贸易。只不过考虑到个人信息所具有的隐私等有关人权的特性,原则上不限制个人信息跨境流动应与个人信息或隐私保护这另一法益相均衡。尽管在 CPTPP 和 USMCA 中包含了个人信息保护相关规定,但其并不要求各缔约方对保护个人信息的规范进行统一,而是允许各缔约方维持各自的相关法律体系。

2013 年"棱镜门"事件和 2015 年欧盟法院将欧美《安全港协议》予以无效化等表明各国都普遍认为个人信息存储在美国服务器时并不能很好地得到美国政府的保护。基于此种担忧,各国要求特定种类的信息存储于本国的服务器里,而美国则对此批评为是数字保护主义。CPTPP 和 USMCA 则普遍禁止此类本地化要求。尽管如此,这种禁止还是有严格限制的例外。首先,CPTPP 规定各缔约方可以对计算设施提出包括寻求确保通信安全和机密性的监管要求,[②] 尽管这一规定在 USMCA 里并未得以延续。例如,为了保护个人数据,各缔约方可以规定相关要求,从而自行规制计算设备的利用。而这里的"计算设备"是指用于处理或存储商业信息的计算机服务器和存储设备。[③] 但是,各缔约方均不得要求人在该缔约方领土内使用或放置计算设施,以此作为在该领土内开展

① CPTPP 第 14.11.3 条,USMCA 第 19.11.3 条。

② CPTPP 第 14.13.1 条。

③ CPTPP 第 14.1 条,USMCA 第 19.1 条。

业务的条件。[①] 即缔约方不能对在该领土内开展业务的企业要求必须使用位于该国境内的服务器。

尽管如此，与对数据跨境流动的限制类似，数据本地化限制也存在相应的例外。CPTPP 规定，缔约方为了实现合法的公共政策目标，可以采取或维持本地化措施，而这种措施又要符合：(1)不构成任意或不合理的歧视或变相的贸易限制；(2)限制措施不超过实现目标所需限度。[②] 而这一内容并未在 USMCA 里得以延续，表明后者对数据本地化的限制变得更加严格。

四、个人信息保护

CPTPP 第 14.8 条和 USMCA 第 19.8 条是关于个人信息保护的规定，缔约方认识到保护电子商务（或数字贸易）用户个人信息的经济和社会效益，以及这对提高消费者对电子商务（或数字贸易）信心所做的贡献。[③] 为此，各缔约方应制定或维持一个法律框架，规定保护电子商务（或数字贸易）用户的个人信息。[④] 个人信息保护法律体系的要求仅适用于电子商务利用者。[⑤] 因此，如果公共部门的个人信息和电子商务不关联，则此类个人信息的保护就不包含在内。换句话说，CPTPP 和 USMCA 的个人信息保护并非具有一般性。从这一点来看，因其 FTA 的性质，这些 FTA 中对个人信息的保护还是与 GDPR 具有很大区别。缔约方可以通过综合性个人信息保护法、包含隐私的部门特定法、通过隐私相关企业的自发承诺进行执行的立法等方式满足这一要求。[⑥] 因此，CPTPP 和 USMCA 缔约方提供此类法律体系的方式相当自由，进而各缔约方的个人信息保护法律体系也呈现多种内容和形式。在这一点上，已经具有个人信息保护法律体系的缔约方可以将此类相关法律予以维持。例如，美国可以不制定《个人信息保护法》，而继续通过企业等的自行承诺达到这一要求。

在制定保护个人信息的法律框架时，各缔约方应考虑到有关国际机构的原

---

① CPTPP 第 14.13.2 条，USMCA 第 19.12 条。

② CPTPP 第 14.13.3 条。

③ CPTPP 第 14.8.1 条，USMCA 第 19.8.1 条。

④ CPTPP 第 14.8.2 条，USMCA 第 19.8.2 条。因该条款使用了 shall 这个单词，所以此项规定并非具有法律拘束力。

⑤ 参见李墨丝：《超大型自由贸易协定中数字贸易规则及谈判的新趋势》，载《上海师范大学学报（哲学社会科学版）》2017 年第 1 期。

⑥ CPTPP 第 14.8.2 条注释 6。

则和准则。[①] 但是，具体有哪些国际组织或相关原则，CPTPP 并未明确列举。因此，各缔约方在选择自己的个人信息保护法律体系时具有相当大的自由，同时对法律体系中所反映的个人信息保护原则也会有相当大的自由。而 USMCA 则列举了如亚洲太平洋经济合作组织（Asia – Pacific Economic Cooperation，APEC）的《隐私框架》和经济合作与发展组织（Organisation for Econornic Co-operation and Development，OECD）的《对关于隐私保护与个人资料跨境流动的指针做出的建议》等。USMCA 还规定关键原则包括：限制收集；选择；数据质量；目的规范；使用限制；安全保障措施；透明度；个人参与和问责制。缔约方还认识到确保遵守保护个人信息的措施以及确保对个人信息的跨境流动进行任何限制需与所承担的风险成比例的重要性。[②]

另外，在承认各缔约方可以采用不同的个人信息保护规定的同时，CPTPP 和 USMCA 建议缔约方查找能够促进这些不同法律体系共存的机制。此类机制可以包括自律或相互约定，甚至包括广泛的国际体制，关注的实质是规制的效果。[③] APEC 的《跨境隐私规则》（Cross Border Privacy Rules）或者欧盟适当性地位的自律认定也是这种机制。各缔约方之间可以将这种机制相关信息予以交换，并试图探索对此具有促进效果的其他更佳方案。这种体制说明 CPTPP 和 USMCA 作为 FTA 努力在缔约方之间追求多方面市场规则的统一，而在个人信息保护方面目前还难以追求此类统一。

各缔约方应努力采取非歧视性做法，保护电子商务用户免受其管辖范围内发生的个人信息保护违规行为的侵害。[④] 虽然 CPTPP 和 USMCA 对不歧视并未定义，但考虑到一般在贸易中不歧视的含义，应理解为某一缔约方应按照国民待遇将本国国民和另一缔约方的国民在个人信息保护中同等对待，也应将不同缔约方的国民同等对待。只是，此项内容并不是强制性的，而是一种建议。

各缔约方应公布其为电子商务用户提供的个人信息保护信息，包括：（1）个人如何寻求救济；（2）企业如何遵守任何法律要求。[⑤] 因此，各缔约方尽量公开

---

① CPTPP 第 14.8.2 条，USMCA 第 19.8.2 条。

② USMCA 第 19.8.3 条。

③ CPTPP 第 14.8.5 条，USMCA 第 19.8.6 条。

④ CPTPP 第 14.8.3 条，USMCA 第 19.8.4 条。

⑤ CPTPP 第 14.8.4 条，USMCA 第 19.8.5 条。

自己的个人信息保护法律体系如何运作即可,此项要求其实并无多大的现实意义。

欧盟将对人权的保护置于数据自由流动之上。① GDPR 第五章对将个人数据转移到第三国或国际组织作出相应规定:对于正在处理或计划进行处理的个人数据,将其转移到第三国或国际组织,包括将个人数据从第三国或国际组织转移到另一第三国或另一国际组织,控制者和处理者必须满足相应规定。这些规定包括:基于认定是具有充足保护的转移,符合转移所需要的适当安全保障,有约束力的公司规则,未经欧盟法授权的转移或披露,特殊情形下的转移等。②

五、垃圾信息的禁止和源代码的保护

广告性邮件或垃圾信息等未经请求的商业电子信息可能传输恶意软件、间谍软件或相关网络威胁,将会侵害到网络安全和个人数据,最终也会损毁用户对电子商务的信赖。基于此,CPTPP 和 USMCA 要求各缔约方采取或维持有关未经请求的商业电子信息的措施。其中,"未经请求的商业电子信息"是指未经收件人同意或收件人明确拒绝,通过互联网接入服务供应商或各缔约方法律和法规规定范围内的其他电信服务,以商业或营销目的发送到电子地址的电子信息。③

CPTPP 规定,各缔约方应采取或维持有关未经请求的商业电子信息的如下措施:(1)要求未经请求的商业电子信息的供应商协助接受者阻止持续接收这些信息;(2)要求按照各缔约方法律和法规的规定取得接受者同意接收商业电子信息;(3)要求尽量减少未经请求的商业电子信息。④ 具体采取何种措施,则由缔约方自行决定。相比之下,USMCA 则将第三项措施单独作为一项义务,并将第一、二项措施作为两个选项。⑤

针对不遵守上述要求的未经请求的商业电子信息供应商,各缔约方应提供追索手段。⑥ 缔约方应努力在关于管制未经请求商业电子信息的共同关注的适

① 参见赵骏、向丽:《跨境电子商务建设视角下个人信息跨境流动的隐私权保护研究》,载《浙江大学学报(人文社会科学版)》2019 年第 2 期。

② GDPR 第 44 ~49 条。

③ CPTPP 第 14.1 条,USMCA 第 19.1 条。

④ CPTPP 第 14.14.1 条。

⑤ USMCA 第 19.13.1 条,USMCA 第 19.13.2 条和 USMCA 第 19.13.3 条。

⑥ CPTPP 第 14.14.2 条,USMCA 第 19.13.4 条。

当案件中进行合作。[①]

CPTPP 对源代码专门作出规定，任何缔约方均不得要求传输或获取另一缔约方国民所拥有软件的源代码，并将其作为在该缔约方领土内进口、分销、销售或使用此类软件或含有此类软件产品的条件。[②] 但这里的软件仅限于大众市场软件或包含此类软件的产品，不包含用于关键基础设施的软件。[③] 因此，一缔约方的软件供应商在进入另一缔约方市场时无须将自己具有经济价值的软件源代码与其他缔约方或竞争者共享。

六、网络安全国际合作

CPTPP 和 USMCA 不仅包含电子商务中个人信息的保护，还包含网络安全领域的合作。即缔约方认识到以下重要性：(1)建立负责计算机安全事件响应的国家机构的能力；(2)利用现有的合作机制进行合作，以识别和减少恶意入侵或传播影响缔约方电子网络的恶意代码，并利用这些机制迅速解决网络安全事件，以及共享信息以增强意识和达到最佳做法。[④] "现有的合作机制"是指缔约方国内计算机事件响应机构之间的合作机制。在此基础上，USMCA 进一步要求，鉴于网络安全威胁的性质在不断发展，各缔约方认识到，在应对这些威胁方面，基于风险预防的方法可能比规定性法规更为有效。因此，每一缔约方应努力雇用并鼓励其管辖范围内的企业使用基于风险预防的方法，这些方法包括基于共识的标准和风险管理最佳实践来识别和防范网络安全风险，检测、响应网络安全事件，并从此得以救济。[⑤]

除此之外，USMCA 还规定，鉴于数字贸易的全球性，缔约方应努力：(1)交流信息并分享有关数字贸易的法规、政策、执行和合规方面的经验，包括：个人信息保护(特别是为了在执行保护隐私的法律方面加强现有的国际合作机制)，电子通信的安全性，身份验证以及政府使用数字工具和技术来实现更好的政府绩效；(2)就促进和发展包括 APEC 的《跨境隐私规则》在内的机制而进行合作并保持对话，以进一步提高隐私制度的全球互操作性；(3)积极参加区域和多边

① CPTPP 第 14.14.3 条，USMCA 第 19.13.5 条。
② CPTPP 第 14.17.1 条。
③ CPTPP 第 14.17.2 条。
④ CPTPP 第 14.16 条，USMCA 第 19.15.1 条。
⑤ USMCA 第 19.15.2 条。

论坛,以促进数字贸易的发展;(4)鼓励私营部门发展促进数字贸易的自我调节方法,包括行为守则、示范合同、准则和执行机制;(5)促进残疾人获得信息和通信技术的机会;(6)通过国际跨界合作举措促进发展机制,以协助用户提交有关个人信息保护的跨界投诉。缔约方应考虑建立一个论坛,以解决上述任何问题或与执行有关的任何其他事项。①

在联合国层面也对网络安全国际合作进行了一系列探讨和规定。例如,2015 年 6 月通过的第四届 UNGGE《报告》包含了网络安全所需的多项互信措施,包括:(1)加强各国网络安全负责机构之间的合作机制,开发包括事故应对领域人员交流在内的技术机制;(2)成立国家计算机危机应对小组或网络安全应对小组,或者正式成立能够完成上述功能的机构,并且支持和促进此类小组和其他授权机构之间的合作;(3)在计算机危机应对小组和网络安全事故应对小组之间的合作中支持达成旨在减少攻击的适当行为。②

结　语

CPTPP 和 USMCA 被评价为是在数字贸易和个人信息保护等有关数据方面规定较为详细的两个重要多边 FTA。尽管之前 APEC 也曾在 2004 年达成《隐私保护框架》(Privacy Framework)等有关个人信息保护的文件,但因其不具有法律拘束力,相比之下,作为条约的这些 FTA 更具有重要意义。

CPTPP 和 USMCA 的个人信息保护规定对个人信息的保护水平并不是很高,其只是在包括个人信息在内的跨境信息流动中对数据出口限制和数据本地化规定了原则性的禁止。而且,在个人信息保护方面允许采用各种形式,其中包括美国式民间主导的自律规制形式,即其并非意图在各缔约方之间要统一个人信息保护水平。如此宽松的个人信息保护规定被评价为仅仅是一种形式上的保护,其真正目的则是实现数据的进出口自由。即这些 FTA 中的个人信息保护规定是为了补充数据贸易这一主要规定而附属存在。

尽管如此,CPTPP 和 USMCA 就包括个人信息在内的信息或数据的国际规则而言还是具有几点重要意义:第一,CPTPP 和 USMCA 作为 FTA 包含了个人

---

① USMCA 第 19.14 条。

② See UN General Assembly,"Report of the Group of Governmental Experts on Developments in the Field of Information and Telecommunications in the Context of International Security", *UN Doc*. 70,2015,No. A.

信息在内的信息相关规定,从而证明了包括个人信息在内的信息保护和利用在21世纪的数字经济时代成为更为重要和新的经济要素。特别是通过FTA将数据的进出口作为国际规范得以保护和认可,这一点对国际贸易关系甚至是国际关系和其规范的发展来说具有重大意义。第二,CPTTP和USMCA中关于信息的规定对现在进行谈判的《跨大西洋贸易与投资伙伴协定》(Transatlantic Trade and Investment Partnership)和《国际服务贸易协定》(Trade in Services Agreement)中信息相关规定也会起到重要影响。第三,1980年OECD的《关于保护隐私与个人数据跨境流动的指南》(Guidelines Governing the Protection of Privacy and Transborder Flows of Personal Data)和1981年欧洲理事会(Council of Europe)的《108号公约》通过后,国际上在个人信息的自由流动和个人信息保护之间形成了牵制和均衡。但是,CPTPP和USMCA似乎打破了这种现状,在某种意义上其单方面强调了包括个人信息在内的信息的自由流动和利用的重要性。这可以说明在FTA中对个人信息做出规定时的局限性,因为其毕竟是将商品和服务的自由贸易放在优先地位。第四,CPTPP和USMCA的有关数据贸易的规定使个人信息保护相关规定和网络安全相关规定得到补充。作为数据贸易对象的信息中包含了个人信息,因此,CPTPP和USMCA中包含了有关个人信息的规定;数据贸易则通过网络空间进行,因此,为了数据贸易在网络空间不受到其他侵害,CPTPP和USMCA规定了网络安全合作规定。这样,将数据贸易、个人信息保护和网络安全的规定捆绑在一起的模式,也向我们提示了有关网络空间利用的国际规范之方向。第五,世界上的主要国家都在积极推进的数字贸易以及作为其核心的数据相关国际规范包含在CPTPP和USMCA中的现象可以看作有关数据贸易的国际规范正式出台。以后在FTA等有关贸易的协定中将会有更多与个人信息等信息跨境流动有关的内容,从而使数据贸易成为继商品和服务自由贸易之后又一新的重要领域。①

① 参见马光:《论国际法上网络安全的定义和相关国际规则的制定》,载《中国政法大学学报》2019年第3期。

数字货币法律适用疑难问题之破解

——以盗窃比特币为视角

谢晓锋*

摘　要:比特币是一款近些年诞生的互联网产品,随着其价格不断走高,关于比特币的刑事案件也不断增多。在现实司法适用中对如何定性盗窃比特币存在的分歧最大,有些认为应适用盗窃罪,有些则认为应适用非法获取计算机系统数据罪。现实中对同类型的案例但却有不同观点,相应地,现有的司法判例中也存在类似上述分歧,这就可能给大量激增的虚拟财产犯罪带来判罚尺度不统一的困境。存在适用罪名分歧的首要症结在于比特币这类虚拟财产能否成为刑法所保护的对象。此外,盗窃罪和非法获取计算机系统数据罪的区别在于:两罪所保护的法益不同,两罪的量刑存在过大偏差。本文认为盗窃比特币应定盗窃罪,因为比特币符合刑法财物三性,定盗窃罪符合刑法解释,有利于法益保护,符合时代发展所需;应该更加科学合理地认定比特币犯罪盗窃数额;应该完善司法解释和加强案例指导,让此类案件在司法实践中可以得到更为公平合理、尺度统一的定性和裁判。

关键词:比特币　盗窃　非法获取

一、问题的提出

近年,涉比特币刑事案件数量逐年上升(2014 年 5 件,2015 年 9 件,2016 年

---

* 谢晓锋,绍兴市上虞区人民法院法官助理。

44件,2017年70件,2018年131件)①,案件主要涉及《刑法》分则的三类犯罪,其中最多的案件类型是侵犯财产罪(见图1)。相较于之前的互联网衍生品(如余额宝、网贷、众筹)引起的法律界广泛讨论,以比特币为代表的数字货币的出现则对现有的经济、法律制度产生了更为深远的影响和冲击,其中最具争议的则是对盗窃比特币犯罪的法律适用问题。②

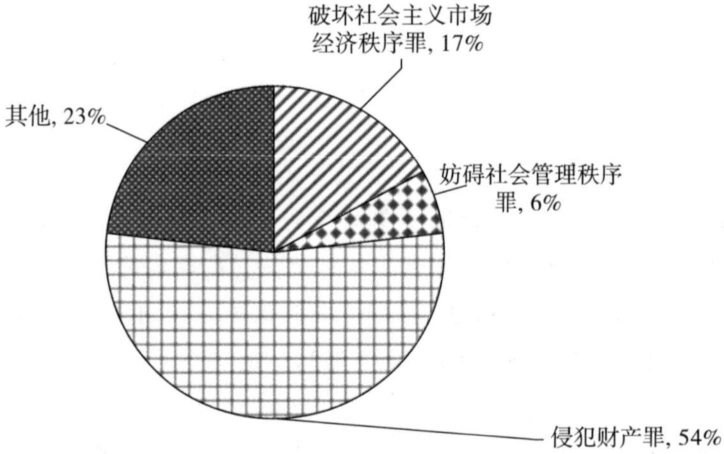

图1 2014~2018年共计259件关于比特币犯罪的各类型案件比例

(一)两个案件引发的思考

案例一:2018年2月,北京某公司职工王某通过修改公司服务器内应用程序的方式,将公司的100个比特币转移到其所有的比特币钱包内。北京市海淀区人民检察院以涉嫌非法获取计算机信息系统数据罪对王某依法批准逮捕。该案承办人指出,根据我国《刑法》及相关司法解释规定,犯罪嫌疑人王某采用技术手段,非法获取了计算机信息系统中存储的数据,该行为触犯了《刑法》规定,涉嫌非法获取计算机信息系统数据罪。③

案例二:武汉的刘某经人介绍,让黄某帮忙购买了0.22枚比特币,黄某趁

① 数据源于中国裁判文书网。

② 参见谢杰、张建:《"去中心化"数字支付时代经济刑法的选择——基于比特币的法律与经济分析》,载《法学》2014年第8期。

③ 参见黄晓宇:《男子盗取公司价值数百万元比特币,涉非法获取数据或面临严惩》,载环球网:http://society.huanqiu.com/article/2018-03/11690723.html,2018年12月19日最后访问。

机掌握了刘某的账号密码。2017 年 12 月 1 日，黄某登录刘某的比特币账户，将刘某的 0.22 枚比特币转到了自己的账户中。当晚，他将比特币出售获利 2.4 万元。2018 年 4 月，汉阳区检察院以盗窃罪将黄某批捕。汉阳检察院表示由于比特币是网络虚拟货币，所以以比特币为犯罪对象的案件，一般以涉嫌非法获取计算机信息系统数据罪处理。然而在该案中有证据证明，刘某购买比特币支付的款项，以及黄某将比特币卖出后获得的赃款，都是实际支付，比特币的价值得到了清晰体现。因此，黄某盗窃比特币的行为应当认定为涉嫌盗窃罪。

（二）类似的司法判例

在现有的司法实践中，上海市普陀区人民法院的（2014）普刑初字第 1162 号、北京市东城区人民法院（2015）东刑初字第 1252 号和浙江省台州市中级人民法院（2016）浙 10 刑终 1043 号，这三个案件对盗窃比特币的行为以盗窃罪判处，而江苏省金湖县人民法院（2015）金刑初字第 90 号和河北省邯郸市峰矿区人民法院（2017）冀 0406 刑初 18 号，则是以非法获取计算机信息系统数据罪定罪。因此，加强对盗窃比特币案件的研究，对于消除分歧、统一定罪量刑标准、提升司法公信力以及实现“同案同判”具有重要的理论和实践意义。此外，这类疑难案件的解决对于盗窃 Q 币、游戏币等虚拟财产的刑事案件也有参考价值。

（三）主流观点

现实中对盗窃比特币定罪的主流观点认为其应定非法获取计算机系统数据罪。主要基于以下四点原因：原因一是按照罪刑法定原则，不得将比特币等虚拟财产认定为刑法中的财物。原因二是类似于比特币这类虚拟财产与电、燃气、电信充值卡等无形财产、金钱财物等有形财产存在很大不同。若将其解释为公私财物使其成为财产类犯罪的犯罪对象，则超出了司法解释的范围。原因三是类似于比特币这类虚拟财产依附于互联网，其法律属性是计算机信息系统数据。而盗窃比特币就是非法获取计算机信息系统数据的行为，当然可以适用非法获取计算机信息系统罪进行定罪量刑。原因四是若盗窃比特币适用盗窃罪，那么认定盗窃数额便是首要解决的问题，因为当下还缺乏能评估其价值的专业性人才、计算方式和评估机构。而在计算机犯罪的司法解释中，对非法获取计算机信息系统数据罪规定了具体定罪量刑标准，适用该罪名可以实现罪责刑相适应。[①]

二、比特币等虚拟财产能否成为刑法的保护对象

2013 年,央行等多部门联合出台的《关于防范比特币风险的通知》(以下简称《通知》)认为比特币是一种虚拟财产。因为要对盗窃比特币进行分析首先需要对比特币的法律属性进行明确,而比特币属于虚拟财产的一种。

(一)现有学说

我国的互联网网民数量全球第一,互联网产品数量同样也是全球第一,虚拟财产这类网络衍生品也琳琅满目,虚拟财产的重要性不断凸显。然而法律上对虚拟财产能否成为刑法保护对象一直存在较大争议,存在以下几种观点:第一种观点认为虚拟财产不是财产,主要原因是认为虚拟财产属于虚拟世界,是无形的,看不见摸不着,而虚拟世界与现实世界是完全割裂的,故其不应该受到现实世界法律的保护。[②] 第二种观点则认为一切虚拟财产都属于刑法上的财物,应该受刑法保护,不需要对虚拟世界和现实世界做区分。第三种观点则认为虚拟财产并不一定受刑法保护。只有该财产符合刑法财物的三性,即具有可管理性、可转移性和价值性,才天然地属于刑法上的财物。[③]

(二)笔者观点阐述

笔者同意第三种观点。判断一个财产是否受刑法保护,虚拟或者现实不是判断的唯一标准。例如,你可以用现实世界的金钱购买虚拟世界的游戏装备、游戏币等虚拟财产,而虚拟财产又可以兑换现实世界的物品,两者并非天然割裂的。所以不能简单地将现实世界与虚拟世界进行割裂,认为两者是毫无联系的。此外,也不能简单地认为一切虚拟财产都属于刑法保护的财物,如普通的 QQ 号码,虽然具有可管理性、可转移性,可能对于持有者有主观上的、情感上的价值,但是缺乏交换价值即客观上的价值,使其难以成为刑法所保护的财物。[④]

因此,只有其符合刑法上财物的三性才必然要受刑法保护。一是管理可能

---

① 参见胡云腾、周加海等:《〈关于办理盗窃刑事案件适用法律若干问题的解释的理解与适用〉》,载《人民司法》2014 年第 15 期。

② 参见侯国云:《论网络虚拟财产刑事保护的不当性——让虚拟财产永远待在虚拟世界》,载《中国人民公安大学学报(社会科学版)》2008 年第 3 期。

③ 参见张明楷:《刑法学》(下),法律出版社 2016 年版,第 936 ~ 937 页。

④ 参见于志刚:《论网络游戏中虚拟财产的法律性质及其刑法保护》,载《政法论坛》2003 年第 12 期。

性。这是以被害人角度出发,若被害人根本不能管理,就不能说被害人对财物具有占有权或者所有权,所以不能认定其丧失了财物。盗窃罪通俗地理解即为将他人占有变成自己占有(或第三人占有)。二是转移可能性。与管理可能性不同的是,转移可能性是以行为人为视角,因为盗窃罪需要改变占有的关系,若不能转移占有关系则不能作为侵犯财产犯罪的财物。当然,对于该财物是否具有转移可能性,要综合考量时代科学技术、能力等做出判断。三是具有价值性。这是从法益的角度出发,一般对于价值性判断包含了交换价值与使用价值,若一件财物没有任何价值则不值得刑法保护。① 所以判断虚拟财产能否成为刑法保护的对象,需要判断其是否符合刑法三性,不是一切虚拟财产都全盘否定,也不是一切虚拟财产全都盘肯定,要具体问题具体分析。

三、盗窃比特币应认定为盗窃罪

(一)非法获取计算机信息系统数据罪和盗窃罪的区别

1. 两罪所侵害的法益不同

按照《刑法》分则的分类,非法获取计算机信息系统数据罪是位于《刑法》分则第六章“扰乱社会管理罪”里的第一节“扰乱公共秩序罪”中的一个罪名,该犯罪侵犯的是公法益,即保护网络上的公共秩序。而盗窃罪作为大众最常见、最熟知的罪名之一,属于侵犯财产类犯罪,是保护私权的罪名,保护的是财产权益。用非法获取计算机系统数据罪的确可以避免讨论虚拟财产法律属性这一难题,却无法全面、客观地评价犯罪行为。例如,某甲盗窃了某乙的比特币,某甲被判非法获取计算机系统数据罪。该判决虽然维护了网络上的公共秩序,却忽略了被盗比特币的财产性,更多罪犯盗窃比特币是因为其具有较高的市场价值,而非为了扰乱网络秩序。若时至今日仍以该思路进行裁判则必然会侵害到被害人的诉讼参与权利,特别是附带民事诉讼。②

2. 容易导致量刑存在过大偏差

《刑法》对盗窃罪一般根据数额进行量刑,浙江省对“数额较大”“数额巨大”和“数额特别巨大”作出了规定(分别是3000元以上、8万元以上、40万元以

---

① 参见张明楷:《非法获取虚拟财产的行为性质》,载《法学》2015年第3期。

② 参见高国其:《网络“虚拟财产”的现实定位与刑法规制》,载《重庆大学学报(社会科学版)》2017年第3期。

上）。而对非法获取计算机信息系统数据罪则是在 2011 年出台的司法解释中作出了规定，需要情节严重才能入罪（见表 1）。

表 1　两罪犯罪数额与定罪量刑的主要区别

罪名		一般情节	情节严重	特别严重情节
盗窃罪	数额	3000 元以上（数额较大）	8 万元以上（数额巨大）	40 万元以上（数额特别巨大）
	刑罚	3 年以下有期徒刑、拘役或者管制，并处或者单处罚金。	3 年以上 10 年以下有期徒刑。	10 年以上有期徒刑或者无期徒刑。
非法获取计算机信息系统数据罪	数额		违法所得 5000 元以上或造成经济损失 1 万元以上。	违法所得 2.5 万元以上或造成经济损失 5 万元以上。
	刑罚		处 3 年以下有期徒刑或者拘役。	处 3 年以上 7 年以下有期徒刑。

从表 1 可知，从违法所得的视角看，可能存在两种不均衡的情况。情况一：若某甲违法所得在 50 万元（违法所得 50 万元一般其造成被害人的实际损失肯定超过 50 万元），则定盗窃罪量刑重，定非法获取计算机系统数据罪轻（见图 2）。情况二：若某甲违法所得 5 万元，以非法获取计算机信息系统数据罪定罪量刑重，而适用盗窃罪量刑轻（见图 3）。

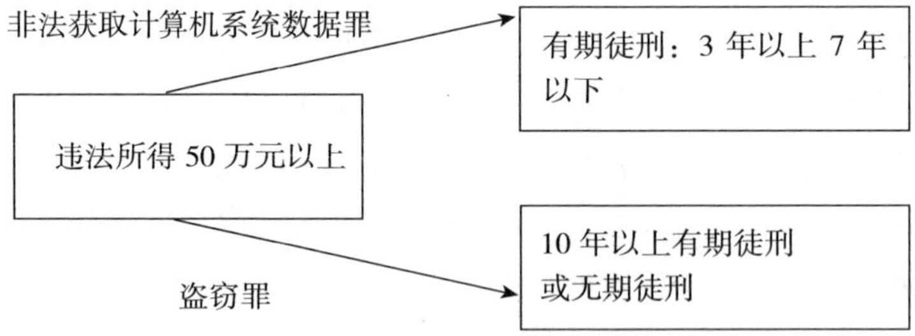

图 2　某甲违法所得 50 万元时两罪的量刑差别

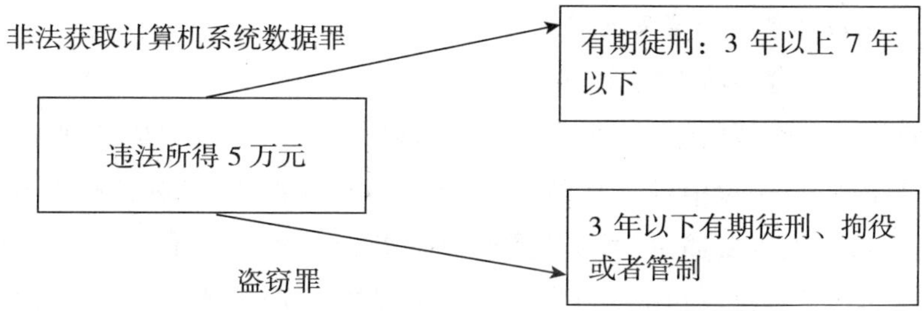

图 3　某甲违法所得 5 万元时两罪的量刑差别

综上所述，情况一和情况二都是基于同一犯罪事实，但量刑上却存在如此偏差，这就导致违法所得少的时候定盗窃罪量刑轻，违法所得多的时候定非法获取计算机信息系统数据罪的量刑轻，容易出现要么处罚过轻，要么处罚过重的情况。但法律的适用必须要有相对明确的方向，才更能体现法律的权威性。

认定盗窃数额对盗窃罪极其关键，因为数额的认定不仅关系到量刑，更是被害人法益保护的重要依据。然而现实中多因为无法计算比特币价值而否定盗窃比特币行为具备的盗窃性。假如用比特币进行行贿受贿，但若因为无法准确计算其价值而否定此种行为的行贿受贿性质，显然不能被接受。情况三：某甲看到某乙抄在纸上的比特币的账户与密码，最后修改了密码。情况四：某乙委托某甲登录自己的比特币账户进行相关交易，某甲趁机修改了该账户密码。情况三和情况四中的行为并没有非法侵入计算机信息系统，不符合非法获取计算机信息系统数据罪的构成要件，更没有破坏网络上的公共秩序，若不能完全脱离案件事实而信奉非法获取计算机系统数据罪万能的教条主义，此做法不妥不当。[①] 此外，按照盗窃罪的相关司法解释对于情况三、情况四的行为就没有办法处理，在司法实践中也会造成明显的处罚漏洞。

可见犯罪数额不仅仅是定罪量刑的重要依据，也是对被害人权益保护的最好依据。此外，对于非法获取数额特别巨大的案件，即使适用计算机犯罪情节特别严重的法定刑，也难以做到罪刑相适应。

① 参见陈兴良：《虚拟财产的刑法属性及其保护路径》，载《中国法学》2017 年第 2 期。

（二）盗窃比特币应当定盗窃罪

1. 比特币符合刑法上财物的特征

依照张明楷教授的学说，所谓刑法上的财物具有三性，一是管理可能性，二是转移可能性，三是价值性。比特币作为一种虚拟财产，当然具有管理的可能性。首先，持有人需要通过“挖矿”或者交易获得并将比特币存于自己账户内，这个账户具有只有自己可知的私匙，当然的具有可管理性。其次，比特币可以进行买卖、兑换，正是其具有可转移性所以才会使其成为被侵害的对象。最后，比特币具备交换价值和使用价值这两个价值要素。因此比特币符合刑法上财物的特征，当然可以作为财产犯罪的对象。例如，上海市普陀区人民法院的（2014）普刑初字第 1162 号、北京市东城区人民法院（2015）东刑初字第 1252 号、浙江省台州市中级人民法院（2016）浙 10 刑终 1043 号等，及两件盗窃莱特币（一种类似于比特币的数字货币）的刑事判决，均以盗窃罪判处。可见在实践中已经认可数字货币这种虚拟财产的财产价值。①

2. 符合刑法解释

虽然《通知》否定比特币的货币属性，但并不能否认其应当受法律保护。正如上文所述，只要符合刑法上财物的特征，就天然地受我国刑法保护。刑法中盗窃罪的定义是以非法占有为目的，盗取他人占有的数额较大的财物，或者多次盗窃、入室盗窃、携带凶器盗窃、扒窃的行为。② 现有的法律及司法解释既然并没有否认比特币这类虚拟财产属于刑法意义上的财物，只要其符合刑法上财物的特征就应该受到法律的保护。

司法解释对非法获取比特币行为定非法获取计算机系统数据罪的主要原因是盗窃数额认定存在困难，但并没有否定比特币属于刑法上认为的财物，因为财物的价值要根据时代的经济发展、科学技术水平才能作出相对公允的判断。此外，我国诈骗罪既遂的标准并非数额的高低，只要欺骗行为导致被害人遭受财产损失，则构成诈骗罪。③ 在行为人实施欺骗行为使被害人产生错误认识，并基于错误认识而处分了比特币时，在我国现有司法实践中都认定为诈骗

---

① 参见孙道萃：《网络财产性利益的刑法保护：司法动向与理论协同》，载《政治与法律》2016 年第 6 期。

② 参见张明楷：《刑法学》（下），法律出版社 2016 年版，第 939 页。

③ 参见张明楷：《刑法学》（下），法律出版社 2016 年版，第 1005 页。

罪。例如,浙江省金华市中级人民法院(2016)浙07刑终67号案件中,刘刚、金海等以诈骗罪定罪。[①] 在实践中凡涉及比特币的侵犯财产犯罪中,除了盗窃罪都可以相应认定为诈骗罪、抢劫罪、敲诈勒索罪、职务侵占罪等,因为除盗窃罪之外其他侵犯财产型犯罪对数额的认定要求都不高。由于这些案件均没有否认其财产性、价值性,所以将盗窃比特币认定为盗窃罪符合刑法的体系解释。此外,现有的司法解释对盗窃毒品、淫秽物品等违禁品仍定盗窃罪,并没有因其价值难以计算而否定其行为的盗窃性。故对盗窃比特币的行为,不能因为盗窃数额难以认定而否定盗窃罪的成立。《刑法》规定了特定犯罪构成要件,只要行为符合相应的构成要件,就不能因为数额难以认定而改变定性。

3. 更加符合法益保护

法益保护是刑法一直在倡导和追求的目标。计算机犯罪在《刑法》分则罪名分类中属于扰乱公共秩序罪,盗窃罪在《刑法》分则中则属于侵害财产罪,两者侧重保护的法益不同:侵犯财产罪所保护的法益是公私财产,扰乱公共秩序罪所保护的法益是社会管理秩序。真正对侵害比特币犯罪以侵犯财产罪进行刑法保护的是浙江省台州市中级人民法院(2016)浙10刑终1043号武宏恩盗窃罪一案,在二审刑事裁定书中,法官认为"被害人金某付出对价后得到比特币,不仅是一种特定的虚拟商品,也代表着被害人在现实生活中实际享有的财产,应当受刑法保护"。"被告人武宏恩通过互联网窃取了被害人金某的比特币后,再将其售出所得款项计人民币20余万元到了其个人的银行账户,其行为已构成盗窃罪。"[②]考虑到目前我国对比特币缺乏足够的法律规定与明确的法律定性,台州市中级人民法院将比特币认定为"受刑法保护的代表被害人在现实生活中实际享有财产"的认定具有相当深远的意义:肯定了比特币本身的财产价值,对其予以法律保护。

4. 符合时代发展所需

我国现阶段认为比特币不具备货币属性,但是并没有否认其应被法律保护。《刑法》及相关司法解释对财物是否包含虚拟财产没有作出明确规定,而且随着信息时代不断发展,网络衍生产品越来越丰富,虚拟财产的种类在不断丰

---

① 参见浙江省金华市中级人民法院(2016)浙07刑终67号刑事裁定书。

② 浙江省台州市中级人民法院(2016)浙10刑终1043号刑事裁定书。

富、价值也越来越大，购买、使用、交换虚拟财产成为一种常态，虚拟财产只要符合《刑法》上财物的三性就应该受到刑法保护。在互联网时代中，虚拟财产早已进入千家万户，将其作为一种可保护的财物，完全可以被国民接受，也是国民所迫切需要的，不会侵犯国民的预测可能性。

例如，我国禁止毒品，但是并没有否认毒品是财物，对盗窃毒品的行为仍认定为盗窃罪，而且对于数额的认定可以参考当地毒品非法交易的价格。随着时代的发展，刑法也需要不断发展完善。例如，《刑法》第 265 条就是一个非常好的例子。对于电信号码、电信设备、通信线路进行盗用则定盗窃罪，这种类型的犯罪也是随着通信时代的到来而频繁发生，在最初也曾存在过定罪量刑的困难。

综上所述，对盗窃比特币应认定为盗窃罪。

四、盗窃比特币数额的认定

（一）数额认定存在的现实困难

实践中盗窃比特币之所以不定盗窃罪最主要的症结在于对盗窃数额难以认定。而存在这一困难主要有以下几点原因：一是现实中由于比特币的价格存在巨大波动。这类带有“去中心化”“数量有限”“匿名化”的货币近几年异常火爆，价格也是一路走高，比特币从原来的 0.003 美元，到 18,674 美元最高峰（见图 4），之后又慢慢回落，而全球最大的比特币交易市场就是中国。不仅仅是比特币，如莱特币、狗狗币等数字货币也同样成为爆款，数字货币正成为一种新的超级财富载体。波动如此巨大使其难以保证有其公允的市场价格。二是当前还缺乏相关的技术人员、计算方法等一系列配套机制。三是因为比特币“去中心化”的特点使其很难找到一家客观的评估机构，使其数额认定存在难处。所以当下将盗窃比特币适用非法获取计算机系统数据罪能很好地避免此类问题的发生。此外，如果盗窃比特币的行为在两罪之间若量刑差不多，则定非法获取计算机系统数据罪显然更符合司法解释。然而这样的判罚存在一个明显不足：例如甲盗窃了乙财物（该财物价值 3000 元以上），但因为该财物无法认定其价值而否认甲构成盗窃罪，这样显然是无法被接受的。

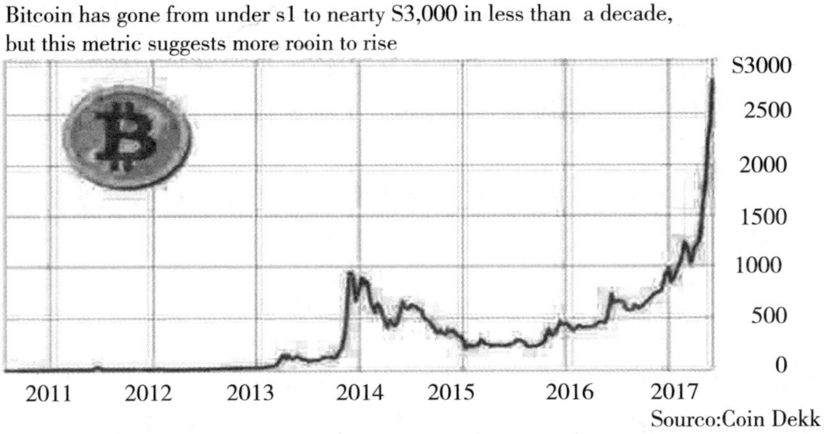

图4　2011～2017年比特币价格走势图

（二）建立盗窃比特币数额认定方法

明确盗窃比特币的法律属性后，认定盗窃数额便成为当务之急。目前司法解释只是对认定虚拟财产提供了一个基本原则：盗窃罪数额认定，被盗财物有有效价格证明的，根据有效价格证明认定；无有效价格证明，或者根据价格证明认定盗窃数额明显不合理的，应当按照有关规定委托估价机构估价。① 而目前对比特币价值的计算有四种认定方式：以官方认定的交易平台所标出的价格计算，点对点交易的价格进行计算，对被害人造成的实际损失，犯罪人违法所得。笔者认为在具体司法实践中，可以立足于案件事实，根据不同案情进行分类判断。具体而言，可以采取以下两种原则：

1. 以被害人的投入成本为先原则

该原则的前提是违法所得小于或等于成本投入。被害人在获取比特币时需要投入一定成本，而成本多少需要看获取比特币的方式，因为获取方式不同则其成本计算的方式也不一样。现实中一般存在两种获取比特币方法（此处忽略赠与、继承等无偿所得）：一是通过"挖矿"所得，二是通过交易所得。若是"挖矿"所得，则在计算其价值的时候需要计算获取比特币的时间以此来计算所耗费的电费和设备损耗；若是交易所得，则需要被害人提供交易时的支付凭证、交易记录等。因为上述两种情况是被害人通过真实的劳动投入或者金钱投入

① 《关于办理盗窃刑事案件适用法律若干问题的解释》第4条。

获取比特币，若比特币被盗窃，则可能出现销赃数额低于投入成本数额的情况，若按犯罪人违法所得则不利于被害人法益的保护，所以在可以较为准确推算被害人投入时，在认定盗窃数额上应该往投入成本这端靠（见图5）。

盗窃数额的认定 ≈ 投入成本 ≥ 违法所得

图5　被害人的投入成本原则

这样做的优点在于：第一，更有利于保护被害人。现实中存在犯罪人为了快速变现用极低价格卖出比特币的情况，导致其违法所得远远低于被害人损失。第二，被害人为维护自己的权益会积极配合收集计算成本所需要的证据。第三，可以适当减轻因比特币价格波动巨大对评估盗窃数额带来的影响。

2. 符合可预测性原则

比特币自诞生以来，经历过几次大涨大跌，若单单根据被害人投入时成本进行定罪量刑，特别是在被害人获取比特币时价格非常高，而罪犯盗窃时价格特别低时，若以成本为原则难免会存在一定不妥之处。在司法实践中也发生过几起因评估价格过高而引起社会舆论大讨论的案件，如科研葡萄案、天价游戏币案等。所以认定盗窃比特币犯罪数额要具体分析个案情节，综合考量，兼顾以成本为原则和可预测性原则进行综合判断。①

此外，我国对盗窃毒品的数额的认定可以参考当地毒品非法交易的价格，这也是个可以借鉴学习的方向。随着时代的发展和进步，培养专业化的人员，制定较为科学、客观的计算方法，鉴定机构新增评估虚拟财产价值的新业务也是当务之急。

结　语

比特币的诞生与兴起是货币史上的偶然，对于盗窃比特币犯罪行为的认定分析主要症结点在虚拟财产能否成为刑法保护的对象，以及对虚拟财产的价值认定上。用非法获取计算机系统数据罪予以定性的确可以适用一时，然而我国未来的立法和司法应当在维护金融安全与鼓励金融创新之间取得平衡，在虚拟

① 参见陈云良、周新：《虚拟财产刑法保护路径之选择》，载《法学评论》2009年第2期。

财产已经井喷的时代需要统一对盗窃比特币等虚拟财产案件的裁判尺度。此外,需要采取进一步完善财产价值评估体系、完善相应司法解释、发布典型案例等举措,让此类案件在司法实践中可以得到更为公平合理、尺度统一的定性和裁判,同时也有利于相关市场尽快实现规范健康的发展。①

① 参见刘宪权主编:《"互联网+"时代的法律回应》,上海人民出版社2016年版,第72页。

区块链技术背景下非法转移加密数字货币行为的刑法规制

林海珍[*]　林胜超[**]

摘　要:随着区块链技术和加密数字货币的走热,以窃取、骗取等手段非法转移加密数字货币的行为频发。文章通过对2014年至2019年9月非法转移加密数字货币的判例进行调研,发现实务中该类案件的定性分歧集中于侵财犯罪和非法获取计算机信息系统数据罪,且对犯罪数额的认定方法不一。文章从加密数字货币的商品属性、稀缺性、可支配性、使用价值、交换价值等角度进行分析,论证加密数字货币可认定为刑法上的财产,非法转移加密数字货币的行为宜以侵财犯罪定性,主张按照转移时的平台交易价、销赃价、购入价,递进适用犯罪数额的认定标准。

关键词:区块链　加密数字货币　侵财　非法获取计算机信息系统数据

随着区块链技术的日益成熟,以区块链技术为基础的加密数字货币层出不穷,并逐渐受到各国投资者的狂热追捧,随之而来的是以加密数字货币为犯罪对象的刑事案件不断涌现。非法转移加密数字货币的犯罪行为无疑是其中最直接关乎公众切身利益的犯罪类型之一,其不仅使加密数字货币持有者具有成为被害人的高度风险,网络用户亦面临着随时被侵害的可能。笔者经调研

---

* 林海珍,浙江省瑞安市人民检察院,第三检察部副主任、检察官助理。

** 林胜超,浙江省瑞安市人民检察院,共青团瑞安市检察院支部委员会书记,第二检察部检察官助理。

发现对非法转移加密数字货币犯罪行为的司法认定在学界和实务中存在较大分歧。

一、区块链技术背景下加密数字货币的基本内涵

（一）区块链的概念

区块链是继移动互联网、大数据、云计算、人工智能后又一备受瞩目的技术创新。区块链是指通过去中心化和去信任的方式集体维护一个可靠数据库的技术方案。[①] 区块链使用时间戳和数字密码技术，把交易记录记载在按时间序列组成的数据区块中，并使用共识机制把数据存储到分布式数据库内，从而生成了永久保存、不可逆向篡改的唯一数据记录，达到了不依靠任何中心机构而实现可信交易的目的。[②]

（二）区块链技术与加密数字货币

加密数字货币是数字货币的一种，又称为数字密码货币。加密数字货币的底层技术源自区块链技术的共识机制、分布式账本和密码技术。具体而言，共识机制即数据的记录是全网公开透明的，分布式账本指的是数据的储存是分布保存在整个网络的多个记账节点[③]，密码技术指的是利用哈希函数、数字签名、零知识证明等密码学技术保障数据安全[④]。比特币在 2009 年成为第一个去中心化的加密货币，因其源代码的公开性[⑤]，不少人对比特币源代码进行修改后，制作出新的加密货币。因此，各种加密数字货币层出不穷，国内除了比特币以外，常见的有以太币（Ether，ETH）、瑞波币（Ripple，XRP）、莱特币（Litecoin，LTC）、门罗币（Monero，XMR）、云储币（Siacoin，SC）等。

二、非法转移加密数字货币犯罪案件判决情况

（一）有关加密数字货币的盗窃案件以盗窃电力“挖矿”为主

笔者通过“中国裁判文书网”检索“比特币”“以太币”“莱特币”“瑞波币”

---

① 参见高昀：《我国金融区块链应用的法律问题研究》，兰州财经大学经济法学系 2017 年硕士学位论文，第 8 页。

② 参见井底望天等主编：《区块链与大数据：打造智能经济》，人民邮电出版社 2017 年版，第50～130 页。

③ 参见韩璇、刘亚敏：《区块链技术中的共识机制研究》，载《信息网络安全》2017 年第 9 期。

④ 参见王化群、吴涛：《区块链中的密码学技术》，载《南京邮电大学学报》（自然科学版）2017 年第 6 期。

⑤ 参见杨涛主编：《互联网金融理论与实践》，经济管理出版社 2015 年版，第 133～270 页。

等主流加密数字货币的关键词，二级案由为“侵犯财产”，三级案由为“盗窃罪”，审判程序为“一审”，统计出2014年至2019年9月相关判例共151件。其中114件为行为人利用“挖矿机”盗窃电力资源以进行“挖矿”，6件为行为人以操作他人加密数字货币钱包、交易平台账号及密码的方式窃取被害人持有的加密数字货币。例如，杭州市临安区人民法院判决的被告人丁杰犯盗窃罪一案①中，被告人丁杰利用事先知晓的被害人程某的瑞波币账户、密钥，登录被害人程某的瑞波币账户，盗走该账户内669,136个瑞波币。再如，武汉市汉阳区人民法院判决的被告人黄方骏犯盗窃罪一案②中，被告人黄方骏利用事先掌握的被害人刘某的比特币钱包账号和密码，从中盗取0.22个比特币转入自己账户。

从上述调研样本可见，以盗窃罪定性的窃取加密数字货币案件数量总体较少，主要情形为窃取电力非法“挖矿”。窃取电力“挖矿”并不属于非法转移加密数字货币，但反映了以“挖矿”方式生产加密数字货币需耗费大量的电力。由于“挖矿”类似于“猜数字”，“挖矿”的效率与硬件设备的运算能力呈正相关，而且，从技术层面而言，随着未被“挖矿”的加密货币数量越来越少，“挖矿”耗时越来越长，“挖矿”对电量的消耗非常可观。例如，在安徽省马鞍山市中级人民法院判决的被告人张厚林等人犯盗窃罪一案③中，被告人张厚林等人使用10台S7型比特币挖矿机在3天内窃取电能近15,000元。

（二）常见以加密数字货币交易为幌子实施诈骗

笔者通过“中国裁判文书网”，以前述主流加密数字货币为关键词，二级案由为“侵犯财产”，三级案由为“诈骗罪”，在检索基础上进行人工排查，统计出2014年至2019年9月相关判例共29件。其中15件行为人以代购或投资加密数字货币为幌子骗取他人钱财，有1件对诈骗被害人交付加密数字货币行为以诈骗罪定性④。

上述判例反映：一是实务中确有判例对骗取加密数字货币的行为以诈骗罪定性，但总体较少；二是较为常见的是行为人以加密数字货币为幌子，骗取被害人支付钱款。可见，无论当前国家政策或者司法判例对加密数字货币的性质、

① 参见（2017）浙0185刑初636号刑事判决书。
② 参见（2018）鄂0105刑初543号刑事判决书。
③ 参见（2017）皖0504刑初134号刑事判决书。
④ 参见（2018）粤0802刑初249号刑事判决书。

地位或价值采取何种态度，实践中，不少人肯定了加密数字货币是具有交易价值的，并愿意付出真金白银去兑换。在有些判例中，行为人将加密数字货币作为支付工具用于投资理财①，甚至在个别判例中，公司将加密数字货币当作工资予以发放②。

（三）非法转移加密数字货币以侵财犯罪定性逐年增多

笔者通过“中国裁判文书网”，以前述主流加密数字货币为关键词，二级案由为“侵犯财产”“妨害社会管理秩序”进行检索，经人工排查统计如下：2014 年至 2019 年 9 月，非法转移加密数字货币的行为以盗窃罪、诈骗罪、敲诈勒索罪以及职务侵占罪定性的侵犯财产判例共 12 件，以非法获取计算机信息系统数据罪定性的判例 7 件。调研数据反映，从 2014 年至 2019 年以来，非法转移加密数字货币的行为以侵财犯罪定性的判例总体较少，但逐年呈类型多样化（见图 1），数量总体增加的趋势；以非法获取计算机信息系统数据罪定性的判例，总体占比均在 50% 以下（见图 2）。

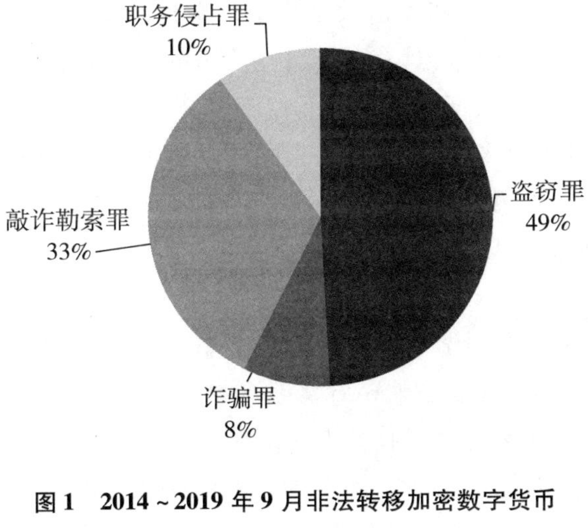

图 1　2014～2019 年 9 月非法转移加密数字货币以侵财犯罪定性的判决情况

---

① 参见（2019）浙 0212 刑初 865 号刑事判决书。

② 参见（2019）粤 0307 刑初 1206 号刑事判决书。

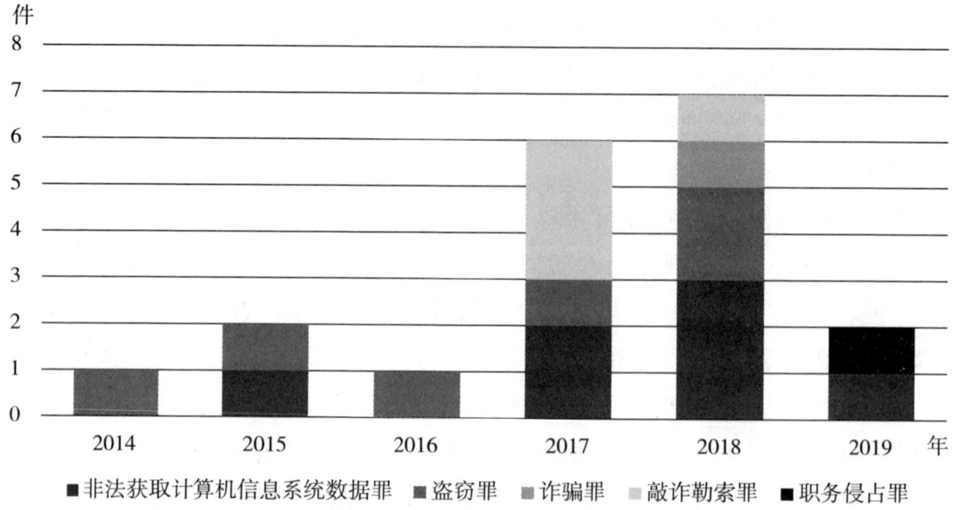

图2　2014～2019 年 9 月非法转移加密数字货币的裁判情况

上述情形反映了两个现状：一是随着区块链概念的不断普及，应用加密数字货币的人群增多，非法转移加密数字货币的案件总量呈增多趋势；二是近年来，司法实务对加密数字货币具有财产属性的认可度有所增加。

（四）加密数字货币是否具有财产属性存在分歧

从笔者收集的判例来看，对于行为人同样以隐蔽手段非法转移被害人加密数字货币的行为，定性为盗窃罪的有 6 件，定性为非法获取计算机信息系统罪的有 7 件。笔者筛选出以下两件典型判例：

案例一①：被告人仲崇杰通过使用 ROOT 权限进入被害公司租用的服务器，在公司所有的比特币钱包程序中插入代码转移 100 个比特币至其个人钱包。北京市海淀区人民法院以非法控制计算机信息系统罪对被告人仲崇杰判处刑罚，认定其行为造成该公司经济损失人民币 36,000 元，并向被告人仲崇杰追缴违法所得的比特币 10 个。公诉机关认为，行为人在被害公司的服务器中插入代码，对数据加以修改，并将数据所代表的比特币转移至其个人开户的网络钱包中的行为，应当认定为是对计算机信息系统数据的非法获取行为。②

① 参见（2018）京 0108 刑初 1410 号刑事判决书。

② 参见彭波：《以非法获取计算机信息系统数据罪　北京检方批捕比特币盗窃案嫌疑人》，载《人民日报》2018 年 3 月 26 日，第 11 版。

案例二:[①]被告人武宏恩利用窃取的被害人金某的“MMM”投资平台账号及密码,通过篡改收款地址的方式盗走上述账户内的比特币70.9578枚,后在“火币网”交易平台上出售。浙江省天台县人民法院以盗窃罪对被告人武宏恩判处刑罚,并根据价格鉴定结论,认定被盗的比特币价值人民币205,607.81元。被告人武宏恩上诉辩称比特币是一种虚拟商品,不属于盗窃罪的犯罪对象。二审法院认为,被害人金某付出对价后得到比特币,不仅是一种特定的虚拟商品,也代表着被害人在现实生活中实际享有的财产,应当受刑法保护。因此被告人通过互联网窃取了被害人金某的比特币后出售的行为已构成盗窃罪。

可见,实务中对加密数字货币能否以侵财犯罪定性,主要争议在于其是否应认定为财产,或者仅仅属于电子数据。

(五)加密数字货币的价格认定标准不一

若对窃取、骗取或者以其他手段非法转移加密数字货币的行为以侵财犯罪定性,必须解决的问题是犯罪数额,即加密数字货币价值的认定问题。实务中,不同的法院对类似的行为采用了不同的认定标准。

例如,浙江省天台县人民法院判决的被告人武宏恩犯盗窃罪一案[②]中,法院以价格鉴定结论书为依据;上海市普陀区人民法院判决的被告人陈甲犯盗窃罪一案[③],法院以销赃数额认定犯罪数额;济源市人民法院判决的被告人郭朋犯诈骗罪一案[④],法院以被害人购入的价格认定犯罪数额;湛江市赤坎区人民法院判决的被告人刘士剑犯诈骗罪一案[⑤],法院则以被告人刘士剑转账当日的以太币的收盘价格认定犯罪数额。

可见,鉴于加密数字货币价格浮动大,又缺乏市场价格,实务中对于加密数字货币的价值认定标准并不统一,或者以购入价认定,或者以销赃价认定,或者以交易日价格认定。至于采用价格鉴定结论的,对于如何进行价格鉴定则语焉不详。

---

① 参见(2016)浙10刑终1043号刑事判决书。
② 参见(2016)浙1023刑初384号刑事判决书。
③ 参见(2014)普刑初字第1162号刑事判决书。
④ 参见(2017)豫9001刑初1024号刑事判决书。
⑤ 参见(2018)粤0802刑初249号刑事判决书。

三、非法转移加密数字货币犯罪案件的理论分歧

非法转移加密数字货币行为的司法认定在刑法学界同样存在较大分歧。笔者按照搜索词汇的精准度和引用率降序排序，检索“中国知网”数据库的CSSCI来源期刊、核心期刊，分析发现学界主要存在以下几方面的认识分歧：

（一）加密数字货币能否认定为货币

尽管我国并不承认加密数字货币作为货币的地位，但是仍有观点从货币职能角度来探讨加密数字货币的货币属性，以此得出加密数字货币应认定为货币。该观点认为，尽管定价波动会造成加密数字货币资产价值的不稳定，但加密数字货币实际承担了交易中介与价值存储功能，刑法应当认定其在这种特定情形下构成实质上的货币。[①]

（二）加密数字货币是否具有稀缺性

研究加密数字货币的财产属性，离不开经济学视角的检视。经济学意义上的财物以稀缺性为前提。有学者认为，比特币的产生过程完全基于技术，其数量上限和达到数量上限的时间都已经被技术固定，即在2140年达到2100万的数字上限。[②] 同样，杭州互联网法院以总量恒定为2100万个论证比特币的稀缺性。但反对观点认为，加密数字货币最多只具有人为的稀缺性，不是传统经济学意义上的财物。比特币的开发者“中本聪”绝对可以将比特币的数量上限设计为210亿、2100亿，而不是2100万。

（三）加密数字货币是否凝结了人类抽象的劳动力

从马克思的劳动价值理论来看，凝结劳动力是财产的基本属性。有观点以加密数字货币凝结人类劳动来肯定其财产属性，用户获取数字货币的过程与结果可界定为劳动付出和收获。也有观点认为凝结人类劳动的数字货币程序不等于用户得到的数字货币也凝结了相应的劳动付出，而且加密数字货币的获取完全依赖于矿机长期、自动运行相应的程序，在这过程中，无须投入人类的劳动。

（四）加密数字货币是否具有使用、交换价值

加密数字货币主要通过市场流通来是实现自身价值。有观点认为加密数

---

① 参见谢杰、张建：《“去中心化”数字支付时代经济刑法的选择——基于比特币的法律与经济分析》，载《法学》2014年第8期。

② 参见盛松成、张璇：《虚拟货币本质上不是货币——以比特币为例》，载《中国金融》2014年第1期。

字货币在我国被限制交易流通使用，持有者无法实现对加密数字货币完整的所有权，进而否定加密数字货币的使用、交换价值。也有观点认为，近年来，加密数字货币应用环节的发展十分迅速，主要包括支付应用、交易应用和投资应用等，即使我国禁止加密数字货币交易平台提供比特币交易、信息中介等服务，但比特币持有者仍可以在境外的交易平台或接受比特币结算的购物网站、实体店中使用。①

(五)加密数字货币是否具有可控制性

是否具有可控制性旨在讨论加密数字货币的支配性以及权属问题。倘若不能被占有、使用、收益和处分，自然无法成为受法律关系调整的财物。有观点认为加密数字货币是一种密码学货币，持有者所拥有的仅仅是一段密钥(又称私钥)，但这段密钥本身并不是加密数字货币，可以说加密数字货币是完全虚的，人们甚至无法找到加密数字货币的真正载体。② 也有观点认为加密数字货币的持有者可以通过掌握的私钥，实现对加密数字货币绝对的、排他的支配，不需要现实的、直接的占有。③

四、非法转移加密数字货币的司法认定路径

(一)加密数字货币应认定为刑法意义上的财物

尽管从保障金融管理秩序和外汇安全等角度，国家对加密数字货币以“一刀切”的方式禁止交易。但不可否认的是，加密数字货币因具备交换价值而不断普及。面对加密数字货币的犯罪行为不断涌现，我国相关的立法设计尚未跟进，导致加密数字货币属性不明。笔者认为，不应承认加密数字货币的货币属性，但其具备现实中的财产的基本属性，属于特殊的虚拟商品，应认定为刑法意义上的财物。

1. 加密数字货币不具有货币地位

第一，政策上否认加密数字货币的货币地位。中国人民银行等五部委于2013年12月3日印发的《关于防范比特币风险的通知》明确强调比特币是一种

---

① 参见王熠珏:《比特币的性质界定与刑法应对》，载《科学·经济·社会》2018年第3期。

② 参见赵天书:《比特币法律属性探析——从广义货币法的角度》，载《中国政法大学学报》2017年第5期。

③ 参见赵磊:《论比特币的法律属性——从Hash Fast管理人诉Marc Lowe案谈起》，载《法学》2018年第4期。

特定的虚拟商品,不是真正意义的货币。中国人民银行上海总部于2017年1月6日重申比特币是特定的虚拟商品、无货币地位。

第二,加密数字货币不符合经济学意义上的货币职能。加密数字货币仅具备部分的货币功能。欧洲中央银行(European Central Bank,ECB)曾指出比特币不完全符合货币的经济学要求,一是比特币的公众接受度不高导致其作为交易媒介的功能有限;二是比特币兑换率的高度波动性导致其难以进行短期储值,毋宁说作为长期的储值工具;三是在接受度低和高度波动性的双重作用下,比特币不宜作为一种计价单位。①

第三,从金融安全角度,加密数字货币不应赋予货币地位。一方面,法定货币以国家信用为支持。基于区块链技术的去中心化、去信用化的特征,加密数字货币并不具有国家信用基础,其脱离国家的直接监管,难以防范可能出现的金融风险。另一方面,若赋予加密数字货币的货币地位,不仅与人民币的法定货币地位相抵触,又会导致加密数字货币成为洗钱、逃汇、逃税等违法犯罪的合法工具而增大监管难度。

2. 加密数字货币具备财产的基本属性

刑法上的财物首先应当具备财产的基本属性,而加密数字货币因凝结了人类抽象的劳动力、具备稀缺性、使用和交换价值的特点与现实中的商品在本质上别无二致。

首先,加密数字货币凝结了人类抽象的劳动力。根据通说,获取加密数字货币的途径仅有两种,一是通过转移加密数字货币的方式取得,二是通过"挖矿"的方式获取。"挖矿"实际上是将待确认的交易记录打包添加到所有加密货币交易的公共记录中的过程,其本质是利用计算机的运算能力争夺记账权。由于"挖矿"过程需要对没有固定算法的哈希值进行计算,只能靠计算机的运算能力作随机哈希值碰撞。② 虽然在整个"挖矿"的过程中,看似"矿工"未直接投入人类的劳动力。但是加密数字货币的程序的配置及发布却凝结了开发者大量的劳动投入。"矿工"需要出资购买价格不菲的"矿机",在"矿机"上安装、配置

① 参见王熠珏:《"区块链+"时代比特币侵财犯罪研究》,载《东方法学》2019年第3期。
② 参见王皓等:《数字货币中的区块链及其隐私保护机制》,载《信息网络安全》2017年第7期。

"挖矿"程序,将"矿机"加入"矿池",启动"矿机"程序等人力、物力的投入。[①]对此,杭州互联网法院也强调了通过"矿工""挖矿"的生产比特币过程及获得比特币的结果凝结了人类抽象的劳动力。

其次,加密数字货币具有稀缺性。其一,刑法学上关于稀缺性的认定标准不应局限于经济学理论,刑法学上财物的内涵应随着时代的发展不断更新。其二,虽然加密数字货币发行者能够在极短的时间内制造出数以亿万计的数字货币,完全具有无限生产、无穷制造数字货币的技术能力。但是稀缺性是一种客观存在,不能以具有无限生产、无穷制造的技术可能来否定当下加密数字货币总量恒定的实然现状。其三,从市场流通情况来看,正是加密数字货币总量有限的特点,才导致加密数字货币的价格动荡,并成为诸多投资者追捧的对象。

最后,加密数字货币具有使用、交换价值。其一,从技术层面来看,以比特币为例,比特币账户由公钥、私钥和地址构成,公钥和地址是对外公开的,是由私钥经过多个过程加密而成的。私钥是由256位的二进制编码构成,掌握私钥即可以对所属账户进行使用、交换。[②] 其二,从实然层面来看,加密数字货币的交易行为广泛存在。当前,加密数字货币的应用环节发展十分迅速,已经涵盖支付应用、交易应用和投资应用。其三,从政策层面来看,虽然我国央行等七部门于2017年9月4日联合下发《关于防范代币发行融资风险的公告》(以下简称《公告》),宣布即日起任何组织和个人不得非法从事代币发行融资活动,禁止任何代币融资交易平台从事代币兑换业务。而承认加密数字货币的使用、处分、收益权能,与《公告》的规定并不冲突。从《公告》的制定目的来看,国家是为了防范化解金融风险,打击非法的融资行为,才禁止虚拟货币交易和首次币发行(Initial Coin offering,ICO)活动,但《公告》并未否定私人之间的比特币交易行为。深圳国际仲裁院(深圳仲裁委员会)于2018年10月25日公布的涉比特币股权转让合同纠纷仲裁案件中,亦承认了比特币的上述所有权属性。

3.将虚拟财产纳入财产犯罪规制符合司法判例

虽然我国现有的法律尚未明确虚拟财产的财产属性,最高人民法院在发表

---

① 参见孙健:《区块链百科全书:人人都能看懂的比特币等数字货币入门手册》,电子工业出版社2018年版,第121~130页。

② 参见王卫、南庆贺:《论盗窃比特币的行为性质》,载《西部法学评论》2018年第5期。

对2013年《关于办理盗窃刑事案件适用法律若干问题的解释》的理解与适用时，更是明确提出虚拟财产不作为财产处理的意见，但是从我国近年来的司法判例来看，虚拟财产已逐步被认可为侵财犯罪保护的对象。

例如，2017年10月12日最高人民检察院印发的第九批指导性案例张四毛盗窃案，明确了域名具有财产属性，盗窃域名可构成盗窃罪。① 又如杭州互联网法院2019年7月18日对一起涉“比特币”网络财产侵权纠纷案件进行宣判，认定比特币的虚拟财产的法律地位，主要理由是比特币具备价值性、稀缺性、可支配性。② 又如上海市青浦区人民检察院提起公诉的被告人陈某等人涉嫌故意毁坏财物罪一案，被告人毁坏他人账号中游戏装备。检察机关认为涉案的战船、宝石等游戏道具属于虚拟财产，与有形财产一样具有使用价值和交换价值，具有“财物”属性，可以成为刑法保护的对象。上述意见得到法院的认可，最终法院以故意毁坏财物罪对被告人陈某等人定罪处罚。③

4. 承认虚拟财产的财产属性符合当前国际立法趋势

从境外刑事立法和司法来看，已有部分国家将虚拟财产视为财产犯罪保护的对象，甚至有国家的立法呈现逐步认可虚拟财产的财产属性的趋势。例如，在虚拟财产刚出现时，韩国法律采取完全排斥的做法，韩国不仅否定虚拟财产的合法性，还禁止虚拟财产交易。后随着侵犯虚拟财产的行为频发，韩国不得不重新对虚拟财产进行定位，最终通过立法认定虚拟财产具有财产价值，其性质等同于钱财。④

5. 认定侵犯财产犯罪符合罪责刑相适应的原则

是否将非法转移加密数字货币以侵财犯罪论处，应着重考量能否实现罪责刑相适应以及处罚的均衡性。

一方面，若将非法转移加密数字货币一律以非法获取计算机信息系统数据罪处理，会导致罪责刑不相适应。例如，甲准备了50万元用于购买比特币，但

---

① 参见万春等：《〈最高人民检察院第九批指导性案例〉解读》，载《人民检察》2017年第23期。

② 参见王春：《首例涉比特币网络财产权侵权纠纷宣判 比特币虚拟财产法律地位首获认定有何意义》，载《法制日报》2019年8月2日，第7版。

③ 参见蒋云飞、鲁璐：《毁坏他人游戏装备，该如何处理》，载《检察日报》2019年11月1日，第3版。

④ 参见范硕：《侵犯虚拟财产行为的刑法规制》，载《人民论坛》2014年第2期。

在购买前被乙窃取,乙用窃得的50万元购买了比特币,后被丙窃取。根据现有的法律规定,乙的行为构成盗窃罪,量刑在有期徒刑十年以上;丙若构成非法获取计算机信息系统罪,量刑在有期徒刑三年以上至七年以下。由此可见,同样是非法获取价值50万元的财产,在处理上却相去甚远,这样的结果难以让人接受。

另一方面,唯有将非法转移加密数字货币以侵财犯罪予以论处,才能更全面地保护加密数字货币稳定的占有关系。非法转移加密数字货币的手段行为通常包括盗窃、诈骗、敲诈勒索等。若否定加密数字货币的财产属性,将会导致诈骗、敲诈勒索加密数字货币等行为无法定罪处罚。

(二)非法转移加密数字货币犯罪数额的认定思路

从当前判例来看,对于加密数字货币价值的认定依据主要有被害人购入价、销赃价及估价机构认定的金额等。笔者认为,亟须建立一套合理且具有实践意义的认定标准,具体分析如下:

1.“挖矿”方式相差悬殊,生产成本缺乏计算方法

有观点主张以网络“挖矿”获取加密数字货币的时间、计算力投入认定加密数字货币价值。加密数字货币的产生依赖于CPU的电力和时间消耗,设备运算能力对于加密数字货币的产生具有重要意义。随着加密数字货币全网的运算水准不断上涨,出现了“矿池”(Mining Pool)这种将少量算力合并联合运作的方法,在这种机制中,个人矿工只要通过“矿池”参与挖矿活动,无论是否成功挖掘出有效的数据块都可以依据对矿池的贡献度分享获得的比特币。在这种多人合作“挖矿”的模式下,时间及计算力的投入也可以通过电子数据司法鉴定来确认。

但是,加密数字货币的生产成本计算通常要综合考虑“挖矿”设备成本、设备折旧成本、电费成本、时间成本、人力成本等多重因素,该种观点实际操作困难。一方面,时间成本、人力成本难以量化;另一方面,挖矿行为发生于计算机信息系统运行期间,其行为与计算机正常使用时间重叠,难以准确计量因挖矿产生的额外电费支出。而CPU、GPU虽均有损耗寿命,但没有相应的技术可以测量硬件的损耗程度,也难以论证硬件的损毁与“挖矿”行为的因果关系。

2.“平台平均价”变量因素过多,难以确定公允价格

有观点认为应当以案发当日众多交易平台所发布价格的平均值认定犯罪

数额。笔者认为该种观点并不客观。一方面，目前加密数字货币市场尚未形成相对成熟的市场交易机制。我国加密数字货币交易平台诸多，大型的有火币网、天富网等。鉴于各大平台交易的价格参差不齐，甚至相差悬殊，如何筛选交易平台作进一步统计缺乏可行性。另一方面，即使是同一个交易平台，因加密数字货币的交易价格极为动荡，有可能存在一日之内涨跌幅度巨大的极端情况，由此确定的平均价格未必公允。

3. 有交易价格的，以转移加密数字货币时的平台交易价认定

一是径直以购入价或销赃价计算价值不客观。由于加密数字货币的价格暴涨暴跌的波动幅度巨大，以购入价格或销赃价格为标准均无法体现犯罪行为时的实际价值，尤其是对于转移加密数字货币后尚未变现的情形，不存在销赃价格。

二是加密数字货币的价格变动类似于股票，存在价值的波动，对犯罪数额以犯罪时的财产价值认定为宜。《关于办理受贿刑事案件适用法律若干问题的意见》第 2 条规定，“受贿数额按转让行为时股份价值计算”。因此，参考司法解释将收受股票受贿案件的计算股份价值的时间确定为“转让行为时”，非法转移加密数字货币的犯罪数额宜优先以行为人转移行为发生时的价格来计算。这既符合司法解释精神，又能体现出行为人犯罪行为的罪责。

因此，对于存在平台交易价格的，应以非法转移时该交易平台公布的交易价格为犯罪数额的认定标准。没有案发时交易价格的，可以考虑以该平台当日公布的平均价格为标准。

4. 缺乏平台交易价的，优先以销赃价认定

首先，考虑加密数字货币的价格受政策、市场影响较大，尤其是在当前国内禁止交易的情况下，部分加密数字货币会出现交易价格的“断层”，或是因加密数字货币转移至本地钱包地址保存，而不存在平台的交易价格，无法按照平台交易价认定。

其次，依销赃价计算侵财犯罪数额有法律依据。2013 年最高人民法院和最高人民检察院《关于办理盗窃刑事案件适用法律若干问题的解释》第 4 条规定“盗接他人通信线路、复制他人电信码号出售的，按照销赃数额认定盗窃数额”。在缺乏客观交易价格的情况下，笔者认为可以参考无法客观评估价格的情形，适用销赃价予以认定。

最后,销赃价一定程度上能体现加密数字货币的价值。销赃价即行为人非法所得获利,对于销赃价格高于被害人购入价的,说明加密数字货币的客观上的市场价确在购入价以上,以销赃价为处罚依据并未加重行为人责任。另外,对于销赃价低于被害人购入价的,即被害人损失大于销赃数额的,同样可以参照上述司法解释,可以将损失数额作为量刑情节考虑,同样能够罚当其罪。

5. 没有平台交易价又未销赃的,以被害人购入价计算

其一,实践中可能缺失平台交易价或销赃价。一方面,行为人除了窃取他人交易平台账户中的加密数字货币外,还可能窃取他人非交易平台账户中的加密数字货币,而在后种情形中是不存在平台交易价格的。另一方面,并非所有的侵财犯罪均会随着销赃的环节,行为人可能迟迟未销赃或未销赃而被查获,这将导致无法按销赃价格予以认定。

其二,以被害人购入价认定符合相关司法解释。2013 年 3 月 18 日发布的《关于办理盗窃刑事案件适用法律若干问题的解释》第 4 条第 1 项规定,被盗财物有有效价格证明的,根据有效价格证明认定。被害人若通过继受取得加密数字货币,则往往存在交易记录,该交易记录正是证明其获取加密数字货币所支付对价的有力证据。由被害人提供证据证明其购入的价格无疑是计算加密数字货币价值的可行方法之一。

其三,被害人的购入价体现了犯罪行为的危害性。侵财犯罪的设置旨在保护他人的财产权益,若以被害人的购入价认定加密数字货币的价值,不仅体现了被害人所遭受的实际财产损失,还反映了犯罪行为社会危害性的大小。

企业社会责任视域下人工智能产品质量保障研究

李雨益*

摘　要:2016年,阿尔法狗(AlphaGo)在全世界刮起了人工智能的旋风。近几年,国内人工智能产品层出不穷,成功吸引了大量消费者尝鲜埋单。人工智能的技术风险与滞后的法律规范之间的矛盾冲突使其产品质量保障制度面临全新挑战。面对人工智能产品违背伦理道德、引导不合理消费、损害精神安全等现实风险,亟待从企业社会责任的内在逻辑和要求入手,在人工智能企业与消费者之间合理配置权利与义务,勾勒人工智能企业研发生产、缺陷产品处置管理等方面社会责任的具体路径,并积极变革与创新人工智能产品质量保障制度,从而降低发展风险。

关键词:企业社会责任　人工智能企业　人工智能产品　质量保障　发展风险

一、研究背景与问题

人工智能企业的发展已备受世界瞩目。我国《新一代人工智能发展规划》提出,要积极发展人工智能新兴产业,到2030年使中国成为世界主要人工智能创新中心。《促进新一代人工智能产业发展三年行动计划(2018－2020年)》也

---

* 李雨益,西南政法大学经济法学院硕士研究生。

提出，要培育人工智能创新标杆企业，搭建人工智能企业创新交流平台。①

然而，在发展人工智能产业促进经济增长和社会发展的同时，运用的人工智能技术也存在潜在的安全风险，并可能带来伦理危机。面对处于快速发展和变化过程中的人工智能技术，一方面现有的法律制度无法完全适用，而出台新的法律尚待时日。例如，目前的法律体系并不能适应人工智能领域一系列的特殊问题，人工智能领域的法律监管工作无法可依、无章可循。② 另一方面政府对于人工智能企业应当承担何种社会责任也尚未形成共识。旧有的科技创新模式、政策法规、评估方法和科学社会契约关系等在面向新兴科技创新治理时存在制度缺失。所以，科技创新的社会责任议题引发了学术研究者和政策制定者的关注。③ 因此，积极探讨人工智能企业社会责任④可以采取的制度化途径，对研究新型智能技术下的产品质量保障具有重要意义。人工智能企业社会责任的法律规制根据传统企业社会责任理论结合人工智能开发的特殊行为逻辑与当代法权发展状况的全新要求，旨在开发出符合人类福祉的创新工具，明确分配和承担相应法律责任，充分发挥保护人类存续的重要作用。⑤ 正如国务院参事汤敏所说，从长远角度看，社会责任意味着为人工智能规范出一个合适的发展框架。

人工智能企业应当积极发挥表率作用履行社会责任。例如，人工智能领先企业微软、IBM、谷歌等相继发布彰显伦理道德的人工智能发展原则，成立人工智能伦理委员会，率先倡导和履行企业社会责任。阿基 · B. 卡罗尔（Aki B. Carroll）将企业社会责任归纳为四种类型：经济责任、法律责任、伦理责任与

---

① 关于印发《促进新一代人工智能产业发展三年行动计划（2018－2020年）》，载中华人民共和国工业和信息化部：http://www.miit.gov.cn/n1146295/n1652858/n1652930/n3757016/c5960820/content.html，2020年8月12日最后访问。

② 参见胡元聪、辛茹茹：《人工智能对法律监管带来的挑战及制度因应》，载《人工智能法学研究》2018年第2期。

③ 参见梅亮等：《责任式创新范式下的新兴技术创新治理解析——以人工智能为例》，载《技术经济》2018年第1期。

④ 企业社会责任乃指企业在谋求股东利润最大化之外所负有的维护和增进社会公益的义务。参见卢代富：《企业社会责任的经济学与法学分析》，法律出版社2002年版，第119～120页。

⑤ 参见蒋洁：《人工智能开发企业社会责任及其法律规制》，载《湖湘论坛》2019年第2期。

慈善责任。[1] 从该理论模型层面来看，人工智能企业的法律责任和伦理责任是现今被普遍讨论的社会责任内容；从利益相关者的视角来看，消费者是人工智能企业法律责任和伦理责任中的重要社会责任对象。因此，人工智能企业不仅要认识到履行社会责任的重要性，更要充分认识到消费者是其社会责任的重要对象。随着人工智能企业不断发展以及人工智能技术不断革新，产品安全隐患、交易不公、个人信息隐私泄露、行为被监视等侵犯消费者权益的负外部性现象层出不穷且愈演愈烈，使消费者权益保护不断面临全新挑战。如越南公司BKAV用3D打印技术破解iPhoneX的面部识别技术，提高了消费者设备隐私方面的风险；Knightscope平台曾打造的“打击犯罪的机器人”在硅谷的一家商场里弄伤了一个16岁的少年；IBM Watson医疗保健应用程序对癌症治疗提出了错误的建议，可能会导致严重甚至致命的后果。综观这些人工智能产品风险带来责任问题的案例，在当今社会能否成功应对人工智能所带来的新的风险和不确定性问题，能否在人工智能时代继续维持秩序与变革、守护与创新、价值与事实之间的动态平衡，便成为今天法律人所必须面对的紧迫问题。[2] 因为通过给企业施加社会责任，即通过经济法规范赋予外部性受体即其利益相关者较多的相关权利，也就是说对企业施加较多的义务，最终实现权利与义务的真正平衡，这是值得探讨的解决途径之一。[3] 而人工智能企业对消费者应该承担的重要的社会责任之一是提供“高质量”的智能产品，故本文基于企业社会责任的视域，为应对人工智能产品发展风险和不确定性，探讨人工智能产品的质量保障问题。克劳斯·施瓦布（Klaus Schwab）指出，当前世界正处在一个拐点上，数字技术的影响力通过自动化的发展和“前所未有的事物”的生产而得到全面的发挥。[4] “前所未有的事物”的生产将对社会产生积极意义上的正外部性和消极意义上的负外部性两方面的影响，为有效应对其产生的负外部性，有多种解决进路。其在产品质量上产生的负外部性主要集中体现在人工智能产品研发

① See Aki B. Carroll: “A. B. A Three – dimensional Conceptual Model of Corporate Performance”, *The Academy of Management Review* 4, 1979, pp. 497 – 505.

② 参见郑戈：《人工智能与法律的未来》，载《探索与争鸣》2017年第10期。

③ 参见胡元聪：《外部性视野下企业社会责任的经济法分析》，载《甘肃理论学刊》2008年第4期。

④ 参见［德］克劳斯·施瓦布：《第四次工业革命》，李菁译，中信出版社2016年版，第6页。

生产、人工智能缺陷产品处置管理两方面,故本文重点从这两方面的产品质量[①]保障出发,深入探讨人工智能企业应当承担的具体社会责任规范,旨在为人工智能产品质量保障制度提供些许创新路径。具体而言,一是人工智能产品的研发生产方面,欧盟委员会认为科学研究与技术创新必须有效反映社会需求和社会意愿,反射社会价值和社会责任,创新应表现为道德可接受、社会期望满足、安全和可持续等[②],违反基本伦理道德、危害安全、不可持续的创新则应受到约束。那么,人工智能企业需要遵循什么样的伦理道德?如何通过企业社会责任的分配应对这些风险?二是人工智能缺陷产品处置和管理方面,如何通过规范的变革与创新来应对人工智能缺陷产品预警、召回的处置面临的新风险?缺陷产品认定标准和生产免责规范的合理性基础受到动摇,如何重新分配权利义务来实现利益平衡进而达致实质正义?所以,笔者从人工智能企业社会责任规范角度探讨人工智能产品研发生产、人工智能缺陷产品处置管理方面的质量保障问题。本文旨在通过在研发生产、处置管理环节中对人工智能产品质量保障规范的分析,运用经济法中的市场规制法予以限制或禁止,对企业在承担产品质量责任方面提出全新要求,从而为人工智能企业如何通过产品质量保障履行社会责任,降低产品发展风险,促进人工智能产业高质量发展提供一些具体的参考。

二、企业社会责任视域下人工智能产品质量保障的制度检视

(一)人工智能产品研发生产的社会责任规范方面

人工智能的某些领域目前已走入法律的产品质量无人区。[③] 尤其是人工智能产品研发生产的特殊问题尚无相关社会责任规范予以约束,从而带来各类风险[④],主要表现在基本伦理道德规范缺失,对消费者合理引导和精神安全保障的社会责任尚不完善三个方面。

1. 人工智能产品研发生产的基本伦理道德规范尚未制定

---

① 产品质量(Quality)指的是在商品经济范畴,企业依据特定的标准,对产品进行规划、设计、制造、检测、计量、运输、储存、销售、售后服务、生态回收等全程的必要的信息披露。

② See Caverty, Rober Wiuiam, "Responsible Innovation: Managing The Responsible Emergence of Science and Innovation in Society", *Journal of Research Aadministration* 44, 2013, pp. 127 – 129.

③ 参见蔡学恩:《关于加快开展人工智能领域立法工作的建议》,载《中国科技产业》2018 年第 4 期。

④ 这里也包括了产品发展风险,因为企业可能故意不提高科技水平,进而避免此类缺陷。

我国目前尚未制定适用于人工智能产品研发生产的基本伦理道德规范。全国政协十三届二次会议第三次全体会议上，百度 CEO 李彦宏发言时提到，人工智能伦理将是未来人工智能社会的发展基石，应强化领军企业担当，加快人工智能伦理原则落地。人工智能技术与资本结合愈加强化了企业利益最大化驱动，增加了伦理失范的风险。为保障人工智能经济高质量发展，保障人工智能产品消费者的权益，需要强化对生产企业的责任约束，转变生产企业经济理性的观念，这需要在制度体系方面进行有效规范和保障。但是就人工智能的法律应对而言，我国目前更多的是从产业政策促进、扶持和发展的角度对人工智能提供行政指导。[①] 法律关于企业为保障人工智能产品研发生产而需要遵守的基本伦理道德规范欠缺，故无法提供足够必要的社会责任制度供给。从政策层面来看，《中国制造 2025》（国发〔2015〕28 号）文件中并未提及人工智能制造相关基本伦理道德规范。国务院《关于印发新一代人工智能发展规划的通知》（国发〔2017〕35 号）中明确提到我国的战略目标是，2020 年初步建立人工智能法律法规、伦理规范和政策体系。并且该通知提到了对人工智能产品研发设计人员制定相关道德规范和行为守则，但其并未提及对人工智能产品研发生产的主体——人工智能企业应当承担的基本伦理道德规范进行立法规划。然而人工智能企业却在把控人工智能产品设计生产合乎伦理的过程中扮演着举足轻重的作用，并且企业的人工智能产品是否合乎伦理又直接影响产品质量，所以制度理应从企业承担社会责任的角度，明确企业在人工智能产品研发生产过程应承担的伦理道德责任，即通过对其研发生产行为制定基本伦理道德规范来予以回应。因此，我国需要制定人工智能产品研发生产的基本伦理道德规范。

2. 人工智能产品研发生产的合理消费引导规范尚不完善

我国当前人工智能产品研发生产的合理消费引导规范尚不完善。毋庸置疑，新技术革命必将创造新的消费需求。从人工智能企业的生产动机来看，人工智能技术与资本的结合进一步激发了企业利益最大化的逐利本性，所以企业为了实现资本经济的良性运行，消费者的欲望、需要和情感便成为资本作用、控制和操纵的对象。[②] 从人工智能企业的生产能力来看，在人工智能技术所不断

---

① 参见汪庆华：《人工智能的法律规制路径：一个框架性讨论》，载《现代法学》2019 年第 2 期。

② 参见于霄鸣：《消费主义的危害和对策》，载《盐城工学院学报》（社会科学版）2011 年第 1 期。

延展开拓的领域中,人工智能技术赋予企业强大的创造、引导、控制消费者消费欲望的能力。当产品超出人们的实际需求时,就必须要想方设法刺激人们的消费欲望,以为生产提供源源不断的动力,因而消费就成了主导性的逻辑。[①] 所以人工智能产品的研发生产在人工智能企业生产动机和生产能力的双重影响下,不仅仅是单纯的满足,同时更是开发、引导消费者产生新的消费欲望和需要的研发生产。这种消费对需要的背离,就使消费可能突破需要的有限性,从而获得无限扩张的性质,形成过度消费。如果没有相应制度适当约束人工智能产品的生产研发不断创造消费者"不满足"的这种行为,消费者将会形成一种不合理的消费方式,即不可持续性消费,从而违背消费正义,进而给人类生存环境带来巨大压力。所以,必须对人工智能企业在人工智能产品生产研发过程中承担引导消费者适度消费的相关责任进行制度回应。即在保障促进经济合理增长的同时,完善人工智能产品研发生产的合理消费引导规范。然而在目前的法律法规中,涉及可持续性消费或绿色消费的内容仅仅在个别词语或从侧面有所涉及[②],并无与产品研发生产相关的系统的消费引导法律规范。

3. 人工智能产品研发生产的精神安全保障规范亟待构建

我国当前人工智能产品研发生产的精神安全保障规范尚处于缺失状态。随着 AI、算法技术的快速发展,人工智能消费产品将从衣食住行各个方面显著提升我们的生活品质,但其对消费者精神损害的威胁却不容忽视。首先,就人工智能信息产品而言,机器学习、算法机制推动着的信息产品形态、分发流通渠道的创新。例如,短视频平台利用算法根据用户偏好和兴趣推送内容,目的在于建构使用户上瘾的平台机制。[③] 其次,就人工智能实体产品而言,人工智能产品是在使用方式、范围、体验感等方面区别于传统产品的一类产品,如可植入技术、可穿戴设备联网、视觉成为新的交互界面等人工智能技术相关的衍生人工智能产品等。这类人工智能产品的研发生产不仅存在危害消费者人身、财产安全等传统产品也会存在的外在物质风险,还存在使消费者产生逃避现实、上瘾等内在的精神损害风险。易言之,人工智能产品质量对消费者带来的风险,不

---

① 参见张舜清:《"物象化论"视域下的消费主义与消费正义问题——兼论消费社会中"人"的伦理规定》,载《自然辩证法研究》2007 年第 9 期。

② 参见郑玉歆:《政府引导可持续消费模式的责任与路径》,载《学习与实践》2015 年第 1 期。

③ 参见王洁:《短视频的流行及监管》,载《中国广播电视学刊》2018 年第 12 期。

仅仅在于人身财产安全层面的损害,更在于精神层面的威胁。对于消费者精神层面风险的产生与防范,人工智能产品生产者——人工智能企业负有不可推卸的责任。因为,“计算机系统中的错误或不当行为的来源可以原则上回溯到对软件设计做出决定的人,无论合理与否”。[①] 人工智能产品设计生产者利用算法等技术,在交互界面、软件应用、程序设置等方面引导用户,使之在行为选择的偏好力、信息获取的推动力和逃避现实的诱惑力的驱使下养成符合企业盈利意向的行为习惯。显然,这是人工智能产品设计者刻意为之,也能得到企业支持的结果。[②] 所以,制度应从人工智能企业产品质量责任的角度出发,对消费者精神安全层面进行保障。然而,现有法律规定企业仅在消费者人身、财产安全保障两方面承担保证产品质量的义务,人工智能产品研发生产的精神安全保障规范亟待构建。

(二)人工智能缺陷产品处置管理的社会责任规范方面

人工智能产品的负外部性除了体现在人工智能产品研发生产方面,还体现在人工智能缺陷产品处置管理方面。其处置管理相关规范的缺乏和滞后难以应对人工智能产品质量风险。人工智能缺陷产品处置社会责任规范的不足具体表现在质量预警规范和召回信息披露规范两方面;人工智能缺陷产品管理社会责任规范的滞后主要表现在认定标准规范和生产免责规范的不足。

1. 人工智能缺陷产品的质量预警规范尚付阙如

我国现有规范中规定的由消费者保护协会发布缺陷产品安全预警的制度不足以应对人工智能产品在使用过程中的风险,导致当前人工智能缺陷产品的质量预警规范尚付阙如。首先,人工智能产品的部分安全风险伴随消费者的使用而产生,难以在生产研发期间予以控制。比如,可植入技术相关产品、视觉成为新交互界面相关产品、可穿戴设备联网相关产品等。在消费者使用过程中存在使消费者逃避现实、成瘾,以及数据泄露的风险,而这些风险并不能在产品的研发生产阶段内予以有效控制[③]。其次,企业目前质量监测控制的信息化程度不高,难以高效应对人工智能产品销售之后的质量风险。比如,产品数据输入、

---

① [荷]尤瑞恩·范登·霍文、[澳]约翰·维克特主编:《信息技术与道德哲学》,赵迎欢等译,科学出版社2014年版,第223页。

② 参见卢嘉瑞、李增军:《智能消费的若干伦理问题》,载《经济与管理》2018年第2期。

③ 如果是因为科技水平之故,即在科技发展水平提高之后才“发现”的缺陷属于发展风险。

判定、计算和分析未实现信息化，所以产品销售之后企业对质量安全态势和质量缺陷状况的了解往往存在不全面性和一定的滞后性，故质量监测控制难以实现。最后，人工智能企业有义务对产品销售后的使用状态进行合理监测并及时预警。人是主体，他既能创造，也应该能够控制，道义上也有责任控制自己的创造物。[①] 所以，人工智能企业理应承担建立人工智能缺陷产品质量预警机制的责任。若对消费者使用过程中产生的风险不及时进行有效的干预，那么消费者的权益就不能得到有效保障。但是我国现有规范中仅规定了由消费者保护协会发布产品安全预警的一些规范，并且其影响力度非常小，并未制定企业为保障产品质量而应承担预警责任的规范。

2. 人工智能缺陷产品的召回信息披露规范面临挑战

我国当前的人工智能缺陷产品召回信息披露规范面临新型挑战。2016 年 1 月 1 日实施的《缺陷消费品召回管理办法》（以下简称《管理办法》）将凡是消费品都纳入了召回范围，这为降低产品发展风险起到了积极作用，也使近 3 年消费品领域召回比例显著提升。但由于《管理办法》中没有罚则，对违反《管理办法》的行为没有强制执行力，故其对生产者缺乏威慑力。2018 年 2 月 13 日国务院原法制办发布了《缺陷消费品召回管理规定（征求意见稿）》（以下简称《管理规定》）。就生产者的责任而言，《管理规定》较《管理办法》增加了生产者信息报告义务和应急处置措施、生产者召回计划备案的要求，以及生产者违反义务性规定所应承担的法律责任。在信息披露方面，《管理办法》规定了生产者应当配合召回技术机构和省级质检部门对有关缺陷信息、投诉信息进行核实确认和技术分析。[②] 然而，人工智能企业在缺陷产品召回信息的披露方面不可避免地会出现隐瞒、欺诈等行为。一是由于人工智能技术的应用，是通过代码和算法来实现的，大多数人工智能系统都是不透明的，这意味着它们可以规避审查。如果设计开发者刻意在这种算法黑箱中装进过度的商业资本追求、价值偏好和不公正因素，凭借算法来侵蚀大众权益的情况下，[③]要求设计开发者配合召回技术机构和省级质检部门对有关缺陷信息进行核实确认和技术分析则成为无稽

① 参见王家范：《科技创造必须以人为本》，载《探索与争鸣》2017 年第 10 期。

② 参见《管理办法》第 10 条第 4 款。

③ 参见马长山：《人工智能的社会风险及其法律规制》，载《法律科学（西北政法大学学报）》2018 年第 6 期。

之谈。二是若缺陷产品因企业自身人工智能技术的原因而需要被召回，其作为典型的负面社会责任信息披露事件，若无完善的召回信息披露规范进行规制，企业出于召回信息披露对企业声誉和投资者的不良影响之考虑，则会在缺陷产品召回信息的披露方面出现隐瞒、欺诈等行为。因此，现有《管理规定》对生产者责任的规定不足以回应人工智能缺陷产品在召回信息披露方面所应面临的风险。

3. 人工智能缺陷产品的认定标准规范亟待革新

我国当前人工智能缺陷产品的认定标准规范明显滞后。《产品质量法》第46条对缺陷产品的认定提出了两个标准，即“不合理危险”和强制性标准。① 该认定标准不能完全适合于人工智能缺陷产品的特点，主要表现在两个方面：一是“不合理危险”的认定标准不全面。首先，就强制性标准而言，人工智能产品国家标准和行业标准的制定需要以大量产品实践数据为基础，所以其成形出台尚需时日。那么可以预测在未来一段时间以内，人工智能缺陷产品的认定标准将以“不合理危险”为主。其次，“不合理危险”的认定标准是指产品存在危及人身、他人财产安全的不合理的危险，但是人工智能缺陷产品可能不仅仅存在对消费者人身、财产安全的不合理的危险，如前文所述还可能对消费者精神产生不良影响。二是现有缺陷产品的两个认定标准不足以成为人工智能产品质量保障的底线要求，从而增加发展风险，不足以充分保护人工智能产品的消费者。比如基于可植入技术、数字化家庭等人工智能技术而研发的一系列人工智能产品，除了存在危及人身、财产安全等非人工智能缺陷产品同样存在的风险以外，还存在人工智能企业利用产品的性能对消费者隐私进行监视，对数据进行收集等风险。②

4. 人工智能缺陷产品的生产免责规范不再合理

我国目前人工智能缺陷产品的生产免责事由相关规范不再合理。《产品质

① 参见张凤凉、涂静：《质量优先背景下我国产品质量法律体系的完善》，载《华南理工大学学报（社会科学版）》2018年第2期。

② 参见胡元聪、张馨予：《政府干预视域下人工智能时代的个人信息保护》，载《征信》2019年第11期。

量法》第41条中规定了3款生产免责事由[①]，前两款主要内容是要求产品的生产者、销售者在产品交付消费者之前承担注意义务，第3款规定了生产者的产品发展风险抗辩。为最大限度地预防和应对缺陷产品的风险，2009年颁布的《侵权责任法》第46条[②]对《产品质量法》第41条第2款的内容进行了延伸，确立了我国产品生产者的后续观察义务[③]，这使产品生产者、销售者的义务不再止于产品交付之时，而延伸到了产品的流通和消费环节。[④] 然而，随着人工智能产品时代的到来，生产者对投入流通阶段之后的人工智能产品的控制能力远超于以往产品。比如，基于可穿戴设备联网、万物互联的人工智能传感器等人工智能技术研发生产的人工智能产品，生产者对这些人工智能产品工作性能的监督控制不仅限于生产研发阶段，而是持续到消费者使用的整个过程。那么，在人工智能产品生产者对投入流通阶段之后的人工智能产品的控制能力强于以往产品的情况下，从人工智能产品生产者与消费者利益平衡的角度来看，现有法律规定的生产者后续观察义务的范围是否合理？一方面在确认生产者的后续观察义务的前提下，另一方面在消费者群体对人工智能产品信任感不高的情况下，生产者因享有第3款规定的产品发展风险抗辩而由处于弱势地位的消费者承担未知风险是否合理？如在利用智能机器人的医疗事故、自动驾驶的交通事故、智能交易的重大失误、无人机误判恐怖分子错杀平民等问题上，“谁来为机器的行为负责”，是技术故障、操作不当还是设计缺陷？[⑤] 不管怎样，让消费者承担责任并不合理。

三、企业社会责任视域下人工智能产品质量保障制度的变革与创新

（一）人工智能产品研发生产社会责任规范的创新

针对人工智能产品研发生产的社会责任尚不完善的三个方面，本文以人工

---

① 因产品存在缺陷造成人身、缺陷产品以外的其他财产（以下简称他人财产）损害的，生产者应当承担赔偿责任。生产者能够证明有下列情形之一的，不承担赔偿责任：（一）未将产品投入流通的；（二）产品投入流通时，引起损害的缺陷尚不存在的；（三）将产品投入流通时的科学技术水平尚不能发现缺陷的存在的。

② 产品投入流通后发现存在缺陷的，生产者、销售者应当及时采取警示、召回等补救措施。未及时采取补救措施或者补救措施不力造成损害的，应当承担侵权责任。

③ 生产者的后续观察义务即跟踪观察义务，主要是对产品投入流通后的状态进行跟踪，用途为发现产品交付前不知之弱点和缺陷，以及获得关于该产品之可靠性、生命周期、操作风险等资料。

④ 参见张云：《违反产品后续观察义务的侵权责任构成及抗辩》，载《法治研究》2018年第5期。

⑤ 参见马长山：《智能互联网时代的法律变革》，载《法学研究》2018年第4期。

智能时代语境下人本原则的内涵作为基点,探讨人工智能产品研发生产的基本伦理道德规范的创新;基于消费正义理论对消费的理论反思和价值引导,提出人工智能企业在人工智能产品研发生产中的合理消费引导责任;从生产正义理论中人之发展角度,分析为避免人工智能产品满足消费者异化需求而建立人工智能产品研发生产的精神安全保障规范的必要性,并探讨人工智能企业在此保障规范中应承担的具体责任。

1. 制定人工智能产品研发生产的基本伦理道德规范

制定人工智能产品研发生产的基本伦理道德规范,需要对人工智能产品研发生产行为必须遵守的基本伦理道德进行制度化规范,强化、细化人工智能企业在生产研发阶段应承担的社会责任,从而使企业的研发生产行为在合乎道德伦理的框架下进行,以避免研发生产出触及消费者底线、损害消费者权益的高风险性人工智能产品。具体而言:

第一,需要明确人工智能产品研发生产的基本伦理道德规范的指导原则和基础:人本原则和机器人学三法则①。人本原则是基于"为了人""有利于人"的理念而对研发生产活动的性质和宗旨提出的原则。在人工智能的时代语境下,人本原则的内涵包括两方面②:首先,能够使具有多元背景、价值观和想法的每个人都能获得幸福,推动人类新价值创造。其次,能够使人类能进一步发挥自身能力和创造性,通过从事具有意义的工作得到物质上、精神上的富足,展现人之理论,实现人之自我。人工智能产品研发生产基本伦理道德规范应以阿西莫夫的机器人学三法则为基础。机器人学三法则是建立人类与机器人关系的伦理原则,体现了在机器人发展给人类带来难以清楚预估的影响面前突出和保障人类个体乃至人类整体的安全的优先价值。阿西莫夫透过机器人学三法则的警告和教诲在今天并未过时,而是应当成为在人工智能发展面临革命性突破的今天创制规范人工智能研发、资助、产品制造、商业化与应用等方面的人类与机

① 第1条:机器人不得伤害人类,或看到人类受到伤害而袖手旁观。第2条:机器人必须服从人类的命令,除非这条命令与第一条相矛盾。第3条:机器人必须保护自己,除非这种保护与以上两条相矛盾。

② 参见华东大数据交易中心:《解释日本〈以人类为中心的人工智能社会原则〉》,载搜狐网:http://www.sohu.com/a/290057926_485245,2020年8月12日最后访问。

器人关系中的伦理规范和法律规范的基础。[①] 我国工信部赛迪研究院出台了《人工智能创新发展道德伦理宣言》,明确了人工智能系统、人工智能与人类的关系,人工智能具体接触人员的道德伦理等要求,但其强制力仅限于道德伦理层面,依靠道德约束力进而实现企业行为自律是远远不够的。对此,不少国家和地区已经初步对人工智能产品研发生产应遵守的基本伦理道德做出制度回应,如欧盟《机器人民事法律规则》专设一章"机器人宪章",用以规定机器人研发生产过程中必须遵守的基本伦理原则;欧盟委员会发布人工智能伦理准则,列出了"可信赖人工智能"的7个关键条件[②],以确保人工智能足够安全可靠;韩国《机器人基本法案》第二章"机器人伦理规范",明确规定机器人的设计者、制造商必须遵守的机器人伦理原则。

第二,从企业社会责任承担的角度,针对人工智能产品生产研发提出具体的基本伦理道德规范路径。首先,将伦理道德考量纳入人工智能企业的社会责任框架中。由于社会责任框架里伦理道德考量的缺失,一定程度上使人工智能企业怠于采取相应措施对消费者主动承担伦理道德责任,发生其利用技术对消费者信息隐私不当取用、生产产品损害社会道德风气等情况,即"某些老练的法人实体可能正在利用这些算法为自己谋利"[③]。其次,将伦理道德问题纳入ESG(Environmental,Social & Governance)机制框架,即环境、社会和治理框架。[④] 利用ESG评级结果作为对投资的指引和参考作用,即影响投资者预期和价值判断,进而影响企业绩效的作用,增强人工智能企业的伦理责任与自身利益的结合度,促使人工智能企业履行研发生产伦理道德责任,引导企业进行负责任的人工智能产品研发生产。最后,建立社会组织引导机制,推动人工智能企业产品研发生产基本伦理道德规范的构建。引入社会组织发布伦理道德评估报告、组织伦理道德培训、总结相关代表性案例等方式,以公开的方式向消费

---

① 参见张建文:《阿西莫夫的教诲:机器人学三法则的贡献与局限——以阿西莫夫短篇小说〈汝竟顾念他〉为基础》,载《人工智能法学研究》2018年第1期。

② 即人的能动性和监督能力、安全性、隐私数据管理、透明度、包容性、社会福祉、问责机制。参见方莹馨:《欧盟发布人工智能伦理准则》,载《人民日报》2019年4月11日,第17版。

③ [美]卢克·多梅尔:《算法时代:新经济的新引擎》,胡小锐、钟毅译,中信出版社2016年版,第144页。

④ 参见鲁政委、汤维祺:《兴业研究:上市公司ESG披露、评估与应用》,载新华社中国金融信息网:http://app.xinhua08.com/print.php?contentid=1699269,2020年8月12日最后访问。

者、社会直观展示人工智能企业履行基本伦理道德的相关行动与成果,引导人工智能企业积极践行伦理道德责任,从而降低人工智能产品风险,提高人工智能产品质量。

2. 完善人工智能产品研发生产的合理消费引导规范

就目前而言,我国迫切需要完善人工智能产品研发生产的合理消费引导规范。当前与消费引导相关的政策制定和学术探讨主要从政府责任的层面进行,即主要包括政府鼓励可持续性消费行为和限制不可持续性消费行为的责任。笔者认为从人工智能企业责任的层面探讨产品研发生产的合理消费引导规范问题,对全方位完善合理消费引导规范具有积极意义。一方面,随着人工智能技术的兴起与发展,人工智能企业在研发生产阶段对人工智能产品把控能力增强,企业有能力通过人工智能产品的研发生产对消费者进行可持续或不可持续性的消费引导。并且,现有规范体系中缺乏以企业为主体对消费者进行合理消费引导的规范,无法满足人工智能时代可持续消费的要求。另一方面,从消费正义理论来看,企业应当承担引导消费者合理消费的责任。消费欲望的激发和制造使人们的消费活动越来越走向欲望导向的消费模式,即将"欲望"作为自身合法性的保证。① 也如弗洛姆所说:动用一切宣传机器不择手段地来刺激人们的消费欲望,而"所有这些手段从根本上说都是不道德的"。② 那么,在人工智能产品日益流行的时代背景下,生产者的研发生产可以不断激发和制造消费者的新需求,从而引导消费者不可持续性消费。消费正义则要求生产者在生产活动中不仅应保证自身的生产行为满足消费者的正当需要,还应对消费者的消费行为进行合理引导,即生产者通过对"生产正义"理念的践行进而引导消费者实现"消费正义"理念。所以,笔者从企业社会责任的层面探讨人工智能产品研发生产消费合理引导规范的制定,旨在全方位落实可持续性消费机制。

第一,强化人工智能企业对自身可持续性研发生产的约束责任。首先,人工智能企业研发阶段应注重材料创新、产品节能的资金投入;生产阶段应以可持续性生产方式生产产品,以提供更多可供选择的消费对象给选择可持续方式

---

① 参见鲍金:《消费正义:构建和谐社会的伦理基础》,载《上海交通大学学报》(哲学社会科学版)2011 年第 1 期。

② 参见[美]E. 弗洛姆:《逃避自由》,陈学明译,工人出版社 1987 年版,第 172 页。

的消费者;在整个研发生产阶段承担增强可持续产品创新力度的责任,以推动消费者可持续消费,为消费者提供更多的选择。例如,在我国《清洁生产促进法》和《公司法》中明确不可持续性生产方式与消费方式是不符合可持续发展要求的,强调可持续性研发生产对于可持续性消费的重要性,增加人工智能企业推进自身可持续性生产、规划自身可持续消费的社会责任,以及使用不可持续性生产方式应承担的法律后果,对常见的不可持续的行为进行处罚,以强化人工智能企业自身的可持续消费责任意识。[①] 其次,人工智能企业研发生产阶段应合理适度地开发消费者需求。企业对人工智能产品的生产研发必定考虑消费者现有消费需求并且引导消费者产生新消费需求,所以在此过程中人工智能企业应承担引导消费者避免产生攀比、炫耀或其他不合理社会或心理需求的责任,避免其消费额度超过自身正当的物质和精神需要的责任。

第二,增加人工智能企业对消费者合理消费的引导责任。在企业对消费者社会责任的框架中,增加人工智能企业传播并引导消费者参与可持续消费、提高消费者对可持续产品辨识能力、强化其对可持续产品认知的责任。例如,要求人工智能企业在生产阶段加入可持续产品的标识,标出可持续产品信息及其可带来的价值。通过对标识的普及与传播,让更多的人了解可持续消费所带来的价值,吸引其进行可持续消费,倡导可持续消费的生活理念。

3. 构建人工智能产品研发生产的精神安全保障规范

建立人工智能产品研发生产的精神安全保障规范刻不容缓。现有法律关于企业保证产品质量安全性的义务性规定见于《消费者权益保护法》第 18 条[②]、《产品质量法》第 13 条[③]。即企业对消费者承担产品质量安全义务的责任范围限于消费者的人身、财产安全两方面。因此还应当建立人工智能产品研发生产的精神安全保障规范,将人工智能产品符合"精神安全"的规定纳入人工智能企业产品质量安全义务的责任范围。建立人工智能产品研发生产的精神安全保

---

① 参见郑玉歆:《政府引导可持续消费模式的责任与路径》,载《学习与实践》2015 年第 1 期。

② 《消费者权益保护法》第 18 条规定"经营者应当保证其提供的商品或者服务符合保障人身、财产安全的要求"。

③ 《产品质量法》第 13 条规定"可能危及人体健康和人身、财产安全的工业产品,必须符合保障人体健康和人身、财产安全的国家标准、行业标准;未制定国家标准、行业标准的,必须符合保障人体健康和人身、财产安全的要求"。

障规范的理论源于生产正义，即生产活动促进人之发展，真正成为人展现自我、实现自我的途径，而不是成为束缚人的一种异己力量。[①] 易言之，生产产品符合人之正当需求，而不是异化需求，不能生产损害自我的产品。[②] 进言之，可以诠释为在人工智能产品可能造成的精神损害的威胁下，人极易成为消化人工智能产品的“奴隶”，人工智能产品的生产不断满足人寻求精神上短暂愉悦与刺激的异化需求，使人逐渐走向娱乐化而缺乏独立的思考判断能力。这种情况可以称为，生产活动束缚了人类成为全面自由发展的人，生产产品损害了人类自我。所以，应通过扩大人工智能企业承担产品质量安全义务的责任范围，为保障人工智能产品质量提供合理的制度性规范。具体而言，建立人工智能产品研发生产的精神安全保障机制应让人工智能企业在研发生产阶段承担如下责任：

第一，人工智能企业有责任避免刻意引导消费者成瘾。因为与其说是消费者自制力欠缺而上瘾，不如说是人工智能企业利用智能技术在平台建构和设计机制方面对消费者反向控制。人工智能企业应避免为片面追求更多消费者、更大经济利益而加入任何易致人成瘾的内容和程序设计。并且，应对人工智能企业利用产品设计诱导消费者成瘾，进而导致消费者身心健康损害的行为进行立法规制，矫正其违法行为，明确人工智能企业应承担的法律责任等。

第二，人工智能企业有责任完善技术以减少部分消费者因自制力缺失而导致的人工智能产品成瘾现象。人工智能企业既是治理对象，也是防范消费者成瘾的义务主体。立法应对积极主动承担防范消费者成瘾责任的人工智能企业进行激励。例如，对人工智能企业在研发阶段为防范消费者成瘾而完善技术的成本投入进行适当的税收优惠；将人工智能企业此项行为纳入企业履行社会责任的考量范围，由相关组织定期发布人工智能企业社会责任履行白名单，从而增强相关企业社会声誉。

（二）人工智能缺陷产品处置管理社会责任规范的创新

针对人工智能缺陷产品处置管理社会责任的不足，本文从以下方面探讨社会责任规范的创新：人工智能缺陷产品建立质量预警规范的具体的立法引导措

---

① 参见黄波：《生产正义及其伦理原则》，载《唐都学刊》2015 年第 4 期。

② 参见毕金杰：《马克思主义生产理论对生态环境的构建解析——基于生产正义视角》，载《黄冈职业技术学院学报》2017 年第 2 期。

施;从信号传递理论分析人工智能企业怠于履行召回信息披露义务的成因,提出人工智能企业在此过程中应当承担的具体责任;从社会总成本收益的角度,分析完善人工智能缺陷产品认定标准规范的可行性并提出完善措施;探讨“消费者保护”理念的实现与“促进人工智能创新发展”的不协调状况,并以利益平衡、公平原则为视角,剖析人工智能产品发展风险,完善人工智能缺陷产品的生产免责规范。

1. 构建人工智能缺陷产品的质量预警规范

建立人工智能缺陷产品质量预警规范,能帮助人工智能企业及时发现产品质量问题,并采取针对性的举措以降低产品风险,确保人工智能产品始终处于安全高质的水平,从而充分保障消费者权益。人工智能缺陷产品质量预警的建立需要政府、市场、企业共同发力,笔者在本文仅对人工智能企业在其中应当承担的具体责任进行探讨。相较于事后对人工智能产品安全问题的处理,事前制定质量预警规范能更显著地提升对人工智能产品安全问题的控制,有效减少因其问题带来的损失,所以需要建立一套行之有效的质量预警规范。具体而言,立法应当从以下几个方面引导人工智能企业履行人工智能缺陷产品质量预警的责任:

第一,明确人工智能企业应当肩负完善质量监测技术责任的规范。即改进现有检测设备和检测技术,建立系统检测和评价体系,发掘改进风险监测评估、新产品安全性评估和危险性评估技术。从质量监测的范围、方法、程度、效果等方面综合评判人工智能企业质量监测技术的实施状况,定期向社会公众公布。

第二,明确人工智能企业应当承担人工智能产品远程运维服务责任的规范。人工智能企业应当在利用监测技术的基础上,建立专门部门针对人工智能产品提供远程运维服务,以此作为质量预警的前置程序,不断完善用户体验,加强对产品安全的保障。

第三,明确人工智能企业促进人工智能产品质量安全保障平台建立责任的规范。人工智能企业应当积极投入技术研发,促进建立具备安全态势感知、威胁信息共享以及应急处置等基本能力的安全保障平台,全方位保障质量预警制度的建立。“推动人工智能先进技术在安全领域的深度应用,加快漏洞库、风险库、案例集等共享资源建设。”①通过对人工智能企业相关预警责任的明确，逐步构建人工智能缺陷产品质量预警制度体系。

2. 重构人工智能缺陷产品的召回信息披露规范

要完善人工智能缺陷产品的召回制度，就必须制定人工智能缺陷产品的召回信息披露规范。召回信息披露制度要求在召回过程中，企业必须依法将召回信息及时、完整、准确地向召回主管部门报告和向消费者告知。通过规范明确人工智能企业在人工智能缺陷产品的召回信息披露过程中的责任，有利于保障人工智能缺陷产品召回的顺利进行，规范人工智能产品市场秩序。人工智能企业在人工智能缺陷产品的召回信息披露过程中的责任应当包括以下两点：

第一，制定人工智能企业利用信息化、数字化技术真实客观地向消费者披露信息的规范。首先，利用信息化技术履行召回信息披露义务。人工智能行业协会建立智能产品召回信息管理系统，各人工智能企业负责本企业产品安全动态信息和产品缺陷投诉信息的收集、分析、处理与发布，人工智能行业协会通过信息化手段对产品召回进行有效监控。其次，利用数字化技术加工处理召回信息披露的数据。除了对召回产品的名称、详细信息、召回数量、原因等基本数据进行披露，还要对伤亡事故、产品种类、地域分布、事故原因、病理特征等专业性数据进行数字化技术加工，简单、明了、快速地向消费者披露展示。

第二，制定激励企业主动全面履行人工智能缺陷产品的召回信息披露规范。通过完善人工智能企业引导投资者和消费者正确看待其履行召回信息披露义务的规范，以此激励企业主动全面履行人工智能缺陷产品的召回信息披露规范。因为根据信号传递效应，企业公开宣布产品召回就等于向资本市场传递了企业违背社会责任、产品发展风险显露的负面信息，由此会降低投资者对企业未来的预期。故而为追求较高的利润和所有者的财富，企业倾向于仅披露正面的社会责任信息，而避免披露对企业造成不利的负面社会责任信息。所以，人工智能企业需要转变投资者和消费者对缺陷人工智能产品信息披露的态度，进而促使自身主动全面履行人工智能缺陷产品的召回信息披露义务。比如，建

① 关于印发《促进新一代人工智能产业发展三年行动计划（2018 - 2020 年）》，载中华人民共和国工业和信息化部：http://www.miit.gov.cn/n1146285/n1146352/n3054355/n3057497/n3057498/c5960779/content.html，2020 年 8 月 12 日最后访问。

立召回信息披露社会责任履行企业白名单,引导投资者和消费者认识到企业对召回产品的信息披露是其社会责任意识的体现。这不仅是对消费者的负责,同时也是企业对自身人工智能技术改进的信心表现。

3. 革新人工智能缺陷产品的认定标准规范

可以考虑从社会总成本收益的角度定性分析是否应当完善人工智能缺陷产品的认定标准规范。完善人工智能缺陷产品的认定标准规范则意味着人工智能产品的生产者——人工智能企业为依法保障人工智能产品的质量,需要在人工智能产品的生产研发上投入更多的人力、物力,即其守法成本会增加;不完善人工智能缺陷产品的认定标准规范则意味着人工智能产品的消费者可能面临以往非人工智能产品所不存在的缺陷带来的风险,包括"精神安全"的不合理危险,以及隐私被监视、数据被收集等直接或间接损害其人身或财产安全的风险等。并且由于人工智能产品的受众群体范围广,难以预料产品导致消费者损害后可能引发的群体性事件和产生的社会不安定因素。而生产者的守法成本的支出一定程度上可以产生人工智能产品健康发展、质量不断提升的社会收益。所以,从社会总成本最小、收益最大的角度考虑,应当完善人工智能缺陷产品的认定标准规范。完善人工智能缺陷产品的认定标准规范,应当依据人工智能产品缺陷的特点,划定合格人工智能产品的界限,以明确人工智能企业保障生产合格产品的社会责任范围。认定标准的完善主要包括两方面的内容:

第一,将对人工智能产品"精神安全"的不合理危险纳入缺陷产品的认定标准。人工智能产品对消费者精神安全的影响上文已阐明,那么若消费者精神损害的内容不纳入缺陷智能产品的定义范畴,则对消费者产生精神损害类的人工智能产品将无法纳入缺陷产品的范畴,进而无法适用缺陷产品召回、缺陷产品损害赔偿等一系列法律。并且对于人工智能企业而言,也不能有效地保障其所研发生产的人工智能产品的质量。

第二,将恶意对消费者隐私监视、数据收集的产品纳入人工智能缺陷产品的认定范围。隐私被监视、数据被收集这些风险虽然不足以危及消费者人身安全和造成直接的财产损害,但该类缺陷会对消费者产生巨大的潜在威胁:若被企业或者不法分子不当利用,会进一步成为消费者人身、财产损害的导火索。同时这些风险也会加剧消费者对人工智能产品的不信任感,不利于人工智能产品行业的发展。

4. 完善人工智能缺陷产品的生产免责规范

如罗斯科·庞德(Roscoe Pouna)所言,人本性中欲望的扩张性与社会本性具有矛盾,正是这一矛盾产生了利益冲突的根源。[①] 人工智能产品生产者在消费者使用过程中对产品增强的控制力,使人工智能企业在追求自身利益最大化时,具有更强的能力争夺有限的社会物质资源,进一步加深了与消费者之间的冲突。所以,需要对人工智能产品生产者进行与其后续控制能力相匹配的义务规定,以实现强势群体与弱势群体之间的利益平衡。是故,人工智能产品生产者的后续观察义务除了跟踪观察义务以外还应当包括主动防范义务。具体而言,不仅包括被动地跟踪消费者获取产品可靠性、生命周期、操作风险等资料,还应包括主动地采取技术手段监测人工智能产品运行状态及消费者健康合理使用状态,及时采取警示等有效措施提醒消费者以避免其利益受损。若怠于采取有效措施而致消费者损害的应当承担赔偿责任。并且,规定这种跟踪观察义务,是在保护制造商开发新产品动力的同时,对消费者提供更为合理的保护,也是对发展水平抗辩所带来问题的一种必要的补救。[②] 易言之,面对人工智能产品,人们需要开始审视既有的产品责任制度能否在制造商利益和消费者利益之间实现平衡。[③] 具体来讲:

第一,企业生产免责规范所免除的不利后果不应由消费者承担。易言之,产品发展风险不应全部由消费者承担。产品发展风险抗辩条款立法合理性在于,缺陷的存在对当时的生产者来说具有不可预见性,故产品发展风险不应由企业承担。然而,随着消费者群体享受人工智能技术快速发展、科技不断进步产生的物质成果,大量新型人工智能产品进入消费者群体视野,产品发展风险无论从发生的数量上还是范围上都会不可避免成为所关注的焦点。并且,人工智能产品生产者虽不具备对具体危险的预见性,但通过衡量不同利益的风险评估过程,能够预测出某一行为造成的后果以及达到的程度。也就是说,通过对基本的数据的风险分析,能够分析预测人工智能缺陷产品可能导致的后果。所

① 参见[美]罗斯科·庞德:《通过法律的社会控制》,沈宗灵译,商务印书馆2010年版,第13页。

② 参见刘彤:《发展水平抗辩的制度构建与消费者保护的协调》,载《北京联合大学学报(人文社会科学版)》2017年第1期。

③ 参见司晓、曹建峰:《论人工智能的民事责任:以自动驾驶汽车和智能机器人为切入点》,载《法律科学(西北政法大学学报)》2017年第5期。

以,人工智能产品生产者基于其利益的偏好性而设置的风险评估过程,使之具有一定判断智能产品可能发生的抽象危险的能力。在这种情况下,生产者因为对损害缺乏具体预见性能够被免责,而让处于弱势的消费者承担着数量和范围上都不可估量的风险,这不符合公平正义原则的要求。

第二,人工智能产品生产企业应当有限且适当地承担部分发展风险。维护消费者利益和保障社会安全是有代价的,但是其应当有合理的界限,让企业承担发展风险会增大人工智能技术落地为人工智能产品的阻力,阻碍人工智能技术的进步和社会的发展。如果责任过重,必然阻碍制造者发展人工智能的积极性。但是,基于人工智能企业判断人工智能产品可能发生的抽象危险的能力,基于促进其加强自身产品质量保障的考量,人工智能企业应当有限且适当地承担部分发展风险。科技进步对每个人都是有利的,即社会作为一个整体从中受益。因此,随着科技进步的风险,应当由所有享受这种科技进步成果的人来承担。那么,必须有相关制度帮助责任主体承担人工智能产品的风险,这一制度便是保险制度。①

结　语

在人工智能时代的潮流中,面对人工智能革命给现有制度体系带来的冲击和挑战,变革与创新是我们的不二之选。中国作为全球第一消费大国,将成为全球最大的机器人市场②,也必将成为众多人工智能产品的庞大消费市场。人工智能产品质量风险势必会给消费市场带来冲击,对现有的产品质量保障制度体系带来挑战。所以,对人工智能产品质量风险的防控势在必行,需要积极变革与创新适应人工智能产品的质量保障制度体系,为消费者提供合理适当的制度保护,为人工智能行业发展提供制度支持。我们需要积极发挥主观能动性,在享受人工智能带来的技术红利的同时,对人工智能产品可能带来的风险和挑战进行回应,对其进行合理的法律规制,在遵循造福人类的可持续发展模式下推动我国人工智能产业的高质量发展。

---

① 参见梁鹏:《人工智能产品侵权的责任承担》,载《中国青年社会科学》2018 年第 4 期。

② 参见习近平:《习近平谈治国理政》,外文出版社 2014 年版,第 120 页。

衍生数据知识产权保护中的标准化问题研究

陈俊华*

摘　要:由于衍生数据无法完全归于现有的知识产权客体范畴,而无法适用现行相关法律制度,故要重新构建新的法律制度,以奠定其在知识产权体系中的地位。同时鉴于衍生数据具有显著的技术依赖这一特点,与之有关的活动以及所涉及的具体行为基本上都需要通过相应的具体技术来完成,这无疑对衍生数据知识产权法律制度的构建以及之后的具体实施提出了新的挑战。对此,标准(体系)可以起到良好的补充与辅助作用,在技术层面上指引和规范具体行为,进而保障衍生数据知识产权法律制度得以有效实施。而在具体的标准化过程中,则要充分发挥政府主导制定的标准(体系)的基础保障作用和市场自主制定的标准(体系)的支撑引导作用。

关键词:大数据　衍生数据　知识产权　标准化　标准(体系)

一、前言

依法治国是实现国家治理体系和治理能力现代化的必然要求。①

其中,具体法律的制定(修订)与实施,是依法治国的主要内容。构建衍生数据知识产权制度是依法治国战略思想在大数据领域的进一步落实,在实现我国在大数据领域的国家治理现代化的进程中起到举足轻重的作用。同时,对衍

* 陈俊华,武汉大学法学院知识产权法博士研究生。

① 参见《中共中央关于全面推进依法治国若干重大问题的决定》第一部分"坚持走中国特色社会主义法治道路,建设中国特色社会主义法治体系"。

生数据知识产权制度的构建提出建议,能够为后续可能开展的相关立法活动提供有益的参考模板,为将来所能够颁布的相关法律贡献微薄的力量。但是,再进一步来看,在相关法律颁布之后,就要迎接随之而来的法律实施问题,实施效果的好坏能够直接体现法律制度的质量高低。由此可见,法律的合理性、完整性、可操作性是我们在立法之初就应该仔细考量的重要因素。而对于衍生数据知识产权制度而言,除了需要重视传统意义上的法律的合理性、完整性及可操作性之外,即法律制度本身是否存在错误、瑕疵、空白、过于原则等问题,[①]还需要重视所确立的法律制度是否会在技术层面上产生乱序。这是因为,衍生数据具有显著的技术依赖这一特点,与之有关的活动以及所涉及的具体行为基本上都需要通过相应的具体技术来完成,这无疑对衍生数据知识产权法律制度在具体实施环节提出了新的挑战。即使法律制度本身不存在缺乏传统意义上的合理性、完整性与可操作性的问题,也可能会因为在技术层面上缺乏指引和规范,而导致法律制度无法实施或者实施效果不佳。对此,标准可以起到良好的补充与辅助作用,在技术层面上指引和规范具体行为,进而保障衍生数据知识产权法律制度得以有效实施。

目前,大数据的快速发展已经引起了标准化界的高度重视,如国际标准化组织(International Organization for Standardization,ISO)、国际电工委员会(International Electrotechnical Commisscon,IEC)、国际电信联盟(International Telecommunication Union,ITU)、国际电气与电子工程师协会(Institute of Electrical and Electronics Engineers,IEEE)等开展国际标准化活动的有关组织,以及美国国家标准与技术研究院(National Iustitute of Standards and Technology,NIST)、英国标准协会(British Standards Institution,BSI)等其他国家开展标准化活动的有关组织,都已经专门针对大数据成立了专业的标准化工作组,并启动了有关大数据的标准化理论研究和实践试点工作。我国在部署国家大数据战略时,就已经重视和强调开展相关标准化工作的重要性,重视构建、完善与实施能够支撑、引领大数据发展并能够与有关法律制度体系衔接配套的大数据标准体系。在《关于运用大数据加强对市场主体服务和监管的若干意见》(国办发〔2015〕

---

① 本文的讨论以法律制度本身不存在缺乏传统意义上的合理性、完整性与可操作性为前提而展开。

51 号)中就明确提出了要建立大数据标准体系。① 而在《促进大数据发展行动纲要》(国发〔2015〕50 号)中,则更为明确地要求完善法规制度和标准体系,科学规范利用大数据,切实保障数据安全。② 随后,在《中华人民共和国国民经济和社会发展第十三个五年规划纲要》中也提及了大数据的标准体系建设问题。③ 基于此,《大数据产业发展规划(2016 - 2020 年)》(工信部规〔2016〕412 号)进一步细化了对大数据标准化工作的要求。④ 并且,我国的全国信标委大数据准工作组,中国通信标准化协会(China Communications Standards Association,CCSA),贵州省、上海市等省市以及重庆市云计算和大数据产业协会等社会团体也已经启动了关于大数据的国家标准化、行业标准化、地方标准化与团体标准化工作。国内外有关大数据标准化工作的启动,都为标准化与衍生数据知识产权制度的衔接,提供了利好的外部环境。

二、衍生数据知识产权保护的法理分析

(一)衍生数据的概念与特征

衍生数据是相对于原生数据而言的两者以数据的产生方式为标准进行划分(见图 1)。亦有观点将原生数据和衍生数据称为基础数据和增值数据。⑤ 原生数据,是指不依赖于现有数据而产生的数据,是通过合法的记录、存储手段而产生的数据。例如,用户发表的评论数据、用户使用服务的日志数据等。⑥ 原生数据的产生是一种从无到有的过程,0 到 N 的过程。被记录和储存是“原生数据”的重要技术特征。从使用的角度观察,原生数据并不能被直接使用。从使用价值角度的观察,原生数据的使用价值有限,当数据量较小时,数据价值直接体现于直观的数据内容。但是,当今数据以 PB(Petabyte)为单位被记录和储存

---

① 参见《关于运用大数据加强对市场主体服务和监管的若干意见》(国办发〔2015〕51 号)第八部分“健全保障措施,加强组织领导”中“(三十二)完善标准规范”的内容。

② 参见《促进大数据发展行动纲要》(国发〔2015〕50 号)第二部分“指导思想和总体目标”中“(一)指导思想”与第四部分“政策机制”中“(四)建立标准规范体系”的内容。

③ 参见《中华人民共和国国民经济和社会发展第十三个五年规划纲要》第二十七章“实施国家大数据战略”中第二节“促进大数据产业健康发展”。

④ 参见《大数据产业发展规划(2016 - 2020 年)》(工信部规〔2016〕412 号)第四部分“重点任务和重大工程”中“(五)推进大数据标准体系建设”的内容。

⑤ 参见丁道勤:《基础数据与增值数据的二元划分》,载《财经法学》2017 年第 2 期。

⑥ 参见杨立新、陈小江:《衍生数据是数据专有权的客体》,载《中国社会科学报》2016 年 7 月 13 日,第 5 版。

时，原生数据可以直接被获取的价值是极为有限的。数据使用价值产生于经过特定的算法加工、计算、聚合等处理之后。但这种从总量数据的相关性中体现出来的则不再是“原生数据”的使用价值，而是“衍生数据”的使用价值。

而对于衍生数据，早在《民法总则（草案）》第一次审议稿公开之后，就有观点认为，为更加谨慎起见，使这一立法更能够全面地反映数据研究中的最新成果，具体的内容设计还有进一步改进的余地，建议将其中第108条所规定的“数据信息”改为衍生数据。① 衍生数据，是指原生数据被合法地记录、存储后，利用特定的算法来加工、计算、聚合等处理而成的系统的、可读取的（计算机数据处理系统）、有使用价值的数据，如购物偏好数据、信用记录数据、使用习惯数据等。② 除了使用价值外，衍生数据还具有交换价值，其也是目前在数据市场交易的对象。衍生数据的产生是一种踵事增华的过程，即N到f(N)过程。③ 相比较于记录和储存，加工、计算、聚合等处理则是衍生数据更为重要的特征。但是，无论是原生数据还是衍生数据都是数据在大数据时代下的具体类型，数据是它们两者的上位概念。同时无论是原生数据还是衍生数据的内容都是“信息”。衍生数据除了是大数据技术发展的产物外，还是大数据市场所需求的产品。正如贵州数据交易所强调：“交易所交易的不是底层数据，而是清洗、分析、建模之后的数据结果。”这里所称为“底层数据”就是“原生数据”，而后所称为“数据结果”就是衍生数据。其中的“数据清洗”是从大数据分析与利用的角度出发，通过加工整理，将不规则的数据转变为规则的数据，去除无用元素，从无序转变为有序，从而为数据分析打下基础。④ 这种“数据清洗”并不等于“数据匿名化”，后者强调的是去除数据中的用户身份数据，消除数据的身份可识别性，是从保护用户隐私的角度而开展的工作。

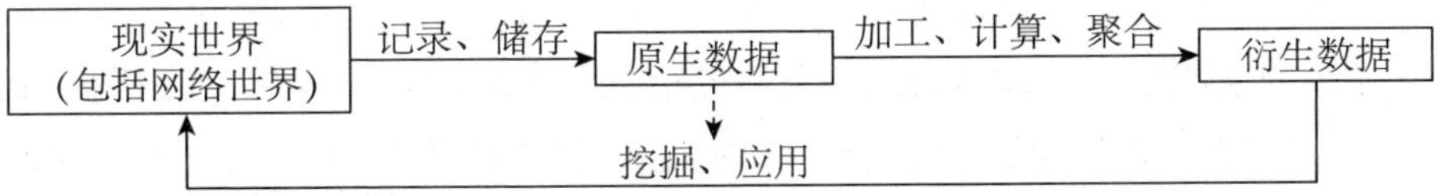

图1　原生数据与衍生数据关系

① 参见杨立新：《衍生数据的法律属性与权利性质》，载一站阅读：https://www. a - site. cn/article/382113. html，2017年6月6日最后访问。

② 参见杨立新、陈小江：《衍生数据是数据专有权的客体》，载《中国社会科学报》2016年7月13日，第5版。

③ 此处f(N)是指基于衍生数据而进行的加工、计算、聚合等特定的算法。

④ 参见王融：《明确界定数据产权推动建立大数据交易规则》，载《中国征信》2015年第12期。

衍生数据作为数据化的信息,同时具有以下三种主要的物理形态:

1. 无形(无体)。衍生数据无形无体,不占有一定的空间,但是其载体是有形有体的,这类似于知识产权的客体——"知识产品",与物权客体之"物"相比具有本质上的区别。这主要表现为,不发生有形控制的占有,即"大数据"的无形性,使其具有了分身术,可能出现"货许三家"或"一女两嫁"的情况,而有形财产所有人不可能将其财产权的客体同时卖给两个分别独立的买主。或者说在一定时空条件下,衍生数据可以被若干主体共同使用。

2. 可复制。衍生数据可以被无限地复制,且随着技术的发展,复制后的衍生数据的质量会越好。这一物理形态也类似于知识产权的客体——"知识产品",不同于物权客体之"物"。

3. 非消耗(永存性)。衍生数据的使用不但不会使其发生物理损耗,而且还会增加其价值,使用者数量越多,衍生数据的价值就越大。这一点同样更似于知识产权的客体——"知识产品",而区别于物权客体之"物"。实际上,衍生数据可复制和非消耗两种物理形态,都是由其无形形态延伸而来。

(二)衍生数据的知识产权保护的制度化趋势

在大数据时代,全球都逐渐认识到大数据所蕴含的巨大使用价值与交换价值,都在为如何进一步推动和促进大数据与大数据运用寻求符合自身实际情况的合理适度的方式方法,其中最为宏观的就是国家有关部门或者国家间联合体的有关机构陆续颁布的有关大数据的战略布局和政策规划。尤其是美国、欧盟这两个最为主要的传统发达国家和地区以及我国这一处于快速发展中的国家,都已将推动和促进大数据与大数据运用的发展上升到了国家和区域战略的高度。这些国家和地区相继出台有关大数据的战略性、政策性文件来系统、稳定、高效地为本国和本地区的大数据与大数据运用的发展进行战略布局和政策规划,进而期望能够在新一轮的国际竞争中将大数据与大数据运用作为他们获得与巩固国家和地区竞争优势的战略抓手与新突破口,同时也期望通过大数据与大数据运用提升国内经济水平与人民生活水平。有关大数据的战略性、政策性文件的最终落实需要通过法治化手段加以巩固强化,而有关大数据的实践活动也需要具有针对性的法律制度予以保驾护航。这其中最为核心的内容就是大数据产权保护的法制化。如欧盟委员会于2014年即向欧盟理事会、欧洲议会等主要机构发送的《迈向蓬勃发展的数据驱动经济》(Towards a Thriving Data - driven Economy)明确提到了要确保有关知识产权的法律是数据友好型的。[①] 有关数据产权保护的立法实践，由于数据本身所体现出的与传统物权客体之"物"和传统知识产权客体之"知识产品"的不同之处以及数据行为的技术特征，对传统法学理论可能会产生较大的冲击，故很难马上体现于具体的法律制度中。而我国可能是对该问题在法律层面较早做出初步回应的国家：我国除了在《著作权法》中给予汇编作品以保护来对数据库权利保护做出回应之外，《民法总则》作为我国民法基本法，第一次对数据正式作出规定，即第127条："法律对数据、网络虚拟财产的保护有规定的，依照其规定。"

综上所述，衍生数据由于无法完全归于现有的知识产权客体范畴，而无法适用现行相关法律制度，故应为一种新的知识产权客体。同时，作为一种新的知识产权客体，衍生数据将落入《民法总则》第123条第2款第8项所指的"法律规定的其他客体"中。鉴于相关法律之空白现状，需要重新构建新的法律制度，以奠定其在知识产权体系中的地位。这也符合知识产权制度发展的一个规律和路径，即先有知识产品、再有法律、后有知识产权。[②] 故需通过法制化的方式，来回应衍生数据的产权保护问题。这也是对我国《民法总则》第127条的有力补充，实现该条的可操作性。[③] 而对于具体创设衍生数据所对应的知识产权，有的观点建议，以衍生数据为客体建立的权利是数据专有权，是一种财产权利，性质属于知识产权，同时认为数据专有权与著作权、商标权和专利权等传统知识产权并列，成为知识产权中的一种独立权利。[④] 有观点亦认同将数据纳入知识产权，但将其称为"数据信息产权"。[⑤] 当然，也有观点认为，无论是数据专有权、数据信息产权还是别的称谓都有其合理性，但是可以根据知识产权的传统

---

① See European Commission, "Towards a Thriving Data – driven Economy", ttps://www.kowi.de/en/Portaldata/2/Resources/fp/2014 – COM – Big – Data.pdf, June 16, 2018.

② 参见宁立志：《知识产权法》，武汉大学出版社2013年版，第32页。

③ 如果说我国的《民法总则》第127条是对民事权利客体的指引性规定，那么大数据对应于何种财产权利，传统的物权、债权、知识产权等主要财产权利的客体范畴是否能容纳之，则需要予以重点讨论。对此，笔者已经另作一文以讨论。本文是在前文基础上的再续。参见陈俊华：《大数据时代数据开放共享中的数据权利化问题研究》，载《图书与情报》2018年第4期。

④ 参见杨立新、陈小江：《衍生数据是数据专有权的客体》，载《中国社会科学报》2016年7月13日，第5版。

⑤ 参见岳红强：《大数据时代数据信息的权属界定与民法保护》，载中国民法学研究会主编：《2016年中国民法学年会论文集》（中），第930～935页。

命名逻辑，将该新型的知识产权称为"数据权"，即指民事主体基于衍生数据而依法享有的支配性无形财产权。这都为有关衍生数据的新型知识产权创设，提供了有力的参考建议。诚如有观点所认为的，数据法律问题，不仅关系到数据开发者的利益，也关系到社会群众获取信息，影响数据产业的生存和发展，但是规定对数据的保护，需要规定一系列的制度，包括构成数据保护的情形、主体和客体、权利内容、权利限制、享有权利的期限、法律责任等具体制度的设计。① 也有观点认为，有关衍生数据的知识产权产生于数据时代，属于一种新型的知识产权，是从更广的知识产权角度在新的技术环境下，对知识产权类型的拓展，不能以传统的知识产权来解释，因此是对传统知识产权的更新。② 但是，针对这些问题的研究与讨论的成果目前还不是很多，并且较为分散。③ 笔者也曾就大数据的产权保护问题发表一篇名为《大数据时代数据开放共享中的数据权利化问题研究》的论文④，对如何在知识产权法领域对衍生数据进行保护提出了初步建议。而本文是《大数据时代数据开放共享中的数据权利化问题研究》的再续，旨在讨论衍生数据知识产权制度创设的同时，从一个较为宏观的层面讨论其中的标准化问题。

三、标准化衔接衍生数据知识产权制度的必要性与可行性

（一）标准化衔接衍生数据知识产权制度的必要性

诚如本文于第一部分所讨论的，大数据作为一个跨时代的技术集中化产物，与传统意义上的数据和通常意义上的信息相比有着诸多不同，最为根本的不同就是大数据具有很强的技术依赖性这一特点。大数据仅仅存在于计算机场域之中，即存在于一种非传统意义上的现实空间之中，并且在其整个生命周期中基本上都是如此。也正是因为大数据的这一技术依赖特性，有关大数据的绝大部分活动以及其中的具体行为都需要基于相应的以云计算等新型计算机技术为主的技术工具与手段实现。具体到作为具有大数据特征的衍生数据，这

---

① 参见李适时、张荣顺：《中华人民共和国民法总则释义》，法律出版社2017年版，第397页。

② 参见杨立新、陈小江：《衍生数据是数据专有权的客体》，载《中国社会科学报》2016年7月13日，第5版。

③ 国内已经有著作在一定程度上统一对这些问题作出了回应。参见王德夫：《知识产权视野下的大数据》，社会科学文献出版社2018年版，第255～280页。

④ 参见陈俊华：《大数据时代数据开放共享中的数据权利化问题研究》，载《图书与情报》2018年第4期。

一技术依赖特性也是非常明显的，这对衍生数据知识产权法律制度的具体实施提出了新的挑战。具体而言，在衍生数据知识产权法律制度中除了本身会涉及一些具体的技术性问题之外，如判断衍生数据是否具备授予权利等技术问题，在具体的制度实施过程中也会更加需要依赖于相应的具体技术工具与手段。例如，“权利人可以许可他人使用衍生数据”，这本是属于权利人的一项基本权利，但若要真正实现基于许可合同的衍生数据许可使用，则会触及技术层面的问题，需要依赖于相应的具体技术工具与手段来实现。如果技术层面出现了乱序现象，则很可能会导致衍生数据许可使用制度实施效果不佳甚至无法实施。制定与实施衍生数据知识产权法律制度的宗旨在于保护相关权利人的合法权益，鼓励创造衍生数据，并推动衍生数据的流通与运用，进而全方面推动国家的可持续发展。即要通过具体的权利和义务的配置对其中有关主体的行为起到指引、规范等作用，进而发挥出其调整因衍生数据而产生的各种社会关系的作用。也就是说，衍生数据知识产权法律制度作为一种调整该领域社会关系的重要工具，其实是一种行为规范，其中绝大部分的制度结构都主要由前提条件、行为模式和行为后果构成，其中行为模式主要包括“可以”（权利）、“应当”（作为义务）、“不得”（不作为义务）这三种类型。正因如此，衍生数据知识产权法律制度并不适宜对微观技术层面的操作问题进行量化、程序化的指引和规范。并且，主要以文字和极少量数字构成的法律条文也很难对具体的技术操作细节进行准确的描述。

但是，对从技术层面对一个行为进行量化、程序化的指引与规范，却是标准发挥其指引和规范作用的固有范畴。标准①作为一种法定的规范性文件，是开

① 对于“标准”的术语定义，国际标准化组织与国际电工委员会（ISO/IEC）也将此写入了国际标准 Standardization and Related Activities—General Vocabulary（ISO/IEC Guide 2:2004）之中。我国则又在此基础上将“标准”定义为：通过标准化活动，按照规定的程序经协商一致制定，为各种活动或其结果提供规则、指南或特性，供共同使用和重复使用的文件。标准宜以科学、技术和经验的综合成果为基础。规定的程序指制定标准的机构颁布的标准制定程序。诸如国际标准、区域标准、国家标准等，由于它们可以公开获得以及必要时通过修正或修订保持与最新技术水平同步，因此它们被视为构成了公认的技术规则。其他层次上通过的标准，诸如专业协（学）会标准、企业标准等，在地域上可影响几个国家。参见推荐性国家推荐性标准 GB/T 20000.1－2014《标准化工作指南第 1 部分：标准化和相关活动的通用术语》中“5.3标准 standard”部分。

展标准化活动①的重要内容,其功能在一定程度上类似于同样具有指引和规范功能的法律。② 但是,不同于法律规范模式,标准基本上不会着重于强调什么可以做、什么不可以做、什么应当做或者什么不得做等,③而是更多地通过大量的指标、程序、方法等来指引和规范一个行为如何做才是科学的、合理的、高效的、低风险的。也就是说,同样具有指引与规范功能的情况下,标准与法律在它们的功能发挥纬度上不存在根本性矛盾与冲突。这也使标准在适用层面上与法律有所不同,标准的适用纬度相较于法律而言则更为微观和具体,这恰恰能够使标准与法律更好地实现衔接与互补。所以,为了能够保障衍生数据知识产权法律制度的有效实施,就需要同样具有指引和规范功能的标准④对其中具体的行为在技术层面上给予有针对性的指导与规范(见图2)。而这也很好地从标准与法律功能的角度证明了标准(体系)衔接衍生数据知识产权制度的必要性。

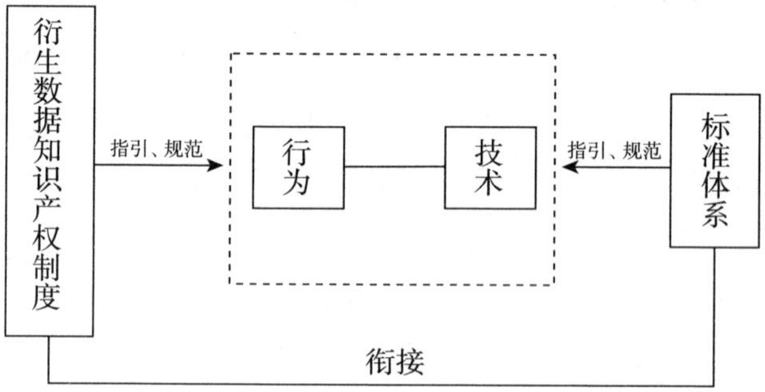

图2　标准(体系)与衍生数据知识产权制度衔接

---

① 对于标准化活动,我国著名的标准化专家李春田将其视为是一个由标准产生子过程、标准实施子过程与信息反馈子过程构成的闭环且不断循环迁升的过程。参见李春田:《标准化概论》,中国人民大学出版社 2014 年版,第 38 ~40 页。对此,也有别的标准化专家将标准化视为是一个 PDCA 循环,即是一个由制定标准(P)、组织实施标准(D)、监督标准实施(C)、评价实施效果(D)这 4 个基本阶段所构成的不断循环提升的活动过程。参见洪生伟:《标准化管理》,中国标准出版社 2012 年版,第 44 页。

② 在此需要指明的是,虽然标准与法律都具有指引性与规范性,但是两者的指引性与规范性存在本质上的区别。

③ 在此需要说明的是,标准当中也存在类似于法律中的行为模式用语,如可以、应当、必须、不可以、不应当、不得、不宜等。但是,这不是标准发挥规范性作用的关键所在。

④ 这里的标准更多的是指技术标准。技术标准,是指对标准化领域中需要协调统一的技术事项所作的统一规定。参见李春田:《标准化概论》,中国人民大学出版社 2014 年版,第 103 页。在此之所以要突出标准中的技术标准,是因为本文主要是想突出标准在技术层面上对于具体主体行为的指引与规范作用。对此,甚至有学者认为大数据标准从本质上而言就是一种技术标准。参见宋明顺等:《大数据标准化现状与发展思路研究:产业发展视角》,载《标准科学》2017 年第 5 期。虽然此种观点过于绝对,但是基于大数据技术依赖性的特点,可以预测,技术标准最有可能成为大数据标准体系中数量最为庞大的一种标准。

（二）标准（体系）衔接衍生数据知识产权制度的可行性

如今，无论是标准化的理论发展还是实践探索，都将传统的标准化推向大标准化，这也成了标准化本身发展的一个必然趋势。其中，标准的外延则从适用范围、形式、层级和语种这四个方面得到扩展，尤其是其适用范围将延伸至人类活动所涉及的各个领域之中，①当然对于大数据领域甚至具体至衍生数据必然也不例外。标准可以通过大量的指标、程序、方法对与衍生数据有关的具体行为从技术层面上进行有针对性的指引与规范。这无疑从标准化的角度为标准（体系）衔接衍生数据知识产权制度的可行性奠定了基础。从大数据的角度来看，大数据的全生命周期在技术层面上是一个复杂的系统工程。这就要求在每一个细节上都要实现科学合理，在每一个阶段间均要实现有效兼容，而标准正是解决这些问题的有效手段。② 具体到衍生数据知识产权制度，其中很多内容会涉及各种各样的具体细节以及大数据全生命周期的不同阶段，这就更需要标准从技术层面给予衍生数据有针对性的指引与规范。这也从大数据的角度为标准（体系）衔接衍生数据知识产权制度的可行性奠定了基础。从标准与法律的关系来看，在具体的法治化实践过程当中，指引性与规范性的功能共性以及共同对秩序的追求，使对于同一个领域或者同一个对象而言，标准的制定与实施同法律的制定与实施已并非为两套完全独立的机制。相反，两者呈现一种“你中有我”“我中有你”的衔接与互补现象，共同发挥着指引与规范作用。如在产品质量、食品安全、环境保护等领域，这种现象已经非常普遍。③ 具体而言，标准化在推进国家治理体系和治理能力现代化的进程中起基础性与战略性的作用。④ 标准与法律均在实现国家治理现代化中具有重要地位，发挥着关键作用。因此，在追求法治化的目标下，推动标准（体系）与衍生数据知识产权制度的有效衔接，亦不失为一种有益的尝试。并且，法律具有一定的稳定性，不可能朝令夕改，而标准则可以较好地发挥其能动性，应对急需与变化。⑤ 而这同样适

---

① 参见王艳林、陈俊华：《大标准化时代与〈标准化法〉之修改——以政府职能转变为中心的讨论》，载《河南财经政法大学学报》2017 年第 3 期。

② 参见杨宇等：《大数据技术总结和标准化工作研究进展》，载《电信网技术》2016 年第 4 期。

③ 参见柳经纬：《标准与法律的融合》，载《政法论坛》2016 年第 6 期。

④ 参见国务院《关于印发深化标准化工作改革方案的通知》（国发〔2015〕13 号）。

⑤ 参见王世川、马艳霞：《小议我国标准与法律的关系》，载《标准科学》2012 年第 3 期。

用于衍生数据知识产权制度。因此，标准（体系）能够作为对衍生数据知识产权制度的补充，基于其微观、具体、能动的特点可以很好地在技术层面上发挥出对具体行为的指引与规范作用，保障法律的有效实施。这也从标准与法律的关系角度为标准（体系）衔接衍生数据知识产权制度的可行性奠定了基础。

四、标准化衔接衍生数据知识产权制度的实现模式

综合上一部分的论述我们可以发现，标准衔接衍生数据知识产权制度具有充分的必要性与充足的可行性。并且这种衔接并不局限于个别种类的标准，如国家强制性标准这类法定必须执行的标准，而是所有法定种类的标准都能够与衍生数据知识产权制度实现衔接。[①] 也正是因为标准衔接衍生数据知识产权制度存在必要性与可行性，我们在研究与推进衍生数据知识产权制度的进程中，要同时给予相关标准化工作高度的重视。尤其在当前，衍生数据知识产权制度的构建与相应的标准化活动均仍处于一个研究与尝试的初级起步阶段，其中关于两者的衔接还有很多问题需要我们进一步深入研究，标准衔接衍生数据知识产权制度的实现模式就是其中的重要问题之一。本文欲在此通过论述，对该问题提出一些个人浅见。

（一）在衍生数据知识产权制度中融合标准（体系）

从衍生数据知识产权制度构建与实施的角度来说，如何融合标准（体系）是标准（体系）衔接衍生数据知识产权制度过程中一个无法回避的问题。诚如上文所言，在我国的法治化实践进程当中，将标准（体系）融合于法律中的现象已经十分普遍，如在产品质量、食品安全、环境保护、医疗卫生以及其他诸多领域中，都能够找到法律中融合标准的具体例子。虽然我国有关知识产权的标准已经呈现一定的规模，但是在知识产权领域的相关立法实践中却难以找出具体的法律制度中融合有关知识产权标准（体系）的例子。[②] 不过，这并不影响在衍生数据知识产权制度中融合标准（体系）。有学者通过对我国法律文本与标准文

---

① 我国《标准化法》按照主体将标准分为国家标准（强制性标准与推荐性标准）、行业标准、地方标准、团体标准和企业标准。而本文将在“五、不同标准在衔接衍生数据知识产权制度中的功能分工”部分具体讨论这 5 种标准具体如何配套与协调衍生数据知识产权制度。

② 这其中的具体原因笔者并未深入研究，故在此只是客观指明这一现象。

本的内容进行研究，概括出了法律中融合标准（体系）的三种主要模式。[①] 具体而言，第一种模式是法律仅仅只是在条文中一般性地规定了标准（体系），该标准（体系）或者是某个领域的标准（体系）或者是与该法处于同一个领域或者相关领域的标准（体系）。这是一种较为常见的法律融合标准的模式，如在我国的《合同法》《刑法》《产品质量法》《食品安全法》《环境保护法》等法律中都可以明显的看到这类条文表述。[②] 虽然，在这些法律中对于标准的融合都较为笼统，但是也存在细节上的不同。第二种模式是法律不仅在条文中规定了标准（体系）而且还明确指出了是哪个具体的标准（体系）。这种法律融合标准的模式在具体实践过程中并非十分常见，通常是要着重突出对安全等基础性问题的重视而直接指明相关标准（体系），并且解决这些问题的标准（体系）也具有统一性与唯一性。如我国的《水污染防治法》虽然在条文中没有明确指出哪个具体的标准（体系），但是在《水污染防治法实施细则》中却体现出了这一模式。[③] 第三种模式是法律不仅在条文中规定了标准（体系），也明确指出了是哪个具体的标准（体系），而且还将该标准（体系）的文本或者其中的主要内容融合于法律之中。这种法律融合标准的模式在具体实践过程中相较于第二种模式则更为罕见。如我国《环境噪声污染防治法》在修改前就采用了这种模式。[④]

承上所述，具体到在衍生数据知识产权制度中融合标准（体系），笔者认为可以综合上述法律融合标准（体系）的三种主要模式，从四个层面将有关的标准（体系）融合其中。第一个层面，可以在衍生数据知识产权制度的总则部分体现出标准与标准化对于衍生数据知识产权制度有效实施的重要性。对此，笔者建议具体可以表述为，“各级政府标准化行政主管部门与有关行政主管部门应该制定有关的国家标准、行业标准与地方标准保障衍生数据知识产权制度的有效

---

① 参见廖丽、程虹：《法律与标准的契合模式研究——基于硬法与软法的视角及中国实践》，载《软科学》2013 年第 7 期。

② 如《合同法》第 62 条第 1 项规定：“质量要求不明确的，按照国家标准、行业标准履行；没有国家标准、行业标准的，按照通常标准或者符合合同目的的特定标准履行。”又如《刑法》第 143 条生产、销售不符合安全标准的食品罪规定：“生产、销售不符合食品安全标准的食品……”与之类似的还有《产品质量法》第 13 条等。

③ 《水污染防治法实施细则》第 21 条规定：“生活饮用水地表水源一级保护区内的水质，适用国家《地面水环境质量标准》II 类标准；二级保护区内的水质，适用国家《地面水环境质量标准》III 类标准。”

④ 目前实施的《环境噪声污染防治法》是在 2018 年 12 月 29 日，第十三届全国人民代表大会常务委员会第七次会议通过的，本文所指的是修改前的《环境噪声污染防治法》第 64 条。

实施。并鼓励有关社会团体、企业制定或者联合制定并实施有利于进一步保障衍生数据知识产权制度有效实施的团体标准与企业标准”。第二个层面，可以在衍生数据知识产权制度的总则部分一般性地规定该领域的或者与该领域有关的标准（体系）。对此，笔者建议具体可以表述为，“有关主体在进行需要通过具体技术完成的行为时，必须符合与之相关的国家强制性标准的要求以及选择使用的推荐性标准的要求”。第三个层面，可以在衍生数据知识产权制度的总则部分具体指明某个标准（体系）。对此，笔者建议具体可以表述为，“涉及安全等其他基础性问题的，适用《×××标准》（体系）”，以强调在进行与衍生数据相关的具体行为时，关于数据安全等其他基础性要求的标准仍具有统一性与唯一性，不能随意约定而为。这也是对第二个层次的具体化。第四个层面，可以在衍生数据知识产权制度关于授权条件的分则部分或者附则部分，直接引进具体的标准（体系）主要内容或者直接将具体的标准（体系）作为附件。对此，笔者建议具体可以表述为，“能够授予权利的衍生数据，应当符合《×××标准》（体系）”，然后将《×××标准》（体系）以附件的形式附在法律文本的最后。

（二）在标准（体系）中体现衍生数据知识产权制度

标准（体系）衔接衍生数据知识产权制度其实是一个双向机制，即除了要在衍生数据知识产权制度中融合相关的标准（体系）外，还需要在标准（体系）中体现衍生数据知识产权制度。在我国的标准化实践中，将法律融合于标准（体系）的现象，并不如在法律中融合标准（体系）的现象明显和频繁。相比较领域也更为集中，主要集中于环境保护领域的标准，体现出标准与法律的对应关系，进一步提升了法律的可操作性。有学者通过对我国法律文本与标准文本的内容进行研究，概括出了在标准（体系）中融合法律的两种主要模式。[①] 具体而言，第一种模式是在标准（体系）中直接表明标准制定的依据是哪部具体的法律甚至还会在具体内容上进行具体衔接，来突出该标准（体系）与该法律的对应关系，从而提升法律的可操作性。如国家强制性标准 GB3838—02《地面水环境质量标准》就在其前言中直接表明其制定依据是《环境保护法》和《水污染防治法》。[②] 又如国家强制性标准 GB 22337—2008《社会生活环境噪声排放标准》也

---

① 参见柳经纬：《标准与法律的融合》，载《政法论坛》2016 年第 6 期。

② 参见国家强制性标准 GB3838—02《地面水环境质量标准》前言部分。

在其前言部分直接表明其制定依据是《环境保护法》和《环境噪声污染防治法》。[①] 并且，这类标准通常属于国家强制性标准。当然，有的标准除了在前言部分指明作为标准制定依据的法律之外，还会在具体内容上与其他有关的规则内容进行具体的衔接。如由环保部批准发布的行业标准 HJ 556—2010《农药使用环境安全技术导则》，除了在前言部分指明了制定依据是《环境保护法》《水污染防治法》和《固体废物污染环境防治法》外，还在具体内容上与《危险化学品安全管理条例》和《废弃危险化学品污染环境防治办法》进行了对接。[②] 这使解决该问题的规则体系性更强。第二种模式是标准（体系）在其具体内容上将有关法律的内容通过标准的表述范式转化为该标准（体系）的内容，并且通常会在有关法律中较为抽象和原则的内容部分进行进一步的细化，同样起到了提升法律的可操作性的作用。并且，这类标准通常主要属于国家推荐性标准。这种模式其实又可以细分为两种主要情况。情况之一就是在标准（体系）中转化了多部法律的有关内容。情况之二就是在标准（体系）中仅仅转化了一部法律的有关内容。前者如我国的社会责任标准体系（具体包括了 GB/T 36000—2015、GB/T 36001—2015、GB/T 36002—2015 三部国家推荐性标准），其中就转换了《劳动法》和《消费者权益保护法》等相关法律的有关内容；后者如我国的团体标准化标准体系（具体包括了 GB/T 20004. 1—2016、GB/T 20004. 2—2018 两部国家推荐性标准），其中仅仅转化了《标准化法》有关团体标准的内容。

承上所述，具体到在标准（体系）中体现衍生数据知识产权制度，笔者认为可以综合上述在标准（体系）中融合法律的两种主要模式，从三个层面在有关的标准（体系）中融合衍生数据知识产权制度。第一个层面，在具体的标准（体系）适用范围上，覆盖在衍生数据知识产权制度规范领域内基于衍生数据而进行的具体行为。如以与数据安全有关的标准（体系）为例，对此笔者建议具体可以表述为，“本标准（体系）是有关数据安全的一般性要求，适用于大数据全生命周期”。第二个层面，在具体的标准（体系）前言部分当中，直接表明该标准（体系）是根据衍生数据知识产权制度来制定的，进而突出该标准（体系）与衍生数据知识产权制度的对应关系。对此，笔者建议具体可以表述为，“为贯彻衍生数

① 参见国家强制性标准 GB 22337—2008《社会生活环境噪声排放标准》前言部分。

② 参见行业标准 HJ 556—2010《农药使用环境安全技术导则》前言部分与第 6. 6. 2 条。

据知识产权制度,保障衍生数据知识产权制度的有效实施,制定本标准(体系)"。第三个层面,具体的标准(体系)直接将衍生数据知识产权制度的具体内容进行转化。在这个层次上,并不是简单的只言片语便可表明该标准(体系)与衍生数据知识产权制度的关系,而是要通过缜密的科学研究、充分的技术分析与全面的经验总结,将衍生数据知识产权制度中抽象的、原则的法律语言转化为具体的、详细的标准语言,在发挥标准的指引与规范作用的同时,保障衍生数据知识产权制度的有效实施。

五、不同标准在衔接衍生数据知识产权制度中的功能分工

综上所述,衍生数据知识产权制度的制定与实施会受到有关大数据的技术影响,因此需要制度与具体的实施标准(体系)予以衔接。[①] 截至目前,全球范围内有关大数据的标准化工作已经取得了阶段性的成果,国内、国外有关组织、部门等都已经出台了或即将要出台有关大数据的标准(体系)。有关大数据的标准(体系)数量越来越庞大,内容越来越翔实。从总体来看,无论是国际标准化组织、国外标准化组织还是国内标准化组织有关大数据的现阶段标准化工作重点,都主要是解决一些框架性、基础性、保障性的问题,旨在将大数据逐步实现简易化、统一化、通用化、系列化、组合化以及模块化,从而为大数据的进一步发展提供一个良好的基础。如于 2014 年 11 月成立的 ISO/IEC JTC1/WG9 大数据工作组所研制的有关大数据的国际标准(体系)(具体包括 ISO/IEC 20546、ISO/IEC TR20547 - 1、ISO/IEC TR20547 - 2、ISO/IEC 20547 - 3、ISO/IEC 20547 - 4、ISO/IEC TR20547 - 5 这六项国际标准)就主要包括大数据领域的术语、框架、需求、安全、路线等方面内容。在我国,已发布、已报批、已立项、已申报、在研以及拟研制的有关大数据的相关国家标准已经达到 104 项,其中已经发布的国家标准也主要是集中在术语、模型、安全等基础性问题上,如 GB/T35295—2017《信息技术 大数据 术语》、GB/T 35589—2017《信息技术 大数据 技术参考模型》、GB/T 35274—2017《信息安全技术 大数据服务安全能力

---

① 在此,需要说明的是,本文不对有关大数据的具体标准内容进行展开与论述,仅仅是在此概括出一些主要的阶段性特征,并基于此对标准(体系)衔接衍生数据知识产权制度过程中的不同标准功能分工提出原则性的建议。

要求》等国家推荐性标准。[①] 与此同时，已经有一定数量的与大数据有关的行业标准、地方标准与团体标准正在发布或者即将发布，这些标准主要基于其行业特点、地方特点以及具体领域的特点，以此对有关大数据运用的具体技术问题作出了回应，实施效果还有待后期的评估。[②] 其中具有代表性的有贵州省出台的《政府数据数据脱敏工作指南》《政府数据数据分类分级指南》《贵州省政府数据第1部分：元数据》等。进言之，目前的标准（体系）与大数据在整体发展的规模和速度上还存在差距，有关大数据的标准化工作仍处于起步阶段。于我国而言，随着大数据的不断发展，需要标准化的对象数量会越来越多，标准化的内容也会越来越复杂，接下来有关大数据的标准化工作必然会更加的深入和细化。如在中国电子技术标准化研究院全国信息技术标准化技术委员会大数据标准工作组编写的《大数据标准化白皮书（2018版）》中就综合了国内外有关大数据的标准化工作情况、国内大数据技术的现状、大数据自身标准化的需求与特点、当前各领域的大数据应用实践情况以及大数据未来的发展趋势等因素，提出了一个庞大的大数据标准体系框架，其中具体分为基础标准、数据标准、技术标准、平台和工具标准、管理标准、安全和隐私标准、行业应用标准这7个大项。[③] 虽然没有进一步明确这些框架内的标准将如何在国家标准、行业标准、地方标准、团体标准和企业标准上进行具体分工，但是可以明确的是，若要推动这个大数据标准体系框架的真正实现，必然无法仅仅依靠某一个标准类型。因此，在接下来基于大数据技术发展的大数据标准化工作开展过程中，明确各类标准的功能分工就显得尤为重要。这有利于防范资源的浪费，并且能够在标准化工作开展之始就在一定程度上避免标准（体系）之间的重复、矛盾与冲突，最终构建出一个国家标准、行业标准、地方标准、团体标准与企业标准共同组成的，并且相互协调、相互衔接、相互配套、相互辅助的大数据标准体系框架。而这也将进一步对衍生数据知识产权制度的制定与实施产生一定程度上的影响。

---

① 具体参见中国电子技术标准化研究院全国信息技术标准化技术委员会大数据标准工作组编写的《大数据标准化白皮书（2018版）》第六部分“大数据标准体系”中“大数据标准体系框架”的内容。

② 截至2019年2月28日，共有43项与大数据直接或者间接相关的团体标准在全国团体标准信息平台发布。

③ 参见中国电子技术标准化研究院全国信息技术标准化技术委员会大数据标准工作组编写的《大数据标准化白皮书（2018版）》第六部分“大数据标准体系”中“大数据标准体系框架”的内容。在此需要强调的是，此处的标准分类方式，并非为通常意义上的标准分类，可能旨在突出标准的主要功能。

(一)发挥政府主导制定的标准(体系)的基础保障作用

政府主导制定的标准(体系),是指在市场经济或者非市场经济环境里,由各级人民政府标准化行政主管部门和有关行政主管部门遵循市场规律以及国家、行业和地方发展规律所制定出的标准(体系),侧重于保基础,如维护公共秩序、保护公共利益等,从而使国家、行业、地方抑或整个社会获取通过实施该标准(体系)所带来的利益。保护公共利益是政府主导制定标准(体系)的永恒宗旨,任何形式的偏离都会影响该类标准的公信力,损害政府的形象。[①] 随着标准化改革的深入与新《标准化法》的颁布实施,在我国政府主导制定的标准具体可以分为政府主导制定的推荐性标准和强制性标准,前者包括推荐性国家标准、行业标准和地方标准,后者指强制性国家标准。根据《深化标准化工作改革方案》中关于"整合精简强制性标准""优化完善推荐性标准"的具体改革要求与措施和《标准化法》中的具体规定,强制性国家标准的范围已被严格限定在保障人身健康和生命财产安全、国家安全、生态环境安全以及满足社会经济管理基本要求的范围之内;推荐性国家、行业和地方标准也正在向政府职责范围内的公益类标准过渡,以满足基础通用、行业统一、地方特点的需求。[②] 由此可见,涉及基础性、通用性、公益性和安全性问题的标准(体系)需要由政府主导制定,其中最为重要的就是数据安全与隐私保护问题。因此,衍生数据知识产权制度在制定与实施的过程中需要重点关注这一类发挥基础保障作用的由政府主导制定的标准(体系)。

(二)发挥市场自主制定的标准(体系)的支撑引导作用

市场自主制定的标准(体系),是指在市场经济环境中,由单个市场主体或者社会团体遵循市场规律所制定出的标准(无行政干预),侧重于提高市场主体的竞争力,从而使市场主体获取由实施标准(体系)带来的利益。随着标准化改革的深入与新《标准化法》的颁布实施,在我国市场自主制定的标准具体可以分为团体标准和企业标准。其中,新《标准化法》于 2018 年第一次赋予团体标准以法律地位。虽然目前我国有关大数据的团体标准还未形成规模,但是,可以

---

① 参见李春田:《标准化概论》,中国人民大学出版社 2014 年版,第 25 页。

② 参见《深化标准化工作改革方案》(国发〔2015〕13 号)第三部分"改革措施"与《标准化法》第 10 条第 1 款、第 11 条第 1 款、第 12 条第 1 款、第 13 条第 1 款。

预判的是,被赋予重任的团体标准,同时作为最重要的一种市场自主制定的标准,必将成为大数据标准化的主要"阵地"。这主要是基于以下几个原因的考量:(1)团体标准将在数量和规模上成为我国标准的主要标准类型;(2)团体标准将在功能和作用上成为我国标准的上限标准类型;(3)团体标准将在应用和推广上成为我国标准的主流标准类型;(4)团体标准将在竞争和创新上成为我国标准的核心标准类型。[①] 对于大数据领域团体标准的作用,已经有学者给予了高度肯定,认为应该突出团体标准(体系)在大数据领域的重要性,要把大数据标准产生机制由政府决定交给市场决定。这样既可以防止大数据标准(体系)与大数据技术发展以及大数据市场发展相脱节,又可以进一步完善大数据标准(体系)的形成机制,进而加快推进大数据标准化工作。[②] 因此,我们在制定和实施衍生数据知识产权制度的同时,在涉及基础性、通用性、公益性和安全性问题之外的其他方面,可以鼓励和促进有关企业和社会团体同步进行与之相关的企业标准以及团体标准的制定与实施工作,从而尽可能地发挥出这类由市场自主制定标准(体系)的支撑引导作用。

结　论

综上所述,随着大数据有关技术的迅猛发展,以及社会对于大数据需求的不断加深,大数据的产权保护问题已经凸显。在现阶段,有关大数据与知识产权(法)之间的理论联系还需进一步研究,有关大数据与知识产权(法)之间的制度构建还需进一步讨论。产权保护如何回应发展之需要,权利运用如何具备时代之特征,将是知识产权法治所要面临的巨大的挑战。而且这个挑战是根本和全面的,将会对产权制度的学理研究、实务应用与司法审判产生影响。本文实则为《大数据时代数据开放共享中的数据权利化问题研究》一文的再续,即以数据权利化为前提,进一步讨论衍生数据知识产权保护中的标准化问题,以期能对有关大数据产权保护的理论研究与实践操作产生建言、助推与支撑作用。

---

① 参见陈俊华、魏晨雨:《团体标准中专利标准化的自我治理与制度构建》,载《中国发明与专利》2018 年第 11 期。

② 参见宋明顺等:《大数据标准化现状与发展思路研究产业发展视角》,载《标准科学》2017 年第 5 期。

第四部分

网络犯罪法律问题研究

互联网“现金贷”涉罪风险及防控探析

王　毅*

摘　要：互联网“现金贷”在“互联网+”金融的大潮中快速起飞，近年来取得长足发展，但是也暴露出高利借贷、暴力催收等一系列问题。2017年12月1日互联网金融风险专项整治、P2P网贷风险专项整治工作领导小组办公室正式下发《关于规范整顿“现金贷”业务的通知》后，互联网“现金贷”行业出现断崖式下降。为促进互联网“现金贷”行业健康发展，进一步发挥其在普惠金融中的作用，本文通过研究互联网“现金贷”的起源、发展、业务模式，分析互联网“现金贷”业务流程和各主体在业务中的特点和作用，并从笔者实际办理的案例中提炼出相关问题，进而逐个研究互联网“现金贷”主体运行行为的涉罪风险，据此提出有针对性的防控措施，为互联网“现金贷”健康发展保驾护航。

关键词：互联网“现金贷”　业务主体　行为　涉罪风险　防控

一、引言

（一）研究背景

“现金贷”起源于20世纪80年代末的美国，[①]在欧美等国家被称为“发薪日贷款”，主要面向收入较低、无法从银行获取贷款的人群发放短期小额贷款，期限平均为7～30天，金额一般在100～1000美元，借款人以下一周期的工资作为

---

* 王毅，杭州市人民检察院第三检察部副主任。

① 参见巴曙松等：《国外“现金贷”业务发展经验及启示》，载《中国银行业》2017年第4期。

还款保证。[①] “现金贷”最典型的模式即“银行支票持有模式”：借款人在经过信用审查后，按“现金贷”企业要求，指令银行从自己的账户开立一张支票，“现金贷”公司持有这张支票一段时间，并在支票金额的基础上按一定比例打折后向贷款人发放一笔小额信用贷款。到贷款人发薪日，“现金贷”公司将要求银行兑付支票，从而完成还款。[②] “现金贷”因其便利性、短期借贷成本低等特点有效准确切入市场，快速发展。目前，美国、英国、德国、日本、新加坡、中国香港特别行政区等国家和地区普遍存在该项业务。

在中国，“现金贷”兴起于 2015 年，当时中国的互联网技术已经得到快速发展，手机 APP 等信息接入端口十分普及。“现金贷”因便捷高效、金额小、期限短、无场景要求、无地域限制等特点，填补了部分借款人特别是无法获得银行等高征信要求金融机构贷款的借款人的资金需求，快速形成有效的市场。资本的介入如创业基金、天使投资等又进一步推动“现金贷”行业快速发展，“现金贷”平台如雨后春笋般急速增长，交易额不断放大。据第三方媒体的不完全统计，目前市面上打出“现金贷”旗号的互联网平台有上千家，活跃用户约为 3000 万人。[③] 随着互联网“现金贷”快速发展，暴露出高利借贷、暴力催收等问题，甚至酿成了家破人亡的悲剧。2017 年 12 月 1 日，互联网金融风险专项整治、P2P 网贷风险专项整治工作领导小组办公室正式下发《关于规范整顿“现金贷”业务的通知》，全面规范“现金贷”业务，“现金贷”业务快速萎缩，企业大幅裁员。互联网“现金贷”从快速发展的神坛上跌落到国家全面规范、从严管理，社会媒体负面报道不断，社会大众嗤之以鼻的底部。随着大量“现金贷”平台的关闭，“现金贷”涉罪问题浮出水面。

（二）文献综述

1. 国内文献综述

本课题的研究基于当前国内互联网“现金贷”开展。在知网以篇名为“现金贷”进行搜索，共有 420 篇资料。具体情况如下：“现金贷”的研究始于 2015 年，当年研究文献共 4 篇；2016 年研究文献 4 篇，2017 年研究文献 291 篇；2018 年

---

① 参见范文仲、吴千里：《现金贷监管国际比较》，载《中国金融》2017 年第 24 期。

② 参见巴曙松等：《国外“现金贷”业务发展经验及启示》，载《中国银行业》2017 年第 4 期。

③ 参见巴曙松等：《国外“现金贷”业务发展经验及启示》，载《中国银行业》2017 年第 4 期。

截至8月底,研究文献121篇。在上述文献中,报纸文献占77.14%,期刊文献占21.9%,国内会议和硕士论文各2篇,研究层次以行业指导占比较高(见图1),国家社科基金相关课题论文1篇。互联网"现金贷"研究文献的学科主要为金融、投资、贸易、证券、经济法(见图2)。

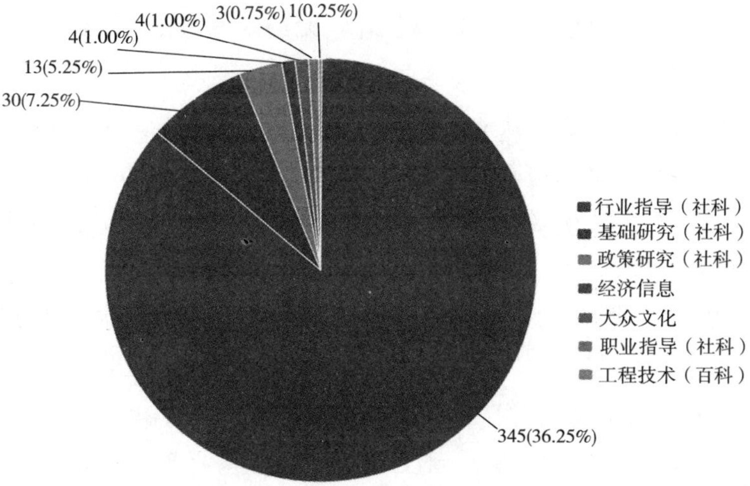

图1　"现金贷"国内文献各研究层次数量及占比

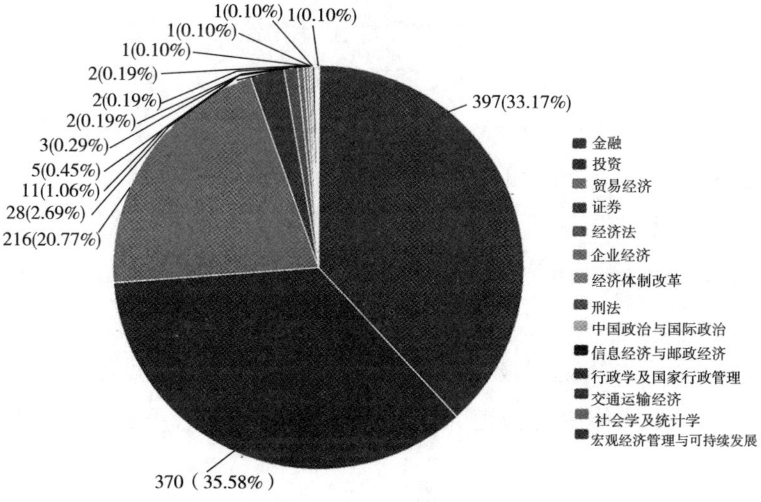

图2　"现金贷"国内文献各学科数量及占比

从文献的具体内容来看，主要涉及五个方面：

(1)“现金贷”定义、特点等。随着理论界和实务界对“现金贷”的认识不断深入，以“现金贷”的定义和特点作为研究的起点，界定逐步清晰。叶文辉对“现金贷”做了定义：“现金贷是小额现金贷款的简称，是一种无抵押、无担保、无消费场景、不指定贷款用途的个人贷款”。巴曙松、王志峰、舒天之描述国内“现金贷”具有方便快捷、金额小、期限短、利率高、无场景等特征，主要用于小额消费或应急周转。薛洪言、陶金指出在互联网金融的框架范畴内，“现金贷”与消费分期相对应，指小额现金贷款业务，借款程序便捷、期限短、利率高且还款手段灵活。① 李越指出广义来讲，一切无指定借款用途、面向个人的资金融出都可以称为“现金贷”，“零抵押、零担保、快速放款”等口号可以看出其放款速度快、借贷准入门槛低的特点。②

(2)“现金贷”业务的风险管理。随着“现金贷”业务的开展，风险和防范始终是“现金贷”研究的重点。赵千里从数据、策略/模型、系统平台三个角度分析了“现金贷”风控体系建设，指出现代化、高效率的互联网“现金贷”风控体系的建立需要具备这三个核心要素。周汉君就“现金贷”业务的风险和防范进行研究，指出“现金贷”平台常见的风险包括信用风险、骗贷风险、经营风险、政策风险等，监管部门应明确“现金贷”业务的范围，加强个人信息保护，规范催收行业，规范利率和违约金等支出，对贷款额度差异化监管。叶文辉对准入机制、高贷款成本、风险控制、信息披露、不良贷款催收等问题做了准确风险提示。刘雨欣、宋良荣、陈卫伟从平台的准入门槛低、跨越监管红线及暴力催收，客户的群体低质、多头借贷，政府监管的缺乏准入机制、审查标准不明等三类六种风险，并提出了建立信息披露制度、制定借款要素上限、规范暴力催收三个方面防范措施。袁新对“现金贷”准入机制、利率、信息披露等风险管理进行研究，并提出相应的对策。

(3)“现金贷”法律规制报道和研究。一是 2017 年随着“现金贷”监管政策的出台，多家主流媒体纷纷报道，并提出监管建议：4 月，王志峰在《经济日报》

① 参见薛洪言、陶金：《现金贷变局》，载《清华金融评论》2017 年第 6 期。

② 参见李越：《互联网现金贷发展现状分析及监管建议》，载《山西财政税务专科学校学报》2018 年第 1 期。

中提出完善"现金贷"监管政策,《证券日报》报道了"现金贷"纳入互联网金融风险专项整治,《金融时报》张末冬报道各地加紧对"现金贷"业务摸底排查;5月,《中国证券报》的官平等指出"现金贷"监管出手在即;12月,《证券时报》孙璐璐报道围绕"四维度七原则"展开"现金贷"整顿,《证券时报》刘筱攸等报道了"现金贷"整肃后,平台业务转型艰难起步的行业现状,曾刚、贾晓雯探讨了如何将"现金贷"纳入金融监管体系。二是"现金贷"犯罪防控体系的研究:涂鸣越以"现金贷"骗贷犯罪为聚焦,研究互联网金融诈骗防控体系的构建。三是消费者权益保护法律研究:李鹏、王翠娜从贷前、贷中、贷后三个环节详细分析了"现金贷"消费者权益被侵犯的具体表现,指出消费者权益保护的法制、监管、维权、征信四大困境,提出完善相关法律法规、提高现金贷监管有效性、发挥行业自律组织功能、完善互联网征信体系、建立网上纠纷处理机制、加强金融消费者教育六项对策。

(4)"现金贷"业务比较研究。宋清辉、叶文辉借鉴美英经验提出加强监管建议;巴曙松、王志峰、舒天之介绍美英"现金贷"发展历程,结合国内实际提出监管建议;刘辉、朱兴龙、邱凯、鞠传霄借鉴美国经验建议加强监管;王洪凯通过对美国 Payday Loan 消费者保护的研究对我国"现金贷"业务监管提出建议。

(5)"现金贷"业务对社会的影响。高翔介绍了 QQ"现金贷"业务的快速发展;邓莉苹对校园"现金贷"乱象进行了报道;唐子湉、黄倩蔚强调互联网"现金贷"暗藏高利率陷阱。

综上所述,目前互联网"现金贷"的研究尚在经济、管理领域进行,法律领域特别是刑法涉罪分析领域相对较少。

2. 国外文献综述

"现金贷"起源于美国,在全球快速发展,对"现金贷"的研究领域包括经济、法律等学科,研究包含了"现金贷"主体、业务、政策等。经济方面:Michael A. Stegman 对"现金贷"做了专题研究,包含"现金贷"定义、产业链、资金匹配方式、互联网"现金贷"、政策建议等。Dinah Payne 和 Cecily Raiborn 研究"现金贷"的伦理,总结了"现金贷"行业的信息、一系列的法律和最佳实践指南,提出最合适的做法用来满足法律和道德法令。Will Dobbie 和 Paige Marta Skiba 基于"现金贷"研究了信用消费市场的信息不对称。Ronald Mann 通过统计调查方式研究"现金贷"借款主体逾期还款情况,对"现金贷"监管政策制定提出相关建议。Anthony Duggan 探讨次级贷、信用卡、“现金贷”对真实借贷法律和政策的挑战。Robin A. Prager 通过计量的方法研究了当铺、“现金贷”、支票兑付三种可替换的金融服务之间的关系。法律方面：Elizabeth Renuart 和 Jean Ann Fox 指出“现金贷”在美国一些州是非法的，主要判断因素是贷款人是否持牌、高利率。Kelly J. Noyes 研究了美国联邦和州两级“现金贷”法规，指出“现金贷”存在高利、循环贷、强制性债务催收等问题，通过比较明尼苏达、佛罗里达等州，提出了威斯康星州完善“现金贷”建议，如纳入消费者法案管理、限制利率在 36% 以下、允许分期付款、禁止借新还旧、根据借款人收入评估借款人的还款能力、实行借款上限管理等。

（三）研究意义

自 2015 年互联网“现金贷”快速崛起以来，高利率、暴力催收甚至引致无力偿还的个别社会弱势群体不堪重压而自杀的事件开始被频繁报道。互联网“现金贷”由于负面影响不断累积，高利率等扰乱金融市场秩序且易涉罪，成为国家重点整治的对象，监管部门逐步加码监管要求以防范风险。随着 2017 年 12 月 1 日，互联网金融风险专项整治、P2P 网贷风险专项整治工作领导小组办公室正式下发《关于规范整顿“现金贷”业务的通知》，“现金贷”业务全面规范，行业快速萎缩，企业大幅度裁员。互联网“现金贷”从快速发展的神坛上跌落到国家从严管理，媒体负面报道不断，社会大众嗤之以鼻的境遇。但是随着金融创新的深化，普惠金融的全面发展，“现金贷”作为多层次金融市场体系融通资金的一个组成部分，存在信息获取易、制度成本低、能满足低征信人群的特点。因此在舆论总体持否定态度的情况下，部分专家学者对其弥补金融市场不足、为普通民众特别是无法从高征信要求渠道获得资金的弱势群体服务作用予以肯定，并希望“现金贷”继续在经济中发挥积极作用。

要让互联网“现金贷”扭转当前被动局面，必须运用底线思维，通过研究合法与非法、罪与非罪、此罪与彼罪，力求在法治框架下为合法合规的互联网“现金贷”腾挪出生存的空间，进而以此为基础促进发展，更好服务实体经济。互联网“现金贷”在我国是新生事物，目前的研究主要集中在其野蛮生长到全面规范期间的经济制度领域，在法律方面的研究特别是涉罪研究尚处于起步阶段。本文对“现金贷”各主体涉罪风险进行评估并提出针对性的防控措施，希望促进互联网“现金贷”的规范运作，推动其向良性方向发展。

二、互联网“现金贷”概述

(一)互联网“现金贷”概念及分类

1. 互联网“现金贷”的概念

美国“现金贷”(“发薪日贷”,Payday Loan 或者 Payday Lending)的借还款周期一般与个人薪酬相关,大约为 7～30 天,这种贷款的本质是以未来到期的工资作为还款标的实施的贷款。在中国,狭义的“现金贷”一般认为是一种无抵押、无担保、无消费场景、不指定用途(三无一不)的个人贷款,主要是具有发放贷款资质的机构发放;广义来讲,一切无指定借款用途、面向个人的资金融出都可以称为“现金贷”,包括机构发放的贷款和个人之间的民间借贷。就中美“现金贷”的模式比较,美国的“现金贷”具有一定的门槛,贷款人受到法律全面约束,同时要求借款人具有工作收入,在信用管理上容易识别风险等级;中国的“现金贷”几乎无门槛,特别是在中国信用体系不完善、部分贷款人群特别是低收入贷款人群无信用卡、未纳入人民银行征信管理系统的大背景下,发放“三无一不”贷款在风险管理上存在天然缺陷。

互联网“现金贷”既有传统贷款的特点,又新增了互联网的基因。金融市场中传统的贷款主体是银行,近年来为满足不同层次的贷款需求,国家逐步放开贷款主体的准入,一批消费金融公司、小贷公司进入贷款市场。传统“现金贷”的贷款主体主要是小贷公司,而目前消费金融机构、部分银行也推出了此类业务。近年来互联网快速发展,电子商务爆炸式增长,各种网络终端、特别是手持移动终端的普及,为“现金贷”与互联网结合创造了客观条件。“现金贷”依靠互联网技术从线下走到线上,突破时间和空间限制,加速信息传播,拓展异地放贷,不断扩大客源,运用大数据开展风控,降低贷款成本,提高放贷效率。由于法律规范和具体监管的滞后,部分游走在合法性边缘的互联网“现金贷”因成本快速下降,即使违约率上升,贷款主体仍然获利不菲,并吸引大量资本进入。目前的互联网“现金贷”已发展成为多层次的贷款市场,根据“现金贷”运营模式不同可分为狭义和广义。狭义的互联网“现金贷”是由具有贷款资格的公司为放贷主体实施的无抵押、无担保、无消费场景、不指定用途的个人贷款;广义的互联网“现金贷”是放贷主体不受限制的一切无指定借款用途、面向个人的资金融出,如个人对个人通过信息平台借贷(以下简称 P2P)。

本文重点研究狭义互联网“现金贷”,即具有贷款资格的机构发放的“三无一不”类贷款，以互联网“现金贷”业务流程为主线，分析相关主体的行为和涉罪风险，提出防控建议。在资本驱动下的互联网“现金贷”各主体行为具有不确定性，有的会突破狭义“现金贷”主体应有的业务范围，因此本研究会按照涉罪可能性做适度延展。

2. 互联网“现金贷”的分类

2015年7月，人民银行等十部委联合印发了《关于促进互联网金融健康发展的指导意见》（银发〔2015〕221号）（以下简称《互联网金融指导意见》）。互联网“现金贷”行业在得到国家政策支持后迅速崛起，各类交易主体纷纷涌入互联网“现金贷”市场。根据贷款发放主体不同，大致分为交易平台类、消费金融类、持牌互联网金融类、银行贷款网络化类。

（1）交易平台类：符合银监会①等四部委制定的《网络借贷信息中介机构业务活动管理暂行办法》（银监会令〔2016〕1号）关于网络借贷信息中介规范，通过信息技术搭建起贷款交易平台，为借贷双方提供交易空间。如由上海前隆金融信息服务有限公司于2013年9月推出的“手机贷”，通过对有小额借款需求的个人客户进行快速、准确的评估和审核，为持牌金融机构提供合格的个人借款客户及大数据风控支持，从而搭建畅通的借贷信息桥梁。②

（2）消费金融类：在《互联网金融指导意见》鼓励下，有贷款牌照的消费金融公司拓展原有消费金融业务，开发出兼具现金信用类贷款功能的产品。如可以提现的苏宁消费金融“任性贷”产品；捷信消费金融的“现金贷”，包括消费分期付款、捷信现金贷款两类产品。

（3）持牌互联网金融类：指具有网络贷款资质的网络银行和网络小贷公司发放的网络贷款。网络银行依托互联网金融平台或电商交易平台发放贷款，具有强大的信息技术能力和厚实的客户基础。如蚂蚁金服的“借呗”，是支付宝推出的一款贷款服务，申请者的门槛是芝麻分在600分以上；腾讯微众银行的“微粒贷”，是面向微信用户和手机QQ用户推出的无抵押、无担保的纯线上个人小额信用循环可提取现金的贷款。网络小贷公司通过自行开发的互联网平台运

---

① 现为银保监会。

② 参见《解决小额借款需求，手机贷奏响移动智能信贷市场》，载网易新闻：http://news.163.com/17/0118/16/CB301VSC000187VG.html，2018年9月5日最后访问。

用互联网平台积累的客户经营、网络消费等特定场景信息等评定信用风险,可在线上完成贷款全业务流程。

(4)银行贷款网络化类:银行为进一步便利客户,通过网络发放可提取现金的信用贷款,如"公积贷""闪电贷""幸福金"等。

(二)互联网"现金贷"流程

从发端、发展到借互联网大势爆发式增长,"现金贷"的业务模式在不断转变。通过分析"现金贷"发端时的流程和基于互联网的业务流程,可以了解"现金贷"各主体的行为。

1. 美国传统"现金贷"流程

在"现金贷"的发源地美国,最典型模式即本文最初描述的"银行支票持有模式",其流程和各主体可表述为图3。从该流程可以看出,"现金贷"公司发放贷款是基于借款人未来工作报酬,通过借款人指令开户银行开立支票这一见票即付票据为担保。"现金贷"公司可以依托银行是否愿意开立支票来验证借款人的偿付能力,在征信机构外获得另一个第三方的验证。

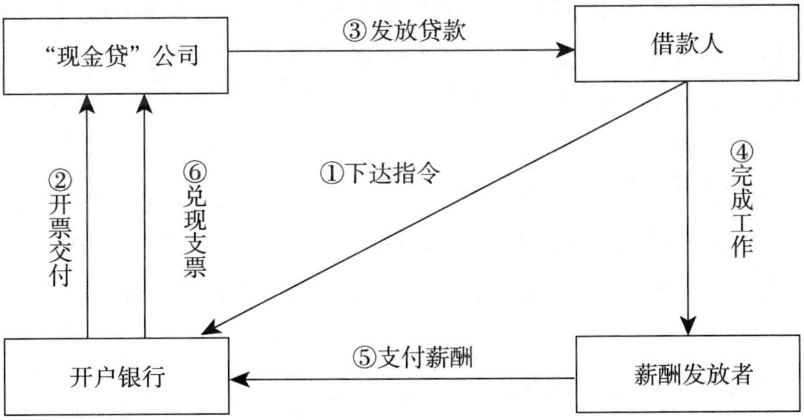

图3　美国"现金贷"业务流程

2. 中国互联网"现金贷"流程

中国互联网"现金贷"业务是以"现金贷"平台或机构为核心开展的。借款人向平台提出申请后,平台根据自有征信或者借助外部征信核对征信情况,然后向借款人发放贷款,贷款人按期归还。贷款人如果超期不能归还,平台通过一定的方式开展催收。对于已经形成坏账的,平台打包出售给资产处置机构,由资产处置机构自行开展催收。"现金贷"平台将获得的利润反馈给投资者或者出资人(见图4)。

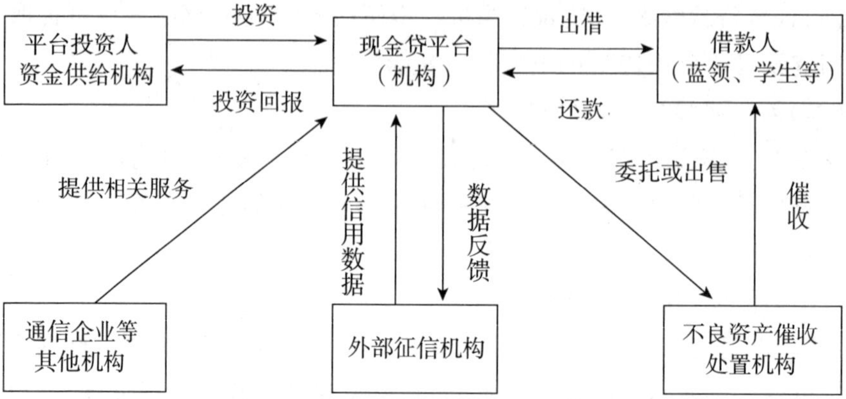

图4　我国互联网"现金贷"业务流程

两个流程最大的差异在于,美国"现金贷"资金流是多方闭环回路型,中国互联网"现金贷"是双方双向线性流动型。在闭环回路中涉及至少两个金融机构,借款人面临双重约束,如果借款人寻求多头借贷,则面临薪酬额度不足而被拒绝贷款;而双向线性流动仅涉及借贷双方,在贷款机构信息不互联互通的情况下,容易出现多头借贷,甚至以贷养贷的情况。

(三)互联网"现金贷"主体

根据业务流程,互联网"现金贷"主体有资金供给方、"现金贷"平台、资金需求方、外部征信机构、不良资产催收/处置机构等。不同类型的互联网"现金贷"参与主体不完全相同,有的主体身兼多职,因此各主体的行为、涉罪风险也不尽相同。

1. 交易平台类主体和特点

资金供给方:合规的供给方包括小额贷款公司、商业银行等,参与交易平台的主要目的是拓展客源。各主体种类繁多、资源获取能力各异、内部管理规范性差异较大、外部监管力度各不相同。例如,小额贷款公司资金获取主要依靠股东投资,商业银行则能吸收公众存款;在信用支持方面,同为小额贷款公司,有的能获得第三方征信机构支持,有的则只能依靠自有手段获得保证。

"现金贷"平台:交易平台是信息中介,为资金借贷双方提供交易的空间和场所。"现金贷"平台信息整合、数据分析能力决定了其发展的前景,如"手机贷”平台,获得第三方征信机构加持,为资金供给方判定放贷提供决策辅助,同时通过运作中获取的信息反馈给第三方征信机构,实现多方共赢。

资金需求方:借款人主要为蓝领、学生等低收入群体。有的征信不完全,无法在银行等金融机构获得贷款。

2. 消费金融类主体和特点

资金供给方:主要为由监管机构批准成立的消费金融机构。从经营范围来看,上述机构能接受股东和子公司存款,能向境内金融机构借款,能开展同业拆借等筹资活动。其股东往往由银行、金融集团等专业金融机构组成,资金实力雄厚,资源丰富。其开展的互联网“现金贷”业务大部分基于消费金融获取客源。

“现金贷”平台:主要为消费金融类公司线上交易平台,主要依托一般由此类公司自行开发设计的电子商务销售平台及相关支付工具。

资金需求方:借款人一般与消费机构有消费记录,能通过消费证实自身信用能力,获取资金供给方的信任。

3. 持牌互联网金融类主体和特点

资金供给方:持牌网络银行和网络小贷公司。网络银行具有吸收存款权利,本身脱胎于互联网公司,具有很强的信息技术能力。其客源基于自身的商业经营和社交信息,数据搜集和分析能力强,客户粘性大。网络小贷公司与之相反,一般为互联网公司与持牌小贷公司的整合资源,其信息技术处理、内部规范和获取客源等能力较弱。

“现金贷”平台:主要是持牌互联网金融类主体自有的软件和接入端,如“借呗”是支付宝推出的一款贷款服务,“微粒贷”在腾讯的微信和QQ上都有接入端口。持牌网络小贷公司如“马上金融”等都开发了手机APP以便于客户的借贷。

资金需求方:网络银行类中需求方主要是使用支付宝、微信等消费、社交群体,他们的消费、社交产生的大量数据沉淀在互联网公司的数据库中。通过计算、分析、评估后,网络银行会根据资金需求方信用和还款能力,决定是否实施放款。网络小贷公司则通过广告招揽资金需求方,资金需求方的资质、还款能力难以控制。

4. 银行贷款网络化类主体和特点

资金供给方:各类银行。供给方按照银行管理体系发放贷款,对贷款客户较为了解。

“现金贷”平台：主要是银行的网络客户端，一般是网上银行或者手机银行。

资金需求方：一般为银行客户，与银行具有长期的业务往来。

另外，在互联网“现金贷”产业链中，征信机构、不良资产催收/处置机构也发挥着重要作用：征信机构为资金供给方放贷决策提供支持；不良资产催收/处置机构加快资金回款，协助资金供给方减少损失。随着互联网“现金贷”产业链的发展，征信机构、不良资产催收/处置机构既有隶属于资金供给方，也有作为独立第三方开展业务。

三、互联网“现金贷”涉罪辨析

规范的互联网“现金贷”产业链中各主体按照法律法规自觉协同完成借贷，实现资金正常流转、经营顺利开展。然而在现实中，各主体特点各异，法律许可的行为范围亦不同，行为失当、超出法律允许甚至涉嫌犯罪时有发生。本文按照各主体实施行为的涉罪风险由高到低的顺序分析论述。

（一）资金供给方

根据上文分析，互联网“现金贷”产业链中资金供给方包括：传统银行、网络银行、消费金融公司、持牌网络小贷公司、普通小贷公司等。资金供给方主要具有募集资金和发放贷款两大行为。

1. 筹集资金的行为及涉罪风险

资金供给方生存和扩张的起点是筹集资金，根据法律许可，上述主体可通过吸收公众存款、接受股东及相关方的投资、向境内金融机构借款、境内同业拆借、资产证券化等方式获取资金。在募集资金过程中，由于各主体获得的法律授权存在差异，募集资金的方式也不完全相同，超许可范围募集资金则可能涉及犯罪。

（1）吸收公众存款行为及涉罪风险

根据《商业银行法》，传统银行和网络银行是互联网“现金贷”资金供给方中能合法吸收公众存款的主体，其余主体均不具备资质。因此如果不具备资质的主体，特别是急需现金扩张的持牌网络小贷公司、普通小贷公司通过互联网、手机短信等媒介，向社会公开宣传，并通过网络销售各类不合格理财产品、出售不合格债权包作为底层资产的证券化产品等，销售过程中对社会公众许诺在一定期限内以货币方式付息或者给付报酬，则其行为符合吸收社会不特定对象资金的规定,易构成非法吸收公众存款罪。

(2)集资诈骗行为及涉罪风险

由于互联网"现金贷"发放对象主要为征信不足人员,通过运用高利率覆盖坏账是其正常运转并获利的前提。一旦坏账率提高或者资金供给方在资金调剂方面发生状况,就可能导致资金链紧张。为缓和资金链,资金供给方可能会借各种名义、许以高利来吸收存款,并不断借新还旧维持资金链。若资金供给方在明知上述状况难以为继,仍然继续铤而走险,以非法占有目的筹集资金,甚至肆意挥霍、卷款逃匿,其行为符合集资诈骗的规定,易构成集资诈骗罪。

在互联网"现金贷"发展过程中,非法吸收公众存款往往是起点:通过高利吸收存款或者变相吸收存款,网络小贷公司等资金供给方扩大知名度,吸引更多资金进入到产业链中。但是利率越高,资金链紧张乃至断裂的风险也越大。如果发生资金挪用、卷款逃匿,非法吸收公众存款最终成为集资诈骗。

(3)洗钱行为及涉罪风险

在自有资金有限、借入资金受限、放贷需求迫切的情况下,网络小贷公司、中小银行等有冲动吸收各类资金。在内部控制不严谨,筹集资金压力大的情况下,资金供给方有可能在主观明知的情况下,吸收非正规来源的资金,比如毒品犯罪、黑社会性质的组织犯罪、恐怖活动犯罪、走私犯罪的非法所得,通过放贷等形式将"黑钱"洗白,掩饰、隐瞒其来源与性质,涉嫌洗钱罪。

2. 发放贷款的行为及涉罪风险

(1)违法发放贷款行为及涉罪风险

资金供给方均有发放贷款的权利。虽然互联网"现金贷"具有互联网的基因,但是各类公司的信息技术能力不同,在贷款发放中既有依靠大数据分析并由计算机判定直接放贷,又有以计算机为辅助的传统人工放贷。

一是人工审核放贷行为。大部分互联网"现金贷"业务中,贷款发放者一般会有一定的数据支撑,但是贷款核发的决定权由人工掌握,贷款发放的行为由人工做出。人工审核仍然是发放贷款的主流。人工在审核放贷时会受到单位总体政策导向、单位内部风险控制能力、个人业务能力、个人喜好等影响。

二是计算机判定放贷行为。部分互联网"现金贷"企业具有强大的数据支撑,能根据搜集的信息直接在系统中做出是否放贷的决策,由计算机根据借款人申请直接完成放贷。由于计算机数据判定放贷是在对总体风险把控情况下实施的,因此判定数据模型的建设至关重要。数据模型往往由开发团队整体完成,因此基于计算机判定的放贷行为应视为单位整体行为。

上述发放贷款的行为,均可能涉及违法发放贷款罪。《刑法》第186条规定的违法发放贷款罪,是指银行或者其他金融机构[①]的工作人员或者单位违反国家规定发放贷款,数额巨大或者造成重大损失的行为。凡是不符合国家规定的贷款条件却发放贷款的,均属于违反国家规定发放贷款。在互联网"现金贷"的贷款发放过程中,部分互联网"现金贷"机构提出了"秒贷"来吸引客户。这对于人工审核放贷几无可能,极易造成审核人在审查中马马虎虎、应付从事,不做认真、细致、全面、深入的审查就作出合格放贷的决定而产生贷款损失;计算机判定放贷中,如果单位预设的风险管控低或者利率超上限,造成发放贷款无法收回构成违法发放贷款罪。

(2)高利转贷行为及涉罪风险

由于互联网"现金贷"的利率远高于银行贷款利率,这为通过套取金融机构信贷资金高利转贷他人提供了可能。行为人可通过一定名目从金融机构中获得贷款,并将贷款投放给互联网"现金贷"资金供给方,由供给方将贷款发放给资金需求方,实现贷款套利。行为人和资金供给方合谋实施该行为,则构成高利转贷罪。

(二)"现金贷"平台

"现金贷"平台是信息中介,在日常运行中获得资金供求双方的信息,促成交易的实现。在经营中,平台会不断开展业务创新,介入资金筹集和放贷中去,以获取更多利润。

1. 获取交易双方信息的行为及涉罪风险

在交易信息管理方面,平台的行为及涉罪风险主要有:一是互联网"现金贷"平台在用户安装手机APP或者登录网银时,会要求用户默认共享手机信息

---

① 2018年《最高人民法院立案庭负责人就上海金融法院案件管辖司法解释答记者问》中指出,"这里讲的金融机构,是指经国家金融监管机构批准设立的从事金融相关交易的机构,主要包括:银行……担保公司、典当行、小额贷款公司、保理公司、经中国证券投资基金业协会登记备案的私募投资基金等。这些机构,往往持有特定金融牌照,需要经过专门的审批或者备案登记,以便于确认"。因此,网络小贷公司及其工作人员可构成违法发放贷款罪。

或者电脑信息，如通讯录等，以此作为允许开展业务的前提。这种强制性收集信息的行为涉嫌侵犯了公民的隐私权。二是收集交易主体和交易信息的行为。平台在撮合交易时会获取交易双方信息、具体交易信息等，有的平台甚至以“大数据”为名扩大数据采集范围。若平台将其在服务过程中强制获得或者自行收集的涉及个人隐私的信息未经本人同意出售给其他交易者，或者提供给第三方，可能构成侵犯公民个人信息罪。

2.“现金贷”平台异化后行为及涉罪风险

“现金贷”平台异化是指平台不甘于仅充当信息中介的角色，增加资金提供方的功能，出现筹集资金、发放贷款、从事资金支付结算等行为。

（1）筹集资金的行为及涉罪风险

互联网“现金贷”平台可能凭借信息优势和技术优势，虚构标的，以各种名义吸收投资。由于其不具备吸收存款的资质，极易构成非法吸收公众存款罪。如果上述平台“以非法占有为目的”，则可能进一步构成集资诈骗罪。

（2）发放贷款的行为及涉罪风险

高额的利息对平台来说也是不小的诱惑，按照规定应该仅为信息中介的第三方平台在未获得经营贷款业务许可的状态下发放贷款，违反了《非法金融机构和非法金融业务活动取缔办法》（国务院令 247 号）第 4 条第 3 款的非法发放贷款，可能构成《刑法》第 225 条的非法经营罪。

（三）资金需求方

互联网“现金贷”资金需求方从事的主要是借款行为。当前，借款人多头借贷现象较为普遍，据不完全统计有上百万借款人存在多头借贷、借新还旧的情况。这些人在借款时容易产生诈骗行为，并涉及相关诈骗犯罪。

1. 贷款诈骗行为及涉罪风险

互联网“现金贷”以小额、无场景、高利率著称。借款人为了满足需求往往会多头借贷，在无还款能力的情况下甚至“拆东墙补西墙”。借款人具体借款行为和涉罪风险如下：借款人在取得金融机构的贷款过程中，首先可能提供了虚假信息包括个人征信的相关材料以骗取金融机构的信任发放贷款；其次可能将所获得的贷款资金用于非正常的生产经营、生活消费等用途，或进行投资高风险行业以及个人还债、挥霍等灭失性处置；最后可能以多头借贷的方式借后债还前债，最终无法偿还，而个人亦无其他资产用于赔付。上述三点基本能作为判定构成贷款诈骗罪“非法占有目的”的行为特征。当然,借款人如果只是在申请贷款的过程中使用了虚假手段,而从客观行为无法认定其对金融机构的贷款资金具有非法占有的目的,则可能构成骗取贷款罪。虽然互联网“现金贷”每次借款额度小,但是其十分便利,可能形成高频交易,即多次实施犯罪行为,贷款金额累计后可能达到犯罪起点。

2. 合同诈骗行为及涉罪风险

互联网“现金贷”平台异化成P2P平台情况下,借款人的行为就会转化为民间借贷行为。由于资金供给方不是金融机构,同样的借款行为因为交易对手、资金性质等因素的不同而存在差异。当平台业务异化为P2P后,借款人的借款行为特别是多头借款涉嫌合同诈骗。如果无法认定行为人对所借款项具有非法占有的目的,则只能以一般的经济纠纷来解决,不适合以刑法来评价。

现实生活中可能还存在恶意拖欠借款即有能力还而拒绝还,或是预测某借款平台即将倒闭(其他多家平台已被查处的情况下),趁机恶意借款等情况,一般来说均有涉嫌金融诈骗罪、合同诈骗罪等诈骗类犯罪的可能。

(四)其他行为及涉罪风险

1. 非法获取隐私信息行为及涉罪风险

互联网“现金贷”征信机构在信用数据有限的情况下,可能通过获取当事人自身的隐私,如裸照、亲友电话等作为“抵押品”。当借款人无力还款时,征信机构便将上述信息提供给催收方。若造成严重后果,该行为涉嫌侵犯公民个人信息罪。

2. 资产催收/处置行为及涉罪风险

对于资金贷后的处置,或是提供方自有的或是外包的催收、处置机构,往往采用非正常手段来实现催收还款的目的,进而导致敲诈勒索、非法拘禁、寻衅滋事、故意伤害等一系列侵犯人身权利、侵犯财产权利、扰乱公共秩序案件的发生,严重影响社会稳定。例如,在借款人无力还款时,催收机构以非法渠道获得的借款人裸照、电话通讯录为手段,骚扰借款人及其家人,对借款人不断施压;由于贷款利率畸高,借款人不得不想方设法还钱,有的则不堪重负自杀,有的借款人被迫发生性关系。上述行为涉嫌构成敲诈勒索罪、强奸罪等。

综上所述,互联网“现金贷”各主体均有涉罪风险,总体来看制度越健全,管理越规范,涉罪风险越低。对各主体涉罪风险由高到低排列,第三方平台、网络小贷公司、资产催收/处置机构为高风险主体，借款人、平台投资人、消费金融公司、银行、征信机构为中低风险主体。

四、互联网“现金贷”涉罪风险的防控

（一）防控存在的困境

虽然互联网“现金贷”貌似只触及金融犯罪，但从全产业链角度分析，资金供给方、交易平台、资金需求方、其他相关利益方都具有涉罪风险，整个互联网“现金贷”产业链涉及《刑法》诸多章节的罪名。但是，互联网“现金贷”涉罪风险防控存在诸多困境亟待破解。

1. 法律法规不健全

互联网“现金贷”随着国务院《关于积极推进“互联网+”行动的指导意见》的出台快速发展，是近年来金融自由化在技术和制度上的长足进步。由于法律固有的滞后性，互联网“现金贷”的法律法规不够健全：一是顶层设计不足。虽然《关于促进互联网金融健康发展的指导意见》（银发〔2015〕221号）和《关于规范整顿“现金贷”业务的通知》（整治办函〔2017〕141号），在互联网“现金贷”发展中起着基础性作用，但是上述两个文件为多部门规范性文件，法律层级不足。前者是为“互联网+”金融业务开展正名的文件，后者是互联网“现金贷”乱象从生后的铁腕治理文件，文件的层次性、整体性偏弱。二是制度体系不健全。互联网“现金贷”资金供给方包括传统银行、网络银行、消费金融公司、小贷公司、网络小贷公司等，规范银行的法律法规体系较为完善，小贷公司和网络小贷公司相关的规范制度较为薄弱。小额贷款公司起源于2008年银监会和人民银行联合印发的《关于小额贷款公司试点的指导意见》（银监发〔2008〕23号），具体发展中由各地政府自行制订制度规范，在全国层面上缺乏制度体系。三是法律之间不够协调。互联网“现金贷”作为新兴经济业务，其业务开展行为涉及民法、行政法、刑法，各主体在违法后如何通过不同的法律实现救济尚无明确的指导意见。

2. 征信体系不完善

互联网“现金贷”健康发展离不开强大的征信体系支撑。但是目前我国征信体系不够完善：一是大量需要借入“现金贷”的低收入人群仍然使用现金交易，脱离征信体系。这使我国征信体系代表性不够全面。二是第三方征信机构发展不足。近年来国家对信用建设持续高度关注，第三方征信机构虽然有所发展，但是主要聚焦在某些领域，如蚂蚁金融的芝麻信用主要依托支付宝支付场

景所获得信息,覆盖面仍然不足。三是征信体系信息孤岛现象较为普遍。各征信机构之间,互联网“现金贷”企业与征信机构之间信息互联互通有限。征信体系不完善导致基于征信的贷款发放门槛过低,易造成犯罪分子实施诈骗、多头借贷、恶意拖欠。

3. 监管体系不到位

由于制度不完善,互联网“现金贷”监管部门各自为政,银行、消费金融公司等传统金融演化而来的“现金贷”业务在人民银行、银保监会两家专业机构的管理下相对较为规范;普通小贷公司、网络小贷公司主要审批和监管权在各地金融办,由于各地金融办大多只行使审批权限,在专业监管授权、监管能力、违法惩戒方面明显弱于人民银行、银保监会,对股权管理、表内融资、资产证券化、综合实际利率、贷款管理和催收等方面的监管往往心有余而力不足,容易引起监管缺位。

4. 司法机关打击力度不够

互联网“现金贷”作为互联网金融一个分支,其涉罪行为是一个新型的犯罪形态,司法机关的查处工作正面临前所未有的挑战:互联网具有开放性和广泛性的特征,大多数案件存在跨区域作案的特点,传统的犯罪地管辖原则已难以适用,侦查机关在跨区域收集情报、抓捕人员等方面都存在较大困难;办理互联网金融犯罪案件既要掌握互联网技术的前沿科技又要熟悉各项金融法律、法规,对办案人员专业知识的要求很高;互联网金融案件的查处涉及金融监管职能部门、金融行业自律组织以及社会监督机构,[①]司法机关在办案过程中需要上述相关部门的配合与协助,但现阶段尚未建立相应的联动机制。上述问题的存在,使我国目前对互联网“现金贷”相关犯罪的打击不够有力。

(二)防控体系构建

为做好互联网“现金贷”涉罪风险防控体系的构建,需要通过运用法治思维、系统思维,全面立体审视互联网“现金贷”,实现互联网“现金贷”监管的有法可依、有法必依、执法必严、违法必究。

1. 健全法律法规

“互联网+”金融是对金融自由化的深化,是运用互联网技术拓展金融主体

① 参见石小军:《金融诈骗犯罪的成因及其防治》,载《法制与社会》2015年第31期。

客源、降低成本、提高效率的重要方式。通过互联网技术，金融行业各环节能独立发展并体现出其价值。例如，"现金贷"平台本质上是借贷交易信息中介，属于贷款的一个环节，但是在"互联网＋"金融加持下，成为独立的金融信息中介公司。这样的公司理应一并纳入金融监管框架实施相同监管要求，而不是将其视为新兴行业单独管理。因此必须站在金融行业全产业链的高度系统思考互联网"现金贷"，从促进我国普惠金融的高度重新审视，在国务院层面以行政法规的形式进行顶层设计，出台互联网"现金贷"管理办法，全面规范互联网"现金贷"各主体行为，实现互联网"现金贷"管理的有法可依。

2. 完善征信体系

互联网"现金贷"持续健康发展的前提是贷出去的钱能按时按息归还，避免为覆盖风险而实施高利率，因此完善征信体系必不可少。一是继续发挥央行征信系统现有资源，将互联网"现金贷"企业获得的信息资源注入其中，同时深入推进第三方征信机构发展，获取更多信息；二是强制互联网"现金贷"主体接入征信体系，以互相提供信息方式实现互利互惠，降低贷款成本和贷款利率，提高信贷效率；三是加强央行与第三方征信机构之间的互联互通，打破信息孤岛，实行总额控制，防止多头借贷、恶意欠款等违法行为的发生。

3. 实现有效监管

互联网"现金贷"监管主体能力各异，特别是"互联网＋"金融快速发展，必须实行联合监管、综合治理，以实现有效监管：一是基于顶层设计，各司其职，各负其责。在国务院出台行政法规统一管理的基础上，各部门发挥自己的监管专长，有针对性地开展监管。二是全产业链管理，提升监管穿透力。强化放贷主体内部控制，避免出现违法放贷行为；将金融信息中介重新纳入金融监管之中，以专业的视角来防范其不具资质地扩大范围经营，通过全产业链管理防范非法吸收公众存款、集资诈骗、贷款诈骗、非法经营等行为的发生；加强对借款人宣传，从源头上防范多头借贷、恶意拖欠等行为。三是加强日常管理，提升管理有效性，避免重审批轻管理现状。借助信息技术，将日常管理置于互联网和大数据监管中，对高利贷、以贷养贷、多头借贷等行为开展日常监管；赋予金融办惩处权力，对违法行为进行惩戒；通过行政管理将涉罪风险不断降低。四是加强日常宣传。对企业加强合规性经营宣传，避免涉及非法吸收公众存款、非法经营等罪；对公众加强教育，在面临违法行为时提高警惕，大胆指出问题，勇敢说出“不”。

4. 加强司法机关打击力度

基于司法机关在查处互联网“现金贷”时所面临的困境，一是要从互联网犯罪的跨区域犯罪特点入手，突破地域管辖限制，加强全国各地乃至境外司法机关配合与协作，有效实现多地区、多角度、全方位查处，实现全面打击；二是要从加大专业人员培训入手，各级公、检、法机关应逐步培养一支办理互联网金融犯罪案件的专业化队伍，扩充具有专业知识背景的人员，优化队伍结构，重点加强对证据的收集和把握能力的培养，注重对电子证据的审查能力，灵活适用《刑法》规定，实现精准打击；三是建立健全各级行政监管部门与司法机关的联动合作机制，加强情报收集，利用互联网平台及各级行政监管部门所掌握的犯罪信息，及时移送司法机关，遏制犯罪活动在短时间内的迅速蔓延，早发现、早治理，实现快速打击；四是着力杜绝软硬暴力催收，打造和谐法治环境，为互联网“现金贷”业务健康发展保驾护航。

“恶意注册”+“利用平台漏洞”型网络犯罪刑法规制思考

金　琳*

摘　要:近年来,网络新型犯罪案件呈高发态势,不少不法分子利用网络平台潜在的漏洞,肆意攫取平台的合法收益,不仅严重扰乱了市场秩序,也侵犯了市场经营主体和消费者的权益。2019 年 1 月的拼多多平台漏洞就再次引发了业界对上述问题的关注,本文以该案为着眼点,指出不法分子利用平台漏洞获取优惠券的行为构成诈骗罪,同时剖析了当前网络犯罪认定和规制中存在的问题,从严惩上述行为出发,指出需要完善非法利用信息网络罪等罪名,并从法律适用层面进行完善。

关键词:利用平台漏洞　恶意注册　套取优惠券

引　言

2019 年 1 月 20 日凌晨,拼多多平台上出现重大 BUG,用户可以直接领取 100 元无门槛优惠券。有黑灰产团伙(俗称“羊毛党”)通过一个过期的优惠券漏洞,盗取数千万元平台优惠券,并通过手机话费、Q 币等虚拟充值的方式,试图在短时间内迅速转移此类不当所得。这一 BUG 在被“羊毛党”发现后还迅速在网络上传播。直至当日 10 时左右,系统才被官方修复,相关优惠券被全部下架。拼多多发表声明表示,该事件中的优惠券系拼多多此前与江苏卫视《非诚勿扰》开展合作时生成的优惠券类型,仅供现场嘉宾使用。一时间,网络“羊毛

---

* 金琳,温州市鹿城区人民检察院第八检察部副主任。

党"的行为再次引发热议。

第一种意见认为,"羊毛党"利用平台漏洞获取优惠券的行为并非通过技术手段恶意为之,应按不当得利处理。第二种意见认为,其行为构成破坏生产经营罪。"羊毛党"破坏平台利用优惠券促销的正常经营秩序,应认定为破坏生产经营罪。第三种意见认为,应定诈骗罪。"羊毛党"利用平台漏洞规避正常审核,导致平台误以为大量虚假账号为正常的消费者账户并给予优惠券,其行为属于虚构事实,隐瞒真相。第四种意见认为,应定盗窃罪。因为平台是机器,而不是人,不能成为被骗的对象,故只能定盗窃罪。

一、对恶意注册后利用平台漏洞实施犯罪首先需明确的几个问题

(一)是否能以网络犯罪的新罪名直接评价恶意注册的行为

恶意注册,是指不以正常使用为目的,违反国家规定和平台注册规则,利用多种途径取得的手机卡号等作为注册资料,使用虚假或非法取得的身份信息,突破互联网安全防护,批量创设网络账号的行为。上述行为为当前网络环境中需要大量虚拟身份创设账号并牟取非法利益的行为提供了极大的便利。是否能以《刑法修正案(九)》设置的非法利用信息网络罪、帮助信息网络犯罪活动罪等罪名来规制?有观点认为,帮助信息网络犯罪活动罪通常须以帮助对象构成犯罪为前提,适用空间有限。为此,应当充分利用非法利用信息网络罪涉及违法犯罪活动的网站、通讯群组或者信息对象的要件规定,尽量扩大适用空间。①

但一方面,如果下游犯罪如网络诈骗、网络赌博等没有被查获,就难以认定与恶意注册账户有关的系列行为即是为违法犯罪活动而服务的事实,或者衡量养号、批量打码、获取手机卡等行为在传播面、获利数额等方面造成的具体后果及危害。另一方面,如果确实查证了下游犯罪,在定罪方面,需靠思考的问题是:(1)能否直接认定从事上述灰黑产业的行为人与下游犯罪行为人构成共同犯罪?例如,2016年最高人民法院、最高人民检察院、公安部《关于办理电信网络诈骗等刑事案件适用法律若干问题的意见》中规定明知他人实施电信网络诈骗犯罪,但具有制作、销售、提供木马程序和钓鱼软件等恶意程序情形的,应当以诈骗罪的共同犯罪论处。(2)还是认定行为人构成非法利用信息网络罪?

---

① 参见喻海松:《网络犯罪的立法扩张与司法适用》,载《法律适用》2016年第9期。

(3)又或是根据《刑法》第287条,认定行为人属于利用计算机实施金融诈骗、盗窃、贪污、挪用公款等行为,并按照《刑法》规定的罪名定罪处罚。

大多数情况下,专门从事养号、批量打码等黑灰产业的行为人与下游犯罪往往不存在直接联系,而是经过多个中间环节。目前对与下游犯罪构成共同犯罪的要求又相对较高,如浙江省高院、浙江省检察院、浙江省公安厅《关于电信网络诈骗犯罪案件证据收集审查判断工作指引》规定,要证明构成诈骗犯罪的帮助犯,则必须从经历、行为次数和手段,与电信网络诈骗犯罪实施之间的关系、获利情况等判断是否为诈骗团伙提供帮助。因此从传统共同犯罪认定,则需要有共谋的意思联络。如果要认定构成共同犯罪,则要从片面共犯的理论出发,从行为人为犯罪提供实质性帮助来定罪,但片面共犯的理论在刑法学界是存有争议的。

如果认定构成非法利用信息网络罪,根据2019年11月1日实施的《关于办理非法利用信息网络、帮助信息网络活动等刑事案件适用法律若干问题的解释》第11条的规定,行为人的交易价格或者是交易方式明显异常或者频繁采用隐蔽上网、加密通信、销毁数据等措施或者使用虚假身份以逃避监管,可以认定为行为人明知他人利用信息网络实施犯罪,从而可以绕开共同犯罪认定的难题。但非法利用信息网络罪的最高刑是3年有期徒刑,无法涵盖造成严重后果的行为。因此对网络犯罪进行规制时,需要明确的是,不能认为《刑法修正案(九)》专门设置了网络犯罪,今后对网络黑产业链行为就直接套用上述罪名。

(二)关于系统是否能被骗

对利用平台漏洞实施的侵财犯罪,目前存在以盗窃罪定罪的做法,理由就是机器不能被骗。系统不能被骗确实存在,但不是绝对的。拾得他人的信用卡插入ATM上取款,由于信用卡本身未变,ATM对信用卡识别不会发生错误;登录他人手机支付宝账户将钱款据为己有,他人输入账号和密码正确,支付宝同样不可能陷入程序无法识别的错误。但在平台存在漏洞情况下时,后台无法按照正常的程序设置去识别用户领取优惠券的请求,即便接收到了完全不符合优惠券领取条件或应受到领取次数限制的不当指令,后台也予以响应,这就是系统"陷入错误认识"的表现。故以机器不能被骗而认定该类案件构成盗窃罪的意见不妥。以拼多多案为例,如果将该案认定为盗窃罪,则不能够有效区分"羊毛党"利用平台漏洞获取优惠券的行为与普通用户获取优惠券的行为。因为如果是利用网络平台不知情获取优惠券,“羊毛党”和普通用户在手段上并无实质差别。

系统陷入错误认识应理解为属于“使他人陷入错误认识”。一般而言,此处的他人应为自然人,但是在人工智能日渐发达的今天,以电子交易方式进行交易活动和相关服务活动的电商蓬勃发展。电商运营的特征是网络数据交换、在线事务处理以及网络营销等环节根据预先设定由系统来自动完成,而系统的设定就是平台经营者将网络经营事项统筹安排的意志反映。因此在人工智能日渐代替具体自然人处理涉及互联网的相关事务的当下,应认定他人包括根据自然人的意愿进行运作的智能系统。

(三)网络财产犯罪的对象如何认定

虚拟财产不能完全理解为只能在虚拟空间使用的财产,且虽然主流观点认为虚拟财产系计算机系统数据,但这个结论不能绝对化。以拼多多案为例,在认定该案构成侵犯财产犯罪时,有观点指出优惠券不能成为财产犯罪的对象。优惠券能够被删除或重新设置生成,具有虚拟财产经程序设置完毕可以无限产出的特征,其不具有在特定空间或时间下需要被交换获取的稀缺性,故不能成为诈骗或盗窃罪的犯罪对象。

首先,虽然优惠券是由商家自行或联合平台设置的电子购物抵扣凭证,故属于虚拟财产。但在实际交易中能够折抵现金,因此虚拟财产既包括像游戏币那样只能在虚拟空间使用的财产,也包括像优惠券等没有实体存在但能够用于现实中的财产替代凭证。虽然优惠券能够被删除或重新生成,行为人领取优惠券时可能平台的损失确实尚未产生,但一旦行为人将优惠券的抵扣数额通过话费充值或购买虚拟币兑现时,优惠券就具有了交互过程中的唯一性、稀缺性。因为优惠券优惠价值的冲抵对象变成了特定的具体商品,而且对于具体的使用人而言,其使用优惠券的权限是有限制的。因此不能以优惠券不具有稀缺性进而否认优惠券不能成为财产犯罪的对象。其次,优惠券优惠的数额虽然是平台自行确定,但不同的优惠数额往往对应不同的消费额度,这个对应关系与游戏币完全由发行单位自行确定是不同的,其仍然需要受制市场经济发展的基本规律。因此,优惠券是可以成为网络财产犯罪对象的。

二、利用网络平台漏洞实施网络犯罪的定性总结

在拼多多优惠券案件中,行为人利用系统无法识别真实的优惠券以及优惠

券能够兑现的条件,发布与平台意志相违背的无门槛兑现请求,属于针对网络平台使用虚假的命令,使网络平台产生误认并作出错误的响应,构成诈骗罪。但在现实中,利用网络平台漏洞实施的网络犯罪还包含其他情形,且部分情形又有一定相似,这给准确定性带来了一定的难度。

(一)利用网络平台漏洞通过 FD 软件实施犯罪的定性分析

案例一:(2017)湘 1003 刑初 171 号被告人饶建锋盗窃罪一案

2014 年 5 月 4 日,被害单位湖南南方稀贵金属交易所股份有限公司委托网易公司开发了网易贵金属南交所网络平台。2016 年 11 月 7 日晚,被告人饶建锋通过吴某(另案处理)购买了网易贵金属南交所 APP 的漏洞信息("网易贵金属提现 R")。之后,被告人饶建锋安排了张某 1、薛某、刘某 1、毛某 1、戴某(均另案处理)下载并注册南交所账户、发送验证码。被告人饶建锋通过 FD 软件的操作[具体操作方法:将手机、电脑使用 FD 软件将 IP 修改成同一 IP 地址;登录账户并充值(入金)然后点击出金,通过 FD 软件将出金的数据拦截,并用"R"键复制出金信息后释放发往南交所公司平台],以张某 2、袁某、段某 1、张某 3、肖某、朱某、张某 4、胡某等 16 人名义从南交所盗取人民币 7,327,692 元。

案例二:(2018)浙 0104 刑初 121 号被告人陈龙诈骗罪一案

浙江温嵊能源投资有限公司杭州分公司经营"投融雪"投资平台。2017 年 10 月 14 日 23 时 30 分许,被告人陈龙用事先购买的他人身份信息及银行卡注册"投融雪"投资平台账户并进行登录,在上述账户内进行充值,后利用 FD 抓包软件对充值数额进行恶意篡改并申请提现人民币 45 万元。2017 年 10 月 16 日,该平台员工审核提现时因数据已被篡改而误认为账户内确有资金而放款人民币 45 万元至被告人陈龙掌握的注册账户关联银行账户。

案例一和案例二都是行为人利用 FD 软件将数据抓包的性能,将正常程序指令中的数据进行修改。案例一是行为人利用了系统对同一秒内收到的多次出金请求无法识别进而会倍数出金的缺陷,但多次出金请求本身无所谓正确或错误之分,其本质是系统无法对上述请求作出有效的反应。类似的案件还有(2017)浙 0110 刑初 959 号梁某盗窃一案,被告人也是利用菜鸟裹裹寄件平台存在多次点击提现可获得多倍提现数额的漏洞,最后法院认定梁某构成盗窃罪。而在案例二中,行为人利用系统无法识别被篡改的充值数据的缺陷,即系统将被篡改的错误充值数据视为正确充值数据,员工在审核提现时依据系统认定的账户数额进行放款,并未重新再进行判断。行为人实施犯罪最终能够得逞的根本原因是系统在员工审核之前的错误判断,故法院判定行为人构成诈骗罪是正确的。

(二)其他类型利用平台漏洞案件定性分析

案例三:(2013)徐刑初字第1099号

被告人杨某某在玩《某神话》网络游戏过程中,发现该游戏的第三方支付平台宝付公司提供的支付平台存在漏洞:当中国银行反馈“充值失败”交易数据时,宝付公司不能正确辨别并误读为“充值成功”。故其便利用上述漏洞通过本人及其他账户虚假充值。

案例四:(2018)赣1002刑初348号

2016年6月12日,被告人周雄荣伙同许某、杨某通过“官一造型”理发店在大众点评网商户后台账户,利用大众点评网无法识别促销行为及设定的优惠金额的漏洞(在大众点评网进驻的商家能通过后台账户推出产品优惠、打折等促销活动。消费时商家先将实际消费金额支付到大众点评网,但存在漏洞时大众点评网即便收到的消费款为打折优惠后的金额,但在与商家结算时却以原价格结算),在没有真实交易的情况下,进行虚假交易,共同骗取大众点评网结算款共计人民币5.3万元。

案例五:(2016)豫0191刑初798号

2016年5月23日,被告人刘昊在郑州中奥网络技术有限公司开发的游戏交易平台“××游戏服务网”上交易游戏装备时,发现该平台存在交易漏洞,即买家在平台上发布装备求购订单并将购买款项交付至平台后,可以在卖家接单后交付效率保证金前将订单价格修改为最低至原价格的十分之一,平台系统会按照订单修改后的价格将多出款项退回买家在平台的账号。卖家接到的订单在买家改订单价格后不会发生改变,交易完成后平台会按照订单修改前的价格将款项打入卖家在平台的账号。后刘昊将该情况透漏给被告人卢晨、黄磊、韩超(另案处理),并指导卢晨、黄磊、韩超在×××游戏交易平台注册多个账号,向三人演示具体操作方法,同时充当买家和卖家,利用该漏洞大肆实施盗窃。

被告人周雄荣诈骗案中,被告人周雄荣与杨某串通后,利用杨某在大众点评网的后台账户将商品超过正常幅度的力度予以优惠折扣后,再假装买家从杨某的理发店下单,然后利用大众点评网的漏洞获取上述网站按照原价与杨某理发店结算时的差价款。而在被告人刘昊盗窃案中，被告人刘昊与同伙则分别充当买家和卖家去生成导致平台认识错误的订单。因此上述两个案件中的被告人提交的不仅是系统无法识别的事项，而且这个系统无法识别的事项本身就是被告人虚构出来的，其并非真实的事项。而杨某某虚假充值案中，杨某某利用账户金额不足的银行卡进行游戏充值则确系事实。

（三）利用网络平台漏洞实施犯罪的定性总结

网络平台的正常响应是基于一系列提前设置好的程序。如果行为人利用漏洞更改或添加新的参数使网络指令发生变化，系统将被更改的指令视为正确的指令，此时系统因人为原因陷入错误的认识，属于“机器被骗”。在人工智能系自然人意志反映的情况下，应将上述被骗视为自然人被骗。根据最高人民法院、最高人民检察院《关于办理妨害信用卡管理刑事案件具体应用法律若干问题的解释》第5条第2款的规定，《刑法》第196条第1款第3项所称的“冒用他人信用卡”包括“窃取、收买、骗取或者以其他非法方式获取他人信用卡信息资料，并通过互联网、通讯终端使用的”情形，故司法解释已肯定特定情况下“机器也是能被骗的”。因此，此种情况应认定构成诈骗罪。

如果系统因漏洞无法对需要处理的某个事项进行识别，行为人利用系统的反应性故障恶意提交具体事项，并诱发系统做出错误判断，此时需要根据案件具体情况认定罪名。如果行为人仅仅是提交系统无法识别的事项，没有再继续创设其他的可能让系统陷入错误认识的其他条件，应根据漏洞具体评定为盗窃罪、非法获取计算机信息系统数据罪等。如上述案例三就属于仅仅提交系统无法识别事项的情况。如果行为人提交系统识别的事项不仅令系统将A误判为B，而且整个提交的事项都是虚构的，应认定行为人构成诈骗罪。

三、恶意注册账号与利用平台漏洞数行为并存时的刑法规制路径

（一）恶意注册账户行为的性质评价

经查询中国裁判文书网已判决的案例，发现利用平台漏洞作案大部分与恶意注册账号的行为密不可分。如被告人饶建锋盗窃罪案，被告人向同伙提供了50份的身份信息资料并授意同伙在南交所网站上注册账户，正是这些注册的账户为被告人后来转移窃取的财产提供了巨大的便利。又如在被告人刘小平、杨磊等人非法获取计算机信息系统数据、盗窃一案［（2016）浙07刑终944号］中，被告人杨磊等人之所以能成功利用平台漏洞将他人账户内的大量积分盗走，主

要基于刘小平和王留伟提供的海量网站账号、密码以及大量无实名登记的手机号。因此，批量的恶意注册账号是促成上述行为人能够利用平台漏洞非法获利的重要前提。

但目前对恶意注册账号（包括为了恶意注册提供非实名手机号的上游服务、打码验证以及养号行为）的行为的定性，司法解释并没有作出规定。以拼多多优惠券案为例，在现行法律以及司法解释没有明确规定的情况下，宜认定构成诈骗罪。但如何看待批量恶意注册账号行为本身却值得思考。2018 年腾讯公司发布的首份定向剖析黑产源头的《互联网账号恶意注册黑色产业治理报告》就指出，无论适用侵犯公民个人信息罪，还是计算机程序工具罪，显然都是规避评价恶意注册和养号及提供给下游这个行为本身，而只是考虑恶意注册过程中使用到的材料和工具而已。

笔者认为，对于恶意注册账户，可考虑《刑法》第 287 条之一规定的非法利用信息网络罪，并适用该罪名的第 1 款，理由是《刑法》第 287 条之一是由《刑法》第 287 条承继而来。《刑法》第 287 条在阐述犯罪构成要件时就同时涵盖了利用计算机作为手段犯罪与非法占有的目的两种行为。但要明确两个问题：首先，《刑法》第 287 条第 1 款设立适用于实施诈骗、传授犯罪方法、制作或者销售违禁物品等违法犯罪活动，应理解为包括盗窃等违法犯罪行为。因为《刑法》分则的条文在列举具体要素之后使用“等”“其他”用语时，解释规则应是使其他行为与之前列举的要素具有相当性，包括行为方式、对象、手段强制性、危险性质、法益侵害性质同类，即同类解释规则。[①] 条款中的诈骗可能构成侵财犯罪，传授犯罪方法构成的罪名则属于妨害社会管理秩序罪，销售违禁品可能构成违规制造、销售枪支罪或贩卖毒品罪。这三种违法行为并没有特殊的关联之处，可能触犯的罪名也不属于《刑法》分则的同一章，但它们有一个共同特点，就是都属于违法犯罪行为。因此只要特定违法犯罪行为在强制性、法益侵害的严重性、手段的危险性等方面与诈骗、传授犯罪方法等相当，就应当将之视为“等违法犯罪活动”的范畴。第 287 条第 1 款规定的刑期为 3 年以下有期徒刑或者拘役，恶意注册账号行为所指向的盗窃、破坏生产经营、非法获取计算机系统数据的法定最低量刑档次亦为 3 年以下有期徒刑或者拘役，故从违法犯罪行为的危

① 参见张明楷：《刑法分则的解释原理》（上），中国人民大学出版社 2011 年版，第 60 页。

害后果和量刑幅度来看，能够与诈骗、传授犯罪方法等相当。

另外，应将违法犯罪活动的网站、通讯群组等载体扩展至具有传播功能的类似的其他载体。违法犯罪活动的网站、通讯群组后面虽然没有跟其他名词，但网络犯罪具有不断变化的特点，如果将载体局限于网站或者通讯群组，无法将通过其他新型载体实施的犯罪囊括在内。虽然上述批量恶意注册的账号不属于通讯群组，但恶意注册的账号包括用户名、密码等网络平台验证用户身份信息的基本要素，一旦注册成功一定程度上便取得了利用网络进行相关事项操作或获取特定权限的资格。批量的恶意注册账号便是网络平台通行证的集合，其在用途上与网站、通讯群组能达到同样的目的。

（二）恶意注册账户与利用网络漏洞两种行为并存时如何定性

如果网络犯罪案件中的行为人同时有恶意注册账号（或者利用恶意注册的账号）与利用平台漏洞两种情节，建议作如下处理：（1）如果恶意注册的情节与利用平台漏洞的情节相当，则按照行为触犯的罪名中较重的罪名处罚；（2）如果导致法益被侵害的后果主要是由恶意注册账号或者利用、使用恶意注册账号的行为来实现的，则以恶意注册账号触犯的罪名来认定；（3）如果导致法益被侵害的后果主要系利用平台漏洞所致，则以利用平台漏洞所触犯的罪名认定。

互联网非法经营罪的法律规制研究

——以“新型电子烟”销售为例

张宏亮* 方俊飞** 舒美琳*** 夏 露****

摘 要:互联网销售“IQOS 电子烟”行为的出现又一次给互联网非法经营行为的规制提出了挑战。在现有监管、惩处等规定之下,互联网非法经营行为仍屡屡出现,究其原因主要在于经营者的积极作为、监管者的监管不力以及司法惩治的迟弱。为了有效实现对互联网非法经营罪的法律规制,需要通过增强法律意识、探索多方位监管体系、构建司法惩戒和协同治理体系三个方面来提出针对性的解决措施。

关键词:IQOS 电子烟 非法经营 监管 司法惩治

近年来,一种名为“IQOS 电子烟”的产品进入公众视线,在国内烟草市场掀起了不小的波澜。与此同时,通过互联网销售“IQOS 电子烟”构成刑事犯罪的案件数量也与日俱增。究竟何为“IQOS 电子烟”?为何销售电子烟会构成犯罪?定罪依据何在?……一系列疑问接踵而来。揭开“IQOS 电子烟”的神秘面纱,厘清其概念,掌握其现状,分析犯罪形成原因,在此基础上,进一步探究有效遏制犯罪的新途径和新举措确有必要。

---

* 张宏亮,临安区人民检察院第一检察部主任、员额检察官。

** 方俊飞,临安区人民检察院第二检察部助理。

*** 舒美琳,临安区人民检察院第二检察部助理。

**** 夏露,浙江星韵律师事务所律师。

一、互联网非法经营电子烟的现状

（一）电子烟的概念辨析

在相关的判决书中，对于“IQOS 电子烟”的称呼不尽相同，包括电子烟、电子烟弹、“IQOS 加热不燃烧型卷烟”等。如此五花八门的称呼难免让人感到疑惑不解，因此本文首先对“IQOS 电子烟”的定义、性质进行明确。

“IQOS 电子烟”和大众所熟知的电子烟并不相同，两者不是包含关系。世界卫生组织《烟草控制框架公约》秘书处向第五届缔约方会议提交的报告中明确“电子烟系电子烟碱传送系统用于向呼吸系统传送烟碱”。即电子烟是指采用电子加热方法使烟油雾化，由使用者通过呼吸将其吸入肺部的产品。目前国内市场生产的电子烟就是该类产品，大部分电子烟烟油中含有尼古丁成分（一种电子烟烟油中具体成分并不明确）。[①] 而“IQOS 电子烟”是烟草品牌万宝路的生产商 Philip Morris 集团研制的加热不燃烧型制品，包括烟具和烟弹。Philip Morris 集团生产的烟具为 IQOS（一种电子产品），同时生产 IQOS 配套适用的烟弹，烟弹包括不同品牌，主要有 Marboro（万宝路）、HEETS 等。其工作原理是通过 IQOS 烟具作为加热棒烘烤加热烟弹产生烟气，而不是采用燃烧方法，因此其实质上是一种加热不燃烧型制品。

从工作原理上来看，电子烟和“IQOS 电子烟”均有区别于传统卷烟的共同点——采用电子加热方式，因此两者均属于新型烟草制品。但从产品性质上看，两者存在本质区别。我国现阶段并未将电子烟作为烟草制品进行监管，仅以一般产品的监管方式进行监管，所以经营电子烟不涉及烟草制品的非法经营行为。而“IQOS 电子烟”已有明确定性：2017 年 10 月，国家烟草专卖局制定下发了《关于开展新型卷烟产品鉴别检验工作的通知》，将 IQOS 烟弹纳入其中。国家烟草质量监督检验中心对送检的 IQOS 烟弹样品进行检验后，从中检测出烟碱、四种烟草特有的 N－亚硝胺以及与一般烟草制品中相一致的生物碱种类等，判定 IQOS 烟弹含有烟草特征性成分，填充物由烟叶制成。2018 年 1 月 18 日国家烟草专卖局发布《关于批准发布卷烟燃烧锥落头倾向的测试等 8 项烟草行业标准的通知》（国烟科〔2018〕20 号）中也明确了含有烟草成分的物质（包括

---

① 参见杨涵茜：《将电子烟纳入专卖管理的路径探索》，载中国烟草学会 2016 年度优秀论文汇编（专卖管理主题）。

以烟丝为主要原料的 IQOS 烟弹)属于烟草专卖监管范围。据此,IQOS 烟弹属于烟草制品无疑。

综上所述,“IQOS 电子烟”的真正定义应当是加热不燃烧型烟草制品。销售“IQOS 电子烟”可能构成非法经营罪实质上指的是销售 IQOS 烟弹的行为,IQOS 烟具本身只是电子产品,并不会构成犯罪。本文所称的新型电子烟就是“IQOS 加热不燃烧型烟草制品”,本文研究的非法经营电子烟行为仅以“IQOS 加热不燃烧型烟草制品”为研究对象。为行文之便,以下文中出现的“IQOS 电子烟”表述均是指“IQOS 加热不燃烧型烟草制品”。

(二)互联网非法经营电子烟的模式及特点

1. 互联网非法经营电子烟的模式

通过互联网非法经营电子烟的相关案例搜索,整体上通过互联网非法经营电子烟的模式具有相似性,均包括“获取—销售—运输—结算”环节。

第一,获取方式——走私入境或者从他处购得。国内目前并没有开放生产 IQOS 电子烟,因此所有在国内市场上流通的产品大多通过走私入境,来源上不具有合法性。在相关案件中,“IQOS 电子烟”大多源于日本、俄罗斯等国家,通过边界口岸走私入境或者通过国际快件邮寄入境等。但目前判决的案件中大部分经营者都是从国内的某一上家处购得“IQOS 电子烟”再予以转卖,并从中赚取差价。因此以非法经营罪定罪处罚的居多,少有因直接参与走私而以走私犯罪定罪处罚的。

第二,销售方式——利用网络交易平台销售。获取“IQOS 电子烟”之后,经营者往往会以“海外代购”的名义,通过淘宝、微信、闲鱼等平台寻找买家。确定买家后,一方面,对于销售的“IQOS 电子烟”假借其他产品的名义进行销售;另一方面,直接通过私下微信、电话等方式和买家联系,以此来规避交易平台的监管。

第三,运输方式——采用快递寄送、物流托运等。经营者接到订单后,对于有库存的经营者,往往会选取直接发货的方式,将“IQOS 电子烟”进行包装伪装后通过物流公司寄送给买家。对于没有库存或库存不足的经营者,会采取和上家联系,由上家直接根据提供的地址和收货人等信息将电子烟通过物流寄送给买家,或者从上家处补足货源后再发货。

第四,结算方式——电子支付。支付宝转账、微信付款等移动支付方式为交易的进行提供了极大的便利,买卖双方无须面对面交易,通过第三方支付平台就能实现货款的交付，进一步扩大了交易的隐蔽性。

2. 互联网非法经营电子烟犯罪的特点

上述互联网非法经营模式决定了互联网非法经营电子烟犯罪具有以下两大特点：

（1）犯罪手段更隐蔽

第一，将非法经营的行为掩藏在网络购物的面具之下。互联网非法经营电子烟的过程中，都是将电子烟与其他的商品进行混同，比如假借"IQOS 烟具"等名义进行销售。其余的交易流程均与正常的网络购物基本一致，从外观上看极具欺骗性。第二，网络交易平台的虚拟性隐藏了犯罪嫌疑人的身份。在网络交易平台上开设的店铺往往未经工商登记，也不需要烟草专卖许可证，大大降低了事前监管的可能性。同时，交易双方不以真实身份交易，货物、货款交接均不需要面对面进行，交易双方的非接触性加大了事后追踪的难度。[①] 第三，"IQOS 电子烟"经营者在销售过程中，逐步形成较为明确而稳定的客源，而并非如传统互联网领域销售那样以在网络交易平台发布产品信息等方式获取未知客源。这使产品信息和销售行为更难被技术手段监测到，加大了网络后台监管难度。

（2）犯罪区域扩大化

第一，互联网的开放性打破了时间、空间的限制，交易双方可以随时随地通过网络完成电子烟销售。犯罪行为地和犯罪结果地不再局限于一地，可以扩大至全国各地，交易主体呈现跨区域性。第二，物流运输的便捷使全国各地之间的交易成为现实，甚至有部分经营者本人不存储货物，直接由经营者上家发货给买家，货物的交付呈现跨区域性。第三，电子支付方式摆脱了地域限制，无论是向买家收取货款，还是向上家支付货款，均可以通过电子转账方式实现，资金的支付呈现跨区域性。

二、互联网非法经营电子烟的原因分析

（一）经营者积极作为

1. 法律意识薄弱

普通的电子烟在国内市场具有普遍性，实体经营者也不在少数，而"IQOS

---

① 参见花晶平：《如何有效查处互联网涉烟案件》，载中国烟草学会 2016 年度优秀论文汇编（专卖管理主题）。

电子烟”正是以电子烟类似的名字、类似的形态出现。对于电子烟“一知半解”的人往往会将两者混为一谈，忽略了“IQOS 电子烟”的本质系烟草制品。对于烟草制品销售需经许可的情况公众知晓程度是极高的，而对于“IQOS 电子烟”是否属于烟草制品大多数人并不了解。大部分经营者即使有一丝念头想过这是烟草制品，也会抱着跟风、侥幸的心理继续进行销售。对“IQOS 电子烟”认识不足、对非法经营行为了解不深正是近两年互联网非法经营电子烟的案件数量增加的原因之一。

2. 违法成本低

对经营者而言，利益驱动是导致其从事非法经营活动的根本原因。经营者通过互联网方式非法经营电子烟，既无须实体店铺的投入，又能最大限度地逃避监管，违法成本极低。同时，淘宝、闲鱼、微信等随处可见的网络平台为非法经营行为提供了极大的便利，经过简单的注册甚至未经注册就能成为“店主”“微商”等，为违法犯罪行为提供了屏障。正是在这样的大环境之下，越来越多的经营者怀着逐利目的、侥幸心理走上了违法犯罪之路。

（二）监管者监管不力

1. 电子商务平台自身监管意识薄弱

研究发现，淘宝、闲鱼、微信等电子商务平台系最主要的“IQOS 电子烟”销售平台。电子商务平台本是发现、识别“IQOS 电子烟”销售交易行为的第一现场，也是监管的第一道防线，但前述电子商务平台对出现在其平台的交易行为的监督管理责任却未重视。根据新颁布的《电子商务法》的规定，电子商务平台经营者应当要求申请进入平台销售商品或者提供服务的经营者提交其身份、地址、联系方式、行政许可等真实信息，进行核验、登记，建立登记档案，并定期核验更新。但目前看来，电子商务平台并未严格执行这一规定，甚至对平台上涌现的电子烟代购者、网络店铺经营者的身份信息视而不见，任其在未经平台核验主体信息的情况下从事违法经营活动。此外，相关电子商务平台亦未采取必要的技术措施对活跃在其平台的“IQOS 电子烟”销售行为进行监管。对于平台经营者故意玩弄文字游戏、规避敏感字眼监测的行为，平台并未采取有力措施予以防治，以致互联网非法经营电子烟行为的犯罪隐蔽性更为凸显。在平台无法通过技术手段识别出该等交易行为发生的情况下，平台更无从介入买卖双方的交易，从而无法尽到其作为电子商务平台的监管义务。再者，对于电子商务平台经营者而言，目前的《电子商务法》等法律法规仅涉及电子商务平台经营者知道或者应当知道平台内经营者销售的商品或者提供的服务不符合保障人身、财产安全的要求，或者有其他侵害消费者合法权益行为，未采取必要措施的；或对关系消费者生命健康的商品或者服务，电子商务平台经营者对平台内经营者的资质资格未尽到审核义务，或者对消费者未尽到安全保障义务，造成消费者损害的；以及对知识产权方面的侵权行为未采取措施导致的损失扩大部分，依法与该平台内经营者承担连带责任。但“IQOS 电子烟”的销售往往并不侵害消费者人身、财产方面的合法权益，在所销售产品非假冒伪劣电子烟的情况下通常也不会造成消费者损害或侵犯知识产权，故前述连带责任的情形并不适用目前的电子商务平台经营者。且《刑法》中所涉及的非法经营罪、走私犯罪，也主要针对“IQOS 电子烟”的销售者而并未针对平台，即使平台有明显放任和纵容的行为，亦无法对平台采取惩戒措施。因此，对于“IQOS 电子烟”的销售者通过电子商务平台、社交平台等互联网渠道从事“IQOS 电子烟”非法销售等行为时，所在平台的法律责任尚不明确。这也是平台未担负起监管责任的重要原因。

2. 政府主管部门监管尺度不明

从市场监管方面，根据《电子商务法》的规定，“电子商务经营者从事跨境电子商务，应当遵守进出口监督管理的法律、行政法规和有关规定”，也就是说以代购“IQOS 电子烟”为业者仍属于“电子商务经营者”，需要进行登记和纳税，但“个人利用自己的技能从事依法无须取得许可的便民劳务活动和零星小额交易活动的除外”。目前“IQOS 电子烟”代购者乃至绝大多数其他产品的个人代购者往往以个人消费为由从国外购入产品后在国内销售，且往往以多次、小额交易为主要交易方式。但目前的法律法规对于如何定义零星小额，即多少代购和销售额度的代购者在国内从事销售需要作为“电子商务经营者”进行市场主体的登记，尚未明确。

从烟草专卖监管方面，正如前所述，因领域特殊，目前对互联网实施监管的部门大多不涉及。例如，电子购物平台的 eBay 易趣，该网站公开设有香烟的货品分类，使用其平台的客户则直接经营烟草业务。另有 58 食品网，其供求信息分类中包含了“香烟类目”，栏目下公开标有“从事各类卷烟制造批发”“销售高仿卷烟”等明显违法的信息。[①] 如此公然违反烟草专卖许可法律法规的现象频繁出现，可见互联网领域的烟草专卖制度尚未严格贯彻执行。

从出入口监管方面，根据《中华人民共和国海关总署公告》(2010 年第 54 号)规定，烟草制品属于征税物品。免税额根据《中华人民共和国海关对中国籍旅客进出境行李物品的管理规定》规定：(1)香港、澳门特别行政区居民及因私往来香港、澳门特别行政区的内地居民，免税香烟 200 支，或雪茄 50 支，或烟丝 250 克……(2)其他旅客，免税香烟 400 支，或雪茄 100 支，或烟丝 500 克……而“IQOS 电子烟”的填充物由烟叶制成，烟叶并未被严格意义上纳入《中华人民共和国海关对进出境旅客旅行自用物品的管理规定》的物品限量范围。对于 IQOS 烟弹的免税范围是否适用烟丝的相关规定，或者是否将一定范围的烟具也纳入物品限量范围，亦不明确。此外，目前已出现了一人在境外购入后分散给多人携带入境，入境后再重新归集给一人在国内销售的代购方式，造成多人均系小额代购入境用于个人消费使用或从事零星小额交易的假象，以此规避了出入口相关监管。我国对于此等情况下的查处方式仍有待探索，对于如何计算个人携带“IQOS 电子烟”的数量也有待明确。

(三)司法惩治的迟弱

1. 线索发现难

贝克尔指出“有司法经验的人员的共同感受是，定罪或惩罚的可能性变化比惩罚(严厉程度)的变化对违法有更大影响”，可见，与严厉的惩罚相比，发现犯罪行为并定罪的高概率对于犯罪行为的遏制的效果更显著。[②] 对于互联网非法经营电子烟犯罪行为而言也是如此，而目前在互联网非法经营的线索发现上显然有待提升。一方面，监管者处于信息劣势的地位。事前监管的薄弱导致无法及时发现非法经营线索，同时如何在海量的数据中准确排查线索，对于监管、侦查部门而言都是不小的挑战。另一方面，从外部获取举报信息的可能性低。社会公众对于互联网非法经营电子烟的违法性认识不足，大多消费者也都是通过所谓的“代购”购买电子烟，法律意识的薄弱进一步限制了线索发现的渠道。

---

① 参见黄海宁：《利用互联网从事涉烟违法犯罪活动问题研究》，载中国烟草学会 2008 年度优秀论文汇编。

② 参见马鸣萧等：《信息、监管与犯罪遏制——以烟草行业为例》，载《西安电子科技大学学报》(社会科学版)2015 年第 1 期。

2. 调查取证难

互联网非法经营的隐蔽性、跨区域性必然导致调查取证的高难度。其一，司法成本高。互联网非法经营电子烟涉及的环节多、地域广，要准确厘清案件的来龙去脉，梳理上下线人物关系……免不了投入大量的人力、物力、财力，所耗费的司法成本极高。其二，证据灭失的可能性高。互联网非法经营的案件中往往有大量的电子数据，包括交易记录、聊天记录、物流记录等。作为客观证据其重要性是不言而喻的，但存储相关记录的电脑、手机等工具被丢弃，侦查时间过长导致超过存储期限等原因都可能导致证据灭失。因此如何及时准确地做好调查取证工作显得至关重要。

3. 事实认定难

非法经营罪的事实认定方面，除了构成要件的符合性之外，非法经营数额的认定是影响量刑的主要因素之一。而在互联网非法经营电子烟犯罪中，经营数额认定更有难度。一方面，在于相关案件调查取证本身存在局限性，在海量的购买记录中不可能做到一一核实；另一方面，在于犯罪交易记录的剥离难。[①]网络交易均是以隐晦的字眼或者其他商品链接的形式完成购销过程，使辨别难度加大。同时，部分经营者除了电子烟之外，往往还经营电子烟具或其他合法经营的物品，经营数额的混同、如何剥离等问题都是互联网非法经营犯罪中的事实认定需要解决的难点。

三、应对互联网非法经营电子烟的途径与对策

（一）加强法律宣传，增强法律意识

加强法律宣传，助力破除公众对于“电子烟”一知半解的局面，促进公众“知法、懂法、守法”。法律宣传既要保证广泛性，又要突出重点性。在宣传对象上，对于普通公民而言，应对 IQOS 电子烟和普通电子烟的区别进行宣传，呼吁公众对网络销售新型电子烟的行为主动抵制、进行举报等；对于电子烟的生产者、经营者，更要进一步进行宣传普及，以防有经营者以销售电子烟之名，行销售新型电子烟之实。在宣传地点上，着重于在边境等区域宣传。针对走私进入国内的新型电子烟，在边境周边区域进行重点宣传具有必要性。在宣传方式上，既要

---

① 参见吕远：《网络非法经营烟草犯罪案件侦查研究》，中国人民公安大学公安学系 2017 年硕士学位论文，第 22 页。

发挥公检法的专业性，通过生动的“以案释法”进行宣传；也要发挥新媒体的广泛性，通过公众号、微博等多平台进行宣传。

（二）探索多方位监管体系

1. 净化电商平台运营环境，强化平台法律责任

鉴于目前的《电子商务法》《刑法》等对于“IQOS 电子烟”的销售者通过电子商务平台、社交平台等互联网渠道从事“IQOS 电子烟”非法销售等行为时，所在平台的法律责任规定尚不明确，因此有必要将此等情况下平台的监管责任和法律后果以法律形式予以确定。如以无过错责任为原则，对电子商务平台经营者或社交网络平台处以相当于“IQOS 电子烟”销售者违法所得一定比例的罚款，将“IQOS 电子烟”销售者的违法程度与平台经营者的责任程度挂钩，促使平台经营者加大自身监管力度。此外，应将电子商务平台经营者或社交网络平台明知其用户非法经营行为而予以放任或协助用户从事违法犯罪的行为严格纳入非法经营罪的规制范围，在有证据证明平台对涉烟类敏感信息不予以监测或将监测到的涉烟类交易行为置之不理，甚至主动为相关交易提供便利等情况下，应对平台监管者处以与 IQOS 电子烟违法销售者同等罪名。通过增加法律威慑来增强平台运营者的监管意识，促使平台通过改进技术监测手段、强化事前主体信息登记模式等方式增加平台自身监管力度，守好非法经营的第一道防线。

2. 厘清主管部门监管界限，把握各方监管尺度

市场监管方面，明确对零星小额代购者的监管尺度。即对于以零星小额代购“IQOS 电子烟”为业的代购者，代购后在国内销售“IQOS 电子烟”即使尚未达到非法经营罪入罪标准，也应纳入《电子商务法》规制范围，弥补市场监管空缺。

烟草专卖监管方面，应完善互联网领域的烟草专卖许可制度。基于“IQOS 电子烟”在互联网领域销售且往往借助电子商务平台、社交网络平台进行销售经营的特点，可采取“一站式”登记审批制度：开通电子商务平台或社交网络平台申请通道，由电子商务平台或社交网络平台直接将用户通过其平台通道递交的烟草专卖许可申请信息上传至烟草专卖监管部门及市场监管部门审批系统，再由烟草专卖监管部门及市场监管部门直接将审批情况通过平台通道反馈给用户，监管部门与平台亦可通过该通道获取彼此掌握的用户信息。由此不仅能实现许可信息在政府监管部门与平台间的信息与资源共享，使平台对“IQOS 电子烟”在其

平台的经营行为的监督和管理更有针对性，平台排除已取得许可的烟草交易行为后得以缩小平台技术监测范围，提高技术监测准确率和效率；通过申请、审批和监管信息的传递和共存，也能实现平台监管与部门监管的联动与互通。

出入口监管方面，应当对个人将“IQOS 电子烟”携运进境的免税品种（是否包含烟弹及烟具）以及免税额度予以明确，并结合个人单独就“IQOS 电子烟”产品的国外正规购买凭证（如禁止两人以上单次拼购）、购买用途和数量的申报登记以及携带涉烟产品必须申报的方式，严格查处一人在国外购入后分散给多人携带入境从而规避出入口相关监管的代购行为。同时，可采用“线上申报 + 线下核查”方式，由拟入境人员先将个人信息、拟携带入境的电子烟明细、购买用途等信息通过前述电子商务平台或社交网络平台特殊通道进行线上申报，再在入境时实施现场核查。平台在获取入境申报信息、烟草专卖许可信息后，可通过后续敏感词、关键词监测，历史数据统计和分析等方式，跟踪相关用户所购入的电子烟的去向，将后续通过技术手段监测和统计到的与用户所购数量、用途不符合申报信息以及购入后未经许可线上销售电子烟的用户的情况通过平台通道上报政府监管部门。由此，从境外购买、线上申报、入境检查、后续跟踪等多个流程入手，最终确定个人携带“IQOS 电子烟”入境的数量及用途，实现线索一体化搜集，一对一精准查处，以提高排查效率和惩治效果。

综上所述，在厘清平台与各主管部门的监管界限和责任，确定监管范围的同时，把握监管尺度，实现多方联合监管效应，对“IQOS 电子烟”非法经营行为予以全过程、全方位的打击和惩治。

（三）构建司法惩戒和协同治理体系

1. 拓宽案件线索获取渠道

拓宽互联网非法经营的案件线索获取渠道，要以“主动式 + 被动式”的方式进行。一方面，监管部门需发挥主观能动性，强化网上巡查工作，重点对电商平台、自媒体等进行搜索排查。同时，为了减少人力成本、提高效率，有必要依靠技术水平的提升来化解互联网信息的海量与办案资源有限之间的矛盾，用软件代替人工自动深入挖掘网络的信息。比如利用网络爬虫技术，可设置与互联网非法经营电子烟犯罪的相关主题，根据以往破获的案件出现过的词汇进行归纳总结并进行动态调整，再写好遍历算法访问网页等，即可自动采集烦琐庞杂的数据，自动抓取相关信息作为初始的信息来源。同时，公安机关在案件侦破过程中发现可疑信息时应当要顺藤摸瓜，比如根据资金流、物流查清非法经营的上下线关系等，破获“案中案”。另一方面，被动获取的来源主要靠零售商、物流货运公司、消费者等在经营电子烟的各个环节中进行举报。

2. 加强执法部门联动协作

为了最大限度地降低司法成本、提高查处能力，可从两方面加强执法部门联动协作。一方面，要实现异地公安机关之间的联动。结合互联网非法经营犯罪的流动性、跨区域性的特点，针对性地解决调查取证的地域广阔问题，“实地调查”和“发协查函调查”需双管齐下。首先要根据调取的支付宝交易记录，进行详细梳理后确定买家信息，比照发货物流清单，以交易数额大、交易频率高的买家为主要选择，确定买家的真实身份和联系方式，进行实地调查取证。对于其他地域跨度远的买家可以通过信息整理，利用公安部门的案件协查系统发送到买家所在地的公安机关进行协助调取证据。同时要及时和协查公安机关保持联系，确定取证可能性并了解取证进度情况。另一方面，要实现烟草执法部门与公安机关之间的联动。在涉烟领域，烟草专卖执法部门的专业性较强，应当充分利用烟草部门的监管信息，实现信息资源共享。比如，烟草部门与公检法等部门可定期通报互联网非法经营电子烟的案件查处情况，保证行政执法和刑事司法的有效衔接：涉及刑事犯罪的，及时移交公安机关；案件重大复杂的，必要时检察机关应当在案件侦查阶段提前介入，有效引导取证方向。

3. 强化司法机关的履职能力

在案件侦查阶段，公安机关需积极提升案件侦破能力。在证据类型上，要加强电子证据等客观证据的提取，对于电子证据要第一时间发现、第一时间提取、第一时间固定，以消除证据灭失的隐患。在证据方向上，要注重调取上下游之间的关联证据，与言词证据相印证。在审查起诉阶段，检察机关需提升打击犯罪能力。对于重大复杂的互联网非法经营行为进行专案专办，关注个案之间的关联性，及时补充证据，保证证据之间形成完整证据链。同时应当结合案件的具体情况，充分发挥认罪认罚制度优越性，力求从犯罪嫌疑人口供突破，结合犯罪嫌疑人供述及证人证言等言词证据，以此来剥离客观证据中实际的非法经营记录，从而认定非法经营数额等事实。在社会治理阶段，对于办案过程中发现的有关部门监督不到位等情况，应当通过“检察建议”等监督手段，促进相关职能部门规范运作。

网络诽谤行为的刑法规制困境与出路

——以116份刑事裁判文书为样本

孟 思[*] 韩 啸[**]

摘 要：大数据时代的到来和信息技术的飞速发展，极大方便了人们的生产生活，全世界构成纵横交错的联系网。然而，在网络空间肆意发表不实言论和虚假信息，侵犯他人人格和名誉的诽谤行为频发，公民人格和名誉被侵害问题更加突出。本文以近5年116份刑事裁判文书为样本，通过梳理网络诽谤行为的刑事裁判情况，剖析立法和司法上对网络诽谤行为的规制困境，提出规制网络诽谤行为的完善路径。

关键词：网络诽谤 规制困境 路径

随着网络信息技术的飞速发展，网络受众日益增多，言论发表也更加便捷。然而，过分推崇的言论自由使网络空间内的诽谤行为频发。与传统诽谤行为相比，网络诽谤使公民的人格和名誉被侵害问题更加突出。本文以近5年116份刑事裁判文书为样本，以网络诽谤行为为主线，剖析网络诽谤行为的刑法规制困境，提出规制网络诽谤行为的路径选择。

一、现状检视：网络诽谤行为的实证分析

在中国裁判文书网中，笔者以“网络诽谤”为关键词，以“刑事案件”为案件类型进行检索，甄别选取了2013年最高人民法院、最高人民检察院《关于办理

---

* 孟思，北京市顺义区人民法院行政庭法官助理。2015年获北京师范大学法学院法律硕士（法学）。

** 韩啸，北京市顺义区人民法院知识产权庭法官助理。2015年获中国人民大学法学院知识产权法法学硕士。

利用信息网络实施诽谤等刑事案件适用法律若干问题的解释》(以下简称《两高适用解释》)通过后的近5年116份刑事裁判文书为研究样本,对网络诽谤行为的整体情况进行梳理。

(一)网络诽谤行为的基本情况

网络诽谤行为涵盖两方面:一是网络,它指明了诽谤行为的传播媒介。二是诽谤,即捏造虚假事实或篡改事实,发布或者传播后让公众知悉,以诋毁他人名誉和人格。

1. 网络诽谤行为的主体特征

利用网络从事诽谤行为的主体具有多样性的特点,表现在类型多样和角色不同。

个人、企业、"网络大V"、职业加害人和网络服务商等都能成为网络诽谤行为的幕后推手。一些被称为"网络大V"的网络活跃人物,通过在网络上肆意发表言论,博取公众关注,谋取不正当利益。薛蛮子、秦火火等人为"网络大V"的典型代表。此外,随着社会发展、网络营销和网络推手等特定需求的出现,职业加害人开始涌现。这一特殊群体以"网络水军"为典型代表。为谋取不正当利益,网络水军受雇于他人,通过网络发帖、舆论引导等手段在网上实施诋毁、诽谤行为或对他人的报复诋毁进行反击,从而实现雇佣者的真实目的。网络服务商若未及时采取必要措施,未尽到合理注意义务,纵容或加重了诽谤言论在网络上的传播,也可能被要求承担法律责任。

上述网络诽谤行为主体一般扮演三种角色:一是发帖者,直接制造诽谤言论,再利用网络媒介发表。他是网络诽谤行为的主要实施主体。二是跟帖者,肆意评论、转发、跟随诽谤言论,助推网络诽谤行为的蔓延和传播。三是传播媒介。网络服务商为网络言论自由的发表提供了平台和空间,但也为诽谤行为的传播提供了便利条件。若未通过技术对网络诽谤行为进行必要规制或未及时删除诽谤信息致使被诽谤人损害扩大,网络服务商也可能成为独立的犯罪主体。

2. 网络诽谤行为的对象特征

根据所针对对象的属性不同,可将网络诽谤的行为对象分为两大类:个体性对象和公共性对象。个体性对象,是指诽谤言论直有所指,指向特定个人或企业等。公共性对象,是指诽谤言论指向不特定人,影响的是某一类产品、某一类生产服务行业，甚至针对政府或者国家等。经过梳理，大部分网络诽谤案件发生在国家工作人员、村委会主要负责人、公司老板、教师、明星这五大类行业。因职业的特殊性、公开性及需要保持正面形象的需求，公众比较倾向于对上述人员进行舆论监督，致使上述人员成为诽谤的高危对象。

3. 网络诽谤行为的发布载体

随着网络技术的迅猛发展和网络平台的丰富完善，公民表达个人意愿的方式和途径更加便捷。网站论坛、贴吧、微博、微信、手机短信、QQ、电子邮箱等都能成为诽谤言论的传播载体。因上述媒介受众面较广，信息传播迅速，诽谤内容一经发布，在短时间内就可能被成千上万的人知晓。作为国内最大的社交媒体平台之一，微博在信息传播中发挥着重大作用。2018 年 1 月 27 日，北京网信办发布公告通报了微博平台存在的内容管理问题。微博也进行了全面整改，容易引发热议和不实言论的热搜榜、热门话题榜等板块被下线一周。这也在一定程度上遏制了网络不实言论的滋生与发酵。

4. 网络诽谤行为的责任承担

随着网络诽谤行为愈演愈烈，网络诽谤类诉讼案件数量也在逐年增加，由此引发如下责任：(1)引发民事诉讼，要求承担民事责任，并以此居多。因网络诽谤行为侵犯他人名誉权、隐私权等权利，被侵权人往往要求侵权人赔偿损失、赔礼道歉等。(2)引发刑事诉讼，要求承担刑事责任。若诽谤人捏造虚假事实发布或传播，情节严重，可能触犯《刑法》中的诽谤罪和损害商业信誉、商品声誉罪等。因诽谤罪属于告诉才处理的犯罪，司法实践中往往是被诽谤人提起自诉，要求诽谤人承担刑责。(3)引发行政诉讼，要求变更行政处罚。诽谤人因诽谤行为被公安机关处罚后，诽谤人和被诽谤人均有可能对处罚结果不满，从而提起行政诉讼。(4)案件未进入司法程序，因证据不足或达成谅解告终。由于网络犯罪技术侦查资源的严重匮乏、相关学理研究的滞后及法不责众的社会文化心理，大量网络诽谤行为在事后没有能够进入司法程序中进行查处和制裁。① 部分案件以诽谤人获得被诽谤人的谅解结束。样本中，网络诽谤行为责任承担方式的比例为：民事责任（59%）、刑事责任（23%）、行政责任（18%）。

---

① 参见于冲：《网络诽谤行为的实证分析与刑法应对：以 10 年来 100 个网络诽谤案例为样本》，载《法学》2013 年第 7 期。

（二）网络诽谤行为的裁判情况

根据《刑法》第 246 条，《两高适用解释》第 1 条、第 2 条[①]的有关规定，利用信息网络捏造事实诽谤他人，达到情节严重程度时才构成诽谤罪。通过对裁判文书进行梳理，笔者发现网络诽谤行为的裁判呈现如下特点：

1. 实体审理多于程序审查

116 份刑事裁判文书中，自诉人撤诉 4 件，程序审查 41 件（包括裁定不予受理 21 件，裁定驳回起诉 13 件，撤销原裁定、裁定原审法院受理 5 件，裁定驳回申诉 2 件），实体审理 71 件（包括判决构成诽谤罪 53 件，判决无罪 18 件）。具体如图 1 所示。

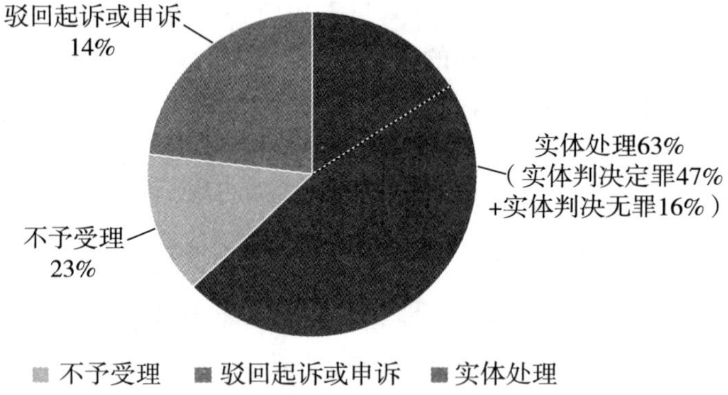

图 1　样本中裁判方式分布情况

2. 裁判考量因素较多

网络诽谤行为发生在网络空间，涉及众多环节和主体，具有一定的特殊性和复杂性，且因诽谤罪属于告诉才处理的犯罪，法院审理此类案件时需要考虑诸多因素。

（1）程序审查阶段

程序审查时，法官会重点考虑网络诽谤自诉人的自诉是否符合法定受理条件、举证是否充分等。例如，自诉人需举证证明有明确的网络诽谤人、网络诽谤行为的存在（包括诽谤事实是捏造的、网络诽谤行为系针对自己、诽谤行为情节严重、

① 《刑法》第 246 条规定捏造事实诽谤他人情节严重构成犯罪。《两高适用解释》第 1 条规定了“捏造事实诽谤他人”的情形，第 2 条规定了“情节严重”的情形。

属于人民法院管辖等)。若自诉人无法举证证明上述条件,又不补充相关证据,提起的自诉很可能被裁定不予受理或驳回起诉。程序审查结果及考量因素如图2所示。

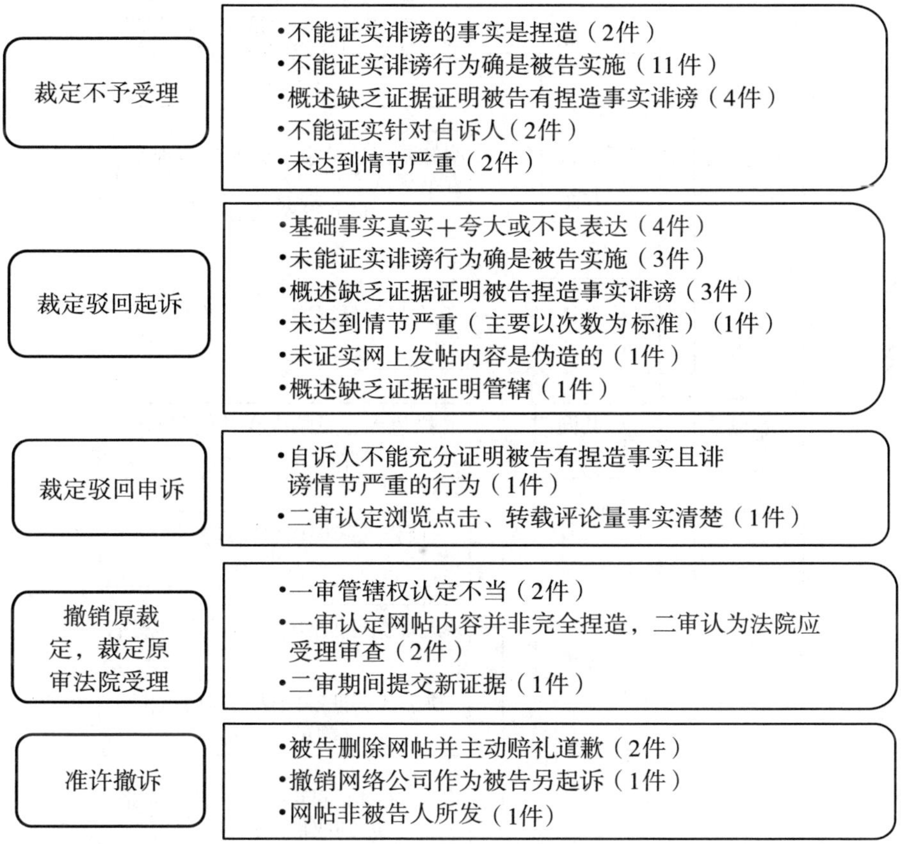

图2　程序审查结果及考量因素

(2)实体审理阶段

实体审理时,法官会重点从犯罪构成的四方面考虑定罪情况。从犯罪主体看,自诉人应举证证明被告人是诽谤行为的实施者。从犯罪客体看,网络诽谤行为侵害的是自诉人的人格和名誉。从主观方面看,被告人应明知其发布的事实不属实。从客观方面看,被告人确实捏造虚假事实在网络上散布,且已达到情节严重的程度。在共同犯罪中,法官会重点考察诽谤人在实施诽谤行为时发挥的作用大小。实体审理结果及考量因素见图3。

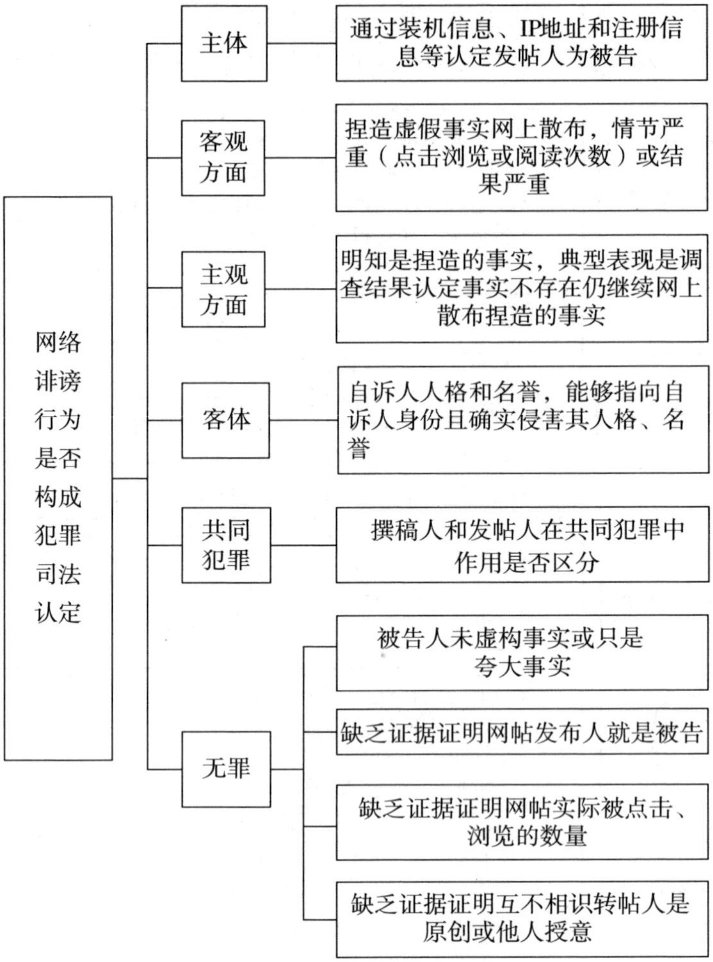

图3　实体审理结果及考量因素

二、问题剖析：网络诽谤行为的刑法规制困境

随着网络侵权愈演愈烈，网络诽谤行为已经成为网络时代迫切需要治理的突出问题。下文笔者将重点从立法和司法两大角度探讨网络诽谤行为的刑法规制困境。

（一）立法规制不足

1. 现有罪名梳理

通过对《刑法》、各刑法修正案及最高人民法院、最高人民检察院颁布的司法解释进行梳理，发现刑法中规制网络诽谤行为的具体罪名包括：诽谤罪，损害商业信誉、商品声誉罪，编造、故意传播虚假恐怖信息罪和寻衅滋事罪。

(1)诽谤罪

网络诽谤行为是依托网络，非法捏造虚假事实，以发微博、发帖等形式，在网络空间发布和传播诽谤信息，最终实现诋毁他人名誉和人格的行为。虽然诽谤行为发生在网络空间，但实质仍为诽谤。因此规制此类行为最直接的罪名仍是诽谤罪。

(2)损害商业信誉、商品声誉罪

该罪名的行为对象是特定单位或商品。若在网络空间捏造虚假事实诋毁某一行业、某一单位或某一商品的信誉或声誉造成不良影响，就可能构成损害商业信誉、商品声誉罪。因发生在网络领域，故网络诽谤行为损害商业信誉、商品声誉，与现实生活中损害商业信誉、商品声誉的行为有所不同。

(3)寻衅滋事罪

《两高适用解释》第 5 条第 2 款规定："编造虚假信息，或者明知是编造的虚假信息，在信息网络上散布，或者组织、指使人员在信息网络上散布，起哄闹事，造成公共秩序严重混乱的，依照刑法第二百九十三条第一款第(四)项的规定，以寻衅滋事罪定罪处罚。"虽然该条文实质上更侧重于规制网络造谣行为，但利用网络诽谤与造谣都是网络空间的侵权行为，调整范围基本一致。当网络不实言论的发布、传播达到情节严重的程度时，才有可能构成规制力度更强的诽谤行为。因此可以说，部分严重的网络造谣行为可能构成网络诽谤，否则就应以寻衅滋事罪论处。

(4)编造、故意传播虚假恐怖信息罪

前述三类罪名的侵权行为对象一般是特定个人、单位、行业或商品。除此之外，现实生活中还有针对不特定对象实施的网络诽谤行为，而《刑法》中能够规制针对不特定对象实施的网络诽谤行为的罪名少之又少，编造、故意传播虚假恐怖信息罪是难得的罪名。若行为人通过网络编造、故意传播企业放射性物质泄漏等虚假恐怖信息，此时就能按照编造、故意传播虚假恐怖信息罪定罪处罚。

2. 存在的问题

(1)罪名适用范围有限

虽然诽谤罪，损害商业信誉、商品声誉罪，编造、故意传播虚假恐怖信息罪，寻衅滋事罪都可以规制网络诽谤行为,但因上述罪名的适用一般要满足“情节严重”的条件,所以适用情形非常有限。严重的网络诽谤行为才能被惩罚和处理,一些轻微的网络诽谤行为则容易被隔离在外,不能有效打击。这就助长了诽谤信息的传播、蔓延和网络诽谤不法分子的嚣张气焰。虽有惩处之心和规制之意,但罪名适用的高门槛阻碍了对网络诽谤行为的规制。

(2)对集团化、对象不确定的网络诽谤规制欠缺

“网络水军”是随着网络营销发展而产生的一种畸形网络公关。因经济利益诱惑和网络监管缺失,一些人大量招聘“网络水军”,按照客户需求以网络打手、QQ 群等方式,发帖吹捧客户及其产品,或密集发帖诋毁他人名誉。集团化水军们的“积极参与”使诽谤言论在网络空间迅速滋生、发酵和传播。实践中,甚至出现一些以营利为目的“代骂”网站,使网络诽谤行为亦呈现职业性特征。而现行《刑法》中,并无专门罪名对此类危害性更大的集团性、群体性的网络诽谤行为进行专门规制,进而可能导致被诽谤人遭受更严重的伤害。

此外,现有罪名在规制针对不特定对象实施的网络诽谤行为时存在欠缺。虽然编造、故意传播虚假恐怖信息罪能对针对不特定对象实施的网络诽谤行为进行规制,但如果诽谤内容无法认定为“虚假恐怖信息”,无论造成多么严重的后果,都不能以此罪定罪处罚。而除该项罪名外,又没有合适罪名对此行为进行规制,这就纵容了一部分违法犯罪。

(3)公安机关协助规定模糊

被诽谤人若想提起刑事自诉,需举证证明诽谤人的身份、诽谤行为的存在等。而由于网络的匿名性、隐蔽性,非经专业网络侦查手段,网络诽谤言论的制造者和传播者往往难以查清,点击浏览量也难以举证,被诽谤人的举证能力非常受限。样本中,25%的自诉人因举证不能,被裁定驳回起诉或不予受理。虽然《刑法修正案(九)》第 16 条对公安机关协助调查进行了原则性规定①,但该条文并未明确规定“确有困难”的认定标准、法院要求公安机关协助的条件和情形,这就导致实践中缺乏可操作性。法院既可要求,也可不要求公安机关协助调查,非强制性的规定使自诉人的权利无法得到更好保护,自诉人举证困难重重。

---

① 《刑法修正案(九)》第 16 条规定:“被害人向人民法院告诉,但提供证据确有困难的,人民法院可以要求公安机关提供协助。”

（二）司法裁判尺度不一

1. 概况

无论是程序审查阶段还是实体审理阶段，均存在改判情形。由此可见，上下级法院在审理网络诽谤类案件中存在不少分歧，裁判尺度不一。例如，对不认罪悔罪的诽谤罪被告人是否可以适用缓刑，自诉人提交的证据何种情况下算是足够充分等问题，一审、二审法院就可能认识不同。实践中，还有部分案件因当事人在二审阶段采取了补救措施或出现了新证据而发生改判。经过梳理，上下级法院在网络诽谤类案件中的分歧点具体表现在：程序审查阶段中，自诉人举证是否充分、是否符合受理条件等；实体审查阶段中，定罪与否、此罪与彼罪、量刑考量、刑罚方式的选择和证据是否充分等（见图4）。

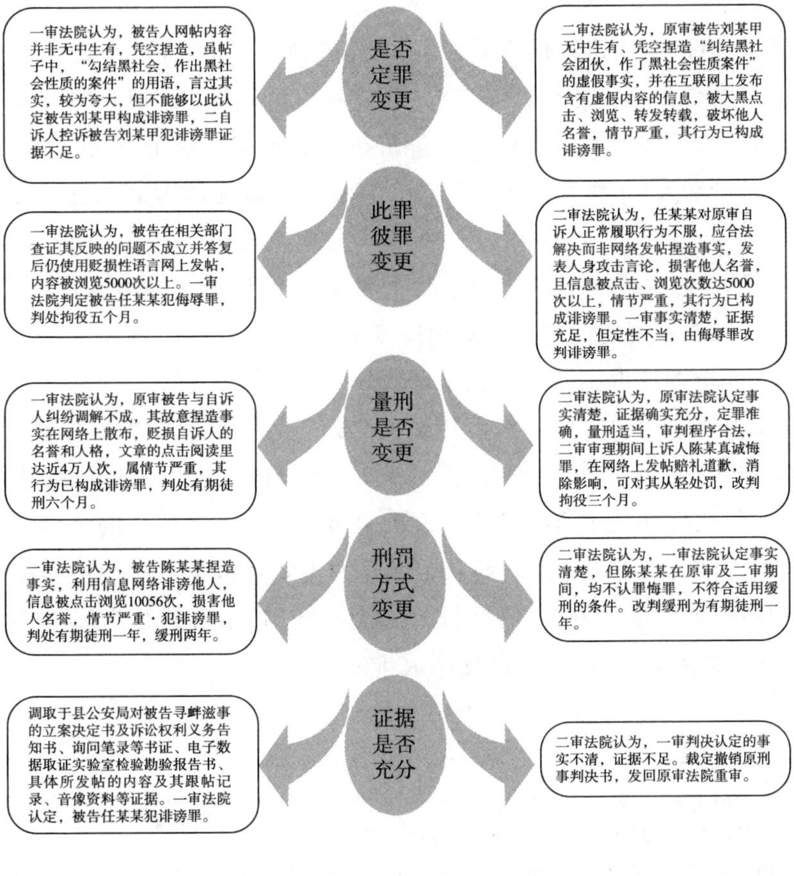

图4　一审、二审法院认定分歧

2. 典型分歧

(1)自诉人的经常居住地、经常工作地是否为犯罪结果地

网络诽谤行为发生在网络空间,受众不确定,犯罪结果地无法明确。一审、二审法院对犯罪结果地的认定容易产生分歧。样本中,因认为被害人的经常居住地、经常工作地不是犯罪结果地,一审法院以没有管辖权为由裁定不予受理自诉的案件有5件。其中3起案件自诉人上诉后,二审法院认为网络诽谤行为虽然发生在虚拟空间,但网络诽谤行为重在保护自诉人的人格和名誉,自诉人的经常居住地和经常工作地是诽谤行为造成实际影响的地方,因此,自诉人的经常居住地和经常工作地属于犯罪结果地,犯罪结果地的法院具有管辖权。二审法院最终撤销原裁定,并根据管辖权指令原审法院受理。①

(2)被告人是否为诽谤人认定不一

实践中,有的网络诽谤信息是以"我"的口吻发布,内容也与自诉人和被告人之间的纠纷有关,通过网站亦能确定诽谤信息发布者的注册手机号和身份信息属于被告人,但被告人却否认网络诽谤行为。在这种情形下,能否直接认定被告人就是诽谤人,司法实践存在分歧。有的法院认为诽谤信息也有可能是知悉纠纷的被告人的亲属或朋友所发,不能认定被告人是发帖人。而有的法院则以身份信息和纠纷主体为要素,运用法律推理,推断被告人即为发帖人。② 认定方法和判断标准不同使此类案件裁判尺度不一。

(3)不完全捏造事实是否构成诽谤罪

例如,当涉案纠纷中出现暴力因素时,被告人将其夸大为黑社会性质的案件。在这种不完全捏造事实的情况下,被告人的行为是否构成诽谤,法院裁判亦不统一。③ 法院未认定诽谤的主要理由是被告人对暴力行为的评价属于认识错误,并非有真正的诽谤意图。而认定诽谤的主要理由是黑社会性质案件中的事实与纠纷中出现暴力争执、撕扯行为完全不同,被告人的行为属于捏造虚假事实,贬损自诉人名誉的行为,因此构成诽谤罪。

---

① 参见(2017)赣02刑终152号、(2016)云01刑终709号、(2016)闽06刑终385号。

② 参见(2017)渝03刑终202号、(2015)鞍刑二终字第00402号。

③ (2014)阜刑终字第00274号一审未认定,二审认定;(2017)渝03刑终9号一审、二审均未认定;(2016)吉05刑终217号一审、二审均认定;(2017)渝03刑申9号一审、二审、再审未认定。

三、完善之道:规制网络诽谤行为的路径选择

(一)加强网络诽谤的立法保护

1. 增设网络诽谤规制罪名

立法是规制网络诽谤行为的核心。随着网络造谣、诽谤等行为愈演愈烈,受害人日益增多,网络纠纷的社会危害性逐渐扩大,立法应当有所作为。

一方面,可以司法解释或刑法修正案的形式增设规制网络诽谤行为的罪名,或者通过增设专门的网络犯罪章节,在立法中以具体条文、具体罪名的形式将各类网络诽谤侵权的犯罪形式罗列下来,使法官在审理此类案件时更有针对性,更能找准条文的适用,避免法律适用错误。尤其是对于危害性较大的团体性、集团性的网络诽谤行为,及针对不特定对象实施的网络诽谤行为,立法应及时创设新罪名进行规制。另一方面,可增加网络诽谤行为的犯罪群体设置,对于明知系捏造事实而又进行发帖、转帖或回帖行为的个体,即使其受雇于特定人或公司,但因其主观上存在犯罪故意,也应一起受到诽谤罪的规制。这样就能够形成较强的威慑力,从源头上遏制网络诽谤行为的滋生。

2. 明确法院启动公安机关协助的条件

自诉人在收集网络诽谤相关证据时,因无调查取证权,一般会被掌握信息方拒绝,证据收集存在诸多困难。通过细化法院要求公安机关协助调查的条件,能够在一定程度上化解自诉人举证困难的尴尬境地。笔者认为,法院启动公安机关协助调查应满足以下条件:

(1)启动条件

从客观方面对"确有困难"进行认定和衡量,困难应包括技术不能和权限不能。技术不能是指自诉人没有掌握证据提取、固定的技术方法,权限不能是指自诉人不具备调取或申请单位协助调取电子数据的权限。若同时满足上述两个条件,法院方可启动公安机关协助调查。

(2)启动阶段

立案前后,法院均可启动协助调查。自诉人提起自诉后,若自诉人的举证并不全面充分,法院不宜直接以不符合立案条件为由,裁定不予受理或驳回起诉,而应结合自诉人的情况,对举证困难进行分析,看是否需要启动公安机关协助调查机制。

(3)启动原则

应以启动协助调查为原则,不启动为例外。法院应主动启动协助调查,帮助自诉人获取与案件相关而又获取困难的证据。但在部分案件中,原告具有举证能力,无须经过协助便能获取涉案相关证据,此时法院可以不启动公安机关协助调查。但若自诉人提出申请,法院应书面答复自诉人不进行协助调查的理由(见图5)。

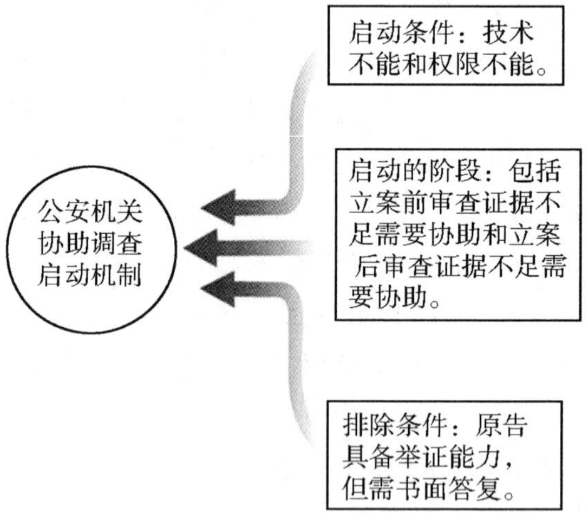

图5 法院启动公安机关协助调查条件

(二)统一司法裁判尺度

1. 明确网帖是否为被告人所发的推定证明标准

在刑事诉讼中,证明被告人有罪的核心要义是排除其他合理怀疑。在民事诉讼中,证明的核心要义为高度盖然性。因网络诽谤提起自诉的案件,与公诉案件和民事案件均不相同。因涉及定罪问题,应更加审慎。若被告人否认其系诽谤行为的实施者,此时不能仅以双方存在纠纷、被告人在线下确实有过诽谤行为或者诽谤信息发布主体是用被告人的手机号或身份信息注册等情况,就推定被告人为发帖人。在完善公安机关协助调查的背景下,自诉人的举证能力有所加强,自诉人应再举证证明发帖人的实际IP地址与被告人的唯一对应性。法院可综合各种因素,推定被告人为发帖人,被告人也可举出反证推翻此推定(见图6)。

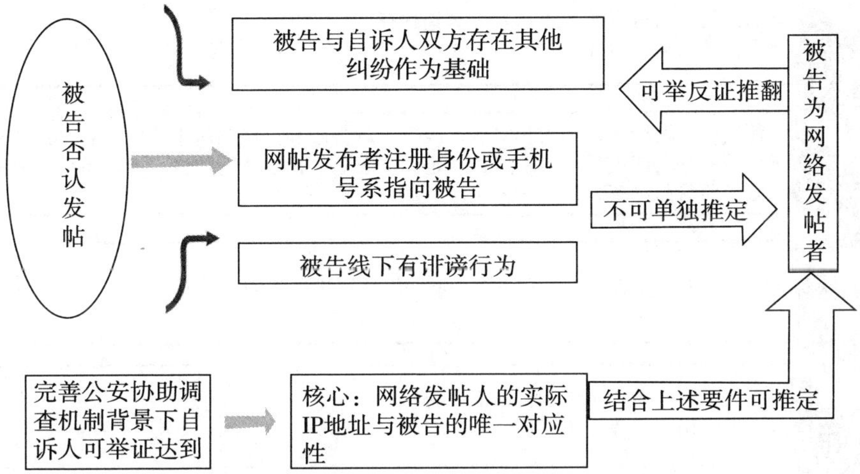

图6　推定被告人为实际发帖人的证明标准

2. 统一不完全捏造事实的入罪标准

在基础事实上进行夸大演绎即不完全捏造事实，此种情况否构成犯罪应进行综合判断。第一，先看双方的纠纷或矛盾点是否真实。第二，再看诽谤对象是普通民事纠纷相对人，还是公职人员、监管上级等特殊身份人员。若是特殊身份人员，可采取较严格的入罪标准；若是普通人，入罪标准可适当放宽。判断时要注意区分行为性质，综合考虑夸大程度与主观方面。第三，看有关机关调查后，行为人是否仍在网上散布不实信息。若有关机关调查完，明确告知诽谤人所发信息与事实不符，而诽谤人仍继续散布诽谤信息，则视为诽谤人存在主观恶意。第四，看夸大程度是否严重影响了自诉人名誉。若诽谤人发布的言论仅是用词浮夸或者不文明，则可考虑不入罪。若诽谤人捏造自诉人不存在的明显违法犯罪的事实，则应考虑入罪（见图7）。

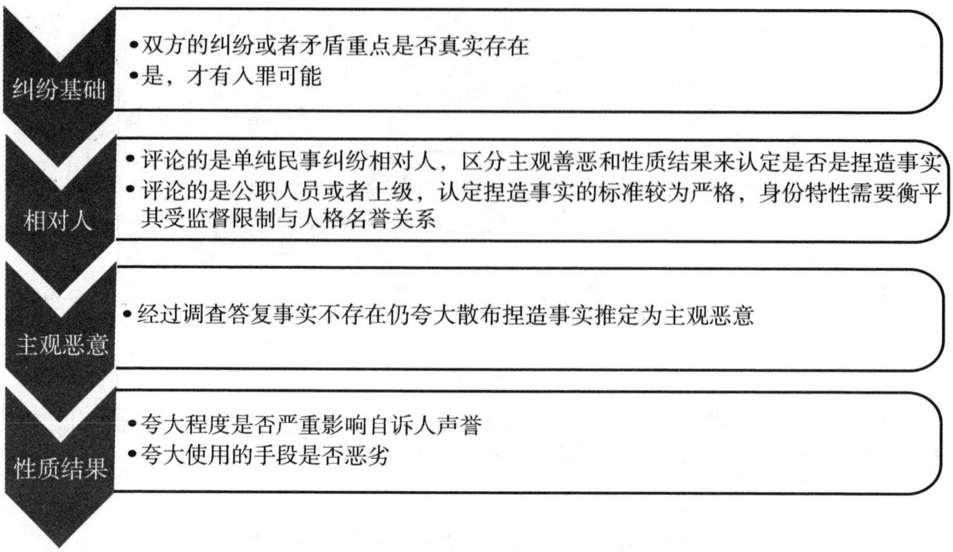

图7　网络诽谤行为不完全捏造事实入罪标准递进关系

(三)创新多元化的网络争议处理模式

1. 在大城市设立专门互联网法院

2017年8月18日，全国第一家集中审理涉网案件的试点法院——杭州互联网法院挂牌成立。该法院是司法主动适应互联网发展趋势的一项制度创新，贯彻“网上案件网上审”的审理思路，将网络类案件从审判体系中剥离，为维护网络安全、化解涉网纠纷、促进互联网和经济社会深度融合等提供司法保障。[①] 2018年9月9日，北京互联网法院成立。专业化法院的筹建顺应了网络飞速发展的时代要求，有利于保护网络空间各方参与主体的合法权益。

出于经济发展水平、网络公司聚集情况、案件数量和适用难易度等多重因素，可将大城市限定为三地：北京、广东和上海。上述三地经济发达，网络争议频发，无论是从方便法院审理还是方便当事人诉讼的角度，在上述三地设立专门的互联网法院都是明智之举。互联网法院的具体运作模式可以借鉴杭州和北京互联网法院的经验，结合本地实际情况，进行创新。

① 参见王梦遥：《中央同意设立杭州互联网法院，为什么是杭州?》，载新京报网：http://www.bjnews.com.cn/news/2017/06/26/448171.html，2019年1月5日最后访问。

2. 在大中城市设立互联网纠纷专审速裁通道

除北京、广东和上海外，还有天津、深圳等大型城市及经济发达的中等城市，它们面临的网络争议类纠纷数量也不在少数。若建立专门的互联网法院有些浪费资源，但在法院内部设立互联网纠纷的专审速裁通道变得切实可行。它既能避免大规模的人员和资金投入，也能在一定程度上应对愈演愈烈的网络争议。具体运作模式如下：

(1) 案件受理

当事人来法院立案时，立案法官要严格审查案件材料，判断案件能否适用专审速裁通道，并作出具体案件类型的划分。若发生在网络空间的诽谤行为构成民事侵权，则案件类型属于民事案件。若当事人提起自诉，经审查网络诽谤行为情节严重，可能构成刑事案件，此时立案法官应先行受理案件材料，让自诉人举证证明被告人的身份及诽谤行为的存在等。若因网络侵权行为被行政机关尤其是公安机关处罚，被处罚人不满行政处罚决定，提起行政诉讼，则案件属于行政案件。在划分时，立案条件应严格适用，避免适用范围的扩大。即网络诽谤行为必须发生在网络空间，构成了网络侵权，需要追究相关人员的法律责任等。

(2) 案件审理

经审查符合专审速裁条件后，针对不同案件类型可采取不同的审理办法。对于民事案件，法官经过协调化解，看诽谤人与被诽谤人之间能否达成谅解，提醒诽谤人及时删除侵权言论，积极对被诽谤人进行补偿，避免损失和不良影响的扩大化。此类化解方法应是最主要的化解方式，通过沟通协调，争取大部分网络争议类纠纷在此阶段被化解。对于刑事案件，专审速裁法官应告知自诉人要举证证明诽谤人的存在及具体身份、侵权行为方式及证据、属于受诉人民法院管辖等。囿于自诉人举证能力的有限性，法院通过与公安机关建立协调机制，对自诉人确实无法举证的案件，由公安机关及时协助自诉人调查取证。针对行政案件，法院与区政府法制办及时沟通，确定常见被诉机关内部的网络争议化解联络员。行政案件收案后，网络争议化解联络员积极联络争议各方，有针对性地开展化解协调工作。上述三种案件类型，均以实质性化解网络争议为目的。为避免案件久拖不决，耽误当事人期限，应严格限定化解时限，规范化解程序。

结　语

随着经济和社会的发展,网络已经成为增强联络的重要渠道和表达自由的重要载体。网络诽谤行为是发生在网络空间的特殊的诽谤行为。加强对网络诽谤行为的立法规制,不断统一裁判尺度,构建多元化的网络纠纷处理模式是时代发展和审判能力现代化的迫切需要。相信通过多措并举,网络诽谤行为能被有效遏制,网络诽谤案件的裁判尺度会更加统一,公民人格和名誉等合法权益能够得到更加切实的维护!

网络犯罪风险防控的法治化研究

——以查办网络犯罪中的检察能力损耗与重构为视角

江波均*

摘　要:网络给社会带来畅通便捷的人际交流,同时也衍生出一系列网络犯罪。如何在查办网络犯罪中充分发挥检察能力,做好网络犯罪风险防控是检察机关的一项新课题。查办网络犯罪中的检察能力是一项较为复杂的司法实践,检察能力损耗与重构则是理解此领域的司法实践视角。通过对网络犯罪刑法治理的反思,阐述检察监督的损耗与重构机理,合理地调整网络犯罪风险防控中的检察能力内容,对研究现代犯罪对策研究具有一定的价值意义。

关键词:网络犯罪　风险防控　检察能力

一、引言

当传统违法犯罪向以电信网络为媒介的非接触性犯罪转移时,网络犯罪持续大幅度上升的情形也引起了社会的高度关注。从某基层检察院统计的数据看,2016 年至 2018 年涉及网络平台刑事犯罪被提起公诉的案件从 11% 迅速升至 58%(见图 1)。网络犯罪的罪名涵盖危害公共安全、破坏社会主义市场经济秩序、侵犯公民人身和民主权利、侵犯财产权利、妨害社会管理秩序等犯罪类型。2000 年颁布的《关于维护互联网安全的决定》,明确了五类网络犯罪的刑事责任后,与办理网络犯罪刑事案件相关的多部法律规定也相继出台(见图 2)。

---

* 江波均,浙江省杭州江干区人民检察院检察长。

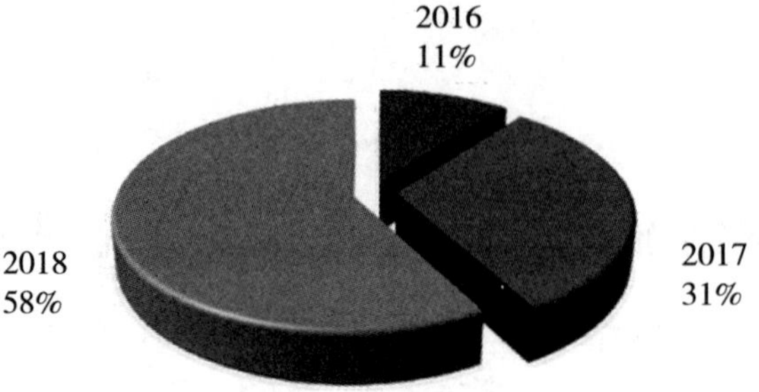

图 1　2016～2018 年各年公诉案件占 3 年总量比例

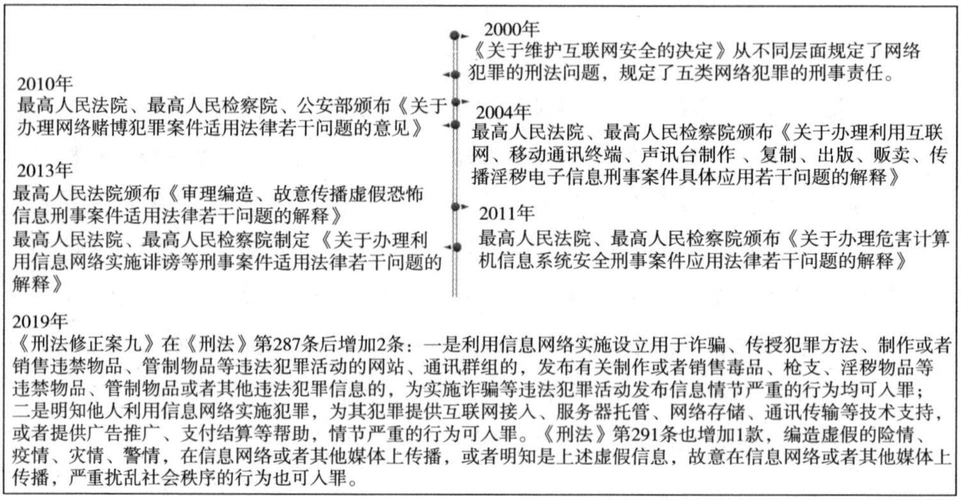

图 2　2000 年后网络犯罪相关法律规定

然而，大多数法律法规都需要通过司法机关在执法过程中给予落实，检察机关的检察能力状况将直接影响法律的实施效果。在审理网络犯罪案件中准确地体现检察执法能力是提高办案质量的唯一途径，检察能力的耗散问题也由此受学界和实务界关注。本文以某基层检察院查办的网络犯罪案例为样本进行研究，从体现检察能力的司法行为与检察工作的要求之间现存的问题出发，找出形成现存问题的结构性因素。并以检察工作规范化为准则，找出办理网络犯罪中产生的检察能力的司法行为与检察工作的要求相"脱节"的现象，研究分析检察能力在实践中所遇的阻力和障碍，解决检察机关在办理网络刑案时的职责与司法实践之间的"隔阂"。

回溯近3年来某基层检察院办理网络刑案经历,可以发现虽然在查办网络犯罪案件中的检察能力有国家强制力提供有力保障,但在实施法规时却往往被对网络犯罪形态的认识、法律依据的适用等因素所“牵绊”。在这过程中不能单纯地只看到检察能力的损耗,而应该通过审查网络犯罪的个案,将检察能力在执法的损耗中得到重构和提升。本文着重考察基层检察院在网络平台中如何履行检察能力的司法实践,在所查网络犯罪案件中选取相关的司法实践进行分析。从检察能力的实践机制出发,辨析检察实践中形成“脱节”的各种因素,揭示出当前基层检察院在网络平台中如何提升检察能力的完整逻辑。

选择基层检察院查办网络犯罪案件为视角,主要是考虑到以下几方面:(1)基层检察院的司法层级和职责体系较为完备。(2)从基层检察院的检察工作机制看,网络犯罪所具有的成本低、传播快、影响广、互动性强、隐秘性高、取证困难等特性,成就了完善检察工作机制的决心。(3)从查办网络犯罪的司法实践看,以基层检察院查办的网络犯罪案件为样本的研究价值重大,具体体现在三方面。一是网络犯罪呈现迅速增长期,对于这类新的犯罪形态案件,基层检察院的检察工作机制应当适应新形势对检察工作提出的新要求;二是专业技术侦查手段的介入对检察工作和司法实践的影响正在不断深化;三是互联网的开放性衍生出一系列的网络犯罪,给查办网络犯罪的检察机关带来压力,在一定程度上推动基层检察院查办网络刑案的司法能力。

二、检察能力的体制损耗

在法治社会中,检察能力始终随着执行法律和实施法律的活动。由于司法职能、刑法适用立场和法律解释方法的不同,在检察机关办理网络犯罪过程中;各业务部门之间及公检法之间也会有不同程度地产生差异和分歧。这种司法体制所具有的结构性内部张力阻碍着司法体制合力的形成,使网络平台中的检察能力在司法运作过程中不断发生损耗。

(一)法律依据与检察能力的损耗

我国的网络技术发展迅猛,但网络法治建设却相对滞后。虽然也颁布《互联网信息服务管理办法》等规范网络的法规,作为国家第一部涉及网络空间管辖与安全的国家基本法律,以“保障网络安全,维护网络空间主权和国家安全、社会公共利益,保护公民、法人和其他组织的合法权益,促进经济社会信息化健康发展”为宗旨,以网络安全与信息化发展并重为原则的《网络安全法》也于

2017年开始施行。但是,在具体落实上仍然存在问题,如网信部门与其他相关网络监管部门的职责分工。从网络犯罪行为发生原因看,除了犯罪行为人的恶意行为,还与网络服务提供者拒不履行信息网络安全管理义务,纵容或者疏于管理有很大关系。那么网络服务者如何确定?是网络接入服务者(IAP)[①]、网络内容服务者(ICP)还是网络平台提供者(IPP)[②]?任何《刑法》所规定的罪名,都只有在明确其犯罪的主体后,才能在实践中被正确适用以追究违法者的责任。[③] 没有明晰法律规定,必然给网络平台中的检察能力带来损耗。

电信网络诈骗犯罪在网络犯罪中占绝对多数,其犯罪形态通常又表现为共同犯罪。电信网络诈骗共同犯罪的认定依据是是否明知他人实施电信网络诈骗犯罪,如果行为人明知有其他人与自己共同实施诈骗行为,无论行为人之间是否有沟通交流,就能够认定各行为人之间构成共同犯罪,各行为人均应对共同犯罪的全部后果承担责任。那么"明知他人实施电信网络诈骗犯罪"是认定电信网络诈骗共同犯罪的关键所在。根据最高人民法院、最高人民检察院和公安部《关于办理电信网络诈骗等刑事案件适用法律若干问题的意见》(以下简称《意见》)中对"明知他人实施电信网络诈骗犯罪"的解释,即"结合被告人的认知能力,既往经历,行为次数和手段,与他人关系,获利情况,是否曾因电信网络诈骗受过处罚,是否故意规避调查等主客观因素进行综合分析认定"。《意见》中提及的"明知他人实施电信网络诈骗犯罪"显然是基于推定的方式来认定的。而通常情况下如果行为人确实只对其他行为人的存在有概括的认识,则一般只对自己的行为,或仅对自己所明确知道的其他行为人的行为承担责任。这种由法律依据不明晰引起的纷争,无疑给检察机关查办网络电信诈骗案件的起诉工作带来了司法风险。

(二)认识差异与检察能力的损耗

1.对于网络犯罪事实上的分歧

案例一:被告人吴某采取盗用他人用户名和密码方式,多次登录公安交警管理综合应用平台,非法删除车辆违章数据1000余条,非法收受人民币2万余

---

① 参见欧阳本祺王倩:《〈刑法修正案(九)〉新增网络犯罪的法律适用》,载《江苏行政学院学报》2016年第4期。

② 参见李一:《网络社会治理》,中国社会科学出版社2014年版,第53页以下。

③ 参见胡健:《拒不履行网络安全管理义务犯罪分析》,载《商》2016年第16期。

元。经系统操作日志核查,发现吴某违规处理电子监控违法信息,累计1000余条,涉案金额为10余万元。某县人民法院认为,被告人吴某对计算机信息系统中存储的数据进行删除,非法收受2万余元,后果严重,其行为构成破坏计算机信息系统罪。检察机关认为,应当认定吴某的犯罪行为造成经济损失10万余元,以其违法所得的10余万元作为量刑依据,县人民法院判决属于事实认定不清,适用法律错误而提出抗诉。经某市中级人民法院二审认定:原审法院对案件判决并无不当之处,驳回检察机关的抗诉意见。

从公诉意见和法院的判决看,检法两家对如何认定破坏计算机信息系统罪中的经济损失存在分歧。我们暂不谈本案例中检法两家的观点孰是孰非,但检法两家应当依照相关法律,对破坏计算机信息系统犯罪中的经济损失的认定、违法所得数额的认定及量刑依据是否能实现罪责相适应原则达成基本一致,否则无疑会削弱《刑法》的指引、评价和预测作用,不仅对司法权威和公信力造成负面影响,更重要的是对检察司法能力产生损耗。

2. 对于刑事法律适用上的分歧

从检察机关办理网络犯罪案的层级看,检察执法在总体上采取侦查监督和提起公诉渐次推进的模式。侦查监督和提起公诉的执法内容与考核指标由上级检察院制定,然后在层级化的系统中逐级下达由基层检察院相应的职能部门加以落实。

从检察机关办理网络犯罪案的执法经济学的视角看,执法层级的渐进也可表达为依法执行最高检察院制定的相关执法规范。作为下级检察院应当严格服从上级检察院的业务指导,并在其指导的内容和要求下进行执法,但在执法体制中,上下级检察院的信息不对称始终无法消除。下级检察院的检察官的主观认识、执法活动的实时状况及其实际效果等上级检察院是无法及时得知的,只能要求下级检察院提供数据、台账、卷宗等材料,试图通过形式内容提高执法活动的可视性。① 加上检察机关每个执法职能部门的履职重心各异,尽管在同一条线上,执法的目标和内容也大致相同,但不同层级检察机关的侦查监督和起诉部门在查处网络犯罪上因为注意力的差异会产生不同法律

① 参见于龙刚:《基层执法中的专项行动:原因、实践及后果——以公安专项行动为例》,载《湖北社会科学》2016年第8期。

效果和社会效果。

案例二：某县公安局交巡警大队协管员武某主要负责处理辖区交通违法电子曝光及违法信息录入工作。工作中，武某掌握了同事李某登录公安交通管理综合应用平台账号及密码。随后，武某尝试以李某的账号和密码登录平台，发现管理平台上可以获取违法处理决定书号，且可对账核销，消除曝光记录。武某私自利用该平台对辖区内2000余起交通违章记录非正常强行对账后消除曝光记录，涉及金额48万余元，非法收取被害人钱财共计28万余元。①

很明显，案例二与案例一属于类案。引用两案例是想说明在办理同类的网络犯罪案件中即便适用同一法律规定，如果对其法律规定的内涵理解不同，也会导致审判结果的不同。以两案中共同适用的最高人民法院、最高人民检察院公布的《关于办理危害计算机信息系统安全刑事案件应用法律若干问题的解释》为例，案例一中该基层检察院将"涉案金额"作为该解释第11条第3款内容中提及的"经济损失"，将"违法所得数额"作为量刑情节，认为其后果达到"特别严重的标准"，而案例二则将"涉案金额"作为量刑情节处理，将"违法所得数额"认定为犯罪行为造成的经济损失。前者公诉意见被法院不予采纳，以"后果严重"做出判决；而后者公诉意见被法院采纳。两案所产生社会效果和法律效果差异，也给网络犯罪法治化研究带来空间。

当然，这种不同结果一定程度上也可以理解：检察机关是国家法律监督机关代表国家追诉犯罪，比较重视犯罪嫌疑人是基于何种目的去实施网络犯罪的行为，这与检察机关的地位和职能密切相关。与检察机关所持立场不同的是，法院在审理网络犯罪刑事案件时，多数是从被告人实施的网络犯罪行为出发，对于被告人犯罪动机、目的等关注较少，只要被告人在一定程度上恢复了正常的社会秩序或者有能力恢复正常的社会秩序，在最终的量刑上就有可能从轻或减轻。

（三）属性划分与办案能力的损耗

从信息网络的属性看，网络刑事犯罪有些是以信息网络作为犯罪工具，有些则是将信息网络作为犯罪对象。在刑法理论上，可以以信息网络为犯罪对象或犯罪工具为标准对相关罪名加以区分。以信息网络为犯罪对象的"对象型网

① 参见朱赫等：《破坏计算机信息系统案件法律适用研讨》，载《人民检察》2015年第8期。

络犯罪”一般指以信息网络及网络中的数据、信息作为犯罪对象的犯罪，如《刑法》第 285 条、第 286 条规定的非法侵入计算机信息系统罪，非法获取计算机数据罪，非法控制计算机信息系统罪提供侵入、非法控制计算机信息系统程序、工具罪，破坏计算机信息系统罪等。以信息网络为犯罪工具的“工具型网络犯罪”则以网络作为犯罪手段，实施破坏社会主义市场经济秩序和妨害社会管理秩序的犯罪，侵犯公民人身、民主权利、财产权利等合法权利的犯罪等。如《刑法》第 287 条规定，利用计算机实施金融诈、盗窃、贪污等其他犯罪。相比较而言，“对象型网络犯罪”的相关法律条文较为明确，在理论上和司法实践中认识也较为一致；而“工具型网络犯罪”涉及面较广，尽管《刑法》作出了原则性的规定，但相关的争议问题较多，在法律适用中遇到的障碍也较多。最高人民法院近年来出台的与网络犯罪机关的司法解释，大多针对的是“工具型网络犯罪”，如前所述《意见》等。加之最高人民检察院的指导性案例多数为破坏计算机信息系统、非法获取计算机信息系统数据的“对象型网络犯罪”，这无疑给基层检察院在查办网络刑事犯罪引用和参考指导性案例时带来空白。由此，基层检察院在具体处理网络刑事犯罪的个案中，因缺乏规范性原则而只能依靠司法实践去不断探索“工具型网络犯罪”查办工作，以赢得社会的认同。可以肯定在查办网络犯罪中，检察工作能力必然会受到损耗。

三、检察能力的社会损耗

在法治社会中，检察能力总是依托于司法体制的运作进行。与在司法体制的运作过程相比，检察能力在网络社会中的执法互动过程更为复杂。2019 年 2 月，中国互联网信息中心发布第 43 次《中国互联网络发展状况统计报告》显示，截至 2018 年年底，我国网民规模达 8.29 亿，其中手机网民规模达 8.17 亿，网民通过手机接入互联网的比例高达 98.6%。[①] 一方面，检察机关面临的无规则和无序性的网络社会的执法环境，必然会给检察司法实践带来诸多新情况和新问题。另一方面，在打击网络犯罪时处理具体社会关系和公众权益的过程中只要稍有不慎，就很容易引起潜在的社会矛盾，甚至还会在网络社会语境下被迅速放大。当网络社会的自由、开放和虚拟性与法律制度的要求存在差距时，检察

① 参见《第 43 次〈中国互联网络发展状况统计报告〉》载中国互联网络信息中心：http://www.cnnic.net.cn/hlwfzyj/hlwxzbg/hlwtjbg/201902/t20190228_70645.html，2019 年 6 月 18 日最后访问。

能力很容易受到挑战。

(一)检察能力受司法资源影响

我国的网络发展起步于1994年正式接入国际互联网,现有的互联网普及率已经达到59.6%①。国家在网络保护立法过程中借鉴了域外法律经验。1997年,我国《刑法》修订将网络犯罪的部分行为予以犯罪化吸收到刑法典中,如1997年《刑法》第285条规定的是非法侵入计算机信息系统罪,第286条是破坏计算机信息系统罪,第287条则是几种利用计算机信息系统的犯罪,即利用计算机实施金融诈骗、盗窃、贪污、挪用公款、窃取国家秘密等犯罪行为。前两条规定大致囊括了美国《计算机滥用修正案》规定的6种犯罪行为,而后一条规定是我们自己在立法上的创新。目前,我国的保护计算机电子信息系统和电子信息网络安全法规体系已经建立,在实体层面有《刑法》引领,还有诸多司法解释和部门法规作为补充;在程序层面也有建树,如《关于办理网络犯罪案件适用刑事诉讼程序若干问题的意见》等。但是,立法层面的完善与司法能力没有必然的关联性。

案例三:侦查机关认定:犯罪嫌疑人倪某参与"水房"(电信诈骗案中用于快速洗钱的组织)营生,在大陆取现后存入指定银行卡金额达人民币66万余元;犯罪嫌疑人陈尚武从事"汇水"生意,明知"中信金控"涉嫌洗钱,仍协助"汇水"从中获利金额达人民币200余万元;犯罪嫌疑人童兴伟参与"水房"营生,通过上家指定银行卡进行洗钱金额达人民币41万余元。犯罪嫌疑人倪某、童某、陈某的行为构成掩饰、隐瞒犯罪所得。

公诉意见则认为,根据最高人民法院《关于审理洗钱等刑事案件具体应用法律若干问题的解释》,犯罪嫌疑人倪某的行为,符合《刑法》第312条第1款之规定,构成掩饰、隐瞒犯罪所得罪。犯罪嫌疑人童某因缺乏所涉钱款来源性质的证据,行为对象无法认定为犯罪所得或犯罪所得收益,不足以认定掩饰、隐瞒犯罪所得罪。但因童某客观上使用了超过5张以上非本人银行卡,并予以使用,其行为构成妨害信用卡管理罪。因童某居住地和犯罪行为发生地、结果发生不具备法定管辖权,拟由公安机关撤回后另作处理。犯罪嫌疑人陈某认定掩

① 参见《2019中国网民规模数量达8.29亿中国互联网普及率达59.6%》,载中研网:http://it.chinairn.com/news/20190509/094427643.html,2019年6月18日最后访问。

饰、隐瞒犯罪所得罪证据不足，拟由公安机关撤回后另作处理。

从案情看这是一起并不复杂的网络犯罪案件，但在检察机关查办该案期间因公安机关认定的证据不足和事实不清，分别两次退回公安机关补充侦查，检察机关无奈将审查起诉期限延长 15 日。显然，公安机关对办案所适用的法规认知度仍然较低，导致在法律的实施中出现这些问题，影响司法资源的合理分配。某基层检察院查办网络犯罪案件中退回公安机关补充侦查的比例如图 3 所示。

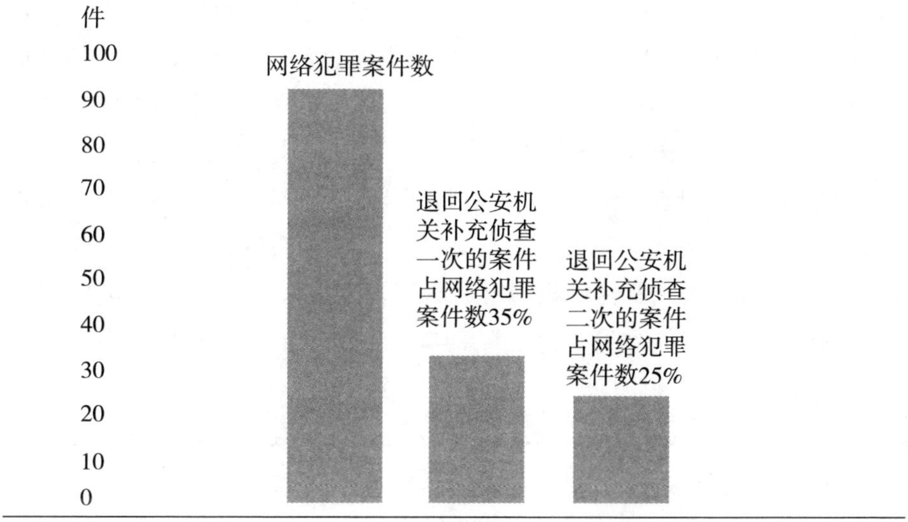

图 3　退回公安机关补充侦查网络犯罪案件比例

由此，也看到了公安机关为提高查办数所带来的弊病。长此下去，如果放任带有"瑕疵"的网络犯罪案件任意移送审查起诉，基层检察院在查办网络犯罪案件中便会陷入"瑕疵"案件过剩的危机，执法的生态也会被恶化。

检察能力作为国家司法权力运行的重要方面，检察官主要通过有限的司法资源来换取执法的实效。随着带有"瑕疵"的网络犯罪案件的增加，司法资源负荷便会加重。而司法资源就此不断地被稀释，检察能力也陷入一种悖论：一方面，检察能力在不断提升；另一方面，检察能力却受到司法资源的条件制约而无法施展。

（二）检察能力受社会因素影响

社会经济的发展离不开金融交易，金融创新在提高交易效率、降低交易成本、配置交易资源以及分散交易风险等方面发挥着突出作用,成为不断拓宽金融交易市场范围与深度的有力创举。但是由于诸多方面的原因,有些"创新"在不断的实践过程中出现了异化。在供给侧改革的大背景下,金融创新成为提升金融供给能力的有力抓手。而一些不法行为人正是利用这一点,在贪利动机和侥幸心理的驱动下,借助金融创新的外衣开展新型的非法集资活动。

以金融机构相对集中的某区基层检察院为例,近年来受理非法集资类金融犯罪案件的涉案总金额高达数百亿。案件数量逐年递增与该区的实际情况有很大关联。2016 年起,为了 H 市发展需要对该区进行大面积的城中村改造工程,当地原住民在因拆迁获得大量的货币补偿时,经不起"高额回报"的利诱和求富心切,给非法集资提供可乘之机。其中,2016 年受理某集团案涉案金额超过人民币 60 亿元,以杨为首的犯罪团伙在线下开设网点非法吸收公众存款,后指使同案人员开设网络投资平台,最终将线上平台作为主要犯罪工具,实现任意节点上非法集资金融业务的交易。案发后引起社会的高度关注。被害者为挽回自己的经济损失干扰检察机关对这些犯罪嫌疑人做出批准逮捕决定,要求撤销强制措施。检察能力受社会因素影响不自觉地出现了异化,呈现一种去职能化的倾向。

从检察能力的行为的特征看,这些执法互动的异化主要体现为检察能力的协商化,即通过反复协商达成共识,并以这种共识为基础共同推动执法。这是一种为了规避风险不得已而为之的机制,这种协商化机制隐含了检察能力损耗的风险,具体表现在两个方面:一是检察职能的异化。对于存在网络舆情风险的案件,根据检察院职能分配机制应当由控告申诉部门专司接访工作,而承办检察官对于接访事宜应当回避,因为上访的内容可能涉及执法办案环节上的某些问题或办案质量上的瑕疵。现在让承办人与控告申诉部门的接访人员共同接访,暂且不说这种工作方式容易让公众对控告申诉部门接访人员的业务能力产生误解,更主要的是检察职能的规范性无疑会受到质疑。二是检察执法的异化。由于"对聚众来访的接访还需向上级院、区委政法委进行请示、汇报,请求案件指导或进行案件协调",上访者就可以充分表达诉求和意见。检察职能在这种互动中演变为就法律事实和法律关系进行讨论,并就具体利益进行讨价还价的过程。上访者的意思表达也会对检察机关后续办案施加实质影响。

四、检察能力的机制架构

在实践中，检察官在查办网络犯罪案件中的能动性是无法彻底纠正执法偏差的，但至少会以自身拥有的丰富经验在一定程度上缓和着社会矛盾，提升法律适应性，塑造法律监督权威。此外，检察机关也应在体制层面上回应网络犯罪查办中检察能力的损耗问题，在检察工作机制建设中有所创新。

（一）基于防控网络犯罪的检察能力提升

基层检察院在查办网络犯罪过程中不能仅考虑法律的目标，还需要探索社会化整体防控体系。通过对网络犯罪发展趋势和特点进行分析，厘清存在的风险，采取技术手段完善网络安全防控预警、跨境引渡、刑事诉讼转移机制，制定对策推动网络犯罪社会化整体防控体系。以网络诈骗犯罪的风险防范为例，被害前可以通过加强被害人的网络聊天系统进行预防；被害中预防是针对减少侵害行为所产生的后果，避免损失扩大和更为严重犯罪结果发生；被害后预防措施则是阻止网络诈骗的再次发生。

以案释法挖掘既有的查办网络犯罪职能空间，根据法律原则和执法需求对检察工作机制进行延展以填补法规空缺，拉近检察职能与社会经济发展现状的距离，提升查办网络犯罪案件和法律监督的可操作性。

（二）基于惩治网络犯罪的检察能力提升

1. 立法层面

尽快梳理和完善现有的刑法理论和刑法规则，对《刑法》有关计算机犯罪和网络犯罪的法律规定予以整合，对相关的罪名进行系统完善。针对网络犯罪在刑法领域建立新的特殊规则，完善不同网络主体的刑事责任立法，修改立法以适用网络犯罪无边界特性，对信息数据进行全面保护，扩大数据犯罪的内涵和外延，实现刑法的社会保护功能。

2. 体制层面

强化组织的内部规范执法过程。一是从转变理念①、完善机制上化解集体

---

① 针对上访群众，要加强宣传和教育，促进上访群众破除“法律的唯工具性”，尽快转变“信访不信法”“信多不信少”“法不责众”等偏激的救济理念，增强上访群众对涉检集体上访案件法治化解决的认识。

信访案件[①];二是强调执法规范化建设,通过完善检察机制、程序等手段,规范查办网络犯罪案件的具体执法行为;三是严格执法,坚持惩罚犯罪与重视人权并重、宽严相济与办案质量并重、综合治理与教育引导并重等办理网络犯罪案件的基本原则。

3. 延伸层面

在网络社会层面提升检察能力,检察工作机制中需要有对网络舆论的完善引导机制;针对网络舆论的不当干扰,需要建立检察机关工作信息发布机制,引导网络舆论的走向;建立检察机关与网络机构间的合作机制,促进双方交流协作、共同打击网络犯罪。

① 妥善化解涉检集体上访长效机制主要包括:建立集体上访风险评估机制,将其作为化解集体上访的前置程序,从源头治理;探索建立律师参与和化解集体上访机制,发挥律师在维护群众合法权益、化解矛盾纠纷、促进社会和谐稳定中的积极作用。

大数据视角下网络侵财犯罪案件互联办理机制研究

何成林* 周 莹** 姜子明***

摘 要:随着网络信息技术的不断发展,网络侵财犯罪活动益发猖獗。由于网络侵财犯罪具有虚拟性、隐蔽性、异地性等特点,传统刑事侦查模式已经无法有效应对。为此,应当依托大数据技术,建立起网络侵财犯罪案件互联办理机制,从而更加全面、精准、高效地打击网络侵财犯罪。该机制以网络公司对侦查机关的单向数据共享为前提,以侦查机关排查关联电子数据为突破口,以电子数据引导侦查工作为核心,以侦查机关与网络公司相互配合为重点,以电子数据的筛选、清理为补充。为保证该机制的顺利运行,还需建立数据传输、数据预警、数据更新、数据分析四大信息系统。

关键词:网络侵财 数据互联 信息更新

一、传统刑事侦查模式的不足

我国侦查机关传统主要采取从案到人为主,从人到案为辅的侦查模式。①传统刑事侦查模式主要表现为,通过被害人报案、侦查机关工作发现等方式获得案件线索,并以此线索为中心,开展单向侦查工作。这种侦查模式具有稳定性、专项性、可预期性等优势,在传统刑事犯罪侦查活动中起着举足轻重的作用。然

---

* 何成林,衢州市人民检察院党组副书记、副检察长。

** 周莹,衢州市人民检察院案件管理办公室主任。

*** 姜子明,衢州市柯城区人民检察院干警。

① 参见陈子军:《论刑事侦查模式及其构建路径》,载《求索》2013 年第 9 期。

而,随着我国网络信息技术的不断发展,网络产品的不断推广和普及,网络侵财犯罪案件层出不穷。和传统刑事犯罪相比,网络侵财犯罪具有虚拟性、隐蔽性、异地性等特点,传统刑事侦查模式已无法有效应对。面对网络侵财犯罪,传统刑事侦查模式具有以下几个方面的不足。

(一)线索来源较窄

传统刑事侦查模式主要通过被害人报案、侦查机关工作发现等方式获取案件线索,获取线索的路径较为狭窄。上述方式虽能够发现一部分线索,但十分被动。从被害人报案角度来看,如果不报警或没有及时报案,则相当一部分案件将会无从查起;从侦查工作发现角度来看,线索往往是在已经办理的个案中发现,发现的范围十分有限。

(二)证据收集困难

传统刑事侦查活动以已发现的相关线索为中心,就此开展侦查工作。然而,由于线索所反映的信息较少,不少案件往往难以深入开展侦查工作。一方面,相当一部分侦查工作以点对点的方式进行,如果在侦查环节中有任何一点线索发生中断,则侦查工作往往会陷入困境;另一方面,由于传统侦查工作的开展受到信息不对称的限制,导致核心证据难以被及时、有效地固定,甚至导致灭失。

(三)投入和收获难成正比

在传统刑事侦查模式中,一旦发现相关线索,侦查机关往往会投入较大的人力、物力、财力,以求取得侦查的实质进展。然而在很多情况下,投入的侦查资源未必能够收获与预期相当的侦查效果。一方面,侦查工作的开展具有一定的盲目性,如果侦查方向错误,则只会徒劳损耗侦查资源;另一方面,即便是侦查方向正确,但由于客观因素的制约,侦查效果也不一定尽如人意。

(四)过分依赖主观证据

在传统刑事侦查模式中,侦查人员往往以犯罪嫌疑人口供为突破口,以主观证据为核心开展侦查工作。这种侦查方式的弊端是显而易见的。一方面,这种侦查方式的证据结构较为单一,支撑案件的核心证据多为口供,证据体系十分脆弱;另一方面,为争取早日破案,侦查机关往往会采取一切手段获取犯罪嫌疑人的有罪供述。信奉口供中心主义的侦查理念易侵犯被追诉者不被强迫自证其罪的权利，从而损害犯罪嫌疑人的人身权和自由权，甚至有可能导致刑讯逼供。[①]这种侦查模式无疑加大了冤假错案的发生概率。

二、构建网络侵财犯罪案件互联办理机制

在网络侵财犯罪活动中，由于犯罪分子通过网络实施侵财行为，犯罪手段较为隐蔽，犯罪方式较为灵活，遗留的作案痕迹也较少，侦查难度较大。在传统侦查模式无法有效应对的情况下，采用大数据侦查模式已是势在必行。与传统侦查不同，大数据侦查是建立在多源化数据集成、智能化实时分析和信息化综合应用基础上的侦查模式。[②] 为此，应当依托网络信息技术，运用大数据技术，构建网络侵财犯罪案件互联办理机制。根据笔者的构想，该机制可分为网络公司对侦查机关单向信息共享、侦查机关依托大数据技术排查数据、以电子数据为核心引导侦查工作、侦查机关内部及与网络公司的合作、数据信息的筛选与清理五个部分。

（一）网络公司对侦查机关单向数据共享

在网络侵财犯罪活动中，犯罪分子往往通过网络公司开发的网络产品实施侵财行为，最典型的莫过于支付宝、微信等第三方支付平台。第三方支付账户等电子账户内的钱款本身即为财物，均能成为侵财犯罪的对象。[③] 在该类案件之中，客观证据主要存在于相关网络公司及其网络产品的电子数据之中。为大力推进网络侵财犯罪案件的侦查工作，网络公司对侦查机关开放单向数据信息意义重大。单向数据信息共享是指，侦查机关根据侦查工作的需要，通过网络技术手段，单方面从网络公司内获取与侦查工作有关的电子数据信息。实施单向数据共享需要明确共享数据的具体范围，并配置一套严格的数据使用制度。

严格限定单项数据共享范围。就网络侵财犯罪而言，共享内容主要为账户基本身份信息、账户资金流转记录、账号异常操作信息等。也就是说，共享的数据必须与侵财犯罪密切相关，而对于与侦查工作没有直接关联的电子数据应当进行严格限制。

严格规范侦查人员的数据使用。为规范侦查机关使用电子数据，防止侦查

---

① 参见杨婷：《论大数据时代我国刑事侦查模式的转型》，载《法商研究》2018 年第 2 期。

② 参见郑群、周建达：《大数据侦查学若干问题研究》，载《中国人民公安大学学报》（社会科学版）2018 年第 4 期。

③ 参见刘宪权：《论新型支付方式下网络侵财犯罪的定性》，载《法学评论》2017 年第 5 期。

人员滥用,应当建立一套严格的数据使用制度。首先,数据使用人员必须是侦查人员,并且是以侦查为需要进行使用。其次,侦查人员在查询过程中,应当将查询内容限定在侦查工作范围内,无权查询与侦查工作无关的内容。再次,每次使用数据后,侦查人员应当对数据使用的时间、事由、内容等信息进行登记。最后,侦查人员查询的数据只能用于办案,不得挪作他用,并对数据进行保密。

(二)侦查机关依托大数据技术排查数据

在网络侵财犯罪活动中,犯罪分子主要通过网络公司开发的网络产品,依托其非法获取的他人信息,对该网络产品内的他人账户资金进行非法操作,从而将他人账户资金转入自己或自己控制的账户,进而实现非法占有的目的。因此,在侦查该类犯罪之中,客户的资金流转、身份、账户异常等信息就显得尤为关键。在以网络信息为载体的侵财犯罪面前,运用大数据技术排查案件线索具有重大意义。大数据技术之创新在于:数据累积容量的激增、离散数据库的聚合能力、更快的电脑处理器和存储器所带来的处理数据能力的增长。[①] 为此,侦查机关在获取网络公司的相关电子数据后,应当通过大数据技术,对相关数据进行排查,从而获取与犯罪活动有关联的数据信息。需要说明的是,排查电子数据与排查普通证据的标准具有较大的差异。评断传统证据的关联性通常仅意味着考虑信息或内容的关联性,而不用专门关注载体或形式的关联性。但是,对电子证据而言,既要考察信息或内容的关联性,也要考察载体或形式的关联性。[②] 也就是说,排查出的电子数据必须具有双重关联性。

根据案件线索的来源不同,对数据的排查可分为主动式排查和被动式排查两种方法。

1. 主动式排查

主动式排查,是指在没有相关个案线索的情况下,侦查人员发挥主观能动性,对相关数据进行排查,通过整理、对比、分析等方法发现异常,并进而发现案件线索。首先,侦查人员应当对相关数据进行分类整理,提高数据的层次性和逻辑性。其次,侦查人员应当通过同种数据检查和多种数据对比的方式,排查

---

① 参见蔡一军:《大数据驱动犯罪防控决策的风险防范与技术路径》,载《吉林大学社会科学学报》2017 年第 3 期。

② 参见刘品新:《电子证据的关联性》,载《法学研究》2016 年第 6 期。

是否存在异常数据信息。如某一支付宝账户资金在同一天内在不同地点被多次支出,甚至被清空。在这种情况下,则需要对该账户进行检查,排查该账户资金是由客户本人操作还是已被他人窃取。最后,如果发现部分账户存在异常信息,则侦查人员应当就该账户进行专项检查。如果发现确为犯罪分子的侵财行为,则应当及时固定相关电子证据,并开展侦查活动;如果是客户本人的正常操作,则应当对该数据的排查情况进行备注。

2. 被动式排查

被动式排查,是指侦查机关在已经通过其他渠道获取个案相关线索的情况下,以此线索为基础排查相关数据,以期给个案搜寻相应的电子数据,从而强化证据,查明事实。首先,侦查机关应当依据现有的个案线索及相关证据进行分析,研究应当排查的数据种类及范围,确定数据排查的基本方向。其次,侦查机关应当根据数据排查的基本方向,对相关数据进行排查和核实。如排查出与本案有关的相关数据信息,则应当进行及时固定,并用于办案;如无法排查出与本案有关的相关数据,则应当及时调整思路,研究新路径重新排查。

(三)以电子数据为核心引导侦查工作

无论是主动式排查还是被动式排查,其核心均在于电子数据,并据此开展案件的侦查工作。由于电子数据是较为稳定的客观性证据,以此为基础开展侦查工作具有客观、高效、操作性强等特点。开展电子证据侦查工作,应当注意以下几个问题。

首先,应当核查不同种电子数据之间及电子数据与其他种类证据之间的相互印证性。作为定罪标准的印证证明模式具体有两个方面的要求:一是形式标准或称数量标准,即用以定案的证据至少有两个以上;二是实质标准,即证据所含的信息在内容上必须相互印证。[①] 在此基础上,电子数据之间的印证标准和电子数据与其他种类证据之间的印证标准又因证据种类的差异而有所区别。在不同种电子数据之间,主要应当核实相关电子数据之间在时间、地点、客户信息、涉案金额等方面的相互对应性。需要说明的是,由于电子数据的精准性和排他性,在同一起犯罪事实中,上述数据必须达到100%吻合;否则,即便存在较

---

① 参见向燕:《"印证"证明与事实认定——以印证规则与程序机制的互动结构为视角》,载《政法论坛》2017年第6期。

高的吻合度，但只要有一项数据不吻合，则相关电子数据就无法相互印证。在电子数据和其他种类证据之间，相互印证的标准为高度吻合即可。由于其他种类证据主要以主观证据为主，而主观证据具有模糊性、差异性、不稳定性等特点，因此证据所反映的犯罪事实无法达到十分精准的效果。对于该种证据，可将电子数据与上述证据的时间、地点、涉案金额等信息进行大致比对。如果上述证据之间能够达到高度吻合，即便在部分细节上存在一定的偏差，依然可以认定为相互印证。

其次，应当以电子数据为核心，进一步开展侦查工作。侦查机关可根据电子数据所反映的有用信息有针对性地开展侦查工作。一方面，对于电子数据反映的其他客观数据信息，如手机号码、银行卡号、车牌号码等，侦查机关可对相关数据进行调取和排查；另一方面，对于电子数据所反映的相关自然人，侦查机关可就此传唤相关人员了解情况。如在一起微信账户资金被盗案件中，侦查机关根据电子数据信息发现被盗资金经过多次微信账户流转，并最终流入某银行账户。对此，一方面，侦查机关可以对上述流转的微信账户及银行账户信息进行调取和收集；另一方面，侦查机关可以根据微信账户、银行账户所反映的自然人信息，传唤相关人员了解情况。

最后，侦查机关也不可完全迷信电子数据信息，而应当结合全案证据进行综合分析论证。虽然电子数据能够100%还原出网络空间的全部信息，但是这种客观性事实是建立在人为操作之上的。大数据在侦查中运用之后，犯罪嫌疑人的发现似乎变得相当容易，但客观地讲，数据并不等同于事实①。也就是说，电子数据的产生、发展均由人为控制，其所反映的"客观事实"与真实客观事实还具有一定的差异。如在一起支付宝账户资金被盗案件中，犯罪分子为逃避法律制裁，将相关资金转入由他人身份证件办理的银行卡内。此时，如果我们简单迷信电子数据信息，则会认为银行卡户主即为本案的犯罪分子，其实则不然。

（四）侦查机关内部及与网络公司的合作

由于网络侵财犯罪具有跨地域性的特点，往往一个案件会涉及多个地区，此时侦查机关就需要加强异地合作，从而提高侦查质量和效率。同时，办理部

---

① 参见王金成、王佳炜：《论大数据背景下侦查模式的变革》，载《中国刑警学院学报》2018年第3期。

分网络侵财犯罪案件还需要具备一定的网络技术知识，此时还需要进一步加强与网络公司的合作。

侦查机关的内部合作对于办理网络侵财犯罪案件具有十分重要的意义。首先，各地侦查机关应当跳出“就案办案”的固化思维，立足本地实际，扎实做好证据收集工作，为个案办理打下坚实的基础。其次，各地侦查机关应当加强侦查配合及证据调取工作。一方面，如果本地侦查机关在办理个案过程中，需要在异地开展一定的侦查工作，此时可通过异地侦查机关配合完成；另一方面，如果本地侦查机关需要从异地调取部分证据，此时也可由异地侦查机关代为调取，从而达到事半功倍的效果。

侦查机关除共享网络公司的电子数据以外，还需要进一步开展与网络公司的合作。首先，侦查机关在根据现有电子数据掌握相关案件线索后，势必会进一步开展侦查工作。此时，相关数据信息已远远无法满足办案需要，为深入开展侦查工作，侦查机关可以就此与网络公司开展合作，要求网络公司提供更加详细完备的数据信息，以满足办案需要。其次，不同于传统证据，数据信息具有一定的专业性和抽象性。侦查机关由于网络信息技术知识有限，对部分电子数据的理解和运用往往力不从心。此时侦查机关应当积极与网络公司开展互动，向网络公司技术人员说明其所要侦查的方向及所要取得的效果。网络公司技术人员则可根据侦查机关的要求，调取对案件更有价值的电子数据或对相关电子数据作进一步的解释和说明，从而更加有效地将电子数据应用于办案。

（五）数据信息的筛选和清理工作

由于网络公司是不断向侦查机关提供相关电子数据的，因此侦查机关所接收的电子数据一方面容量十分巨大，另一方面质量良莠不齐，因此需要定期开展电子数据的筛选、清理工作。

首先是电子数据的筛选工作。电子数据容量十分巨大，此时在巨大的数据体量内寻找出个案有用的信息就显得尤为重要。一方面，网络公司在进行数据传输时，应当对电子数据进行一个初步筛选，将有用信息传输给侦查机关；而对于没有办案价值的数据则予以提前清除。另一方面，侦查机关在使用电子数据时，应当结合个案的具体信息，有针对性地筛选出相关电子数据，并最终提取出有价值的电子数据。

其次是电子数据的清理工作。由于电子数据具有体量庞大、数据复杂等特点,因此对相关数据的定期清理就显得尤为重要。一方面,侦查机关应当根据电子数据的类别,将电子数据进行分类整理,分门别类地管理电子数据;另一方面,侦查机关可根据数据的传输时间、使用情况进行分类,对于确已没有办案价值的数据可予以清除。

三、互联办案机制的四大信息系统

(一)数据传输系统

实现数据单向共享,最主要的就是要构建数据传输系统。数据传输系统指的是,网络公司以信息技术为支撑,以网络虚拟空间为载体,以此向侦查机关传输电子数据的信息系统。为顺利实施该系统,需要解决以下两个信息技术问题。

首先是电子数据的共享渠道问题。侦查机关的内部信息系统和网络公司的内部信息系统是两个截然不同的网络系统。如若要实现网络公司对侦查机关的数据共享,则必须要在侦查机关与网络公司之间开设一个数据通道。而开设数据通道主要有两种方法:第一种方法为在现有的侦查机关信息系统和网络公司的信息系统上直接创设;第二种方法则是通过创设新数据通道来实现数据共享。笔者认为采取第一种方法较为妥当。一方面,创设新的数据共享通道势必会产生更大的投入,成本较高;另一方面,使用新数据通道会增加数据传输的频率,增加数据的不安全性。

其次是电子数据的兼容问题。由于分属不同的网络信息系统,网络公司和侦查机关的电子数据存在一定的兼容问题。在解决兼容问题上,也可以通过两个方式进行解决。第一种方式为将网络公司的电子数据修改为侦查机关数据系统可以兼容的数据,从而实现传输;第二种方式为将侦查机关的信息系统进行升级,使之可以直接兼容网络公司的电子数据。笔者认为采取第一种方式较为妥当。一方面,侦查机关的信息系统管理较为严格,如果随意进行升级及兼容处理,容易增加数据泄露、遗失等风险。另一方面,由于侦查人员的数据信息知识水平不高,如果直接接触网络公司的电子数据则会倍感吃力,因此在传输之前即将数据进行转换更为方便。

(二)数据预警系统

得益于科技的飞速发展,大数据处理工具能够将犯罪要素所涉及的数据进行分析处理从而得出相关关系。随着相关关系发掘在大数据中的广泛应用,构建数据预警系统成为了可能。[1] 数据预警系统,是指侦查机关在接收到网络公司的电子数据后,可根据网络侵财犯罪案件的证据特点,以大数据技术为支撑,设置异常数据的警报系统。数据预警系统可分为同种数据预警系统和不同种数据预警系统两个系统。同种数据预警系统即指对同一种类电子数据的异常信息进行预警。在同一种电子数据中,在一定的时间维度内,如果在某一时间段内的数据信息具有较大的波动,并且这种波动超出了正常范围,则可认定为数据异常信息,此时预警系统将发生警报。如微信账户的登录可通过直接密码登录和手机验证登录等登录方式实现,一般以密码直接登录为主,手机验证登录为辅。而如果在某个时间段内,某微信账户多次以手机验证的方式登录,则可认定为是异常信息。

不同种数据预警系统则对不同种电子数据之间的异常情况进行预警。在不同种电子数据中,如果某一电子数据存在异常情况,而另一种电子数据在时间、地点、顺次等方面与其有紧密关联,即便该电子数据未出现异常情况,仍然可以认定上述不同种电子数据之间存在异常。如某一支付宝账户在一天内在多个地点进行了多次资金支出,则该流转数据为异常信息;而在该支付宝账户的资金流转之前,该支付宝账户的登录密码和支付密码已被修改,则此时该密码修改信息也是异常数据信息。

(三)数据更新系统

网络公司在给侦查机关进行数据传输时,应当及时更新数据,从而保证数据的时效性。电子数据更新主要有两种模式。第一种模式为数据的不间断传输,也就是网络公司一旦开设数据通道后,即不间断传输相关电子数据,从而保证侦查机关与网络公司数据信息的一致性;第二种模式为数据信息的定期更新,即网络公司通过设置数据传输时间和频次的方式,定期传输数据。笔者认为第二种传输模式较为稳妥。诚然,第一种数据传输模式最为快捷、方便,但不间断数据传输模式的人为控制不强,数据的泄露风险极高。反观第二种数据传输模式,虽然在一定时间段内,可能会产生部分数据的延迟效应,但定期更新基

---

① 参见钟政:《大数据背景下多发性侵财犯罪预警模式研究》,载《河南司法警官职业学院学报》2015 年第 3 期。

本可以满足侦查机关的办案需要，同时也极大增强了数据传输的安全性。

为保证数据更新的安全，网络公司和侦查机关应当分别配备专人负责数据的更新工作。在数据的更新过程中，网络公司专职人员应当对数据进行全程跟踪，保证数据更新的安全性，并做好相关数据更新记录；侦查机关也应当有专职人员参与数据的接收工作，保证数据及时、安全、有效的接收，并做好工作记录。在每次数据更新之后，侦查机关专职人员与网络公司专职人员应当对数据更新信息进行核对，确保万无一失。

（四）数据分析系统

侦查机关在获取相关电子数据后，应当与检察机关、审判机关合作创设数据分析系统，将通过电子数据办结的网络侵财案件进行汇总，并通过数据分析的方式研究网络侵财犯罪案件的相关规律，如案发特点、作案规律、损害后果等，以期给今后的办案工作提供有益参考。

数据分析系统除可以分析现有已办案件的规律外，还具有电子数据系统的优化提示功能。通过数据的分析，可以研究出网络侵财犯罪案件的部分规律。对于切实有效的办案规律，侦查机关应当积极与网络公司进行沟通，对原有的数据传输系统、数据预警系统、数据更新系统进行优化和改良。一方面，对于原先已设置但不合理的功能可进行改良，从而优化配置；另一方面，对于原先没有设置，但确有设置必要的，则可以进行创设，从而实现更加全面、系统地处理数据。

四、互联办理机制注意事项

（一）以人为主，以物为辅

虽然网络侵财犯罪案件互联办理机制能够在筛选信息、调取数据、分析规律等方面给予侦查机关较大的帮助，但网络信息系统系由人设定而成，其运行流程往往较为机械，缺乏灵活性。因此，互联办理机制并不能代替侦查人员办理错综复杂的案件。相反，在具体侦查活动中，应当以人为主，以物为辅。也就是说，网络信息系统所提供的数据信息只是一种参考，不能迷信，更不能照搬照抄，侦查机关仍然应当对案件进行全面、细致的审查。当系统所提供的数据信息符合司法规律，符合案件的实际需要时，可以进行使用；当系统所提供的数据信息与案件的实际情况不符时，则需要由侦查机关自行审查和判断。

（二）及时沟通，相互配合

网络侵财犯罪案件互联办理机制是一项十分庞大的数据系统工程，涉及侦查机关、网络公司、检察机关、审判机关等多个主体。由于该系统需要各个单位相互协作,因此沟通和配合就显得尤为重要。一方面,各部门之间应当互设专门联络人。一旦遇到突发问题,联络人之间应当进行及时沟通,并及时上报单位负责人。另一方面,由于刑事案件办理的时效性,为保证证据的及时固定和案件的顺利办理,各部门之间应当相互配合,确保工作的顺利进行。

(三)规范制度,确保安全

大数据在给人类社会带来诸多驱动、发现、转型与便捷的同时,也带来了前所未有的信息安全威胁与风险。① 在当前网络环境下,电子数据的泄露、失窃风险极高。为保证数据安全,应当建立起一套完备的规范制度,从而确保数据的安全性。首先,各部门应当建立一套行之有效的数据管理制度,严格规范数据的传输、使用、保存等工作,并进行相应的工作记录;其次,各部门之间应当及时沟通,对于具有对向性的数据信息,双方工作人员应当对数据信息进行通报和核对;最后,各部门应当定期对电子数据进行检查,确保数据的安全稳定。

(四)优化系统,提升效能

当前,网络信息技术的发展突飞猛进,网络信息系统的更新换代也是日新月异。同样地,对于依托网络信息技术而生的网络侵财犯罪案件互联系统也需要根据网络信息技术的发展而优化。一方面,电子数据系统应当进行及时更新优化。当电子数据系统发生更新和换代时,网络公司应当对电子数据系统进行同步跟进。另一方面,对于传输、处理电子数据的信息载体应当进行及时更新优化。当信息载体有重大发展时,网络公司应当对互联数据系统进行及时更新升级。

① 参见王世伟:《论大数据时代信息安全的新特点与新要求》,载《图书情报工作》2016 年第 6 期。

刑法视角下区块链应用风险及应对探析

颜海虹[*]

摘　要：区块链作为现有信息技术的创新，其应用正在从以虚拟货币为核心，向其他行业扩散，未来将会在众多行业中发挥重要作用。区块链具有去中心化、分布式、开放性、匿名性、不可篡改、自治性等特点。尽管区块链技术本身不具社会危害性，但实践应用过程中某些行为人却以犯罪为目的，由此产生许多法律风险。以区块链应用为名义骗取资金，涉嫌诈骗罪或合同诈骗罪；传播计算机病毒索要比特币，涉嫌破坏计算机信息系统罪与敲诈勒索罪的牵连犯；利用虚拟货币跨境逃汇、"漂白"不法资产，分别可以认定逃汇罪，掩饰隐瞒犯罪所得、犯罪所得收益罪（或洗钱罪）。目前，区块链的相关技术和应用如非对称加密技术、智能合约技术等逐渐在能源、金融、政务等行业得以应用和推广，如应用于能源交易、保险理赔、证券交易、土地所有权登记等业务环节。但在技术和行业应用方面都存在许多未知隐患，如去中心化机制下的数据存储和删除的法律风险、数字货币的合法性、智能合约的不可篡改性等都可能产生法律问题。可见，防范和应对区块链应用违法风险任重而道远。本文着眼当前区块链主流应用中存在的法律风险及法律问题，从刑法视角探讨违法认定和实践应对。

关键词：区块链法律风险　违法认定　实践应对

近年来，区块链技术在金融、贸易、智能制造、医疗、公益等领域的新应用不

---

* 颜海虹，杭州市滨江区人民检察院第一检察部检察官助理。

断出现,成为发达国家和国际企业关注的创新焦点。2016 年 12 月,区块链与量子通信、人工智能、虚拟现实等技术被写入《"十三五"国家信息化规划》,成为我国新技术基础研发和前沿布局的重点。世界各国的目光聚焦区块链技术,以及中国对于区块链技术的重视,使得区块链已经成为科技行业新的风口。习近平总书记在中央政治局第十八次集体学习时强调:把区块链作为核心技术自主创新重要突破口,加快推动区块链技术和产业创新发展。在 2018 年杭州市两会上,市长徐立毅提出要"加快培育人工智能、虚拟现实、区块链、量子技术、商用航空航天等未来产业,从而实现聚焦创新驱动和结构优化,着力推动经济高质量发展的目标"。[①] 杭州的政府工作报告体现出对区块链产业的雄心,对区块链技术也发布了若干政策意见,杭州意欲成为"区块链之都"。

新兴事物发展总是随着法律方面的风险,区块链也不例外,尤其在最早运用的"比特币"领域比较突出。通过中国裁判文书网搜索"比特币",可以找到 189 条结果。刑事案由有 108 起,其中侵犯财产案件最多,高达 76 起。而民事案由有 79 起,其中,合同纠纷高达 43 起。基于此,人民银行等七部门、中国互联网金融协会先后发布了《关于防范代币发行融资风险的公告》《关于防范比特币等所谓"虚拟货币"风险的提示》,全面禁止国内虚拟货币交易及数字代币发行。由此可见,新生事物的应用容易产生新的问题,传统的法律在面对新兴事物时可能存在滞后性。对于区块链技术这样一个新兴领域,目前尚缺乏系统的、配套的法律规范来对其进行规制。杭州想要推动区块链广泛运用,走在全国前列成为"区块链之都",与之配套的法律监管也必须及时跟上,特别是针对当前区块链应用过程出现的法律风险开展探讨研究,为其他领域应用提供借鉴。

一、区块链技术概述

互联网的发明,改变了生产方式和生活方式,促进了信息传递和交换,但这一伟大发明无法解决信息信任这一根本问题。而区块链技术的出现,使通过实现信任传递价值成为可能。无须通过第三方互联网中心,仅依据密码学和分布式算法使参与者达成共识,区块链技术有着去中心化、公开透明等特点,被认定为互联网发明以来最具颠覆性的数据创新技术。

---

① 周旭霞:《"区块链第一城"的杭州密码》,载《决策》2018 年第 4 期。

2009 年起,基于区块链技术而产生的比特币作为虚拟货币领域中重要的投资产品受到人们的广泛关注。与此同时,一些打着区块链名义的违法犯罪现象频频出现。IBM 区块链发展报告曾指出,各国政府已在筹备区块链投资,预计未来在资产管理、金融交易、法规监管及合约管理等各个领域区块链将会产生莫大的效益。那么区块链是如何创造价值的? 区块链技术与互联网点与点的连通不同,其基于网状连通,无限缩减中间环节,改变原有的信息传输价值链条,跨越本企业甚至本行业,最终将全社会交易信息紧密高效地连通起来,从而创造价值。

对于区块链技术的发展阶段,业内人士认为,2009 年上线的比特币区块链这一阶段主要针对数字货币,仅是账本系统,不支持任何应用开发;第二阶段支持各种应用开发,针对智能合约,可以应用在金融市场中;第三阶段区块链将被应用于社会各行业解决各类问题,甚至会开创一个"区块链时代"。

二、区块链技术的特征

(一)去中心化

区别于传统互联网模式,区块链不存在集中管理数据和资源的互联网中心。在传统的互联网模式中,互联网中心是所有资源的汇集处,也是所有路径的交汇点。而区块链的数据库是分布式记录并储存的,每个节点都负责记录、存储相关的数据,个别节点的损坏并不会影响整个系统的正常运作,从而提升了整个系统的安全性。

(二)分布式

分布式网络存储技术能够在各节点上分别储存数据,因而在任意一个节点出现故障时,系统仍然能正常运作。区块链的分布式存储方式大大提高了系统的抗打击性、容错性和可靠性,同时也能有效提升信息传递效率。

(三)开放性

由于区块链技术的开放性和透明性,在每个节点上都可以请求或提供服务,各个节点之间可以直接分享或利用资源,各个节点之间的地位都是同等的。也就是说,数据是开放和共享的。

(四)匿名性

由于节点之间的交换遵循固定的算法,通过非对称加密技术,数据能够在网络的各个节点实现交互。由于区块链内置的程序规则会自行判断数据交互是否有效,因此,交易双方不需要通过公开自己身份的方式让对方产生信任,只需告知自己加密的地址即可。

(五)不可篡改

如果需要保存新数据,节点便会根据随机算法在验证时盖上时间戳,从而记录每一次交易。因为时间签名直接记录在区块链上,若篡改已生成的区块会导致哈希值无法匹配,因此这种认证比传统的公证更为可信。

(六)自治性

区块链采用已取得共识的规范和协议,使整个系统中的所有节点能够在无第三方作为信用担保的环境下自由、安全地交换数据,对“人”的信任已经转换为对机器的信任,任何人为的干预都不起作用。

三、区块链应用具体法律风险分类

当今世界瞬息万变,带来了不同类型的风险,我们应该保持清醒头脑意识到风险社会已经来到了我们的身边。区块链技术在具有巨大收益的同时,必然同时随着巨大的风险,特别是在传统法律尚无明确规制的当前,区块链技术领域的法律风险加剧。

(一)以区块链为幌子实施违法犯罪行为

目前,区块链技术已经被国家提上重点发展的日程。其应用范围广泛,除了实际应用于金融行业外,其他行业也积极探索本行业与区块链技术的融合之道。因此,社会上出现了很多不法行为人利用区块链技术为幌子实施违法犯罪活动,主要是假借区块链的名义骗取他人财物。行为人虚假宣传其公司从事的是区块链技术行业,以公司极具发展前景、投资即有高额收益等承诺,骗取他人投资,从而吸收不特定人的财产,严重扰乱了金融管理秩序。

(二)假借发行虚拟货币从事非法集资行为

区块链技术目前较为成熟的应用就是虚拟货币。尽管虚拟货币尚未被广泛应用于生活中,但大众对于虚拟货币的认知度和接受度非常高,也非常愿意投资。行为人即利用大众愿意投资虚拟货币的心理,通过广泛宣传、承诺高额投资回报等方式,骗取他人投资,在无法兑付投资人收益之后就会携款潜逃。

(三)传播计算机病毒索取虚拟货币行为

由于虚拟货币具有一定的价值,在全球范围内和某些领域可以作为一种货币使用。不法行为人觊觎虚拟货币的价值,通过在互联网上传播计算机病毒,使他人电脑中毒无法使用,从而向被害人索要赎金(通常为虚拟货币),被害人只有将虚拟货币交付后才能获得密码解锁电脑。行为人通过该种方式获取具有价值的虚拟货币,严重妨害了社会管理秩序。

(四)利用虚拟货币跨境逃汇或洗钱行为

由于虚拟货币的可流通性,在某些国家和领域可以使用虚拟货币来进行交易。有些企业或者单位可能利用虚拟货币较难监管的缺陷,先在国内将人民币兑换为虚拟货币,将虚拟货币支付到国外的账户,再兑付外币,通过这种方式来逃避国家的监管,对国家的外汇管理和市场经济秩序管理产生了不利的影响。

当前,区块链技术的应用仍处于初级阶段,随着科学技术日新月异的发展,虚拟货币领域新的违法犯罪方式也会越来越多,比如盗窃虚拟货币、使用虚拟货币作为支付手段等。而随着区块链技术的日益成熟,其应用风险控制要求及时更新法律法规,以规制新型犯罪。

四、区块链应用具体违法认定探析

区块链技术应用中的不法行为类型多样,大多数具有牟利性特征。区块链技术本身作为一种基础的底层技术具有中立性,但与不法行为人的不法目的相结合,会对社会造成严重的危害。针对不同的法律风险类型,对其行为的具体探讨如下:

(一)假借区块链的名义实施违法犯罪行为的认定

假借区块链的名义骗取他人财物的行为通常表现为:以非法占有为目的,假借需要他人合伙开发区块链技术的名义,骗取特定对象的投资。此类行为一般成立诈骗罪或者合同诈骗罪。

假借区块链的名义非法集资的行为一般都是向不特定对象或人数众多的对象吸收资金。此类行为一般不具有非法占有目的,通过虚假宣传、承诺高额投资回报等方式,吸收他人资金;如果以非法占有为目的,应以涉嫌集资诈骗罪处理。例如,某基层法院办理的李某某非法吸收公众存款罪案件。2015 年下半年,犯罪嫌疑人李某某意图通过开发"二元期权"平台盈利(该平台可供客户在网上进行比特币涨跌走势买卖,公司从网上客户对赌交易中收取 20% 的手续费)。为经营运作上述平台需要,2015 年 12 月至 2016 年 6 月,犯罪嫌疑人李某某先后以其控制下的公司名义,与不特定公众签订《委托投资理财协议书》和《二元期权委托操盘合同书》,以年化 18% ~72% 不等的高息吸引公众投资,承诺保本付息,非法吸收40余名投资人钱款共计980余万元,用于公司二元期权平台技术开发、维护、运营,支付房租、人工费用及投资人返利等。截至案发,尚有30余名投资人570余万元未能退还。后被告人李某某一审以非法吸收公众存款罪被判处有期徒刑4年。犯罪嫌疑单位未经国家金融主管部门批准,非法吸收公众存款,数额巨大,在认定具有非法占有目的证据不明确的情况下,认定构成非法吸收公众存款罪。

（二）通过电子货币发行非法融资行为的认定

2017年9月,中国人民银行和多部门联合发布了《关于防范代币发行融资的公告》,要求任何组织和个人都不得非法从事代币发行融资活动,任何交易平台都不得从事兑换业务、不得买卖虚拟货币、不得提供服务,任何金融机构和非银行支付机构不得开展与代币发行融资交易相关的业务。这表示虚拟货币是一种未经批准流通的货币,在我国不允许交易。2013年中国人民银行等部门在《关于防范比特币风险的通知》中定义比特币属性,"比特币具有没有集中发行方、总量有限、使用不受地域限制和匿名性等四个主要特点。虽然比特币被称为'货币',但由于其不是由货币当局发行,不具有法偿性与强制性等货币属性,并不是真正意义的货币。从性质上看,比特币应当是一种特定的虚拟商品,不具有与货币等同的法律地位,不能且不应作为货币在市场上流通使用"。

上述规定明确否认了虚拟货币的货币属性。《刑法》第176条规定的非法吸收公众存款罪要求行为人吸收或者变相吸收的是存款,根据上述通知和一般人的认识,虚拟货币不属于现实社会中的存款,也不是资金,故面向不特定公众吸收比特币的行为,不能构成非法吸收公众存款罪。

非法吸收虚拟货币的行为属于未经批准非法公开融资的行为。《刑法》第225条规定的非法经营罪是指违反有关国家规定,扰乱市场秩序,情节严重的行为。虚拟货币是国家法律、行政法规不允许经营的,因此也不存在扰乱市场秩序、侵害法益的情况。因此,非法吸收虚拟货币的行为不能构成非法经营罪。

（三）利用计算机病毒索取虚拟货币行为的认定

近年来,勒索病毒已成为计算机领域让人头疼不已的一种病毒。行为人通常以获取虚拟货币为目的,在互联网上传播病毒来对被害人的电脑进行加密,以此威胁被害人交付赎金(虚拟货币)。被害人通常会选择妥协以取得密码重新获得电脑数据。在全球范围内,类似的计算机病毒层出不穷。这类行为包含了非法传播病毒和非法获取财物两个行为，具有目的和手段的牵连关系，不仅侵害了被害人的财产权，同时也妨害了社会管理秩序，可以按照牵连犯从一重罪处断的原则来处理。

例如，某基层法院办理的钟某某破坏计算机信息系统罪案件，简要案情如下：2018 年 8 月 1 日至 8 日，犯罪嫌疑人钟某某利用境外肉鸡[①]服务器上的攻击软件，以向高速缓存服务器发送伪造数据包的方式攻击某公司的网站，并索要一个比特币（2018 年 8 月 2 日成交价格最低人民币 50,960.16 元，最高 52,828.65元）以停止攻击。某公司为保护公司网站花费 9 万元购买了云堤服务，后花费 3.5 万元将公司服务器迁入阿里云。2018 年 8 月 8 日至 28 日，犯罪嫌疑人钟某某利用扬州服务器上"天罚集群"攻击软件控制嘉兴等多台肉鸡，对某公司网站以发送非法数据包的形式进行攻击，造成某公司网站无法正常运行。从罪责刑相适应角度，针对具有牵连关系的两种行为，"从一重罪处罚"原则是《刑法》规定的处理牵连犯的一个基本原则。犯罪嫌疑人钟某某非法入侵某公司网站是手段行为，其目的在于随后进行的敲诈勒索，根据"从一重罪处罚"原则，应当以破坏计算机信息系统罪来认定。这也有利于保护企业合法权益，提升办案法律效果、政治效果和社会效果。后被告人钟某某一审以破坏计算机信息系统罪被判处有期徒刑 5 年 6 个月。

（四）利用虚拟货币跨境逃汇及"漂白"违法所得行为的认定

网络虚拟货币可以在互联网上自由流转，并不受国界的限制。这个特性使虚拟货币成为逃汇或洗钱的重要手段。比如，国外的暗网黑市进行交易就是以虚拟货币作为支付手段，以及其他违法犯罪活动的资金支持都可能使用虚拟货币为媒介。具体分析如下：

一是利用虚拟货币逃汇行为的认定。根据法律规定，我国企业或其他单位，未经国家批准、未经相关部门同意不得将外汇存放境外，或者将境内的外汇非法转移到境外。违反这一规定，单笔 200 万美元以上或者累计 500 万美元以上的，成立逃汇罪。因此，在我国利用人民币购买虚拟货币，再将虚拟货币转移到境外兑换成人民币或者外币，在达到构罪数额标准的情况下，可能成立逃汇罪。此外，利用虚拟货币实施逃汇行为的，如果案发时未兑换成功，只要证据足

① 指可以被黑客远程控制的机器。

够证明主观上具有利用虚拟货币逃汇的故意，一般应当按照逃汇未遂认定。

二是"漂白"违法所得行为的认定。随着大众对虚拟货币的接受度和认可度的提高，虚拟货币在某些国家可以流通，这就为犯罪资金创造了"漂白"的通道。单位将犯罪所得、犯罪所得收益通过虚拟货币为中介转移到境外后再兑换为法定货币的行为，可能涉嫌掩饰隐瞒犯罪所得、犯罪所得收益罪。如果该犯罪所得及产生的收益属于黑社会性质的组织犯罪、恐怖活动犯罪、毒品犯罪、走私犯罪、金融诈骗犯罪、破坏金融监管秩序犯罪、贪污贿赂犯罪，还可能涉嫌洗钱罪。

由于区块链技术的国际化和全球化，此类犯罪可能涉及多个国家。因此，需要获得其他国家的司法帮助来携手打击此类犯罪。面对日新月异的社会环境和全球化进程，应当加强人类命运共同体的意识，共同面对区块链跨国犯罪。

五、应对区块链不法行为的法律实践措施

涉及区块链的犯罪行为主要集中在非法集资、诈骗、敲诈勒索、逃汇、掩饰隐瞒犯罪所得、计算机犯罪等。由此可见，大部分的区块链犯罪属于经济犯罪。检察系统目前办理的涉区块链犯罪案件中，最主要的类型就是非法集资类犯罪。由于涉区块链犯罪属于新型犯罪，对于此类非法集资犯罪，公安机关的前期侦查工作至关重要，应当注意以下几个问题：

（一）以审判为中心侦查取证

涉及区块链的非法集资犯罪往往涉案金额庞大、被害人众多。对一般案件而言，涉案金额较小、涉案人数较少，可以做到询问每一名被害人、证人，并查明犯罪数额。但对涉及区块链的非法集资类犯罪而言，由于涉案金额巨大、被害人数众多，难以针对全部被害人及证人一一询问。考虑到确实存在这样的现实难题，可以根据案情需要选择部分被害人进行询问。同时，由于涉案资金数量巨大，有时甚至以亿计，不可能逐笔查实，只能通过查实的在案人证和查获的资金账户流水来概括认定资金数额，综合全案证据最终认定犯罪数额。

（二）全面合法地获取电子证据

电子数据属于法定刑事证据种类，具有重要的证明效力，电子数据的收集有其自身的特点。在新型的涉及区块链犯罪案件中，对电子数据的取证技术有了更高的要求。一是收集电子数据，应当按照扣押并封存原始介质、直接或在线提取电子数据、打印或拍照或录像展示电子数据、冻结电子数据、调取电子数据的方法，根据不同情况，依次采取不同方法进行。二是根据《关于电子数据收集提取判断的规定》，初查过程中直接提取或者远程提取的电子数据就可以作为证据，不需要立案后进行证据转化。三是案件移送时，应随案移送原件（已封存）和备份件，并附展示工具，无法展示的应附电子数据属性和功能的情况说明。四是庭审展示可以采用多媒体设备或者要求有专门知识的人出庭的方式加以展示。证据的审查判断在确保证据的真实性、合法性、关联性之外，还要特别重视证据的完整性，尤其是电子数据的完整性。

（三）及时查封扣押违法所得财物

涉及区块链的非法集资类案件需要注意犯罪所得及其收益的处理问题，及时查封扣押违法所得财物。首先，应在第一时间查扣赃款赃物，同时进行对人和对物的强制措施，以保证能够顺利进行之后的侦查工作和财物返还工作。其次，在侦查时要掌握侦破案件的时机，同时密切关注涉案账户的资金往来情况，多措并举以维护被害人的合法利益。最后，涉及区块链的非法集资类犯罪往往都需要判处罚金。如果罚金得以执行，也需上交国家。未来，借鉴检察机关实行多年的被害人救助基金的做法，可以通过“罚金转换为救助基金”的形式，积极引导涉区块链非法集资案件的困难被害人，通过这类被害人救助基金的方式，解决一定的生活困难。

当下，区块链技术尚未完全成熟，且多数社会成员未曾深入了解区块链的实质，相关部门应当提高警觉、加强关注，严厉打击以区块链为幌子实施违法犯罪的行为。要注意存在一些小型区块链高科技企业因融资难而涉嫌集资违法犯罪的情况，应与前述区别对待。这类行为一般不具有非法占有目的，并非主观上不愿意兑现，而是客观上不能兑现。综合考虑社会效果和非公企业利益，在办案过程中，可以在法定量刑幅度内从宽处理。区块链技术存在分布式数据库带来的安全性和去中心化带来的高效率双重优势，很可能与数十年前的互联网技术相同，成为引领社会变革的决定性力量。对于这种技术，在司法实践中应优先保障区块链产业的创新发展，以准确的法律适用来引导区块链产业的萌发和成长，从而在这个新的风口上取得更加辉煌的成绩。

结　语

从区块链的发展阶段以及其去中心化、不可篡改等特性来看，区块链将在未来社会各行业得到充分应用。目前区块链还处于开发和小范围应用阶段，虽然多数人看好区块链技术的巨大潜力，但也有怀疑论者认为区块链被过度宣传，且存在的法律风险不在少数。由此可见，区块链可能会在未来应用于金融、政务等行业时带来一定的法律风险。就目前来讲，国内对于区块链技术的发展抱着乐观积极的态度。在2018年和2019年召开的两会上，代表们分别关注了区块链发展进程中的风险和区块链的实际应用。因此，杭州想要在区块链发展进程中走在前列，不仅要大力发展硬件、软件技术，还要通过政府、司法机关、各行各业通力合作，根据实际情况制定相应的标准和规则，引导区块链技术的健康发展和合法应用。社会各行业应密切关注区块链技术的发展，从而抓住机遇，迎接挑战，发展和完善自身。

第五部分

杭州检察机关的实践

——三起指导性案例

李骏杰等破坏计算机信息系统案

（检例第 34 号）

【关键词】

破坏计算机信息系统　删改购物评价　购物网站评价系统

【要旨】

冒用购物网站买家身份进入网站内部评价系统删改购物评价，属于对计算机信息系统内存储数据进行修改操作，应当认定为破坏计算机信息系统的行为。

【基本案情】

被告人李骏杰，男，1985 年 7 月生，原系浙江杭州某网络公司员工。

被告人胡榕，男，1975 年 1 月生，原系江西省九江市公安局民警。

被告人黄福权，男，1987 年 9 月生，务工。

被告人董伟，男，1983 年 5 月生，无业。

被告人王凤昭，女，1988 年 11 月生，务工。

2011 年 5 月至 2012 年 12 月，被告人李骏杰在工作单位及自己家中，单独或伙同他人通过聊天软件联系需要修改中差评的某购物网站卖家，并从被告人黄福权等处购买发表中差评的该购物网站买家信息 300 余条。李骏杰冒用买家身份，骗取客服审核通过后重置账号密码，登录该购物网站内部评价系统，删改买家的中差评 347 个，获利 9 万余元。

经查：被告人胡榕利用职务之便，将获取的公民个人信息分别出售给被告人黄福权、董伟、王凤昭。

2012 年 12 月 11 日，被告人李骏杰被公安机关抓获归案。此后，因涉嫌出售公民个人信息、非法获取公民个人信息，被告人胡榕、黄福权、董伟、王凤昭等人也被公安机关先后抓获。

【诉讼过程和结果】

本案由浙江省杭州市滨江区人民检察院于2014年3月24日以被告人李骏杰犯破坏计算机信息系统罪、被告人胡榕犯出售公民个人信息罪、被告人黄福权等人犯非法获取公民个人信息罪,向浙江省杭州市滨江区人民法院提起公诉。2015年1月12日,杭州市滨江区人民法院作出判决,认定被告人李骏杰的行为构成破坏计算机信息系统罪,判处有期徒刑五年;被告人胡榕的行为构成出售公民个人信息罪,判处有期徒刑十个月,并处罚金人民币二万元;被告人黄福权、董伟、王凤昭的行为构成非法获取公民个人信息罪,分别判处有期徒刑、拘役,并处罚金。一审宣判后,被告人董伟提出上诉。杭州市中级人民法院二审裁定驳回上诉,维持原判。判决已生效。

【指导意义】

购物网站评价系统是对店铺销量、买家评价等多方面因素进行综合计算分值的系统,其内部储存的数据直接影响到搜索流量分配、推荐排名、营销活动报名资格、同类商品在消费者购买比较时的公平性等。买家在购买商品后,根据用户体验对所购商品分别给出好评、中评、差评三种不同评价。所有的评价都是以数据形式存储于买家评价系统之中,成为整个购物网站计算机信息系统整体数据的重要组成部分。

侵入评价系统删改购物评价,其实质是对计算机信息系统内存储的数据进行删除、修改操作的行为。这种行为危害到计算机信息系统数据采集和流量分配体系运行,使网站注册商户及其商品、服务的搜索受到影响,导致网站商品、服务评价功能无法正常运作,侵害了购物网站所属公司的信息系统安全和消费者的知情权。行为人因删除、修改某购物网站中差评数据违法所得25,000元以上,构成破坏计算机信息系统罪,属于“后果特别严重”的情形,应当依法判处五年以上有期徒刑。

【相关规定】

《中华人民共和国刑法》第二百八十六条

《最高人民法院、最高人民检察院关于办理危害计算机信息系统安全刑事案件应用法律若干问题的解释》第四条

《计算机信息网络国际联网安全保护管理办法》第六条

杨卫国等人非法吸收公众存款案

（检例第64号）

【关键词】

非法吸收公众存款　网络借贷　资金池

【要旨】

单位或个人假借开展网络借贷信息中介业务之名，未经依法批准，归集不特定公众的资金设立资金池，控制、支配资金池中的资金，并承诺还本付息的，构成非法吸收公众存款罪。

【基本案情】

被告人杨卫国，男，浙江望洲集团有限公司法定代表人、实际控制人。

被告人张雯婷，女，浙江望洲集团有限公司出纳，主要负责协助杨卫国调度、使用非法吸收的资金。

被告人刘蓓蕾，女，上海望洲财富投资管理有限公司总经理，负责该公司业务。

被告人吴梦，女，浙江望洲集团有限公司经理、望洲集团清算中心负责人，主要负责资金池运作有关业务。

浙江望洲集团有限公司（以下简称望洲集团）于2013年2月28日成立，被告人杨卫国为法定代表人、董事长。自2013年9月起，望洲集团开始在线下进行非法吸收公众存款活动。2014年，杨卫国利用其实际控制的公司又先后成立上海望洲财富投资管理有限公司（以下简称望洲财富）、望洲普惠投资管理有限公司（以下简称望洲普惠），通过线下和线上两个渠道开展非法吸收公众存款活动。其中，望洲普惠主要负责发展信贷客户（借款人），望洲财富负责发展不特定社会公众成为理财客户（出借人），根据理财产品的不同期限约定7%－15%不等的年化利率募集资金。在线下渠道，望洲集团在全国多个省、市开设门店，采用发放宣传单、举办年会、发布广告等方式进行宣传，理财客户或者通过与杨卫国签订债权转让协议，或者通过匹配望洲集团虚构的信贷客户借款需求投资，将投资款转账至杨卫国个人名下 42 个银行账户，被望洲集团用于还本付息、生产经营等活动。在线上渠道，望洲集团及其关联公司以网络借贷信息中介活动的名义进行宣传，理财客户根据望洲集团的要求在第三方支付平台上开设虚拟账户并绑定银行账户。理财客户选定投资项目后将投资款从银行账户转入第三方支付平台的虚拟账户进行投资活动，望洲集团、杨卫国及望洲集团实际控制的担保公司为理财客户的债权提供担保。望洲集团对理财客户虚拟账户内的资金进行调配，划拨出借资金和还本付息资金到相应理财客户和信贷客户账户，并将剩余资金直接转至杨卫国在第三方支付平台上开设的托管账户，再转账至杨卫国开设的个人银行账户，与线下资金混同，由望洲集团支配使用。

因资金链断裂，望洲集团无法按期兑付本息。截至 2016 年 4 月 20 日，望洲集团通过线上、线下两个渠道非法吸收公众存款共计 64 亿余元，未兑付资金共计 26 亿余元，涉及集资参与人 13,400 余人。其中，通过线上渠道吸收公众存款 11 亿余元。

【指控与证明犯罪】

2017 年 2 月 15 日，浙江省杭州市江干区人民检察院以非法吸收公众存款罪对杨卫国等 4 名被告人依法提起公诉，杭州市江干区人民法院公开开庭审理本案。

法庭调查阶段，公诉人宣读起诉书指控杨卫国等被告人的行为构成非法吸收公众存款罪，并对杨卫国等被告人进行讯问。杨卫国对望洲集团通过线下渠道非法吸收公众存款的犯罪事实和性质没有异议，但辩称望洲集团的线上平台经营的是正常 P2P 业务，线上的信贷客户均真实存在，不存在资金池，不是吸收公众存款，不需要取得金融许可牌照，在营业执照许可的经营范围内即可开展经营。针对杨卫国的辩解，公诉人围绕理财资金的流转对被告人进行了重点讯问。

公诉人：（杨卫国）如果线上理财客户进来的资金大于借款方的资金，如何操作？

杨卫国：一般有两种操作方式。一种是停留在客户的操作平台上，另一种是转移到我开设的托管账户。如果转移到托管账户,客户就没有办法自主提取了。如果客户需要提取,我们根据客户指令再将资金返回到客户账户。

公诉人:(吴梦)理财客户充值到第三方支付平台的虚拟账户后,望洲集团操作员是否可以对第三方支付平台上的资金进行划拨。

吴梦:可以。

公诉人:(吴梦)请叙述一下划拨资金的方式。

吴梦:直接划拨到借款人的账户,如果当天资金充足,有时候会划拨到杨卫国在第三方支付平台上设立的托管账户,再提现到杨卫国绑定的银行账户,用来兑付线下的本息。

公诉人补充讯问:(吴梦)如果投资进来的资金大于借款方,如何操作?

吴梦:会对一部分进行冻结,也会提现一部分。资金优先用于归还客户的本息,然后配给借款方,然后再提取。

被告人的当庭供述证明,望洲集团通过直接控制理财客户在第三方平台上的虚拟账户和设立托管账户,实现对理财客户资金的归集和控制、支配、使用,形成了资金池。

举证阶段,公诉人出示证据,全面证明望洲集团线上、线下业务活动本质为非法吸收公众存款,并就线上业务相关证据重点举证。

第一,通过出示书证、审计报告、电子数据、证人证言、被告人供述和辩解等证据,证实望洲集团的线上业务归集客户资金设立资金池并进行控制、支配、使用,不是网络借贷信息中介业务。(1)第三方支付平台赋予望洲集团对所有理财客户虚拟账户内的资金进行冻结、划拨、查询的权限。线上理财客户在合同中也明确授权望洲集团对其虚拟账户内的资金进行冻结、划拨、查询,且虚拟账户销户需要望洲集团许可。(2)理财客户将资金转入第三方平台的虚拟账户后,望洲集团每日根据理财客户出借资金和信贷客户的借款需求,以多对多的方式进行人工匹配。当理财客户资金总额大于信贷客户借款需求时,剩余资金划入杨卫国在第三方支付平台开设的托管账户。望洲集团预留第二天需要支付的到期本息后,将剩余资金提现至杨卫国的银行账户,用于线下非法吸收公众存款活动或其他经营活动。(3)信贷客户的借款期限与理财客户的出借期限不匹配,存在期限错配等问题。(4)杨卫国及其控制的公司承诺为信贷客户提供担保,当信贷客户不能按时还本付息时,杨卫国保证在债权期限届满之日起3

个工作日内代为偿还本金和利息。实际操作中,归还出借人的资金都来自线上的托管账户或者杨卫国用于线下经营的银行账户。(5)望洲集团通过多种途径向不特定公众进行宣传,发展理财客户,并通过明示年化收益率、提供担保等方式承诺向理财客户还本付息。

第二,通过出示理财、信贷余额列表,扣押清单,银行卡照片,银行卡交易明细,审计报告,证人证言,被告人供述和辩解等证据,证实望洲集团资金池内的资金去向:(1)望洲集团吸收的资金除用于还本付息外,主要用于扩大望洲集团下属公司的经营业务。(2)望洲集团线上资金与线下资金混同使用,互相弥补资金不足,望洲集团从第三方支付平台提现到杨卫国银行账户资金为2.7亿余元,杨卫国个人银行账户转入第三方支付平台资金为2亿余元。(3)望洲集团将吸收的资金用于公司自身的投资项目,并有少部分用于个人支出,案发时线下、线上的理财客户均遭遇资金兑付困难。

法庭辩论阶段,公诉人发表公诉意见,论证杨卫国等被告人构成非法吸收公众存款罪,起诉书指控的犯罪事实清楚,证据确实、充分。其中,望洲集团在线上经营所谓网络借贷信息中介业务时,承诺为理财客户提供保底和增信服务,获取对理财客户虚拟账户内资金进行冻结、划拨、查询等权限,归集客户资金设立资金池,实际控制、支配、使用客户资金,用于还本付息和其他生产经营活动,超出了网络借贷信息中介的业务范围,属于变相非法吸收公众存款。杨卫国等被告人明知其吸收公众存款的行为未经依法批准而实施,具有犯罪的主观故意。

杨卫国认为望洲集团的线上业务不构成犯罪,不应计入犯罪数额。杨卫国的辩护人认为,国家允许P2P行业先行先试,望洲集团设立资金池、开展自融行为的时间在国家对P2P业务进行规范之前,没有违反刑事法律,属民事法律调整范畴,不应受到刑事处罚,犯罪数额应扣除通过线上模式流入的资金。

公诉人针对杨卫国及其辩护人的辩护意见进行答辩:望洲集团在线上开展网络借贷中介业务已从信息中介异化为信用中介,望洲集团对理财客户投资款的归集、控制、支配、使用以及还本付息的行为,本质与商业银行吸收存款业务相同,并非国家允许创新的网络借贷信息中介行为,不论国家是否出台有关网络借贷信息中介的规定,未经批准实施此类行为,都应当依法追究刑事责任。因此,线上吸收的资金应当计入犯罪数额。

法庭经审理认为,望洲集团以提供网络借贷信息中介服务为名,实际从事直接或间接归集资金,甚至自融或变相自融行为,本质是吸收公众存款。判断金融业务的非法性,应当以现行刑事法律和金融管理法律规定为依据,不存在被告人开展P2P业务时没有禁止性法律规定的问题。望洲集团的行为已经扰乱金融秩序,破坏国家金融管理制度,应受刑事处罚。

2018年2月8日,杭州市江干区人民法院作出一审判决,以非法吸收公众存款罪,分别判处被告人杨卫国有期徒刑九年六个月,并处罚金人民币五十万元;判处被告人刘蓓蕾有期徒刑四年六个月,并处罚金人民币十万元;判处被告人吴梦有期徒刑三年,缓刑五年,并处罚金人民币十万元;判处被告人张雯婷有期徒刑三年,缓刑五年,并处罚金人民币十万元。在案扣押冻结款项分别按损失比例发还;在案查封、扣押的房产、车辆、股权等变价后分别按损失比例发还。不足部分责令继续退赔。宣判后,被告人杨卫国提出上诉后又撤回上诉,一审判决已生效。本案追赃挽损工作仍在进行中。

【指导意义】

1. 向不特定社会公众吸收存款是商业银行专属金融业务,任何单位和个人未经批准不得实施。根据《中华人民共和国商业银行法》第十一条规定,未经国务院银行业监督管理机构批准,任何单位和个人不得从事吸收公众存款等商业银行业务,这是判断吸收公众存款行为合法与非法的基本法律依据。任何单位或个人,包括非银行金融机构,未经国务院银行业监督管理机构批准,面向社会吸收公众存款或者变相吸收公众存款均属非法。国务院《非法金融机构和非法金融业务活动取缔办法》进一步明确规定,未经依法批准,非法吸收公众存款、变相吸收公众存款、以任何名义向社会不特定对象进行的非法集资都属于非法金融活动,必须予以取缔。为了解决传统金融机构覆盖不了、满足不了的社会资金需求,缓解个体经营者、小微企业经营当中的小额资金困难,国务院金融监管机构于2016年发布了《网络借贷信息中介机构业务活动管理暂行办法》等"一个办法、三个指引",允许单位或个人在规定的借款余额范围内通过网络借贷信息中介机构进行小额借贷,并且对单一组织、单一个人在单一平台、多个平台的借款余额上限作了明确限定。检察机关在办案中要准确把握法律法规、金融管理规定确定的界限、标准和原则精神,准确区分融资借款活动的性质,对于违反规定达到追诉标准的,依法追究刑事责任。

2. 金融创新必须遵守金融管理法律规定，不得触犯刑法规定。金融是现代经济的核心和血脉，金融活动引发的风险具有较强的传导性、扩张性、潜在性和不确定性。为了发挥金融服务经济社会发展的作用，有效防控金融风险，国家制定了完善的法律法规，对商业银行、保险、证券等金融业务进行严格的规制和监管。金融也需要发展和创新，但金融创新必须有效地防控可能产生的风险，必须遵守金融管理法律法规，尤其是依法须经许可才能从事的金融业务，不允许未经许可而以创新的名义擅自开展。检察机关办理涉金融案件，要深入分析、清楚认识各类新金融现象，准确把握金融的本质，透过复杂多样的表现形式，准确区分是真的金融创新还是披着创新外衣的伪创新，是合法金融活动还是以金融创新为名实施金融违法犯罪活动，为防范化解金融风险提供及时、有力的司法保障。

3. 网络借贷中介机构非法控制、支配资金，构成非法吸收公众存款。网络借贷信息中介机构依法只能从事信息中介业务，为借款人与出借人实现直接借贷提供信息搜集、信息公布、资信评估、信息交互、借贷撮合等服务。信息中介机构不得提供增信服务，不得直接或间接归集资金，包括设立资金池控制、支配资金或者为自己控制的公司融资。网络借贷信息中介机构利用互联网发布信息归集资金，不仅超出了信息中介业务范围，同时也触犯了《刑法》第一百七十六条的规定。检察机关在办案中要通过对网络借贷平台的股权结构、实际控制关系、资金来源、资金流向、中间环节和最终投向的分析，综合全流程信息，分析判断是规范的信息中介，还是假借信息中介名义从事信用中介活动，是否存在违法设立资金池、自融、变相自融等违法归集、控制、支配、使用资金的行为，准确认定行为性质。

【相关规定】

《中华人民共和国刑法》第一百七十六条

《中华人民共和国商业银行法》第十一条

《最高人民法院关于审理非法集资刑事案件具体应用法律若干问题的解释》(法释〔2010〕18 号)第一条

叶源星、张剑秋提供侵入计算机信息系统程序、谭房妹非法获取计算机信息系统数据案

（检例第68号）

【关键词】

专门用于侵入计算机信息系统的程序　非法获取计算机信息系统数据　撞库　打码

【要旨】

对有证据证明用途单一，只能用于侵入计算机信息系统的程序，司法机关可依法认定为“专门用于侵入计算机信息系统的程序”；难以确定的，应当委托专门部门或司法鉴定机构作出检验或鉴定。

【基本案情】

叶源星，男，1977年3月10日出生，超市网络维护员。

张剑秋，男，1972年8月14日出生，小学教师。

谭房妹，男，1993年4月5日出生，农民。

2015年1月，被告人叶源星编写了用于批量登录某电商平台账户的“小黄伞”撞库软件（“撞库”是指黑客通过收集已泄露的用户信息，利用账户使用者相同的注册习惯，如相同的用户名和密码，尝试批量登陆其他网站，从而非法获取可登录用户信息的行为）供他人免费使用。“小黄伞”撞库软件运行时，配合使用叶源星编写的打码软件（“打码”是指利用人工大量输入验证码的行为）可以完成撞库过程中对大量验证码的识别。叶源星通过网络向他人有偿提供打码软件的验证码识别服务，同时将其中的人工输入验证码任务交由被告人张剑秋完成，并向其支付费用。

2015年1月至9月，被告人谭房妹通过下载使用“小黄伞”撞库软件，向叶源星购买打码服务，获取到某电商平台用户信息2.2万余组。

被告人叶源星、张剑秋通过实施上述行为，从被告人谭房妹处获取违法所得共计人民币 4 万余元。谭房妹通过向他人出售电商平台用户信息，获取违法所得共计人民币 25 万余元。法院审理期间，叶源星、张剑秋、谭房妹退缴了全部违法所得。

【指控与证明犯罪】

（一）审查起诉

2016 年 10 月 10 日，浙江省杭州市公安局余杭区分局以犯罪嫌疑人叶源星、张剑秋、谭房妹涉嫌非法获取计算机信息系统数据罪移送杭州市余杭区人民检察院审查起诉。期间，叶源星、张剑秋的辩护人向检察机关提出二名犯罪嫌疑人无罪的意见。叶源星的辩护人认为，叶源星利用“小黄伞”软件批量验证已泄露信息的行为，不构成非法获取计算机信息系统数据罪。张剑秋的辩护人认为，张剑秋不清楚组织打码是为了非法获取某电商平台的用户信息。张剑秋与叶源星没有共同犯罪故意，不构成非法获取计算机信息系统数据罪。

杭州市余杭区人民检察院经审查认为，犯罪嫌疑人叶源星编制“小黄伞”撞库软件供他人使用，犯罪嫌疑人张剑秋组织码工打码，犯罪嫌疑人谭房妹非法获取网络用户信息并出售牟利的基本事实清楚，但需要进一步补强证据。2016 年 11 月 25 日、2017 年 2 月 7 日，检察机关二次将案件退回公安机关补充侦查，明确提出需要补查的内容、目的和要求。一是完善“小黄伞”软件的编制过程、运作原理、功能等方面的证据，以便明确“小黄伞”软件是否具有避开或突破某电商平台服务器的安全保护措施，非法获取计算机信息系统数据的功能。二是对扣押的张剑秋电脑进行补充勘验，以便确定张剑秋主观上是否明知其组织打码行为是为他人非法获取某电商平台用户信息提供帮助；调取张剑秋与叶源星的 QQ 聊天记录，以便查明二人是否有犯意联络。三是提取叶源星被扣押电脑的 MAC 地址（又叫网卡地址，由 12 个 16 进制数组成，是上网设备在网络中的唯一标识），分析“小黄伞”软件源代码中是否含有叶源星电脑的 MAC 地址，以便查明某电商平台被非法登陆过的账号与叶源星编制的“小黄伞”撞库软件之间是否存在关联性。四是对被扣押的谭房妹电脑和 U 盘进行补充勘验，调取其中含有账号、密码的文件，查明文件的生成时间和特征，以便确定被查获的存储介质中的某电商平台用户信息是否系谭房妹使用“小黄伞”软件获取。

公安机关按照检察机关的要求，对证据作了进一步补充完善。同时，检察机关就“小黄伞”软件的运行原理等问题，听取了技术专家意见。结合公安机关两次退查后补充的证据，案件证据中存在的问题已经得到解决：

一是明确了“小黄伞”软件具有以下功能特征：(1)“小黄伞”软件用途单一，仅针对某电商平台账号进行撞库和接入打码平台，这种非法侵入计算机信息系统获取用户数据的程序没有合法用途。(2)“小黄伞”软件具有避开或突破计算机信息系统安全保护措施的功能。在实施撞库过程中，一个 IP 地址需要多次登录大量账号，为防止被某电商平台识别为非法登陆，导致 IP 地址被封锁，“小黄伞”软件被编入自动拨号功能，在批量登陆几组账号后，会自动切换新的 IP 地址，从而达到避开该电商平台安全防护的目的。(3)“小黄伞”软件具有绕过验证码识别防护措施的功能。在他人利用非法获取的该电商平台账号登录时，需要输入验证码。“小黄伞”软件会自动抓取验证码图片发送到打码平台，由张剑秋组织的码工对验证码进行识别。(4)“小黄伞”软件具有非法获取计算机信息系统数据的功能。“小黄伞”软件对登陆成功的某电商平台账号，在未经授权的情况下，会自动抓取账号对应的昵称、注册时间、账号等级等信息数据。根据以上特征，可以认定“小黄伞”软件属于刑法规定的“专门用于侵入计算机信息系统的程序”。

二是从张剑秋和叶源星电脑中补充勘查到的 QQ 聊天记录等电子数据证实，叶源星与张剑秋聊天过程中曾提及“扫平台”、“改一下平台程序”、“那些人都是出码的”；通过补充讯问张剑秋和叶源星，明确了张剑秋明知其帮叶源星打验证码可能被用于非法目的，仍然帮叶源星做打码代理。上述证据证实张剑秋与叶源星之间已经形成犯意联络，具有共同犯罪故意。

三是通过进一步补充证据，证实了使用撞库软件的终端设备的 MAC 地址与叶源星电脑的 MAC 地址、小黄伞软件的源代码里包含的 MAC 地址一致。上述证据证实叶源星就是“小黄伞”软件的编制者。

四是通过对谭房妹所有包含某电商平台用户账号和密码的文件进行比对，查明了谭房妹利用“小黄伞”撞库软件非法获取的某电商平台用户信息文件不仅包含账号、密码，还包含了注册时间、账号等级、是否验证等信息，而谭房妹从其他渠道非法获取的账号信息文件并不包含这些信息。通过对谭房妹电脑的进一步勘查和对谭房妹的进一步讯问，确定了谭房妹利用“小黄伞”软件登陆某电商平台用户账号的过程和具体时间，该登录时间与部分账号信息文件的生成时间均能一一对应。根据上述证据,最终确定谭房妹利用“小黄伞”撞库所得的网络用户信息为2.2万余组。

综上,检察机关认为案件事实已查清,但公安机关对犯罪嫌疑人叶源星、张剑秋移送起诉适用的罪名不准确。叶源星、张剑秋共同为他人提供专门用于侵入计算机信息系统的程序,均已涉嫌提供侵入计算机信息系统程序罪;犯罪嫌疑人谭房妹的行为已涉嫌非法获取计算机信息系统数据罪。

(二)出庭指控犯罪

2017年6月20日,杭州市余杭区人民检察院以被告人叶源星、张剑秋构成提供侵入计算机信息系统程序罪,被告人谭房妹构成非法获取计算机信息系统数据罪,向杭州市余杭区人民法院提起公诉。11月17日,法院公开开庭审理了本案。

庭审中,3名被告人对检察机关的指控均无异议。谭房妹的辩护人提出,谭房妹系初犯,归案后能如实供述罪行,自愿认罪,请求法庭从轻处罚。叶源星和张剑秋的辩护人提出以下辩护意见:一是检察机关未提供省级以上有资质机构的检验结论,现有证据不足以认定“小黄伞”软件是“专门用于侵入计算机信息系统的程序”。二是张剑秋与叶源星间没有共同犯罪的主观故意。三是叶源星和张剑秋的违法所得金额应扣除支付给码工的钱款。

针对上述辩护意见,公诉人答辩如下:一是在案电子数据、勘验笔录、技术人员的证言、被告人供述等证据相互印证,足以证实“小黄伞”软件具有避开和突破计算机信息系统安全保护措施,未经授权获取计算机信息系统数据的功能,属于法律规定的“专门用于侵入计算机信息系统的程序”。二是被告人叶源星与张剑秋具有共同犯罪的故意。QQ聊天记录反映两人曾提及非法获取某电商平台用户信息的内容,能证实张剑秋主观明知其组织他人打码系用于批量登录该电商平台账号。张剑秋组织他人帮助打码的行为和叶源星提供撞库软件的行为相互配合,相互补充,系共同犯罪。三是被告人叶源星、张剑秋的违法所得应以其出售验证码服务的金额认定,给码工等相关支出均属于犯罪成本,不应扣除。二人系共同犯罪,应当对全部犯罪数额承担责任。四是3名被告人在庭审中认罪态度较好且上交了全部违法所得,建议从轻处罚。

(三)处理结果

浙江省杭州市余杭区人民法院采纳了检察机关的指控意见,判决认定被告人叶源星、张剑秋的行为已构成提供侵入计算机信息系统程序罪，且系共同犯罪；被告人谭房妹的行为已构成非法获取计算机信息系统数据罪。鉴于3名被告人均自愿认罪，并退出违法所得，对3名被告人判处三年有期徒刑，适用缓刑，并处罚金。宣判后，3名被告人均未提出上诉，判决已生效。

【指导意义】

审查认定"专门用于侵入计算机信息系统的程序"，一般应要求公安机关提供以下证据：一是从被扣押、封存的涉案电脑、U盘等原始存储介质中收集、提取相关的电子数据。二是对涉案程序、被侵入的计算机信息系统及电子数据进行勘验、检查后制作的笔录。三是能够证实涉案程序的技术原理、制作目的、功能用途和运行效果的书证材料。四是涉案程序的制作人、提供人、使用人对该程序的技术原理、制作目的、功能用途和运行效果进行阐述的言词证据，或能够展示涉案程序功能的视听资料。五是能够证实被侵入计算机信息系统安全保护措施的技术原理、功能以及被侵入后果的专业人员的证言等证据。六是对有运行条件的，应要求公安机关进行侦查实验。对有充分证据证明涉案程序是专门设计用于侵入计算机信息系统、非法获取计算机信息系统数据的，可直接认定为"专门用于侵入计算机信息系统的程序"。

证据审查中，可从以下方面对涉案程序是否属于"专门用于侵入计算机信息系统的程序"进行判断：一是结合被侵入的计算机信息系统的安全保护措施，分析涉案程序是否具有侵入的目的，是否具有避开或者突破计算机信息系统安全保护措施的功能。二是结合计算机信息系统被侵入的具体情形，查明涉案程序是否在未经授权或超越授权的情况下，获取计算机信息系统数据。三是分析涉案程序是否属于"专门"用于侵入计算机信息系统的程序。

根据《最高人民法院、最高人民检察院关于办理危害计算机信息系统安全刑事案件应用法律若干问题的解释》第十条和《最高人民法院、最高人民检察院、公安部关于办理刑事案件收集提取和审查判断电子数据若干问题的规定》第十七条的规定，对是否属于"专门用于侵入计算机信息系统的程序"难以确定的，一般应当委托省级以上负责计算机信息系统安全保护管理工作的部门检验，也可由司法鉴定机构出具鉴定意见，或者由公安部指定的机构出具报告。实践中，应重点审查检验报告、鉴定意见对程序运行过程和运行结果的判断，结合案件具体情况，认定涉案程序是否具有突破或避开计算机信息系统安全保护措施，未经授权或超越授权获取计算机信息系统数据的功能。

【相关规定】

《中华人民共和国刑法》第二百八十五条、第二十五条

《最高人民法院、最高人民检察院关于办理危害计算机信息系统安全刑事案件应用法律若干问题的解释》第一条、第二条、第三条、第十条、第十一条

《最高人民法院、最高人民检察院、公安部关于办理刑事案件收集提取和审查判断电子数据若干问题的规定》第十七条

图书在版编目(CIP)数据

人工智能与网络法治疑难问题研究 / 陈海鹰主编
. -- 北京 : 法律出版社, 2020
ISBN 978-7-5197-4900-2

Ⅰ. ①人… Ⅱ. ①陈… Ⅲ. ①人工智能-科学技术管理法规-研究-中国②计算机网络-科学技术管理法规-研究-中国 Ⅳ. ①D922.174

中国版本图书馆CIP数据核字(2020)第165593号

人工智能与网络法治疑难问题研究
RENGONG ZHINENG YU WANGLUO FAZHI YI'NAN WENTI YANJIU

陈海鹰 主编

责任编辑 许 睿 连晓敏
装帧设计 李 瞻

出版 法律出版社
总发行 中国法律图书有限公司
经销 新华书店
印刷 永清县金鑫印刷有限公司
责任校对 王沁陶
责任印制 胡晓雅

编辑统筹 司法实务出版分社
开本 710毫米×1000毫米 1/16
印张 22.5
字数 345千
版本 2020年12月第1版
印次 2020年12月第1次印刷

法律出版社/北京市丰台区莲花池西里7号(100073)
网址/www.lawpress.com.cn
投稿邮箱/info@lawpress.com.cn
举报维权邮箱/jbwq@lawpress.com.cn
销售热线/400-660-8393
咨询电话/010-63939796

中国法律图书有限公司/北京市丰台区莲花池西里7号(100073)
全国各地中法图分、子公司销售电话:
统一销售客服/400-660-8393/6393
第一法律书店/010-83938432/8433　西安分公司/029-85330678　重庆分公司/023-67453036
上海分公司/021-62071639/1636　深圳分公司/0755-83072995

书号:ISBN 978-7-5197-4900-2　**定价:**65.00元
(如有缺页或倒装,中国法律图书有限公司负责退换)